CS 比 较 译 丛 41

比 较 出 思 想

SLOUCHING TOWARDS UTOPIA

AN ECONOMIC
HISTORY OF THE TWENTIETH CENTURY

蹒跚前行

1870—2010年全球经济史

J. BRADFORD DELONG

[美] 布拉德福德·德龙 ◎ 著

余江 冯伟珍 ◎ 译

中信出版集团 | 北京

图书在版编目（CIP）数据

蹒跚前行：1870—2010 年全球经济史 /（美）布拉德福德·德龙著；余江，冯伟珍译 . -- 北京：中信出版社，2024.5
书名原文：Slouching Towards Utopia: An Economic History of the Twentieth Century
ISBN 978-7-5217-6152-8

Ⅰ.①蹒… Ⅱ.①布… ②余… ③冯… Ⅲ.①经济史－世界－20世纪 Ⅳ.①F119.5

中国国家版本馆 CIP 数据核字（2023）第 222126 号

Slouching Towards Utopia: An Economic History of the Twentieth Century by J. Bradford DeLong
Copyright © 2022 by J. Bradford DeLong
This edition published by arrangement with Basic Books, an imprint of Perseus Books, LLC, a subsidiary of Hachette Book Group, Inc., New York, USA.
through Bardon-Chinese Media Agency
Simplified Chinese translation copyright © 2024 by CITIC Press Corporation
ALL RIGHTS RESERVED
本书仅限中国大陆地区发行销售

蹒跚前行：1870—2010 年全球经济史
著者：　　[美] 布拉德福德·德龙
译者：　　余江　冯伟珍
出版发行：中信出版集团股份有限公司
　　　　　（北京市朝阳区东三环北路 27 号嘉铭中心　邮编　100020）
承印者：　北京通州皇家印刷厂

开本：787mm×1092mm　1/16　　印张：33.5　　　　字数：483 千字
版次：2024 年 5 月第 1 版　　　　印次：2024 年 5 月第 1 次印刷
京权图字：01-2024-1901　　　　　书号：ISBN 978-7-5217-6152-8
　　　　　　　　　　　　　　　　定价：128.00 元

版权所有·侵权必究
如有印刷、装订问题，本公司负责调换。
服务热线：400-600-8099
投稿邮箱：author@citicpub.com

献给我们的下一代：

迈克尔、吉安娜、布兰登、玛丽·帕蒂、马修、考特尼、布莱恩、芭芭拉、尼古拉斯、玛莉亚、亚历克西斯和亚历克斯

目 录

"比较译丛"序　Ⅲ

引　言　我的宏大叙事　1
第 1 章　走向全球化　24
第 2 章　技术驱动型增长的加速　53
第 3 章　发达国家的民主化　75
第 4 章　全球帝国　104
第 5 章　第一次世界大战　127
第 6 章　喧嚣的 20 世纪 20 年代　148
第 7 章　大萧条　183
第 8 章　现实版社会主义　209
第 9 章　法西斯主义和纳粹主义　230
第 10 章　第二次世界大战　252
第 11 章　敌对但共存制度之间的冷战　278
第 12 章　南方国家经济发展的虚假或真实的起步　302

第13章　包容　330

第14章　社会民主主义的辉煌三十年　350

第15章　转向新自由主义　378

第16章　全球化重启、信息技术与超级全球化　408

第17章　大衰退与乏力的复苏　430

结　论　我们仍在蹒跚走向乌托邦？　462

致　谢　478

注　释　480

"比较译丛"序

2002年，我为中信出版社刚刚成立的《比较》编辑室推荐了当时在国际经济学界产生了广泛影响的几本著作，其中包括《枪炮、病菌与钢铁》、《从资本家手中拯救资本主义》、《再造市场》（有一版中文书名为《市场演进的故事》）。其时，通过20世纪90年代的改革，中国经济的改革开放取得了阶段性成果，突出标志是初步建立了市场经济体制的基本框架和加入世贸组织。当时我推荐这些著作的一个目的是，通过比较分析世界上不同国家的经济体制转型和经济发展经验，启发我们在新的阶段，多角度、全方位地思考中国的体制转型和经济发展机制。由此便开启了"比较译丛"的翻译和出版。从那时起至今，"比较译丛"引介了数十种译著，内容涵盖经济学前沿理论、转轨经济、比较制度分析、经济史、经济增长和发展等诸多方面。

时至2015年，中国已经成为世界第二大经济体，跻身中等收入国家行列，并开始向高收入国家转型。中国经济的增速虽有所放缓,但依然保持在中高速的水平上。与此同时,曾经引领世界经济发展的欧美等发达经济体,却陷入了由次贷危机引爆的全球金融危机,至今仍未走出衰退的阴影。这种对比自然地引发出有关制度比较和发展模式比较的讨论。在这种形势下,我认为更有必要以开放的心态,更多、更深入地学习各国的发展经验和教训,从中汲取智慧,这对思考中国的深层次问题极具价值。正如美国著名政治学家和社会学家李普塞特(Seymour Martin Lipset)说过的一句名言:"只懂得一个国家的人,他实际上什么国家都不懂。"(Those who only know one country know no country.)这是因为只有越过自己的国家,才能知道什么是真正的共同规律,什么是真正的特殊情况。如果没有比较分析的视野,既不利于深刻地认识中国,也不利于明智地认识世界。

相比于人们眼中的既得利益,人的思想观念更应受到重视。就像技术创新可以放宽资源约束一样,思想观念的创新可以放宽政策选择面临的政治约束。无论是我们国家在20世纪八九十年代的改革,还是过去和当下世界其他国家的一些重大变革,都表明"重要的改变并不是权力和利益结构的变化,而是当权者将新的思想观念付诸实施。改革不是发生在既得利益者受挫的时候,而是发生在他们运用不同策略追求利益的时候,或者他们的利益被重新界定的时候"。* 可以说,利益和思想观念是改革的一体两面。囿于利益而不敢在思想观念上有所突破,改革就不可能破冰前行。正是在这个意义上,当今中国仍然处于一个需要思想创新、观念突破的时代。而

---

* Dani Rodrik, "When Ideas Trump Interests: Preferences, Worldviews, and Policy Innovations," NBER Working Paper 19631, 2003.

比较分析可以激发好奇心、开拓新视野、启发独立思考、加深对世界的理解，因此是催生思想观念创新的重要机制。衷心希望"比较译丛"能够成为这个过程中的一部分。

钱颖一

2015年7月5日

引言　我的宏大叙事

我要介绍的"加长版20世纪"始于1870年前后：当时发生了若干分水岭性质的事件，即全球化、工业实验室与现代公司这三件大事，它们带来的变革将使人类逐渐摆脱自发展农业以来的上万年贫困苦难。[1]这一加长版20世纪的终结点则是在2010年：作为世界领先经济体，北大西洋两岸的国家仍在2008年开始的大衰退中挣扎，无法让经济增长重新接近1870年以来的平均速度。而在2010年之后的岁月，来自大众的政治与文化怒火将掀起巨大的系统性破坏浪潮，人们通过不同渠道，因为不同原因，都对20世纪的秩序未能如愿正常运转深感失望。

这段时期之中发生的事情既辉煌又恐怖。但以整个人类历史的标准来看，辉煌远远超出恐怖。我坚信，1870—2010年之间的140年加长版20世纪是人类全部历史中最具深远意义的阶段，它也是我们可以把经济作为最主要历史发展线索的第一个世纪，因为正是在这个时期，我们终结了几乎普遍存在的物质贫困。

我坚信这段历史应聚焦于加长版20世纪，而不同于以英国的马克思主义历史学家艾瑞克·霍布斯鲍姆为代表的其他人喜欢强调的所谓"缩短版20世纪",即从1914年一战爆发到1991年苏联解体。[2]他们通常把19世纪(约从1776年到1914年)视为民主制度和资本主义的漫长兴起时代,而把缩短版20世纪理解为现实版社会主义和法西斯主义带来震撼冲击的时代。

无论长短,以世纪计的历史都是以宏大叙事来定义的,其目标是诉说作者想讲的故事。把1914—1991年设定为一个世纪,便于霍布斯鲍姆叙述他想讲的故事,但为此付出的代价是极大地忽略了我强烈主张的更加壮阔也更为重要的故事。那就是在大约1870年至2010年间,人类得以成功打开发展之门,摆脱长期受困于贫穷的状态,但是到后来,却未能延续早期已顺利启动的财富快速上升趋势。[3]

下面将进入我的宏大叙事——我对20世纪历史的最重要故事的阐述。它主要是一个经济发展的故事,在1870年自然启动,并且在我看来已于2010年自然落幕。

作为现实中的杰科博士*,天才的英籍奥地利经济学家、芝加哥学派道德哲学家弗里德里希·哈耶克发现,市场经济通过在草根层面提供激励和协调,给自身提出的问题寻找众包式的解决方案。[4] 1870年之前,人类还没有掌握足够多的技术或组织手段,能让市场经济提出如何让自身变得更加富裕的问题。因此,尽管市场经济此前已经存在了数千年时光,或至少存在于经济生活中的某些部分,但它们能够做的仅限于为奢侈品或便利品的生产者寻找客

---

* 杰科博士(Dr. Jekyll),英国作家罗伯特·史蒂文森的小说《化身博士》的主角,在书中人格分裂为善良的杰科博士与邪恶的海德先生。——译者注

户，使富豪们获得奢华的生活，让中产阶级过得更为方便和舒适而已。

情况自1870年左右开始改变。人类拥有了开展组织和研究的制度与技术，取得了全方位全球化、工业研究实验室、现代公司这些关键进步，通过它们打开了曾把人类长期禁闭于贫困状态的大门。于是，如何让人类致富的问题终于可以提交给市场经济去回答，因为它已掌握了解决方案。在大门的另一侧，通向理想社会（乌托邦）的道路已经呈现，其他一切美好事物也应该会随之到来。

许多美好的事物在之后也的确到来了。

根据我个人非常粗略的估计，作为人类经济增长的核心，已经被发现、开发并应用到世界经济中的、关于如何驯服自然和组织人力的有用知识的存量价值指数的年均增长率，从1870年之前的大约0.45%跃升到之后的2.1%，这是真正具有分水岭意义的巨大进步。对1870—2010年这140年而言，2.1%的年均增长率意味着21.5倍的增幅。这是极其辉煌的成就：创造财富和获取收入的能力增强，让人类拥有了更多的好东西，生活中的必需品、便利品、奢侈品，能够更好地满足自己及家人。它并不代表2010年的人类在物质的富裕程度上达到1870年的21.5倍，因为此时的人口规模已是1870年时的6倍左右，由此导致的资源稀缺性加剧会抵消生活水平与劳动生产率的部分提高。大致算来，2010年的世界人均年收入约为1.1万美元，几乎是1870年的8.8倍（8.8的由来是，用21.5除以6的平方根）。我们可以把这些数字作为非常粗略的参考，表明人类在2010年相比1870年的富裕提高程度。但同时也不能忘记，全球范围内的财富分配状况在2010年要比1870年不平等得多。[5]

每年2.1%的增长率意味着每33年将翻一番，即1903年的人类社会的技术和生产率基础已经远远不同于 1870 年的情况，以工业和全球化取代了由农业和地主占主导的局面。1936 年，又实现了以大规模生产为基础的激进变化，至少在发达国家的工业核心部门是如此。到 1969 年，向大众消费和郊区化转型的变革同样深刻，之后则是在 2002 年，走向信息时代的以微电子技术为基础支柱的经济模式。每过一代就爆发的经济革命必然带来社会与政治的革命，试图顺应这种反复变革趋势的各国政府则承受着巨大压力，必须尽量管理和援助变革动荡中的民众。

巨大的好处也伴随着巨大的伤害。人们可以也的确在利用技术，包括支配自然的硬科技与组织人力的软科技去从事剥削、统治乃至欺压。加长版 20 世纪见证了我们所知的历史上最残酷和最血腥的某些残暴统治。

还有许多好坏不明的混合结果亦随之而来。曾经的固有事物被打破，甚至可以说一切既有的秩序和模式遭到改变或销声匿迹。[6]只有很少一部分经济营生能够延续，在 2010 年保持了 1870 年的原样。而且即使这些部分也有了差异，当你在同样的地点从事先祖们在 1870 年所做的同样工作时，他人为你的生产成果所支付的劳动时间价值要少得多。由于每一代经济都历经革命（至少在足够幸运地成为地球增长极的地区是如此），几乎一切经济事物都被反复改造，这些变化又塑造和改变了几乎一切社会、政治和文化事物。

假设我们能够穿越回 1870 年，告诉人们到 2010 年时社会将变得多么富裕，他们会做何反应？他们基本上会确信，2010 年的世界将是天堂、传说中的乌托邦。人们的富裕程度会提升 8.8 倍？这显然说明到时候会有足够的力量去支配自然和组织人力，清除阻碍人类发展的一切主要问题和障碍。

然而事实并非如此。历经150年之后,我们并没有抵达道路的终点,并没有实现乌托邦。我们仍然在路上(甚至不确定是否还在路上),因为我们已不再能清晰地看到道路的终点或者它通向何方。

哪里出错了?

哈耶克或许是个天才,但他身上只有杰科博士的那一面才是。哈耶克及其追随者们同时又是出奇的愚者,他们认为仅靠市场就能做好一切(或至少是一切有可能完成的任务),并要求我们相信这个制度以人类从来不能完全理解的自身逻辑保持运行:市场给予,市场拿走,赞美市场的护佑。他们认为人类可能得到的救赎不是来自塔尔苏斯的圣保罗的唯信仰至上,而是通过哈耶克的唯市场至上。[7]

可是人类对此表示反对。市场经济能够解决自身提出的问题,但社会未必想要它给出的解决方案。同时,社会还需要其他问题的解决方案,包括市场经济本身没有提出的问题,而且市场提供的众包式方案亦不足以解决这些问题。

针对上述议题,给出最佳阐述的人或许是原籍匈牙利、后来定居于多伦多的犹太裔道德哲学家卡尔·波兰尼(Karl Polanyi)。市场经济承认的是财产权利,因此它给自身提出的问题是:如何给拥有财产(或者说市场认为具有价值的那部分财产)的人提供他们想要的东西。如果你没有财产,你就没有权利。如果你拥有的财产不具有太高的市场价值,你的权利也很有限。

可是人们认为自己还拥有其他权利,认为缺乏有价值财产的人也应该在社会上拥有影响力,社会应该顾及他们的需求和愿望。[8]尽管市场经济在现实中有可能满足这些需求和愿望,但那只是出于偶然:市场经济求解的问题是让有价值财产的拥有者尽可能多地获得满足，为此而开展盈利最大化测试，对其他人的需求和愿望的满足必须刚好符合市场经济的求解结果。[9]

所以贯穿整个加长版20世纪，各个社会和人群看到市场经济带来的结果后都在追问：这是我们想要的吗？此外，社会还需要其他东西。哈耶克愚笨的一面，即海德先生称这些东西为"社会正义"（social justice），并宣布人们应该抛弃它：市场经济永远不能带来社会正义，而如果为了实现正义对社会做重新配置，则只会破坏市场经济现有的能力，即增加财富并分配给那些拥有有价值财产的人。[10]

请注意，"社会正义"在这里始终是特定群体想要的"正义"，而非任何一致认可的先验原则决定的正义。请注意，它很少表现为平均主义，例如，不同的人得到同等待遇并不代表正义。然而，市场经济所能提供的唯一"正义"概念是富豪群体认可的正义，因为财产所有者是市场经济唯一在乎的人。此外，市场经济虽然强大，却远非完美。例如它本身无法提供足够的研究开发、优质的环境以及充分和稳定的就业等。[11]

市场给予，市场拿走，赞美市场的护佑，这并非一条可以围绕它来组织社会和政治经济关系的稳定原则。唯一稳定的原则只能类似于：市场为人服务，而不是人为市场服务。然而，哪些人应该被纳入考虑，市场应该为哪些人服务呢？什么样的原则阐述是最好的，又该如何平息针对此类问题的各种争吵呢？

在整个加长版20世纪中，许多人试图寻找解决方案：卡尔·波兰尼、西奥多·罗斯福、约翰·梅纳德·凯恩斯、贝尼托·墨索里尼、富兰克林·罗斯福、弗拉基米尔·列宁、玛格丽特·撒切尔等，都是各种思潮、倡议和实际行动的重要代表。他们不赞成哈耶克及其追随者倡导并致力于创建和维护的伪古典主义（因为1870年之后建立的其实是全新的社会、经济与政治秩序）加准自由主义（因为除自由之外，还以先天和继承的权力作为基础）的秩序。他们采取建设性或者破坏性的行动，要求市场少做一些，或者去做别的某些事情，而让其他制度发挥更大作用。人类得到的最接近成功的结果，或许是凯恩斯帮忙结成的哈耶克与波兰尼思想的勉强联姻，即二战后北大西洋地区出现的发展型社会民主主义制度。但这一制度设计未能通过自身的可持续性考验。因此我们仍在前行的路上，远未抵达终点。充其量，我们仍是在朝着乌托邦蹒跚前行。

＊　＊　＊

再回到我之前的论点：加长版20世纪是可以把经济作为最主要历史线索的第一个世纪。对这个判断需要做些详细解读。20世纪见证了两次世界大战、种族灭绝大屠杀、苏联的兴起与解体、美国影响力的巅峰、现代化中国的崛起，以及其他诸多大事件。那么我如何敢于提出，它们都只是最主要的经济演进故事的各个侧面呢？我如何敢于提出，这段时期只有唯一的一条主要历史线索？

我之所以如此判断，是因为我们若要思考问题，就必须采用宏大叙事的方式。用20世纪的领军哲学家路德维希·维特根斯坦（Ludwig Wittgenstein）的话来说，宏大叙事"毫无意义"。可是从某种角度来讲，人类的全部思考都毫无意义：含糊不清、容易混淆、可能把我们引入歧途。但这些胡思乱想是我们思考的唯一方式，也是取得进步的唯一方式。维特根斯坦还说，如果足够幸运，我们可以"认识到……思考活动的无意义"，并以之作为"超越它们的阶梯……之后再甩掉梯子"，我们或许可以学会超越"各种观点",并获得"正确看待世界"的能力。[12]

正是怀抱超越这些无意义思考以正确瞥见世界真相的希望,我撰写了本书讲述的宏大叙事。秉持上述精神,我毫不迟疑地宣称,贯穿这段历史的最主要线索正是经济。

1870年之前,技术的增速一再输给人类的繁衍力,即我们的人口增速。人口增长加上资源稀缺与技术创新缓慢,使大多数人在大多数时间里都无法确信自己和家人能在一年之中拥有足够的食物和安居住所。[13]1870年之前,能够获得这种保障的人们必须依靠对他人的掠夺,而不是找到让所有人都更为富足的办法,尤其是因为专业从事生产之人会成为专业从事掠夺之人的极为软弱与肥美的目标。

坚冰在1870年之前开始破裂。在1770—1870年之间,技术与组织领先了繁衍力一两步,但也就一两步而已。19世纪70年代早期,兼具英国资深经济学家、道德哲学家与官员身份的约翰·斯图亚特·穆勒(John Stuart Mill)有一定合理性地指出,"目前取得的全部机械发明是否已经减轻了任何人的日常辛劳,还存在疑问"。[14]你必须在1870年之后再经历一代人的时间,才会看到普遍的物质进步变得不再令人怀疑。坚冰在当时有可能重新冻结,因为19世纪的蒸汽机、钢铁、铁路和纺织技术的进步正在接近其顶点,另外,它们都依赖极为廉价的煤炭,而这类资源正趋于耗竭。

上文提到,把当今世界的财富、生产率、技术和生产组织方式告知生活在加长版20世纪之前的任何人,他们很可能会认为,凭借如此非凡的集体力量与财富,我们肯定已经建成了传说中的乌托邦。

事实上他们也的确是这样说的。爱德华·贝拉米(Edward

Bellamy）的《回顾》或许是美国在19世纪第三畅销的小说。作者是一位平民主义者和社会主义者（尽管他本人排斥后一个标签），他梦想的乌托邦由政府拥有工业，消除了破坏性的竞争，以无私的方式来调动人们的能量。贝拉米相信，技术和组织的繁荣会带来丰饶的社会。因此，他的小说是作为对"极乐社会的文学想象、童话传说"，以设想"一个符合人类理想的云中宫殿……但对今天的丑陋的物质主义世界而言还飘在半空，遥不可及"。[15]

贝拉米让他的叙事主人公在时间上从1887年快进到2000年，来到令其惊叹的富裕而良治的社会。有一次，接待者询问这位主人公是否想听点音乐，他以为对方会为他演奏钢琴。仅此一点，我们就能看到社会巨大进步的明证。在1900年前后，要想随时听到音乐，你必须在自己家里（或附近）存有乐器以及受过训练的演奏者。而购买一架高品质钢琴，需要普通劳动者大约2 400个小时的工资收入，或者说按每周50小时计算，大约要辛苦工作一年。然后还有钢琴弹奏训练所需的资金与时间。

然而贝拉米小说的主人公被震撼了，因为他的接待者并未到钢琴前就座演奏，而只是拨动了一两根螺杆，随即整个房间便"充满了乐声，充盈而不聒噪，因为通过某种方式，旋律的音量与房间的尺度得到了完美的配适"。主人公激动地呼喊道："不啻天籁！肯定是巴赫本人在演奏，但乐器在哪里呢？"

他之后了解到，接待者通过电话线拨通了一个现场表演乐团，然后把演奏的乐曲接通到扬声器。你看，在贝拉米的乌托邦里，可以连通一个本地乐团，然后享受他们的现场演奏。但等一下，更令人感动的是，小说主人公后来知道还可以有所选择，有四个乐团正在现场演奏，接待者可以任意连通其中之一。

小说的主人公做何反应？"假如我们在19世纪能够发明某种供所有人在家里欣赏音乐的装置，品质完美，数量无限，适应各种风格，开合随心所愿，那么我们会认为已经达到了人类幸福的极限。"[16]想想看：人类幸福的极限！

根据定义，乌托邦是一切的实现与终结。牛津线上大辞典的说法是：想象的地方或状态，那里的所有人都感到完美无缺。[17]但人类历史中的很多时间耗费在了构建各类完美的想象，加长版20世纪中的乌托邦想象也要对其带来的最骇人的怪物承担责任。

哲学家兼历史学家以赛亚·伯林（Isaiah Berlin）曾援引18世纪哲学家伊曼纽尔·康德的说法："人性这根曲木，从来造不出任何笔直的东西。"他得出如下结论：因此在人类的各种事务中，或许根本没有完美的解决方案，实践中如此，理论上亦然。[18]

伯林进而指出："决心找到完美方案的任何尝试都很可能导致苦难、困惑乃至失败。"这一观点同样可以说明为什么我把经济视作加长版20世纪的主要基础。因为尽管收益分享不均等，尽管对人类幸福的增进远未到达极限，尽管有各种显见的缺陷，20世纪的经济成就依然不啻奇迹。

加长版20世纪的影响深远巨大。如今，全人类仅有不足9%生活在大约每天2美元的生活水平之下，即我们所说的极端贫困状态，相比1870年的70%左右已大幅降低。即使在当前9%的贫困人口中，许多人已能够获得有巨大价值与力量的公共医疗和移动通信服务。如今，世界上较为幸运的经济体达到的人均富裕程度是1870年的至少20倍、1770年的至少25倍，并且有充分理由相信繁荣水平将在未来多个世纪里继续呈现指数式增长。如今，这些经济体中的普通民众可以发挥的位移、通信、创造和毁灭力量，在过去据称只有巫师和神灵才能够拥有。甚至于生活在不够幸运的经济体和南方国家中的大多数人，其平均生活水平也已经接近每日 15 美元，远远超出了那些国家在 1800 年或 1870 年的每日 2 ~ 3 美元。

过去这个世纪的许多技术发明，把之前只为少数富人提供的、极度稀缺的高价值奢侈品体验变成现代生活的普遍特征。我们对此已习以为常，不再将其列入财富构成清单中的前 20 项甚至前 100 项物品。许多人已习惯于我们日常生活中的福利水平，以至于完全忽略了某些惊人的成就。在人类历史上首次出现了丰裕得绰绰有余的现象，可是包括最富裕的群体在内，我们今天很少有人认识到自己的幸运、富足与快乐是如此不同寻常。

今天全世界生产的食物热量已绰绰有余，任何人都不需要忍饥挨饿。

今天全世界有绰绰有余的建筑物，任何人都不需要承受风雨之苦。

今天的仓库中有绰绰有余的衣服，任何人都不需要受冷挨冻。

今天有绰绰有余的物资处于储备或者生产中，不应该让任何人感受到某种必需品的短缺。

简而言之，我们不再处于所谓的"必然王国"之中。而且诚如黑格尔所言，"先有衣食足，然后天国至"。[19]因此有人或许会认为，人类应该已经处于某种类型的乌托邦中。而我们之所以不能接受这一说法，则又是因为自己完全生活在经济史的流动进程之中。乌托邦理想推动的历史是个全有或全无的命题，而大多数人只是从边际角度体验经济发展进程的成功与失败。

部分出于上述原因，从 21 世纪第二个 10 年的政治经济关系的初步印象来判断，加长版20世纪光辉的必胜信念似乎将难以维持：美国从充当世界领导者的好汉角色上后退，英国也从欧洲的关键拼图中下撤，北美和欧洲兴起的政治运动对民主代议制的政治共识发起了挑战，前任美国国务卿玛德琳·奥尔布赖特将这些运动称为"法西斯主义"（我凭什么告诉她不是这样呢？）。[20]事实上，面对全球经济的主导者在过去十年的明显失败，任何胜利主义的叙事都会破产。

的确在1870—2010年间，技术和组织的进步一再超越了人类的繁衍速度。新富裕起来的人类确实成功压制住了人口膨胀以及资源稀缺加剧抵消知识与技术进步成果的趋势。然而，物质繁荣在全球的不均等分布程度达到了丑陋乃至罪恶的地步。在政客及其同党寻找各种新方法自肥，置民众于不顾的世界中，物质财富没有让人类获得幸福。因此不能把对加长版20世纪历史的讲述，当作一次胜利的疾驰或者行军，甚至不是沿着乌托邦理想之路的进步旅程，而充其量只是无精打采的蹒跚前行。

人类向乌托邦的进步显得如此无精打采，原因之一是有太多方面在过去和今天被市场经济中的不义之神（Mammon of Unrighteousness）所累。市场经济实现了惊人的协调合作：当今全世界近80亿人参与高度有效的劳动分工。但除各国政府承认的财产带来的权利外，市场经济并不承认人的其他权利。合法财产权利只有在有助于生产富人们想购买的东西时，才具有价值。这种安排不可能是正义的。

上文已提到，哈耶克总是告诫，我们要提防如下主张：应该追求正义，而非单纯地提高生产率和物质繁荣。我们需要把自己绑到桅杆上，因为无论初心是多么良善，对市场的干预都将把我们推入下坠的旋涡。它将使我们步入工业时代的某种类型的奴役之路。但卡尔·波兰尼对此回应说，这种态度既不人道，也不可行。因为首要的一点是，民众坚信在驱动市场经济的财产权利之外，他们还有其他更为重要和优先的权利。他们有权要求社群给自己提供支持，有权要求获得带来必要资源的收入，有权要求确保持续就业的经济稳定。如果市场经济试图取消这些权利，独尊财产权利呢？那就等着瞧吧！[21]

当然，蹒跚而行比静止不动要好，更优于后退。这是历代人类不曾争议的自明之理。人类总是充满创造性，技术进步很少会完全停止。公元1700年时荷兰的风车、水坝、耕地、作物和牲畜，使该国的乡村经济与公元700年极少开垦利用湿地时截然不同。公元1700年在中国的广州港停泊的船只，相比公元800年有了远得多的航程，装卸的货物量也大大增加。而公元800年的商业和农业在技术上则比公元前3000年左右出现的首批文字记载的文明先进许多。

但在我们的时代之前，在工业化之前的农业时代，技术进步带来的变化在一代人甚至几代人的有生之年非常微不足道，普通人的生活水平在多个世纪乃至千年之中鲜有提高。

这里再谈谈我对人类改造自然和组织人力的有用知识的价值的粗略指数估计，也就是经济学家所说的技术发展指数。为便于计算，假设世界范围的人类典型生活水平每提高1%，就意味着我们的有用知识的价值增加1%。这只是个标准化的操作设定，因为我希望该指数同实际收入而非其他指标（例如收入的平方或者平方根）保持同比例。我还假设，典型生活水平不变时的人口数量每增加1%，就意味着有用知识的价值增加0.5%，因为在人口增加导致资源变得更加稀缺时，必须由知识价值的增加来维持生活水平不变。之所以采用这个设定，是为了反映如下现实：由于自然资源并非取之不竭，我们必须依赖人类的才智来支持更多人口维持相同的生活水平，这与我们依赖人类的才智来支持相同的人口实现更高的生活水平是同一个道理。[22]

我把全球人类有用知识的价值的量化指数设定为：1870年，即加长版20世纪的起点，取值为1。回到公元前8000年左右，当人类发展农业和畜牧业时，该指数的数值为0.04：大致来说，以全球平均水平计算，利用相同的物资和同样面积的农场，需要25个公元前8000年的劳动力才能完成1870年一个劳动力的工作成果。到8000年之后的公元元年，该指数提升至0.25：利用相同的资源，由于有了更好的技术，此时的一个典型劳动力的生产率已经相当于农业时代开启之初的6倍，但依然只是1870年的典型水平的四分之一。到公元1500年，该指数提升至0.43，相比公元元年的增幅超过70%，仍不及1870年水平的一半。

上述的指数变化令人印象深刻。如果从生活在公元前8000年左右的人们的角度来看，它们代表了人类帝国的无比神奇与辉煌的成长壮大。公元1500年时期的技术成就，从明朝的瓷器到葡萄牙的帆船以及水稻秧苗的培育等，对他们而言都是奇迹。然而这一增长或者说发明创新的步伐经历了巨大的时间跨度：例如，从公元元年到1500年的整个区间，技术仅以每年0.036%的龟速匍匐向前。以当时25岁的平均寿命计算，人们在一生中经历的技术进步幅度只有0.9%。

人类关于技术和组织的更为丰富的知识，是否让普通人在公元1500年时的生活比公元前8000年时美好许多了呢？并非如此。人口数量在公元元年到 1500 年之间以平均每年 0.07% 的速率增长，导致每个劳动力拥有的平均耕地面积和其他自然资源以每年 0.07% 的速率减少，让技术更先进的劳动力获得的平均净产出至多只有很少量的增加。公元 1500 年时的社会精英群体的生活水平远远超越公元前 8000 年或公元元年，但农民或工匠等普通人相比自己的先祖并无多少进步。

农业时代的人类处于极度贫困中，社会只能维持基本生存。平均来说，每个母亲有 2.03 个子女能存活到生育期。典型的女性——她不属于在生育子女时死去的七分之一群体，或者在子女成年之前死去的五分之一群体，有时和子女一起死于某种传染病——将把大约 20 年的时间花费在两件事情上：差不多有 9 次怀孕和 6 次生育，把 3~4 名子女养活到 5 岁以上，子女的平均预期寿命不足或许远远低于 30 岁。[23]

养活孩子是每个父母的第一和最高目标，农业时代的人类对此却完全无法给出保证。这个指标反映着人类承受的物质需求的压力大小。

不过在千年跨度之中，每代人保持了大约 1.5% 的平均人口增长。公元 1500 年的全球人口约为公元元年的 3 倍，从 1.7 亿增至 5 亿。更多的人口没有导致个人的物质需要减少。到 1500 年时，关于技术和组织的知识进步在继续弥补人均自然资源递减的效应。所以，在文化、政治和社会历史的风云变幻身后，经济史只是个缓慢更迭的背景。

坚冰在 1500 年之后开始松动和移位。或许更好的比喻是翻越了一道分水岭，跨入新的流域：人们走到了下坡面，各种事物正在朝新的方向奔流。我们可以把这一转型称为"帝国–商业革命"时代的到来，发明创新的步伐加速。然后到 1770 年左右，坚冰裂开。就世界范围的经济繁荣水平和全球经济增长速度而言，我们再次跨越到一片新的流域：1770 年之后的世纪可以称为"工业革命"时代的来临。公元 1870 年，有用知识的价值指数达到了 1，相当于 1500 年时的两倍多。从 0.04 到 0.43，这个指数用了大约 9500 年才增长 10 倍，平均大约 2800 年翻一番，而下个翻番仅用了不到 370 年。

这是否给 1870 年的人类带来了更为富裕和舒适的生活呢？并不明显。1870 年时的全球人口达到 13 亿，是 1500 年时的 2.6 倍。但就普通人的生活水平来说，平均耕地面积只有过去的大约五分之二，抵消了技术进步的绝大部分效应。

到 1870 年左右，人类再度跨越一道分水岭，进入新的流域，即西蒙·库兹涅茨所说的"现代经济增长"时代。[24] 在这之后的加长版 20 世纪之中，终于迎来了爆发式的增长。

到 2010 年，全球人口接近 70 亿，有用知识的价值指数达到 21。值得惊叹！人类关于技术和组织的有用知识的价值实现了年均 2.1% 的增长速率。自 1870 年以来，人类的技术能力和物质财富以超出过去想象的速度暴增。到 2010 年，典型的人类家庭已不再把为下个年份或下个星期寻找足够的食物、住处和衣物作为最紧急而重要的问题。

从技术经济学的视角看，1870—2010 年堪称工业研究实验室与层级式公司组织的时代。前者集合了工程应用技术群体的力量，以推动经济增长；后者组织起推广利用发明成果的群体的力量。这同样是全球化的时代：廉价的海洋运输和铁路运输消解了距离这个成本因素，让数量庞大的人们共同追求更美好的生活，借助通信连接让我们在世界各地实时交谈。

工业研究实验室、现代公司与全球化掀起了发现、发明、创新、应用和世界经济一体化的浪潮，极大地提高了我们的全球有用经济知识指数。奇迹在延续。例如在1870年的伦敦——当时世界经济增长和发展的最前沿，一位非熟练男性劳动者的日工资可以给自己和家人购买大约5 000卡路里热量的面包。这已是进步的成果。1800年时的日工资或许只能购买4 000卡路里更为粗劣的面包，1600年时只能购买大约3 000卡路里还要更粗劣的面包。有人会问，更粗糙的、富含纤维的面包不是对健康更有益吗？对今天的我们或许如此，因为我们已经有热量足够多的食物，能得到充分的能量去完成日常工作，才会去关心纤维素摄入之类的事情。而在过去，你必须拼命摄入尽可能多的热量，因此更白和更细的面包才是好东西。今天，伦敦的非熟练男性劳动者的日工资可供购买240万卡路里热量的小麦制品，几乎是1870年的500倍。

从生物社会学的角度看，上述物质进步意味着典型女性不再需要把20年的时光完全花费在怀孕和哺育子女这两件事上。到2010年，做这些事情的时间差不多是4年左右。同样是在20世纪，我们在历史上首次避免了一半多的子女夭折于流产、死产和婴幼期，避免了十分之一以上的母亲因为生育而死亡。[25]

从国家和政治的角度看，财富的创造与分配推动了四件大事。第一，也绝对是最重要的一件，1870—2010年是美国成为超级大国的世纪；第二，世界的构成在这个时期变得以民族国家为主，而不再是帝国；第三，经济的重心逐渐变成控制价值链的大型寡头企业；第四，世界的政治秩序主要通过有普选权的选举来合法确立，而非依靠富豪出身、文化传统、个人能力、领袖魅力,或者对历史命运的神秘洞悉。

我们祖先设想的"乌托邦"在很多方面可能已通过年复一年的经济进步实现了,每个改进都是边际性质的,但加起来形成了复合效应。

然而在 1870 年,这样的爆发没有被世人预见,或者说没有被很多人预见。的确在 1770—1870 年才首次出现生产能力的前进步伐超越人口增长和自然资源稀缺的现象,到 19 世纪最后四分之一的时候,世界上各领先经济体的普通居民,如英国人、比利时人、荷兰人、美国人、加拿大人、澳大利亚人的物质财富和生活水平几乎达到前工业化经济体普通居民的两倍。

这些成就是否足以成为真正的分水岭?

回到 19 世纪 70 年代之初,约翰·斯图亚特·穆勒完成了帮助当时的人们理解经济问题的名著的最终版本——《政治经济学原理》。该书对 1770—1870 年的英国工业革命给予了应有的关注和评价,但作者环顾四周,发现世界仍陷于贫困和苦难。那个时代的技术远没有减轻人类的日常辛劳,"只是让更多的人口过上同样辛苦而禁锢（imprisonment）的生活,让更多的工厂主和其他人发财"。[26]

穆勒采用了一个扎眼的词汇:禁锢。

是的,穆勒看到世界上有了更多和更富有的富豪家族、更大规模的中产阶级群体,但他也看到 1871 年是个辛劳繁忙的世界:人类不得不进行长时间疲惫的劳作。他看到的世界不仅大多数人濒临饥饿的边缘,而且文化程度低下,多数人只能部分和缓慢地获取人类共有的知识、思想和娱乐成果。在穆勒眼中的世界,人类仍处于禁锢状态:被锁链拴在地牢里。[27]而他只找到一条出路:由政府来控制人类的繁衍行为,例如要求实施准生证,禁止没有能力妥善抚养和教育子女的人生育，只有通过这些措施——他真这样期望吗？——才能让机械发明带来"人类命运的巨大改变，而这是出于人类的本性和未来着想所需要完成的"。[28]

当时还有人的看法比穆勒要悲观得多。1865年，时年30岁的英国经济学家威廉·斯坦利·杰文斯给英国经济做出了著名的厄运预测：为了有效利用日渐稀缺和宝贵的煤炭，必须立即削减工业产量。[29]

在这种悲观主义流行的氛围中，人们根本看不到即将到来的爆发式经济增长，但也有人可能做出危险的曲解。

卡尔·马克思与弗里德里希·恩格斯在1848年就已把科学技术视为普罗米修斯之火，将帮助人类推翻虚构的古老的神仙皇帝，使自己掌握上帝的力量。他们声称，科学、技术以及利用这些成果来追求利润的产业资产阶级：

> 在它不到一百年的阶级统治中所创造的生产力，比过去一切世代创造的全部生产力还要多，还要大。自然力的征服，机器的采用，化学在工业和农业中的应用，轮船的行驶，铁路的通行，电报的使用，整个大陆的开垦，河川的通航，仿佛用法术从地下呼唤出来的大量人口——过去哪一个世纪料想到在社会劳动里蕴藏有这样的生产力呢？[30]

恩格斯讽刺说，因为忽略科学、技术、工程的力量，穆勒那样的纯经济学家不过是富豪阶层的御用文人。[31]

然而马克思与恩格斯做出的承诺，并不是说有朝一日将有足够多的食物、住房和衣物供应给大众，更不用说全球知识价值的指数式增长以及近乎无限选择的音乐享受。他们的承诺是个乌托邦，而缓慢或者迅猛的经济增长都只是通向乌托邦道路上的必要突发状况。马克思在《哥达纲领批判》等著作中对社会主义革命之后的生活有零星描述，他预测的场景似乎映照着基督教的《使徒行传》对人们达到天国之后的行为描述：每个人都各尽所能做贡献（Acts 11∶29），并从丰富的公共储备中各取所需（4∶35）[32]。马克思的借鉴应该是有意而为，但又反映了他的什么意图呢？他很少做这方面的描述且语焉不详，或许是因为与穆勒的憧憬并无太多差别：结束贫困的禁锢和苦难，让人人都能真正获得自由的社会。

然而，经济进步是以蹒跚还是迅猛前行的方式实现，却关系重大。

我们今天有多少人能在大约一个世纪之前的厨房做个好帮手？在电力和自动洗衣机出现之前，洗衣服并非烦人的细小琐事，而是每个家庭（更确切地说是家庭主妇）每周劳作的一项重要内容。如今的社会中很少有人担任采集者、猎人乃至农夫。狩猎、采集、农耕，以及放牧、纺织、清洁、挖掘、冶炼、切割木材乃至用手工修造建筑物，均已成为极少数群体从事的专门职业，且人数仍在萎缩。而农民、牧人、制造业工人、建筑工人和矿业工人等在具体操作中已主要成为机器的控制者，越来越多地担任机器人的程序员。他们不再是过去那些用双手来制作和塑造物品的劳动力。

现代的人们又在做什么事情呢？我们越来越多地在拓展科学技术知识的体量，我们互相提供教育，互相提供医疗和护理，照看老人和孩童，彼此娱乐对方。我们相互提供其他各种服务，以便充分利用分工的好处。我们参与复杂的有象征意义的互动，这些互动能够分配地位和权力，在公元2010年组织协调包含整整70亿人的当代经济的劳动分工。

在这个加长版世纪中，我们跨越了一道高耸的分水岭，把人类在此之前的行为与之后的行为彻底分开。这的确是乌托邦，同时又不完全是。我猜想贝拉米到今天会同时陷入震惊与失望。

经济史学家理查德·伊斯特林（Richard Easterlin）对此给出了解释。他认为，人类追求目标的历史表明，我们与乌托邦理想并不能很好地相容。随着财富变得越来越多，过去的必需品不再让人担心，甚至完全被我们忽略。但便利品会成为必需品，奢侈品将成为便利品，人类还会想象和创造出新的奢侈品。[33]

困惑的伊斯特林质疑，"为何如今最富裕国家的物质忧虑同以往一样严重，对物质的追求同以往一样迫切？"。他仿佛看到人类站在"享乐跑步机"之上，"一代又一代的人们以为，收入再提高10%或20%就能拥有完美的幸福……但最终，经济增长的胜利并不是人类对物质需求的胜利，反而是物质需求对人类的胜利"。[34]我们没能利用财富征服自己的欲望，而是财富利用欲望把我们征服了。尽管一切都发展顺利，我们仍只是向着乌托邦蹒跚前行而非疾行，上述的享乐跑步机效应正是一个重要根源。

但话又说回来，抛弃这台跑步机同样不妙。无论蹒跚前行还是疾行，只有傻瓜才会有意无意地朝着接近全球普遍贫困的悲惨方向后退。

* * *

我需要再次提醒读者，下面将进入一个宏大叙事。因此，他人用一本乃至多本专著描述的内容，在我这里或许只有几个章节。在追求宏大主题的时候，细节必然有所牺牲。此外在必要的时候，我往往会"刨根问底",在时间维度上做巨大跳跃,去快速查询和追踪某个重要故事的源起,因为我们只能够像讲故事那般去思考,例如,探究公元1500年发生的事情对1900年的事情会有什么影响等。其中涉及许多细节、灰色地带、有争议的内容和历史不确定性——有的人受了苦,有的人遭遇了巨大苦难,却是为某个目的而付出的牺牲。迄今为止,人们还未能从根本的经济意义上去认识加长版20世纪,因此,我们也没有从中汲取全部必要的教训。我们已从此间纷繁芜杂的政治、军事、社会、文化和外交历史中总结出了大量心得,而经济上的教训同样不容忽视,事实上还更为急迫。

超越以往全部历史的物质财富的爆发式增长乃是其他一切进程的根源:在加长版20世纪中,归属上中产阶级、生活在世界经济工业核心地带的一部分人变得富裕起来,其程度远远超出前几个世纪的思想家对乌托邦的想象。由这个爆发推展出来的如下五个关键进程和若干作用力,将构成本书的主要内容。

历史变成由经济主导:由于财富的爆发式增长,加长版20世纪成为历史上第一个以经济事务为主导的时代。以一种前所未见的方式,经济成为大事件和变革的主要竞技场,经济变革是其他变化背后的根本驱动力。

世界的全球化:同样前所未见的是,其他大陆发生的事情不再是外围扰动,而是成为人们生活的一切地方之事务的中心决定因素。

技术爆发成为驱动力:促使物质财富巨大增长的源泉及其必要前提是人类技术知识的大爆发。这不仅要求相应的文化与教育体系,以培养大量的科学家和工程师,加上交流和记录手段,使后人在过去的知识发现基础上继续进步,还需要合理架构的市场经济,使得给科学家和工程师输送各种资源、帮助他们完成工作任务能够物有所值。

政府的管理不善导致动荡和不满：在加长版 20 世纪中，对于如何规制缺乏自我约束的市场，以维持繁荣、提供发展机遇以及保证足够的平等，各国政府没有头绪。

暴政的激烈表现：加长版 20 世纪中的暴虐政权比之前任何世纪表现得更为残酷野蛮，同时通过奇特、复杂和混乱的方式，与驱动财富爆发式增长的因素密切联系在一起。

我之所以撰写本书，是希望把以上教训镌刻到人类的集体记忆里。我所知道的唯一方式就是给读者们讲故事，以及故事中的故事。

我的故事起源于公元 1870 年，那时的人类还处于困惑中，更先进的技术并不意味着普通人的生活水平改善，而是更多的人口和更稀缺的资源，然后吞噬掉绝大部分潜在物质福利进步。人类还生活在魔鬼的咒语中：托马斯·马尔萨斯的魔鬼。[35]

第 1 章　走向全球化

书桌上各种宣扬民主、理性、女性主义、启蒙和革命的专题著述，让英国学者和牧师托马斯·马尔萨斯感到心烦意乱。于是在1800年前后，他写出了一篇反击大作：《人口原理》。他的目标是什么？是证明主要辩论对象威廉·戈德温（William Godwin，即《弗兰肯斯坦》一书的作者玛丽·雪莱的父亲）及其所有同党是公共福利的敌人，他们目光短浅且容易被蒙蔽，无论他们的初心有多么仁慈。马尔萨斯认为，人类需要的绝非通过革命带来的民主、理性、女性解放和启蒙运动，而是宗教正统、君主政治和父权制家庭。[1]

理由何在？因为人类的性行为几乎是无可抗拒的力量，除非受到制约，让女性保持宗教虔诚，世界维持父权性质，由政府颁布禁令把人们的性行为限制在严格批准的特定条件下，否则人口总是会扩张，直至达到"现实抑制"施加的极限，即只有当女性变得羸弱不堪、排卵失去规律，儿童严重营养不良、免疫系统受到削弱和破坏的时候，人口才会停止增长。马尔萨斯看到的另一种更好的选择是"预防抑制",即通过社会中的家长制权威让女性把贞洁状态保持到28岁左右,甚至在此之后,政府依然限制未婚状态的女性发生性行为,并借助宗教产生的诅咒恐惧防止女性违背政府禁令。只有这样,人口才会保持在稳定均衡状态,让人类获得相对良好的营养与财富。

马尔萨斯阐述的观点,至少对他所处的时代及更早的时代而言,并没有错。公元前6000年左右的世界只有大约700万人口,技术发展指数约为0.051。根据联合国和学院派发展经济学家的标准,当时的生活水平约为每天2.50美元,或者说每年约900美元。快进到公元元年,我们看到世界比公元前6000年有了多得多的发明、创新、技术进步的积累,我采用的技术发展指数也达到0.25,可是平均生活水平依然是每年约900美元。为什么没有进步?因为正如马尔萨斯所述,人类的性行为确实是几乎不可阻拦的力量。全球人口从公元前6000年的约700万增加到公元元年的1.7亿左右。经济学家格雷格·克拉克(Greg Clark)估算过英国建筑工人的实际工资随时间发生的变化,他发现,如果把1800年的工资水平指数化为100,则1650年、1340年、1260年和1230年的建筑工人实际工资指数都相当于100。他得到的最高工资指数水平是1450年的150,那是因为在1346—1348年的黑死病之后欧洲大约损失了三分之一的人口,以及随后各代人经历的瘟疫浪潮,加上农民起义,严重削弱了贵族维持农奴制度的权势。不过在1450—1600年,实际工资水平又逐渐回落到1800年时候的指数水平。[2]

马尔萨斯建议的策略,即宗教、君主制和父权社会,对改善农业时代一般生活水平的普遍惨状没有多少帮助。到1870年,至少在英国出现了某些进步。当然要知道,1870年的英国绝对属于当

第1章 走向全球化　　25

时世界上最富裕和工业化程度最高的国家。根据克拉克的测算，英国建筑工人在1870年的实际工资水平指数达到了170。但有人还是不以为然，还记得约翰·斯图亚特·穆勒吗？那时的智者们依然推测，人类还没有跨越任何决定性的命运分水岭。

穆勒及其伙伴们言之有据。1770—1870年的工业革命是否减轻了绝大多数人的辛劳程度，哪怕是在处于世界领先位置的英国？这值得怀疑。工业革命是否提高了绝大多数人的物质生活水平，哪怕是在英国？有一些提高。相比工业革命之前的人类生活，工业革命无疑是重大事件：蒸汽动力、钢铁制造、机械纺织和电报线路给许多人带来了舒适，让少数人发财致富。但人们的生活方式没有改变，而且有理由担忧。例如英国经济学家凯恩斯直到1919年还在谈论，虽然"马尔萨斯魔鬼"已经被"清除出视野"，但在第一次世界大战的灾难后，"我们或许又把它重新释放了出来"。[3]

在饥饿的人们看来，食物的魔力不容抗拒。从公元前1000年到公元1500年，受到食物短缺制约的全球人口以蜗牛般的速度增长，每年约0.09%，大约从5 000万人扩张到5亿人。孩童的数量很多，但严重营养不良，难以让足够多的孩童活到足够大的年龄，以促进总人口增长。在这几千年中，农民和匠人的普通生活水平很少改变，他们总是要把超过一半的精力和资金用来确保最基本的热量与营养摄入。

受"马尔萨斯魔鬼"的困扰，这种情况鲜有例外。人口增长会吞噬技术与组织的发明创新带来的收益，只能让上层剥削阶级的生活显著改善。而技术与组织的发明创新的平均速率也乏善可陈，每年只有约0.04%，相比之下，从1870年前后起这个平均速率达到了每年2.1%。

这就是公元1500年之前的人类生活，此时来到了一道分水岭：帝国-商业革命。人类的技术与组织能力的进步速度实现了约四倍的大幅跨越：从之前的每年0.04%提高到每年0.15%。远洋帆船、马匹育种、牛羊育种（尤其是美利奴绵羊）、印刷术的发明，粮食种植中对恢复土壤氮素肥力的重要性的认识，运河、马车、大炮、钟表等在1650年之前出现的技术奇迹，成为人类的巨大恩赐，但大炮例外，对某些人来说帆船也是例外。可是这些增长没有快到打破"马尔萨斯魔鬼"的诅咒，并继续把人类约束在几乎普遍的贫困中。大体而言，人口增长与知识增长保持同步，形成抵消。在全球范围内，富人的生活开始改善[4]，但普通人获得的好处极少，甚至可能遭受巨大损失。因为更先进的技术与组织让所有类型的产品数量增加，包括用于杀戮、征服及奴役的更有效和更残酷的工具。

1770年，即在马尔萨斯撰写《人口原理》的一代人之前，又迎来了另一道分水岭：英国工业革命。人类的技术与组织能力的增长速率实现了又一次巨大飞跃，大约提升了两倍，从每年0.15%增至0.45%左右，而在工业革命的原发心脏地带或许还要高出一倍：那是个神奇的环状地带，以不列颠岛东南角的多佛白崖为中心，半径约有300英里*。另外还有在北美洲东北部的衍生地区。以这样更快的进步速率，更多技术奇迹于1770—1870年在北大西洋沿岸普及，并推广到世界上其他辽阔地区。全球人口增长也加速到每年近0.5%，全球产出或许首次超出了每人每日3美元的水平（以今天的等值货币计算）。

这些数字非常重要，是真正的关键所在。经济史学家罗伯特·

---

* 英制单位，1英里约为1.609公里。——编者注

福格尔（Robert Fogel）曾经提到，经济学家的秘密武器是计算能力，我的曾曾叔祖、经济史学家阿伯特·厄舍（Abbott Payson Usher）也曾有过类似的观点。[5]要知道，我们人类是喜欢讲故事的动物。依靠精彩的情节以及善恶有报的圆满结局，故事总会让我们心驰神往。故事是我们的思考方式和记忆方式。真正重要的个人事迹必然涉及身处十字路口的某些人物，他们的行动最终会影响人类的命运，还有就是那些作为广大群体的特殊代表的部分人物。只有通过计算，我们才能判断什么样的故事最具有代表性，哪些决定真正影响深远。各项技术都是重要的，但更加重要的是它们的权重。我们需要考虑：总体而言在多大程度上，某项技术进步让人们制造旧产品的效率获得提高，制造新产品的能力获得增强。

工业革命的源起不是预先注定的，革命也并非必然。对工业革命的起因及历史非必然性的追溯不在本书的议题之内。平行宇宙论者信誓旦旦地说，外面存在与我们类似的其他世界，但我们无法听到、看到或触及它们，就像调到某个频道的收音机不能播放其他频道的节目那样。而根据对这个世界的历史的了解，我完全有把握认为，在外面的大部分平行世界中没有英国工业革命。它们的增长速度更有可能与帝国-商业革命时代的每年0.15%持平，或者接近中世纪的每年0.04%。那些世界更有可能出现的场景是，世界由装备火药武器的帝国长期把持，全球贸易继续由帆船推动。[6]

当然，我们的世界并非如此。而即便在我们的世界里，我也不认为帝国-商业革命与英国工业革命是决定性的事件。

在工业革命时代，人类的实用技术与组织能力的典型全球增速达到每年0.45%，但这会被每年0.9%的全球人口增长（或者说每代人增长近25%）消耗殆尽。也就是说，每4对夫妇生育的子女总数存活到成年的不止8个，而是接近10个。但如果人们的营养略有改善，人类的性行为能够也的确会产生更大的成果。例如在北美洲的梅森-迪克森线以北（即无黄热病的区域）定居的英国移民后裔的数量，在不借助现代医疗辅助的情况下，每100年通过自然增殖翻两番。营养充足但依然贫穷的人面临较高的婴儿死亡率，而且非常需要某些子女存活下来，以便给自己养老送终。所以，每4对这样的夫妇的子女总数很可能不止10个，而是达到14个。此时每年0.45%的人类技术能力进步已经不足以施展法术来制约"马尔萨斯魔鬼"。因此1870年的世界仍是个极度贫困的世界。当时，超过五分之四的人类仍在挥汗如雨地耕种土地，以生产自己家人吃的大部分食物。预期寿命相比过去只有微不足道的提高。1870年，全球采掘的铜只有人均5盎司，2016年则是5磅。1870年，全球的钢铁产量为人均1磅，2016年则是人均350磅。

全球技术知识在1770—1870年间的增速为每年0.45%，这能够延续吗？人类过去经历的全部繁荣期最终都走向了衰竭，重新进入经济停滞阶段，或者更糟糕的黑暗征服时代。德里在1803年被外来入侵者劫掠，北京在1644年，君士坦丁堡在1453年，巴格达在1258年，罗马在410年，波斯波利斯在公元前330年，尼尼微在公元前612年……

当时的人们凭什么认为1770—1870年的增长不会同样走向衰竭呢？凭什么期待宏伟的伦敦将面临不同的命运？

经济学家威廉·斯坦利·杰文斯在1865年还是位30岁的年轻人，默默无闻却自命不凡，"煤炭之问"令他声名鹊起。他警告，最多在一代人之内，英国的易采掘煤炭就将耗尽，各家工厂将随之……关门。[7]作家鲁德亚德·吉卜林（Rudyard Kipling）则属于大英帝国最坚定的信仰者。帝国也待他不薄，直至1915年9月27日，第一次世界大战导致他的儿子约翰在法国城市里尔郊外的血腥战场上阵亡。不过在1897年，吉卜林对维多利亚女王登基60周年的反应则是创作了一首不祥之诗，预言伦敦逃不脱尼尼微的命运，结尾称："疯狂的夸赞与愚蠢的妄语——上帝啊，请怜悯你的子民！"[8]

因此，如果没有经济增长根本驱动力带来的进一步加速——比工业革命更为强大的加速，当今世界或许会一直停留在蒸汽朋克般的景象中：2010年的全球人口或许仍能达到70亿，但即使发明创新维持在1770—1870年的全球平均速率，绝大多数地球人的生活水平也不会比1800—1870年时高出多少。如果今天的技术与组织停留在大约1910年的水平，飞机仍将是处于幼稚阶段的技术，马粪的清扫也仍将是大城市交通管理的核心问题。此时，全世界生活水平低于每天2美元的人口比例将不是9%，而是超过50%，低于5美元的人口比例则将达到90%。此时，平均农场面积将只有1800年时的六分之一，只有最上层的统治阶级能拥有我们今天的发达国家中产阶级的生活水平。

当然，真实历史不是这种情形。现实中发生的场景是1870年之后的创新增长加速，让人类跨越了第三道分水岭。

1870年前后，人类的技术与组织能力的增长率又提升了约4倍，跃进到我们目前每年2.1%的水平。自此之后，技术进步远远超越了人口增长。而且最富裕经济体的人口增长速度在此后开始下降，随着人们变得足够富裕和长寿，限制生育率成为一种合意的选择。

相比之前的所有时代，1870—1914 年这段时期堪称"经济理想国"（economic El Dorado），这是凯恩斯在 1919 年回顾历史时采用的说法。[9]

由此使得 1914 年的世界成为现代与古代的奇特混合体。当年，英国烧掉了大约 1.94 亿吨煤炭，而它今天的年度能源消耗量只是那时的 2.5 倍。当年，美国的铁路客运里程达到平均每位国民 350 英里，而今天美国的年度航空客运里程约为每位国民 3 000 英里。在 1914 年，地主阶层在法国之外的其他所有欧洲国家仍占据政治和社会的支配地位，其中大多数人依然自视为手持刀剑、为国王效力的骑士阶层的后裔。

与过去相比，当时几乎是传说中的乌托邦。全球非技能劳动者的平均实际工资在 1914 年比 1870 年又提高了大约 50%。自人类进入农业时代以来，历史上从未达到过这样高的生活水平。

为什么自 1870 年之后，每一年的技术与组织进步幅度都堪比 1770—1870 年间需要四年才能达到的成就，如果是在 1500—1770 年间，则需要 12 年才能实现，如果是在 1500 年之前，则需要 60 年？最开始集中在欧洲部分地区发生的这一现象，又如何成为一种全球性的现象（尽管程度上并不平衡）？

我认为答案在于工业研究实验室、大型现代公司以及全球化的到来，把全世界整合为一个市场经济体，并着手解决经济中出现的各种问题。而这些问题中最主要的一个是：找到如何加快经济增长速度的办法。实验室和公司组织让托马斯·爱迪生、尼古拉·特斯拉之类的人成为发明家。他们不再需要像前人那样承担十几种其他角色，从团队指挥到人力资源经理等。这些工作都留给公司去完成，由此带来了显著的差别。技术发明可以用理性、规范和职业化的方式开展，然后以理性、规范和职业化的方式应用。

1870年前后的这些发展是否必然或不可避免呢？我们能看到，历史上的很多事情并非不可避免或必然，今天的场景是历史上未曾发生的事情与确实发生的事情的共同结果。人类历史充满了此类可能出现的情形，例如，假设莉莉安·克劳斯没有在1933年2月15日用她的手提包打中杀手朱塞佩·赞加拉，后者的子弹就会命中当选总统富兰克林·罗斯福的头部，而非芝加哥市长安东·塞马克的肺部，结果将是罗斯福死去，塞马克活下来，那么美国在20世纪30年代的大萧条岁月中的历史将面目全非。然而，工业实验室的创建不是一个或几个人的事情，而需要许多人联合协作，往往各怀目的，历时多年。这意味着不可避免吗？未必。可是很多人在长时期联合协作，确实更有可能得出某种特定的结果。

我们感觉此类进程可能会有不同结果，但我们没有很好的方法来总结这可能会如何发生，或者特定结果将落到怎样的合理范围。正如历史学家安东·豪斯（Anton Howes）所言，在1773年之前的5 000年中，几乎任何一位织布工都有可能发明飞梭，从而大大改善自己的生活。但实际上无人做到，直至并没有掌握艰深知识及利用先进材料的约翰·凯伊——借用豪斯的称颂——"发明用两端的木头盒子接住梭子……加上一根绳子和一个名为皮结的手柄"，由此可以看到，"凯伊的创新在简单实用上无与伦比"。相比之下，实验室和公司组织更为复杂，有可能超出人类的想象。[10]

要让实验室和公司发展扩张并改变世界的面貌，我们还需要催化剂。而最主要的催化剂显然是全球化。

回到1700年之前，当时所说的"国际贸易"属于用高价值贵重物品交换贵金属的贸易，这些贵重物品包括香料、丝绸、精神药物（如鸦片）、精美制造品（精钢刀剑、瓷器）、重要而稀缺的原材料（如制作铜器所需的锌）。偶尔还有在各个帝国内部及之间依靠船只运输的粮食：埃及和突尼斯的小麦运到罗马，中国江南的大米运到北京等。还有奴隶贸易：把人们从原生的社群中绑架出来，强制赋予毫无权利的最低等级地位，以极少的食物要求他们提供大量劳作。国际贸易意义重大，严重关系到精英阶层的生活舒适度和精致水平。但它不是改变经济生活的本质力量，当然对于受工业革命之前的贸易网络奴役的人除外。我们所说的"国际贸易"在当时最多影响到全球经济活动的6%，平均来说，一个地区有近3%的消费来自其他地方的进口，近3%的产出用于出口到其他地方。这在1700年之后开始改变。1700—1800年，北大西洋的"枪炮－奴隶－蔗糖"三角贸易确实成了一股强大力量，为邪恶目的剧烈地改变了非洲与加勒比地区的面貌，并发挥了至今仍有争议的推动作用，把全球海洋帝国的庞大财富集中转移到英国，使后者走上了市场经济、有限政府、工业革命和世界霸权的道路。不过，1800年时的国际贸易充其量只占全球经济活动的6%。

1800年之后，棉花与纺织品加入了世界贸易的关键大宗商品清单。棉花输入英国工业革命中的核心制造地带，即英国本土和英吉利海峡对岸地区，以英格兰东南部的多佛为中心的300英里半径圆圈的范围，以及美国的新英格兰地区。这些地区出产的纺织品和其他制造品则出口到世界各地。不过，到1865年时，国际贸易依然只占全球经济活动的7%。[11]

交通运输也出现了全球化，装备钢铁外壳和螺旋桨动力的远洋蒸汽轮船与铁路网连接起来。还有通信的全球化，环球范围的海底电报线缆与陆地线缆交接。到1870年的时候，你可以用接近光速的速度在伦敦与孟买之间互通信息，1876年后，伦敦与新西兰也实现了连通。

全球化的另一个方面是没有壁垒。各国边境开放带来的最大影响是移民，但许多温带地区的定居地限制来自中国、印度等地区的贫穷移民进入。这些地方被保留给欧洲人，有时也包括来自中东地区的人。尽管有限制，但大量人口仍加入了移民行列，在1870—1914年间，世界上每14个人中就有1人从自己原先的居住地外迁，总人数接近1亿。[12]

世界各国政府的开放态度还意味着，对贸易、投资和交流的法律障碍很少。随着人的搬迁，资金、机器、铁路、轮船和电报线缆等生产与分配网络跟随而至，追逐各种自然、实物和生物资源。跨越（今天的）国界的交易在全球经济活动中的占比在1870年达到约9%，在1914年更是提升至约15%。交通运输成本的革命性降低大大超出了同一时期生产成本的降幅和差异。交通运输的进步带来了深远的影响。

让我们看看铁路的例子。能够廉价生产铁轨和发动机的冶金技术，让陆上交通的成本变得跟河流和远洋运输一样低廉，速度也变得更快，至少在铁路铺设到的地方是如此。

有人却发出了怨言。19世纪中期的马萨诸塞州先验主义作家与活动家亨利·大卫·梭罗（Henry David Thoreau）对铁路的回应是："滚出我的草坪！"

> 人们有种难以名状的想法：如果他们把这种共同出资和建设行动坚持得足够久，最终就能让所有人都搭乘火车，以较短的时间和极低的费用旅行。可是，当一大群人冲到车站，而检

票员高呼"全体上车",黑烟冒起,蒸汽四溢的时候,大家将会发现只有少数人在乘车,而其他人则被碾压。这将被称为"一场悲哀的事故",事实也将的确如此。[13]

但我的先祖以及大多数人对此有不同看法。在铁路出现之前,一般的原则是,陆路的农产品运输不能超过 100 英里。因为到这个距离的时候,拉货的牛马会消耗掉它们运送的全部货品。你要么找到一条通航的水路,理想情况是比 100 英里近得多;要么自己消耗生产的全部粮食。这同时意味着,你穿的、吃的、用来打发时间的绝大多数东西都是在本乡本土生产,否则就得用不菲的代价购买。

在梭罗看来,花费一天时间步行或骑马去波士顿是件好事,是从容不迫的生活方式的组成部分。但这是有钱人的看法,或至少是无家庭负担的人的看法,而且拉尔夫·爱默生(Ralph Waldo Emerson)的第二任妻子丽迪安·杰克逊(Lidian Jackson)还很乐意为他烤制馅饼。*

实验室、大公司、全球运输、全球通信、壁垒降低这些因素结合起来足以翻越决定性的分水岭,让人类摆脱马尔萨斯贫困陷阱。它们还以史无前例的方式书写了世界经济的故事。

鉴于全世界的人类都喜欢居住在能够通航的水道附近,交通运输的最深远革命或许不是 19 世纪 30 年代出现的铁路,而是后来诞生的烧煤的铁壳远洋蒸汽轮船。1870 年,贝尔法斯特的哈兰德沃尔夫造船厂下水了蒸汽螺旋桨驱动的铁壳客轮皇家海洋号,这艘船承诺用 9 天时间从利物浦抵达纽约,而在 1800 年这段旅程需要一

---

* 亨利·梭罗终生未婚,与爱默生一家是挚友。——译者注

个多月才能完成。

皇家海洋号有 150 名船员，服务 1 000 名三等舱乘客，每人票价为 3 英镑，大致相当于非技能劳动者一个半月的工资。还有 150 名头等舱乘客，每人票价为 15 英镑。[14] 以占平均收入的份额计算，头等舱票价相当于如今的 1.7 万美元。但更有意义的应该是与 19 世纪 70 年代的近期历史做对比。就在一代人之前，乘坐更缓慢、更不安全的其他船只的三等舱的费用是皇家海洋号的 2 倍，而 1800 年时的费用约为 4 倍。在 1870 年之后，送一位家庭成员漂洋过海去工作，对于除最贫困阶层之外的绝大多数欧洲人来说都成了一种可行的选项。

数以百万计的人们对此做出了响应。因为多达 1 亿人离开自己的出生地，去其他地方生活和工作，19 世纪后期的生产和贸易全球化显得活力十足。无论之前还是之后，我们都没有见到人类在全世界的分布如此迅速地发生调整。

大约 5 000 万人离开欧洲的故乡，主要迁往美洲和大洋洲，也有些去往南非、肯尼亚高地、庞蒂克 – 里海大草原以及其他地方。1870—1914 年是一个非凡的时代，工薪阶层可以为追求更幸福的生活而反复跨越海洋。

按照我追溯的家族史，我的所有先祖都是在 1800 年之前抵达美国的，那时跨海移民的人多是被奴役者、被契约束缚者，或者中产阶级成员。我知道的最后一位是艾德蒙·加拉弗，1772 年生于爱尔兰的瓦特米斯，他与莉迪亚·麦克吉尼斯（1780 年生于新罕布什尔）在 19 世纪之初定居于宾夕法尼亚州的切斯特，迎来儿子约翰的降生。不过，我妻子的所有先祖则是在 1870 年后的全球移民大潮中来到美国的。其中一位是玛莉亚·罗萨·席尔瓦，1873

年生于葡萄牙，于 1892 年抵达美国。她于次年在马萨诸塞州的洛维尔嫁给何塞·吉尔，后者于 1872 年生于讲葡萄牙语的马德拉岛，于 1891 年乘船抵达萨凡纳。

他或许了解甘蔗，并听说萨凡纳有甘蔗种植，但发现自己在那里肤色太黑，于是搬到了洛维尔，我们对此并不清楚。但我们知道他们带着自己的孩子玛丽、约翰、弗朗西斯和卡丽，在 1900 年后不久重新跨越大西洋，从波士顿返回了马德拉岛。之后何塞于 1903 年死在了南非。接下来我们看到玛莉亚·罗萨带着四个孩子，加上后来的约瑟夫，再度跨越大西洋。在马萨诸塞州富尔河镇 1910 年的人口普查中，她被登记为租房居住的寡妇纺织工，生育过五个孩子，有四个存活下来。

移民并不总是单向的。正如何塞·吉尔与玛莉亚·罗萨·席尔瓦那样，某些人多次跨越大西洋。其中有个人做了永久性的反方向旅行——生于美国，迁往英格兰，她就是 1854 年出生的珍妮·杰罗姆，纽约金融家莱纳德·杰罗姆与克拉拉·霍尔之女。原因是她嫁给了第七任马尔堡公爵的小儿子伦道夫·斯宾塞－丘吉尔爵士。他俩于 1873 年在英吉利海峡的怀特岛举办的帆船赛会上初次相遇，三天后即订婚。但婚姻被推迟了七个月，因为珍妮的父亲莱纳德与新郎的父亲约翰·温斯顿·斯宾塞－丘吉尔公爵需要商讨：新娘应该带多少嫁妆以及如何保管。这对年轻夫妇的儿子温斯顿在婚后八个月出生，另一个儿子约翰则在六年后到来。[15]

伦道夫在大约 20 年后的 1895 年去世，终年 45 岁，或许是因为梅毒，当然宣称是某种神经系统疾病。死亡证明上的诊断说"由于精神失常而基本瘫痪"。珍妮此后"深受威尔士亲王及其他人的爱慕"，这是当时的说法。她在 1900 年同乔治·科恩瓦里斯－韦斯特结婚，后者只比儿子温斯顿大一个月。

温斯顿·斯宾塞·丘吉尔去掉了姓氏中的连字符，把前半部分斯宾塞改成了自己的中间名。青年时期，他在英国政坛年少得志，中年时期是糟糕的财政大臣，然后在二战时期出任首相，扛起了抗击纳粹的重任。丘吉尔作为战时首相的辉煌成就至少应部分归功于他有一半的美国血统，并知道如何与美国对话，尤其是如何与时任总统富兰克林·罗斯福对话。

虽然加利福尼亚州（以下简称加州）北部的红杉林中有供奉佛教观音菩萨的神龛，但中国向欧洲人聚居的加州及其他气候温和的殖民地与前殖民地的移民路线很快被关闭了。利兰·斯坦福（铁路大亨和加州第一任州长，为纪念自己的儿子创建和捐资兴建了斯坦福大学）之类的富豪也许支持引入移民，但平民主义者倾向于排外。在很大程度上，他们难以阻挡西欧人和东欧人的流入，但基本上可以强制推行"中国佬滚回去"的政策。来自印度次大陆的人们也属于不受欢迎的同一类型。

莫罕达斯·甘地生于1869年，他的父亲卡拉姆昌德·甘地是卡提瓦半岛上与英国结盟并受其领导的博尔本达尔侯国的首相，母亲是父亲的第四任妻子普立白。[16]莫罕达斯14岁时，家里安排他同卡斯图尔白成婚。1888年，18岁的他从孟买坐船去英国学习法律。四年后，22岁的他成为律师，坐船返回印度。他的职业生涯并不顺利，1893年遇到一位商人，对方需要律师帮忙去南非收取4万英镑的债款。甘地自告奋勇接受此任务，再度横跨大洋。他本想只去一年，但后来决定留下。1897年，他返回印度，然后把家人一起接到南非。他将在那里再住上22年，并在那里成为一名反帝国主义者、政治家和活动家。因为从印度次大陆来到南非的人所受的待遇虽然没有本地土著那么屈辱,但也只是略好一点。

这些伟大移民活动的另一位参与者是邓小平,1904年出生于中等水平的地主家庭,家境约相当于中国当时平均收入的五倍。[17] 1920年10月,邓小平来到法国勤工俭学。因为1914—1918年的一战把大量劳动力送入部队,并让许多人死亡或致残,所以在战争期间及战后,法国政府都急于接受任何愿意入替的人。邓小平借助战后的这项人力引入计划,到巴黎郊外的克鲁梭的工厂担任加工金属的钳工,在那里成为一名共产主义者,并结识了中国共产党未来的其他许多领导人,包括周恩来。1926年,邓小平到莫斯科中山大学学习,之后于1927年回国,从中国共产党的骨干成长为高级官员。在毛泽东时代,邓小平受到两次排挤,前一次的罪名是"党内第二号走资派"。但邓小平最终成为中国的最高领导人,指引国家在20世纪80年代之后真正崛起,他完全有资格被视为加长版20世纪中影响最为深远的人物之一。

在欧洲人移居的各个气候温和地区,本地平民主义者非常成功地保持了"欧洲色彩",如美国、加拿大、阿根廷、智利、乌拉圭、澳大利亚和新西兰。而来自中国和印度的移民潮被引向了其他地方,如锡兰的茶叶种植园或马来亚的橡胶种植园等。不过,仍有多达5 000万的中国人和印度人移居海外,主要去往东南亚、非洲、加勒比地区与秘鲁高地。

气候类似欧洲的资源丰富的定居地,如加拿大和阿根廷等地,进一步促进了欧洲人生活水平的提高。大约有三分之一的移民后来又回到祖国,大多数人带回的资源让自己成为中产阶级的坚实成员。三分之二留在海外的移民及其子女的生活水平则提高了1.5～3倍。留在祖国的人同样因此获益。数十年的移民浪潮使欧洲的工资水平提高，因为留在本地的劳动者面临的就业竞争变小了，而且有来自新大陆的廉价进口产品可供选择。[18]

富豪与平民主义者也从中获得了好处。实际上没有迹象表明，劳动力稀缺的大西洋西岸外围地带从劳动力丰富的欧洲迎来移民浪潮时，之前已经生活在那里的本土工人有什么损失。在1914年之前的岁月，美国、加拿大和阿根廷的实际工资分别实现了1.0%、1.7%和1.7%的年增长率，而欧洲西北部的工资的年均增速为0.9%。只是在澳大利亚，1914年之前半个世纪中的实际工资水平陷于停滞，外贸增长似乎对这个劳动力稀缺经济体的实际工资水平产生了一定的削减作用。总体而言，迁往温带地区国家的移民同时带来了资本，从而扩大了移民接收国的经济规模。[19]

对热带地区的移民接收经济体来说，移民涌入是否压低了相对工资水平？的确如此，而且对没有移民的经济体来说也是如此。英国的资本、巴西人参股兴建的橡胶种植园以及从中国输往马来亚的劳动力，都可以也的确打压了巴西劳动者的工资，他们甚至不知道有马来亚这个地方。经济欠发达也是一个过程，在1870—1914年之间不断演化。

移民流出对中国和印度本土等移民资源丰富的经济体的工资没带来多少提高，这两个地方的人口过于庞大，外迁移民显得微不足道。

由于不幸的命运和糟糕的政府，当时的印度和中国没能挣脱"马尔萨斯魔鬼"的锁链。技术有所进步，但生产潜力的提高被人口增长吞噬，而不是表现为生活水平改善。中国在19世纪后期的人口几乎是第二个千禧年之初（公元1000年）的三倍，因此对于被欧洲人视为濒临饥饿的工资水平，中国和印度的潜在移民依然愿意接受。

就这样，中国和印度的庞大人口以及低水平物质财富和农业生产率制约了接收亚洲移民的其他地区的工资水平，包括马来亚、印度尼西亚、加勒比地区以及东非等。这些地方可以以略高于基本生存水平的工资廉价地引入劳动力。但劳动者们依旧珍惜工作机会，因为他们在马来亚或非洲种植园里得到的发展机遇和生活水平依然明显超过自己回国以后的境遇。低工资成本意味着，对亚洲移民开放的国家出产的大宗商品较为便宜。于是，来自马来亚橡胶种植园的竞争甚至压低了巴西橡胶种植园的工资水平。这样的结果是，在后来被称为南方国家的广大地区，19世纪后期的生活水平与工资率依然停留在低水平，尽管要高于当时的中国和印度。

好坏不论，全世界此时成为一个整体，讲述同一个故事。这个全球故事的一部分内容是，出现了明确的国际劳动分工："热带"地区向欧洲供应橡胶、咖啡、食糖、植物油、棉花及其他相对低价值的农产品。欧洲移民不断增加的温带地区，包括美国、加拿大、澳大利亚、新西兰、阿根廷、乌拉圭、乌克兰、智利，或许还包括南非，出产并向欧洲输送粮食、肉类和羊毛。德国农民遇到了新的竞争对手，不只是来自美洲，还有从敖德萨用船运来的大量俄国谷物。西欧国家依靠制造品的出口收入来支付进口物资，美国东北部也同样，工业设备和物资将在1910年提升至该国出口的半数份额。

随着即将成为世界外围地带的经济体的工资水平下降，它们发展出足够富裕的中产阶级为强大的本土工业创造需求的机会也在减少。

至于其中的原因，我们可以看看大英帝国的例子。英国人无论去往哪里，都会修建起一座堡垒、几个码头和一家植物园，后者是为发现哪些有价值的植物可以在他们的堡垒掩护下兴旺种植起来。正是大英帝国在19世纪把橡胶作物从巴西带回皇家植物园，然后送到马来亚，以及把茶树从中国直接送到锡兰（斯里兰卡的旧称）。尽管橡胶在19世纪最后四分之一世纪才引入马来亚、印度尼西亚和印度半岛，但到一战结束时，这三个地方已经成为世界天然橡胶的主要供应地。这个进程至少绝大部分是由大英帝国促成的。葡萄牙人则把咖啡树从也门带到巴西。对于在19世纪后期成为全球经济外围地带的许多地方来说，它们的比较优势更多不是天然形成，而是人为赋予。[20]

美国是最主要的长期受益者。把目光放长远一些就能发现，19世纪到20世纪早期移民涌入的几十年是加长版20世纪成为美国主导时代的关键阶段。例如美国在1860年拥有完整公民资格（也就是政府认为值得教化的讲英语的白种人）的国民人数，包含女性和儿童在内，只有2 500万，而英国及其自治领的相应人口数为3 200万。到1940年，即1870—2010年之间的中点，情况有了巨大改变。美国拥有完整公民资格的人数达到1.16亿，英国及其自治领则只有7 500万。两国的人口都在自然增长，正是被接纳和同化的大量移民让美国到1940年实现了比大英帝国更为壮阔的飞跃。

1870—1914年这数十年是技术进步、人口增长和迁徙、运输和通信改进、贸易和投资扩张的时代。人员运输与货物运输的成本竞相下降，芝加哥每磅1.5美分的面粉，1850年在伦敦能卖到3美分，到1890年已降至2美分。事实上，除特别容易损毁的类别外，每种大宗商品在1870年之后都可能以低于任何国家国内运费的价格通过港口跨越大洋运输。[21]只要有码头和铁路，世界上的每个地方都能够同其他任何地方紧密连接起来。每个人的机遇和约束也都取决于世界其他任何地方发生的事情。

这一点影响深远：1870—1914年，出口在国民产出中所占的份额在印度和印度尼西亚翻了一番，在中国达到三倍多。德川幕府两个半世纪的闭关锁国被美国军舰强行打破后，日本在一战之前短短两代人的时间里，把出口占国民产出的份额从接近于零提升至7%。1500年，国际贸易占全球产出的份额约为1.5%。到1700年提升至3%左右，1850年达到约4%，1880年为11%，1913年达到17%，如今是30%。[22]

国际经济学家理查德·鲍德温（Richard Baldwin）把1870—1914年间的这一进步称作"第一次松绑"（first unbundling）：船运成本的巨幅下跌意味着产品的使用和消费不再必须同原产地"捆绑"。你可以在成本最低的地方生产货品，再廉价地运送到购买它们的有钱人所在的地方去使用和消费。[23]

然而这并没有在任何意义上"使世界变平"。除了购买简单易懂、质量已知的产品，如果你想做任何更为复杂的事情，都必须与他人交流。别人必须知道你的需求，你也必须了解他们的生产能力，需要就双方如何最好地协调达成共识。你还必须同他们面对面，以判断能够在哪些方面和多大程度上信任对方。鲍德温说的第一次松绑意味着，生产可以也确实同使用和消费分开了，但生产并不是直接迁移到运输网络上最易于获取各种资源的地方，而是集中起来，迁入工业区，让生产商们可以尽量节约与沟通、会谈、面对面谈判和建立信任有关的成本。

这一结果使得众多工厂比邻而居，于是工业研究实验室与新的思想创意也集中到一起，沟通交流的高成本同样要求思想的聚集。产品可以通过运输网络发送到任何地方去使用，但只有在全世界某几个地方生产才是最廉价和高效的。就这样，地球在1914年之前的经济理想国中繁荣起来，北方国家完成了工业化。花园中的毒蛇则是相对收入水平的分化：市场在给予（北方国家）的同时，也在拿走。就后来的南方国家而言，它们的工业化远远落后，很多地方完全没有工业化，甚至一些重要的地方还被去工业化。[24]

欧洲西北部在生产制造品方面获得了巨大的比较优势，外围地区出产的自然资源也变得更有价值：铜、煤、咖啡以及各种矿产品和农产品可以通过铁路运往港口，再装上铁壳的蒸汽动力远洋货轮。市场经济的反应就像信息随着铜制电缆传输那样迅捷。核心工业化国家凭借在工业知识方面的优势专门负责制造业，外围地区专业生产初级产品，新升级的基础设施能帮助出口这些产品。这两类地区开展专业化分工的能力创造了极大的经济价值。

推动19世纪后期世界经济发展的技术与基础设施投资带来了巨大的社会回报。例如，经济史学家罗伯特·福格尔估计，联合太平洋公司横贯美洲大陆的铁路带来了每年约30%的社会回报率。[25]

国际贸易的增长意味着，比较优势理论的逻辑可能被利用到极致。两个国家在纺织品和五金产品（或者其他任何两种不易损毁变质的产品）的相对价格上一旦有差异，把一个国家相对便宜的产品用于出口，以进口相对昂贵的产品，就可以赚取利润并改善社会福利。而比较优势一旦确立，通常就会延续很长时间。英国人发明的自动纺织机械，丝毫不代表它们在英国比在其他国家运转得更好。可是，英国的棉纺织品出口在1800—1910年的多个十年中不断增长，到一战前数年的巅峰期攀升至每年11亿英镑。[26]

比较优势的影响范围极其广阔。不太善于种植农作物，然而更不会制造机械工具的国家，依旧可以通过出口食品和进口机械工具来改善自己的处境。而处于擅长制造汽车的行列，但相对来说制造飞机更出色的国家，也可以通过出口飞机和进口汽车来改善福利。这就是推动世界贸易不断扩张的强大力量。无论一个国家的比较优势是来自创新的企业家、深厚的工程技术实力、高素质的劳动力、丰富的自然资源，还是使劳动成本低廉的贫困处境，贸易都可以使企业盈利，让社会变得更加富裕。世界范围的实际工资水平因此得以提升，且并不限于当时广泛采用工业技术的若干国家。

在劳动力之后，金融和投资也深受影响。以历史尺度观之，1870—1914年的世界经济是一个高投资型经济。西欧、北美洲东部和中西部的工业化动员了足够多工人生产制造品，满足全世界的需要，并帮着修建铁路、轮船、港口、吊车、电报线路以及其他运输和通信基础设施，使全球化经济体首次成为现实。在美国南北战争结束时的1865年，全球共有2万英里铁路，到1914年则发展到30万英里（今天的数字是100万英里）。

德国汉堡市的工人获得了由北达科他州或乌克兰小麦制造的廉价面包。伦敦的投资者为蒙大拿州的铜矿和加州的铁路提供资金（铁路大亨利兰·斯坦福把其中很大部分装进了自己的腰包）。日本政府扶持东京的企业家购买德国汉堡的工人制造的电动机械。把全世界连成一体的电报线缆则是由蒙大拿州的铜制造的，用中国工人在马来亚以及印度工人在孟加拉采集的橡胶作为绝缘包裹材料。

凯恩斯在1919年指出，对全球的中产阶级和上层阶级而言，这一发展使得1914年的生活"以较低成本和极少麻烦提供的各种便利品、舒适品和愉悦品，超出了过去时代最富裕和最有权势的君王享受的水平"。[27]

对全球工薪阶层来说，或者至少对那些被轮船、铁路、国际贸易惠及的人来说，生活水平更是大幅超过了基本生存水平。马尔萨斯的力量也对此做出了反应，1914 年的人口相比一代人之前增加了四分之一。半个世纪的人口增幅超过以往农业时代的 500 年。不过，这并没有对营养水平带来下行压力。投资和技术使人类在历史上首次实现了包括营养在内的现有资源增速超过了人口增速。这次轮到"马尔萨斯魔鬼"被锁闭起来了。

以沟通交流的能力为例。1800 年左右，一个财务状况不稳的英国－爱尔兰贵族家庭的第四个儿子亚瑟·韦尔斯利正在追求财富和声誉，而他唯一的显著才干只是绝对属于业余水平的小提琴演奏。韦尔斯利给自己购买了一个职位，担任英国第 33 步兵团的少校。当时的英国政府认为，主要由富人、地主家庭子弟构成的军官团队将永远不会重演 1650—1660 年的准军事独裁政治，因此采用了军官职位必须花钱购买才能获得的规则，使出任军官的人必须同地主家庭有密切联系，能够获得后者的资助或借款。韦尔斯利就是靠兄长理查德借钱给他，得以晋升到陆军中校的。理查德此时被英国任命为印度总督，未来的威灵顿公爵韦尔斯利则与之同行，希望哥哥的羽翼庇护能帮助自己当上将军。理查德确实帮了这个忙。亚瑟·韦尔斯利在后来成为历史上唯一一位指挥军队击败过拿破仑亲自统辖军队的将军。但他认为自己作为将军打得最好的战役其实是他负责指挥的第一场，即马哈拉施特拉邦的阿萨耶战役，是帮助英国赢得第二次马拉塔战争的关键一役。[28]

亚瑟·韦尔斯利花了七个月时间从英国抵达印度，返回的旅程则是六个月。这个时滞意味着，大英帝国内阁与东印度公司董事们要求他向印度各个地方总督传达的所有问题、指令或命令，在最终抵达加尔各答的威廉堡、金奈的圣乔治堡或孟买城堡的时候，时效都过去一年了。需要一年时间完成的问答不能算对话,而是两场有交叉的独白。在这样的鸿沟之间传递看法、实践、能力和目标,都杂乱无章到了危险的地步。

电报则能够实现对话。它借助铜制电缆以近乎光速传递信息,把地球上的各个点连接在一起。

并非所有人都对此表示欢迎。亨利·梭罗这次又发出了怨言:"我们在匆匆忙忙地修建从缅因州到得克萨斯州的磁性电报系统,但这两个地方之间或许没有任何重要的事情需要沟通。"[29]

得克萨斯或许不需要从缅因州得到太多重要的情报,但在1860年夏天,得克萨斯人需要了解芝加哥的很多事情,因为在维格瓦姆召开的共和党全国大会提名亚伯拉罕·林肯作为总统候选人。由此引发的一系列事件将会在五年之内让得克萨斯的2.5万成年白人死亡,2.5万人致残,令20万得克萨斯黑人全部获得解放。缅因州人或许不需要了解太多得克萨斯州的情报,但对于驾船运货的缅因州渔民来说,大浅滩鳕鱼在波士顿、普罗维登斯、纽约和费城等地的相对价格却意义重大。

了解鳕鱼的价格很有价值,数十万美国人的解放影响深远,两者都代表着电报信息带来的改变。自从语言发明以来,人类的伟大力量之一便是我们通过谈话和流言把自己变成了情报存储库。社群中一个人知道的事情,如果有用,很快会传遍整个群体,经常还会流传到群体之外很远的地方。电报拓宽了人们周边群体的范围,从村庄、城镇或行会有可能扩展到整个世界。

用电报覆盖全球并不容易,尤其困难的地方是架设海底电缆。1870年,英国工程师伊桑巴德·布鲁内尔率领人类在1901年之前建造的最大船只"大东方号",铺设了从也门到孟买的海底电缆,完成了连通伦敦的海底线路工程。此后，未来的威灵顿公爵以及数百万人不再需要花费数月时间在伦敦与孟买之间往返传递消息和指令，几分钟即可实现通信。1870年以后，你在早上起床时就能获知自己的海外投资在昨天的表现，并在午餐前把指令与问题发送给远在天边的银行经纪人。

它的深远意义来自如下三方面因素。首先，这一进步不仅给决策提供了更多参考信息，还改善了信任与安全。例如在1871年，34岁的美国金融家约翰·皮尔庞特·摩根（J. Pierpont Morgan）与45岁的美国金融家安东尼·德雷塞尔（Anthony Drexel）结成投资银行合伙人，试图把资金从资本充裕的英国引入自然资源和土地丰富的美国。如今的摩根大通银行和摩根士丹利公司正是那家合伙企业的后裔。[30]其次，这一进步极大地促进了技术转移，让地球上某个角落发明或应用的技术及方法能在另一个角落投入使用。再次，这一进步成为帝国的侍女。在可以廉价而可靠地实现交流、运输货物和迁移人员的地方，就能够指挥、调动和供养军队。于是，征服扩张成为所有欧洲列强能够在全世界任何角落实施的行动，至少是带来侵略和破坏。欧洲列强也的确是这样做的。

除英属印度外，1870年之前的欧洲帝国主义扩张主要集中在港口及其腹地。可是到1914年，除摩洛哥、埃塞俄比亚、伊朗、阿富汗、尼泊尔、泰国、中国内地以及日本外，全世界其他地方都被欧洲列强征服或统治，日本则占据了朝鲜半岛和中国台湾。

* * *

19世纪末，随着信息传输速度的极大提升，人员和设备运输成本的巨幅下降，人类历史上似乎首次能够实现把任何已知的生产技术应用到世界的任何角落。

纺织厂出现在世界各地，如孟买、加尔各答、上海、开普敦、东京，以及曼彻斯特、福尔里弗和布鲁塞尔。北大西洋两岸的经济核心地带为这些项目提供支持，如资本、劳动力、组织和市场需求，即从外围地区购买产品的需要和意愿。西欧国家在1870年之前的大宗进口主要限于棉花、烟草、食糖和羊毛，还有少量的棕榈油、皮毛、兽皮、茶叶和咖啡等，后几种不是必需品甚至便利品，而是奢侈品。到1870年之后，技术进步要求有石油来供应柴油发动机和汽油发动机，有硝酸盐来生产化肥、铜缆和橡胶轮胎。即使不谈这些新技术，北大西洋两岸核心地带对可可、咖啡、茶叶、丝绸、黄麻、棕榈油及其他热带产品的需求在1870年之后也迅猛增加。商品需求和工业技术变革理应开始把全世界连接到一起，但实际情形并非如此。

生于圣卢西亚的贸易和发展经济学家阿瑟·刘易斯（W. Arthur Lewis）认为，一体化经济世界出现带来的净效应是，让许多国家和地区跳上了现代经济增长的"电梯"，把它们带到"前所未有的人均产出高度"。但他判断，1870年之前只有六个国家完全登上了电梯。[31]

从1805—1848年的埃及总督穆罕默德·阿里（Muhammed Ali）的故事中，我们能看到为什么此类国家如此罕见。阿里的最大愿望是改变自己的国家，使他的孙子们不会成为法国银行家和英国官员的傀儡。他实现这个梦想的一条途径是试图把埃及变成纺织制造业中心。但问题在于，维持机器的运转难以做到，纺织厂被迫停工。他的孙子、1863年成为埃及总督的伊斯梅尔（Ismail）确实变成了

第1章 走向全球化　　49

法国银行家与英国委任官员的傀儡。[32]

中国、印度以及在二战后成为南方国家的其他地区不生产和出口小麦和羊毛等某些高价值商品，这是可以理解的，它们的农业生产率太低，气候也不适宜。此类商品的出口主要来自温带移民经济体。也正是来自中国和印度的实际和潜在移民给马来亚、肯尼亚和哥伦比亚带来的沉重工资压力，才使后几个地区生产的商品的价格从一开始就长期维持在较低水平。

更令人迷惑的是，为什么在一战之前的岁月中，工业化没有更快地普及到后来的南方国家。毕竟，北大西洋工业核心地带的榜样看起来不难模仿。英国工业革命中发明的技术，包括蒸汽动力、纺织厂、自动织布机、钢铁提纯和冶炼以及铁路建设，需要很多相互独立的天才的贡献。然而并不需要模仿这些技术，尤其是当你可以购买英国和美国工业中使用的同类型工业设备，并廉价地运输到自己国家的时候。

假如亨利·福特能改进生产线，让流水线上的非熟练工人完成过去的熟练工匠的任务，那么他或者其他人为什么不能对生产线做些类似改进，让工资更低的秘鲁、波兰或肯尼亚非熟练工人完成美国工人的任务呢？要知道即使在1914年的时候，美国的劳动力成本在世界上也已经非常高了。

困难是否在于政治风险？决定性因素是不是靠近机器供应商和制造类似产品的其他工厂带来的比较优势？还是说，必须有专家在身边，以便及时修理可能出现故障的各种设备？

对我来说，这依然是一大谜题。不仅是我，其他经济史学家同样困惑。对于一战之前的技术扩散步伐在工业核心地带之外为何如此缓慢，我们知道的还太少。

外围经济体在出口型种植园农业的专业化分工方面做得非常好,而在创造现代制造业工厂方面则表现太差,后者本可以把它们的较低工资水平变成比较优势的持久来源。

在别人询问这背后的原因时,我说英国(以及后来的美国和德国)在初期的成本优势太大,因此其他地方为扶持"幼稚产业"必须实施较高的关税保护。我还说殖民统治者不允许殖民地人民的工业化尝试,自由贸易的意识形态影响让许多人甚至没有考虑过这一可能性,如此等等。甚至极少人想到稍微偏离自由贸易意识形态的终极真理,而借鉴亚历山大·汉密尔顿及其同党的实用主义政治经济学。但从长远看,汉密尔顿式的"发展型政府"路线或许本来可以大大推动这些经济体的进步。[33]

没有约束的市场经济会竭尽所能地满足拥有宝贵财产权利的人的欲望,而这些人追求的是通过购买外国奢侈品来提高生活水平。他们没有实现和加快长期增长的耐心,遑论通过涓滴效应把财富和机遇拓展到工薪阶级。另外,市场经济虽然看到了兴建种植园的利润,看到了铁路和港口等基础设施使用中可能收取的费用,却没有看到和考虑工人或工程师们从生产合作中获得的知识进步。观察先行者与竞争对手的成败对错,听他们炫耀自己的事迹成就,同情他们创业失败的经历,乃是促进生产率提升的强大社会渠道。不过,在硅谷的马车轮酒吧开展的谈话本身并不涉及资金流动[34],因此市场看不到这些活动对经济的好处。

约翰·穆勒曾指出,由此获得的技能和经验,能创造"一个国家在某个生产领域超越另一个国家的优势……只是因为较早开展这类生产活动……而没有其他内在优势"。除非有所约束管理,否则市场经济的利润最大化尝试会使某些国家永远无法获得此类技能和经验。因此在 1870—1950 年,最盈利、最依靠创新支持的经济活动类型越来越多地集中到我们如今所说的北方国家。[35]

经济史学家罗伯特·阿伦（Robert Allen）认为,帝国主义是决定性因素：殖民政府没有兴趣采纳能够促进工业化的港口、铁路、学校、银行等"标准组合"的政策措施,也无意给"幼稚产业"提供关税保护,因为这些产业不属于当下就能赚钱的出口产业。阿瑟·刘易斯则认为,最关键的问题是移民和全球商品贸易：工业化要求有繁荣的国内中产阶级购买工厂的产品,热带经济体难以发展出这个群体。经济史学家乔尔·莫克尔（Joel Mokyr）提出,欧洲启蒙运动时期发展出来的思想和知识交流习惯,为北大西洋的核心工业强国所依赖的工程实践群体奠定了基础。发展经济学家劳尔·普雷维什（Raul Prebisch）则指出,最关键因素是号称来自卡斯提尔征服者（Castilian conquistadores）后裔的土地贵族,他们认为,为了长期维持对社会的统治,最好是把制造自己喜欢的奢侈品的工厂阻隔在大洋彼岸。[36]

我的学识不足以对上述观点做出判断。问题的答案藏在复杂的因果组合中,从做出决策的许多个人,到更宏大的文化和政治力量。我只能肯定,假如 20 世纪没有像实际情形这样发展,我们也不可能知道另外会发生什么。

第 2 章 技术驱动型增长的加速

1870 年之后的世界呈现一种前所未见的全球化面貌。但它具体指什么？地球上纵横交错的通信和运输线路正在把思想和人口以更快的速度转移，但全球化显然不止于此。为了更好地了解全球化，我们可以先听听赫伯特·胡佛的故事。[1]

胡佛于 1874 年出生在美国艾奥瓦州。他的铁匠父亲死于 1880 年，母亲也于 1884 年去世，从 10 岁起他便成为孤儿。次年，他开始向西迁徙，首先搬到俄勒冈州的姨父姨母家，然后正如他后来经常说的那样，于 1891 年迁往加州，成为第一名进入斯坦福大学的学生，因为他在开校前就到了，校方同意他进入校园住宿。接下来，胡佛在那里学习采矿工程，于 1895 年毕业，当时正是 1893 年金融恐慌之后的萧条期。

胡佛的第一份工作是在加州的草谷公司（Grass Valley）做矿工，年收入为 600 美元。然后成为实习生和矿业工程师特别助理，年收入提高到 2 400 美元。他继续向西迁徙，于 1897 年跨越太平洋。先是到澳大利亚为墨林矿业公司（Bewick Moreing）工作，年收入为 7 000 美元。随后来到中国，年收入达到 2 万美元。正是在这里，胡佛收获了他的第一桶金，但究竟是通过什么方式，他后来发现不太容易解释。[2]

在 1901—1917 年，胡佛住在伦敦，担任咨询工程师和投资人，其业务和投资遍及澳大利亚、中国、俄国、缅甸、意大利、中美洲和美国。他于 1917 年返回美国，1925 年出任商务部长，1928 年当选总统。从小镇铁匠家的儿子到大学毕业生，再到身家数百万的矿业咨询师，乃至美国总统，即使在美国历史上，谁有过如此巨大和如此迅捷的身份提升？这真是个非凡的国家。美国的不平凡正是让加长版 20 世纪变得不平凡的一股显著塑造力量。

当然，胡佛本人的财富主要不是来自全球化，而是依靠他对采矿技术的娴熟掌握，以及作为经理人和组织者的技能。全球化并不是让 1870 年成为历史分水岭最有影响的事件。在 1870—1914 年，人类的技术与组织能力以每年大约 2% 的速率进步，是之前 100 年（1770—1870 年）的四倍以上。世界经济的领跑者初期有美国、德国以及将迅速落伍的英国，它们在 1870 年之前就表现出比其他地区更快的增长速度，大约每年快 0.9 个百分点。[3]接下来它们将加快步伐，保持大约每年 2.5% 的领先增长速度，几乎三倍于 1870 年之前的增速。

1870 年之前，发明创新主要是单独的发现或应用，给如何做原有的事情找到更好的新办法：制作毛线、缝纫衣服、装运货物、打造铁器、采掘煤炭，以及种植小麦、水稻和玉米等。发明家们率先找到改进办法，然后加以利用。这个过程要求发明家不仅是研究者，同时也要担任开发工程师、维修技师、人力资源经理、领班、啦啦队员、市场推广员、团队指挥以及金融家等角色。

如果周围的条件能够支持，1870年之前的上述体系还是够用的。例如18世纪发明的蒸汽机，它需要廉价的燃料，需要某些重要而能够盈利的用途，并且在金属加工技术领域有充分能力。燃料在煤矿底下找到了。借助蒸汽机，种植园出产的廉价棉花很适合用于机器纺纱，并快速输送到生产畅销服装的工厂。再加上廉价制造铁轨和轮子的实用金属加工工艺，工业革命的导火线终于点燃。蒸汽动力就这样推动了19世纪的自动纺锤、织布机、金属压印机和火车头的运转。

但这条导火线完全有可能熄灭，因为1870年之前的历史记录给人留下的印象正是如此。印刷术、风车、滑膛枪、航海帆船、水磨，以及之前的马项圈、重型犁和3 600名士兵组成的战斗军团，每项发明都给当时的一小块经济和社会生活带来了革命。可是，这些发明都没有点燃类似于我们在1870年之后发动的经济增长火箭。古代地中海文明之后是名副其实的黑暗时代。印刷术带来了信息传播的革命，但书籍始终只占总支出的极小部分，且印刷术只是单一的发明，而非系列革命。风车和水车让妇女不再需要花费太长的时间推磨，但她们的父亲和丈夫还会安排其他的活儿。

滑膛枪和帆船带来了帝国-商业时代与火器帝国，但这同样是零散的跳跃，而非进入持续增长的起飞。马项圈和重型犁把欧洲的人口和商业中心向北推移，却没有显著改善欧洲工薪阶层的处境。军团成为塑造罗马帝国的关键因素，但之后随着扩张达到极限，最终衰落。[4]与之前相比，1870年之后的区别在于最发达的北大西洋经济体"发明了发明"。它们不仅发明了纺织机械和铁路，还有工业实验室以及层级组织支撑的大公司。于是，工业实验室推出的发明可以在全国甚至大洲的规模上推广应用。或许最重要的是，这些经

第2章 技术驱动型增长的加速　　55

济体发现，除了给制造老产品找到新方法，发明全新的产品更为有利可图，并让人获得巨大的满足。

不只是发明，还有对如何开展发明的系统性革新。不只是个别的大型组织，还有如何管理组织的系统性方法。这些进步是实行一体化中央计划指挥控制的现代公司出现的关键。在1870—1914年的每一年，都有首批工业研究实验室发明更新更好的工业技术并投入应用，有时出售给老牌生产商，更多时候则促进了大公司的兴起与扩张。

阿瑟·刘易斯发现，1870年的富人拥有的物品几乎同1770年的富人一样。[5]1870年的富人拥有的物品数量很可能更多：更多的住房、更多的衣服、更多的马匹和马车以及家具等。然而炫耀财富基本上是展示自己雇用的仆人数量，而非自己个人喜欢的商品。这在19世纪70年代之后发生了变化。刘易斯指出，新产品的出现带来了影响，让富人们可以获得"电话、留声机、打字机、照相机、汽车等，一个看似没有穷尽的过程，20世纪之后的最新目录还包括飞机、收音机、电冰箱、洗衣机、电视机、游艇等"。1870年，只有4%的美国家庭装了抽水马桶，1920年提升到20%，1950年为71%，1970年达到96%。1880年，美国还没有一部固定电话，1914年，28%的家庭已经拥有，1950年为62%，1970年达到87%。1913年用上电的美国家庭达到18%，1950年提高至94%。[6]

这些神奇的便利品和消费品的出现经常被人们称为"第二次工业革命"。经济学家罗伯特·戈登（Robert Gordon）描述过这一波"巨浪"：从抽水马桶到微波炉的各式发明，在此之后，有机化学、内燃机和电力技术等低垂甚至中等高度的果实也被采摘，接下来的技术进步速度注定会慢下来。戈登认为，科学的持续进步把人类突然带到了一个技术潜力巨大的地方。* 但我认为，这种观点有失大局。我们把各种进步与"第二次工业革命"的说法联系起来，是因为它们快速相继发生，在一代人的时间之内就已实现，而不是以之前英国工业革命那样的速率，在一个半世纪的跨度内逐渐展开。最关键的地方从来不是某种特定技术的出现，而是人们开始认识到有广泛而深入的各种新技术领域可以去发现、拓展与应用。

以钢铁为例，这种即将成为 20 世纪主要建筑材料和工业文明代表的金属实际上是在 19 世纪后半叶重新发明的。钢材的构成是 90%～95% 的铁加上碳。你可以在熔炉中冶炼出不含碳的纯铁，把温度烧到低于铁熔点的水平，施以捶打，使其中的熔渣或者说各种杂质融化并脱落，再如此反复操作。然而这样得到的熟铁硬度太差，不适合工业用途。而如果用焦炭给熔炉加热，使温度高于铁的熔点，焦炭中的碳元素就会与铁混合，于是就能得到生铁或锻铁，但这种材质太脆，同样不适合工业用途。

炼钢要求把细节做到刚刚好，但这并不容易。数千年来，钢材的冶炼都是依靠熟练的匠人，利用木炭加热和捶打熟铁，再将其放入水或油中淬火冷却。19 世纪之前的多个世纪中，高品质钢材的制作工艺只有江户、大马士革、米兰、伯明翰的最资深铁匠才掌握。在外行人甚至很多内行人看来，这一工艺好比魔法。按照德国的传说——有些被改编成瓦格纳的指环系列歌剧——命中注定的英雄齐格弗里德获得了优秀铁匠打造的一把宝剑。铸剑的矮人米梅完全不像是一位材料工程师，至于他的哥哥阿尔贝里希则是十足的巫师。[7]

---

* 详细内容可参见罗伯特·戈登的《美国增长的起落》（中信出版集团，2018）一书。——编者注

第 2 章 技术驱动型增长的加速

这种情形在 1855—1856 年发生了变化，亨利·贝塞麦与罗伯特·穆谢特开发出了贝塞麦-穆谢特冶炼工艺。他们把空气注入熔化的生铁，以吹走所有的非铁杂质，然后根据工业的需要，加入刚好适量的碳或者锰元素。每吨钢材的价格因此下降到原来的约七分之一，从 45 英镑跌至 6 英镑，而英国当时的年均工资约为 70 英镑。后来又出现了托马斯-吉尔克里斯工艺与西门子-马丁工艺，继续改进冶炼技术。到 1914 年，世界范围的钢材产量从起初微不足道的水平，仅够制作刀剑、餐具和某些需要极其锋利刃口的工具，激增至每年约 7 000 万吨。[8] 到 1950 年又增加到 1.7 亿吨，2020 年更是达到 15 亿吨。2016 年时的钢材成本约为每吨 500 美元，而欧美国家的全职工人的平均工资已接近每年 5 万美元。

远不只是钢材。罗伯特·戈登极其准确地指出，1870 年对于此后数十年的世界而言是新生事物的黎明时分："生活中的每个方面都经历了革命，到 1929 年，美国的城市有了电力、天然气、电话、清洁自来水……马匹从街道消失……居民们享受到的娱乐……远远超出 1870 年的想象。"[9] 1870 年时，经济的技术前沿还是铁路和钢铁厂，到 1903 年已变成发电机和汽车，到 1936 年则是生产流水线和飞机，再到 1969 年的电视机和火箭（包括登月和军事用途），乃至 2002 年的微处理器和万维网。技术革命及其带来的经济、社会和政治影响，以及相应的问题和调整，推进速度和猛烈程度超出以往任何时代。

其中许多变化在 1929 年之前很早就已发生，而且不限于美国。1889 年，即攻占巴士底狱的法国大革命 100 周年之际，法国举办了一场世界博览会。展会中心不是革命殉道者的画像，而是由古斯塔夫·埃菲尔设计并以他命名的铁塔。正如历史学家唐纳德·萨松

（Donald Sassoon）所述，法国这场博览会成为"商业和贸易、现代性以及机器展厅陈列的技术奇迹的……献祭仪式……在现代性、进步与和平地追求财富的旗帜下，法国人将重获民族自豪感与凝聚力"。[10]

埃菲尔铁塔在博览会结束后因公众的呼吁而免于拆除，自此统治了巴黎的天际线。而在大西洋彼岸的纽约港，矗立着古斯塔夫·埃菲尔的另一设计作品，这座钢制架构被铜制外表覆盖，名为"自由女神"。

生活依旧艰难而肮脏。在1900年前后，正快速成为世界经济增长中心的美国依然较为贫穷，且非常不平等。事实上，对几十年前还遭受奴役的那部分美国人来说甚至变得比之前更加不平等，也比20世纪剩余的时期更加不平等。[11]然而相比世界其他任何地方，美国在20世纪的第一个十年却极具吸引力。尽管工作时间很长并面临工伤死亡风险，公司对劳动安全漠不关心，美国的工作机会从国际比较看仍是极为珍贵的。[12]这些机会值得人们穿越5 000英里，从匈牙利、立陶宛等地迁往匹兹堡或新泽西的郊外。

任何经济历史叙事在这一时刻都会习惯性地谈到托马斯·爱迪生，全世界最著名的发明家，新泽西州门罗帕克市的"魔术师"，他获得了1 000多项专利，创建了15家公司，包括如今的通用电气公司。然而，广为人知的爱迪生的故事其实遮蔽了这场革命在全球的广泛程度。

我们不妨来谈谈另一位移民，与赫伯特·胡佛一样，他也向西迁徙，不过是从欧洲的克罗地亚来到美国。这位移民就是尼古拉·特斯拉。[13]

特斯拉于1856年7月10日出生在哈布斯堡帝国克罗地亚省克

第2章　技术驱动型增长的加速

拉伊纳区的斯密尔坚镇，当时统治那里的是维也纳的年轻君主弗朗兹·约瑟夫。特斯拉在家里五个子女中排行第四，父亲是文化人，担任当地塞尔维亚东正教会的牧师，母亲则不识字。父母希望他也成为牧师，而他自己则打算成为电气工程师。

特斯拉在奥地利的格拉茨市学习了两年电气工程，然后辍学。他与家人朋友中断了联系，做了两年工程师，然后据说陷入了精神崩溃。于是，父亲催促他到布拉格的卡尔－费迪南德大学重新上学，尼古拉或许听从了建议，但最多也只持续了一个夏天，他父亲在那前后去世了。

1881年，尼古拉·特斯拉来到布达佩斯的一家新创企业——匈牙利国家电话公司，担任首席电气技师和工程师，但没有停留太久。次年他迁居巴黎，以改进和调适美国技术为职业。两年后的1884年6月，他抵达美国纽约，身无分文，仅带着工程师查尔斯·巴彻勒写给托马斯·爱迪生的推荐信："我知道两个伟大的人，您是其中之一，这位年轻人是另外一个。"于是爱迪生留下了特斯拉。

特斯拉开始在爱迪生机械厂工作。他后来说，爱迪生答应给他5万美元，作为改进和重新设计直流发电机的奖励，这在当时相当于整个机械厂的净价值。无论背后的真相如何，到1885年时，爱迪生拒绝支付这笔钱。于是特斯拉离职了，在之后两三年以体力活为生。

特斯拉自认是个难相处的人，眼中没有对方。例如，在爱迪生去世后次日，特斯拉就表现出没有任何社交情商的一面，他在报纸上这样回顾自己曾经的老板和世界知名的发明家："爱迪生没有任何嗜好，不喜欢任何娱乐，生活中完全不讲最基本的卫生……他的工作方法极其缺乏效率，要做非常多的搜寻尝试，直至纯粹依靠运气做出所有发明。我当初不幸目睹了这些做法，深知仅靠一点点理论推导和计算，便能为他节约90%的劳动。可他十分蔑视查阅书籍和数学计算，完全迷信于自己的创新直觉和美国式的实用主义。"[14]

针对自己的个性，特斯拉则说：

> 我强烈反感女人的耳饰……或多或少还能欣赏不同设计的手镯。珍珠的样子简直让人晕厥，但我对水晶的光泽很着迷……看到桃子会让我发烧……我走路的时候会数着步数，计算汤碗和咖啡杯的容积、食物的数量……否则用餐将显得索然无味。我做的所有重复性动作或操作都必须能被3整除，如果失误了，我将不得不重新去做，哪怕花上好几个小时。[15]

在自身的古怪个性之外，特斯拉对科技发展的未来有着乌托邦式的奇特展望，他是非常典型的疯狂科学家，一如玛丽·雪莱笔下的弗兰肯斯坦。很自然地，他难以维持同财务资助者和工程技术支持团队的合作。但特斯拉及其盟友依然在电力传输是采用直流电还是交流电的战斗中击败了托马斯·爱迪生。

直流电与交流电之争是怎么回事呢？回到18世纪70年代，亚历山德罗·伏特发现了锌原子的一种特性效应，它可以放弃一个电子，从而降到一种更理想的更低能量级状态。而银原子则可以通过多获取一个电子，提升到一种更理想的更高能量级状态。把一个正电极同锌块连接，从锌原子中释放的电子就会在电极中堆积起来。而把一个负电极同银块连接，银原子就会把电极中的电子吸引过去。然后我们用导线连接正电极和负电极，于是就会有直流电，即真实的电子从正电极流向负电极，直至这个"电池"被耗尽，也就是让整个锌块获得足够多的正电荷，使电荷对电子的吸引力同电子脱离锌原子的化学反应倾向相抵消。而随着电子通过直流电从正电极流向负电极，人们就能利用其运动能量来做功。这就是直流电的含义，它符合我们的直觉与感受。但直流电的传输范围较小，电子从正电极流向负电极时会摇摆碰撞，使经过的每段距离变热，从而损失能量。

我们再设想，你围绕一块磁铁转动一段电线，使其每秒钟完成60转。静止的电子不会因为靠近磁铁而发生作用，移动的电子则不然，它会获得磁铁的推力，大小同电子的运动速率成比例。因此，当电线在磁铁附近转动时，电子首先会获得一个方向的推力，然后又变成另一个方向，在一分钟之内来回变换60次。由于电线属于导体，这种推力变换会被传输到并不靠近磁铁的电线那里。如果把电线围绕一个圆柱体缠绕很多圈，就能把电线变成非常强大的磁铁，然后用电流来回转换的方式非常强有力地作用于另一段电线，这就构成了一个变压器。电子的振动越是剧烈，电力传输的效率就越高：因为传输同样多能量所用的电流较少，参与作用的电子更少，热量损失也就更少。

爱迪生的直流电系统需要修建许多发电厂，每个街区都要建一个。特斯拉的交流电系统则只要求修建少数大型发电厂，在最适合的地方选址，依靠强烈的电子振动，即极高的交流电压来远程或短程输送电力，再依靠变压器来提升或降低电子振动幅度。他的方案具有规模经济的优势，事实上也更强大。这是堪比巫术的成果，实际上并没有用电子的流动去携带能量，而是靠电子在一个方向和另一个方向的来回振动。仅仅依靠振动，而没有电子从一个地方到另一个地方的实际运动，怎么可能产生如此巨大的能量？因此社会上对此很难接受，即便是经验丰富的工程师也看不懂这套系统是如何运作的。[16]

有一段时间，尼古拉·特斯拉或许是唯一了解交流电传输不只是理论课题的电气工程师，他知道相比爱迪生的系统，这种方法的运转效率要高得多，从而能大大降低成本。

特斯拉是对的。我们今天的整个电力网络以及与之相连的一切事物主要是采用特斯拉的方案，而非爱迪生的方案。从太空看到的地球被电力网络点亮的夜景，正是特斯拉创造的世界。他关于如何用高效有力的方式让电子跳舞的想法是对的，尽管同时代几乎所有人都认为他想象太过、不切实际，甚至疑似神志不清。

特斯拉做的事情还要多得多。他于1894年展示了或许是人类第一台（或至少属于最早之列的）收音机。他的很多创意获得了成功，很多想法领先于时代太早。也有些想法过于疯狂，例如死亡射线和广播动力等。在推动经济生活的电力化方面，他贡献巨大，或许带来了相当于5～10年的进步，并可能永久性地把经济发展从之前的方向改变到一个新的方向。疯狂科学家特斯拉如何能够产生如此大的影响？因为他可以在工业实验室开展工作，他的创意可以由公司负责开发和应用。他可以为乔治·威斯汀豪斯工作，通用电气公司则可以使用他的研究成果。

特斯拉首先、主要和终究是一位发明家。1887年，他创建了特斯拉电力照明和制造公司，但出资人把他排挤出了他自己创建的这家企业。次年，他在美国电气工程师协会的会议上展示了一台交流电感应电机，它是我们今天所有交流电动机的祖先。次年，他终于找到了一位长期财务支持者：乔治·威斯汀豪斯及其拥有的西屋电气公司。特斯拉很快在该公司位于匹兹堡的实验室开始工作。

1891年，35岁的他返回纽约，通过共享协议把专利出售给西屋电气公司，并以这些资金创建了自己的实验室。1893年，他和乔治·威斯汀豪斯利用交流电点亮了芝加哥的世界博览会，这是世界上第一个有电力及电器配备的建筑的博览会。

19世纪80年代后期到90年代，威斯汀豪斯与特斯拉及其支持者同爱迪生及其支持者展开了所谓的"电流之战"。爱迪生把赌注投入直流电网。对于当时的白炽灯泡和发电机来说，直流电运转良好，也能够很好地利用储能电池。这意味着在开发昂贵的发电能力时，你只需要满足平均负荷的标准即可，而非峰值负荷。但爱迪生并不完全清楚特斯拉在为自己工作时追求的目标，他曾说，"特斯拉的创意很出色，但完全不切实际"。[17]

特斯拉与威斯汀豪斯的交流电系统让电力能借助高压电线，在远距离之间高效输送。能量在传输到预定地点后可以通过变压器来降压，回落到不立刻致命的程度。爱迪生的直流电系统的危险性要小得多，但要求以低电压来完成远距离输送，会造成很大的电阻能量损失。一方面，特斯拉的系统尽管有附带风险，却能提供人们需要的更多能量。但另一方面，当时还不太清楚能够利用交流电来做哪些有用的事情，直到特斯拉又发明出感应电动机。

威斯汀豪斯与爱迪生都试图尽快建设电力网络，以成为主导标准，两人都几乎为此倾家荡产。最终威斯汀豪斯与特斯拉一方赢得了胜利。

特斯拉的思想的影响力，借助其他人的财富和组织能力得以极大拓展。即使在他于1899年从纽约迁往科罗拉多州斯普林斯市之后，势头依然在持续。他去那里是为开展高压配电实验，包括采用有线和无线的方法。他的无线配电实验很快转化为收音机，但他对这个成果的兴趣有限。特斯拉更加沉迷于在世界范围内输配电力的想法，希望无须建设输电线路，并且免费提供电力。他的主张类似于某种开源电力运动，比后来的开源软件运动领先了足足 90 年。

1907 年的金融恐慌爆发前，乔治·威斯汀豪斯的公司已经不太明智地从摩根和乔治·贝克那里借了太多钱。这两位大银行家认为机会来了，电力的英雄创世时代已经结束。摩根认为是时候让经营回归理性了，需要把特斯拉这样的理想主义发明家以及支持他的魅力型狂热企业家威斯汀豪斯等人撤换掉，代之以身着法兰绒西装的沉稳经理人，如罗伯特·马瑟和埃德温·阿特金斯等，使业务规范化。他们关注的重点是财务业绩：削减天马行空的实验支出，减少人工费用，不要把自由现金流用于海外扩张或者同（他们喜欢的）通用电气公司之间的竞争，而是变成分红。特斯拉给西屋电气公司签署了永久免费使用自己全部发明的许可证，把自己变成了穷光蛋。摩根和贝克后来排挤了西屋电气公司，但保留了特斯拉的授权许可。[18]

从短暂的 19 世纪末到加长版 20 世纪初的跨越旅途中，特斯拉并不孤独。作为极具创造力的天才，他鲜有匹敌。但在离开西屋电气之后，作为纽约市华尔道夫酒店的慈善照顾对象，他的贫困意味着与芸芸众生为伍，因为当时的世界还基本上是个贫穷的世界。

1914 年，全球约三分之二的人依然在耕作土地，种植自己家人所用的大部分食物。大部分人目不识丁，从未见过蒸汽机，也没有坐过火车、用过电话以及到城市里居住过。预期寿命只是略高于农业时代的水平。同样是在 1914 年，即便美国也有三分之一以上的劳动力从事农业。而当时的美国已经是全世界千百万劳苦大众向往的灯塔，他们很多不惜跨越大洲海洋来此追求幸福。在世界各国中，只有英国与比利时的劳动力迁出农业和迁入城市的速度快于美国。在 20 世纪第一个十年，德国成为世界第三超级强国，比英国和美国之外的任何国家更具实力、更加工业化。然而到希特勒统治的纳粹德国于 1939 年发动战争时，他的军队使用的轮式或履带式车辆有五分之四依然要靠马和骡子来拖动。[19]

为了更好地了解 20 世纪之初的美国是个何等贫穷又不平等的社会，我们可以看看一位匿名大学教授的例子，他在 1902 年以笔名 G. H. M. 为《大西洋月刊》撰写了一篇 4 页长的文章。[20]这位教授自称获得的薪水太低，愤愤不平地申诉大学教授的平均年薪只有区区 2 000 美元。他认为这显然不够，很不公平。可是在那个时候，2 000 美元几乎是美国工人平均总产值的 4 倍、年薪的 6 倍。作为对比，2020 年美国教授的收入如果是全美平均产值的 4 倍，年薪将达到 50 万美元。[21]

不过 G. H. M. 教授还自认为是个"通情达理之人"，他并没有"漫天要价，只因为同等能力在其他行业能获得 1 万～5 万美元的年薪"，相当于当时美国工人平均收入的 20～100 倍。然而，《大西洋月刊》给这位普通教授 4 页篇幅发表文章不是出于嘲讽。因为随着他罗列的预算，读者们会认同他的家庭确实拮据。他列出的第一笔大支出是人工服务，由于没有电冰箱、洗衣机、烘干机、电力和天然气生火的炉灶等耐用消费品，更不用说汽车和其他电器，"我们必须每月支付 25 美元雇一位勉强可行的用人"。他抱怨说，每月还要加 10 美元洗衣费，因为普通的用人不干洗衣服的活儿。然后是每月 1 美元理发，2 美元请园丁。仅人工费这一大项，每年合计就是 445 美元，几乎相当于 1900 年的美国劳均 GDP。而他请来帮忙的用人在干活时并没有柴油动力割草机、电动篱笆修剪刀、真空吸尘器、洗碗机等设备可用。

G. H. M. 教授无力负担住在校园步行可及的距离之内，也付不起养一匹马和一辆马车的费用，因此不得不采用新出现的自行车这一高技术发明来通勤。一位普通教授（以及众多读者）认为他的才能理应获得比平均收入高出数倍的薪酬，但他依然会担心入不敷出，这表明他所处的经济体的阶层分化极为严重。

如果我们把视线从教授转向 20 世纪初期的普通工薪家庭，这种不平等的感觉会大为缓解。

在 1900 年，大约三分之一的美国家庭接纳了寄宿者，这些人几乎都是非亲属关系的男性，在主人家里吃住。这是女主人给家庭带来直接收入的唯一途径，但也增加了她必须承担的家务，且大部分是体力活。例如，很少人家有自来水或热水器。家里的用水需要用桶从公共水龙头那里提回来，希望离家不要太远。需要热水时则在炉子上用木柴或煤炭来烧。耐用消费品的贫乏不仅困扰着我们的教授，也给家庭主妇们添了麻烦，她们不得不忙于从烧炉子到洗衬衣等各种家务。[22]

有钱维持资产阶级整洁风格的人则喜欢炫耀。在 20 世纪初的美国，白衬衣、白裙子、白手套等都是代表财富的强烈标志。他们仿佛在说："我不需要自己洗衣服"，而且说得非常人声。

宾夕法尼亚州相对繁荣的钢铁小镇霍姆斯特德可以让我们深度观察当时的巨大贫富差距。1910 年，那里仅有六分之一的工薪阶层家庭有专用洗手间。一半左右的"斯拉夫人"和"黑人"家庭住在一居室或两居室的房子里。大多数白人家庭住的房子则是四居室，而如今我们说的许多"白人"群体在当时并未被纳入，包括斯拉夫人、拉丁人和希伯来人等。但即使在相对舒适的四居室房子里，大多数家庭在宾州的冬天也只付得起给一个房间供暖。对于在老式铸铁炉子上烹饪土豆，你能想到多少种方法呢？那时候为准备餐食花费的时间不是每天 1 个小时，而是约 4 个小时。

婴儿死亡率依然较高。霍姆斯特德镇的幼儿中有约五分之一在一周岁前夭折，成年女性在生产时面临巨大风险。成年男性也时有不测。当地工厂的事故平均每年造成 260 人受伤，30 人死亡。而总人口不过 2.5 万，钢铁厂的工人总数仅有约 5 000 人。每年，这 5 000 名工人中有 5% 因为受伤而不能上岗，有 1% 永久致残，有 0.5% 送掉性命。

我们可以计算一下，如果你从 20 岁起为美国钢铁公司工作，那么在满 50 岁之前死在工厂的概率差不多有七分之一，致残的概率则有近三分之一。在 20 世纪初，本地教会和其他组织为美国工薪阶层提供了大量人寿保险和伤残保险（因为企业基本不管），可以说非常自然。霍姆斯特德镇在 19 世纪后期爆发了某些极为激烈和残暴的劳资纠纷，其冲突程度仅次于洛基山的煤矿和芝加哥的铁路调度站，同样不足为奇。我们也可以理解，美国在许多年后实施福利国家政策时，工伤保险金为什么是首批被列入的项目之一。

霍姆斯特德镇的大多数劳动者每周只工作 6 天。这个"只"争取得非常艰难，因为美国钢铁公司认为在星期天关闭大部分工厂是自己做出的重大让步，公司的负责人希望借此大幅改善公共关系。但只要他们发现工人们愿意上夜班，该公司就会在工作日 24 小时开工（萧条期和衰退期除外）。而当情况有变时，他们又马上更改：从一战前及一战中的两班各 12 小时工作制，到 20 世纪 20 年代、二战及之后的两班或三班 8 小时工作制。

不过，霍姆斯特德镇的岗位，至少由出生在美国的人就职的岗位，即便以美国的较高标准看，在当时也算得上好工作。大多数在那里上班的人都心怀感激。历史学家雷·金格（Ray Ginger）解释说："他们的期望跟我们不同。在南方农场长大的人不会认为儿子去当线筒男孩（在纺织厂里帮着收集纺线）有多么残酷，住在出租房、到血汗工厂干活的移民看重的是有生以来第一次可以天天穿上鞋子。"[23] 霍姆斯特德镇的白人家庭每年收入约为 900 美元，这让他们跻身美国家庭收入前三分之一的人群，而当时的美国是澳大利亚之外全球最富裕的国家。

与世界上其他地方有类似技能的人能获得的收入相比，霍姆斯特德镇的工作是非常有吸引力的。因此人们会来到美国，身处美国的人则在努力寻找霍姆斯特德这样经济繁荣的地方。

美国不同寻常的富裕有多方面的原因。1870 年，世界经济增长的中心从英国跨越大西洋转移到美国。这里拥有一整片大陆、如潮的移民、丰富的资源，以及让发明家和企业家成为文化英雄的开放社会。

有人注意到，美国的巨大面积和人口促进了采用大规模生产与现代管理的企业的发展。有人指出，流入美国的大量移民带来了劳动力、技能以及消费和工作的意愿。有人强调自然资源对美国工业领先地位的关键作用：在运输费用依然不容忽视的时代，自然资源领域的比较优势就是发展制造业的比较优势。有人则关注资源丰富的经济体与"美国式制造体系"的关系，后者依靠标准化，制造可替换部件，大量重复使用机器，而浪费式地使用自然资源（包括原材料和能源）。还有些人看重美国社会的开放性，它使得人员、思想、资本和倡议容易在国内自由流动，乃至在其他大陆

第 2 章 技术驱动型增长的加速

之间自由流动。[24]

正是这个充满机遇的体系，让胡佛、特斯拉、威斯汀豪斯、爱迪生、化名为 G. H. M. 的教授以及霍姆斯特德镇的工人都充满希望。但将它称作"体系"未免有些夸大，因为这听起来像个富有远见的预定进程。在 20 世纪，给美国带来大量财富的众多因素促成了大规模生产，但不是来自任何有意识、有计划的工业发展推进行动，而是通过各种短视的选择，带来了更多技术外部效应。历史证明，对发明的发明产生了更多的发明创新成果。

除此之外，我们还可以给美国的富裕找到两个促进因素：教育与和平。当然我们也必须指出，这些对若干本土居民来说基本上是不存在的：美国的第一民族是通过陆路（而非后来的海路）来到美洲的早期移民的后裔，他们在当时受到带有致命病原体的毛毯等"礼物"的打击，被驱赶到保留地；还有黑人群体，他们受到白人的残酷压迫。

在 1914 年的美国，包括农村地区，孩子们都要上学。在一战之前的岁月里，教育就已获得大幅提升。对于生活在领先经济体的孩童来说，至少要上小学已经成为惯例。普通学生受教育的年限在持续增加。[25]

美国把培养能识字算数的公民当作国家的头等大事。这鼓励了那些来自比较富裕的家庭、有更好条件、得到更好训练的人追求更高的教育。实业家及其他一些人很快发现，员工素质提高带来的收益超过了为扶持大众化中等教育和高等教育而缴纳的税收。这不是美国独有的优势。在美国的强大教育系统为生产率带来影响的同时，英国各自治领也积极支持教育，在促进工业竞争力上取得了类似成果，德国做得则更出色。

美国例外论是符合现实的，但这个观点可能让人们忽略：与其他西方发达国家相比，美国的例外只属于程度上的差异。当然，程度上的差异累积起来会在许多方面表现为性质上的差异。最后的结果是，在20世纪的很多时间里，美国在技术和工业领域占据了明显的支配地位，也引发了来自全世界的众多想象。

由于美国经济较为繁荣，而且在一战之前的技术进步速率远快于西欧，所以人们在展望新兴的20世纪的面貌时自然把目光投向美国。在17世纪，许多欧洲人以荷兰为标杆。19世纪，世界主要看英国。到加长版20世纪启动时，整个欧洲乃至几乎全世界都将目光转向了美国。在观察者眼中，美国似乎是一个性质完全不同的文明。美国没有欧洲那些束缚政治和压迫民众的历史包袱，因此能大胆地探索未来。

美国的独特优势还有一个极大的助力，那就是与世界其他地方相比，1870年前后开始启动的爆发式繁荣期（也被称作美好时代、镀金时代或经济理想国时代）持续得更久，没有中断。中国在1911年爆发革命，欧洲则在1914年坠入一战的深渊。而在美国，社会进步与工业发展从1865年起步，即阿波马托克斯的枪声沉息、标志内战结束之际，直至1929年夏天大萧条爆发才停下来。

从另一位移民的眼中，我们也能看到对世纪之交的美国的某些敬仰与好奇，他就是列夫·达维多维奇·勃朗施坦。

列夫的父母也是移民。他的父亲大卫和母亲安娜跨越了自己从未见过的大河，迁徙数百英里，走出森林，进入草原，这片地方在历史上是游牧民族的领地，直至那时才被军队征服。他们在那里耕种的土地是世界上最肥沃的，那里的人口却非常稀少。从勃朗施坦家的农场到最近的邮局足有 15 英里路程。

但不同于劳拉·怀德[*]在北美大草原的小房子（那是欧洲人在美国小麦产地定居的故事），勃朗施坦家的农场位于如今乌克兰的亚诺夫卡。他们讲俄语和意第绪语，而非英语。他们把儿子列夫送到最近的大城市上学，那不是密歇根湖畔的港口城市芝加哥，而是黑海边的港口城市敖德萨。

在那里，列夫成长为一名共产主义者。在革命生涯中，他遭到追捕和流放，感受到对沙皇和警察的恐惧。1917 年 1 月，他带着家人——第二任妻子及其子女——到纽约市停留了 10 周。与 20 世纪第二个十年从旧大陆来到新大陆并登陆纽约的大多数人不同，共产主义者列夫并不想去那里。但他和家人仍然很享受这段时光，并在后来如此记述他们在那里的生活：

> 我们在工人区租了一套公寓，并用分期付款置办了家当。这套每月 18 美元的公寓拥有我们这些欧洲人完全不习惯的各种设施：电灯、煤气灶、淋浴、电话、电梯，甚至还有垃圾滑槽。这些东西让孩子们完全爱上了纽约。有段时间电话成了他们的宝贝，无论在维也纳还是巴黎我们都还没用过这种神秘的机器。

这家人，尤其是子女们震惊于美国的繁荣以及日常见到的技术奇迹：

---

[*] 劳拉·怀德（1867—1957），美国女作家，著有《草原上的小木屋》等著名儿童文学作品。——编者注

孩子们有了新朋友，关系最近的是 M 医生的司机。医生的夫人带我的妻子和孩子们坐车兜风……他们把司机当成了魔术师、泰坦巨人、超人！举手之间，他就能随心所欲地控制机器，坐在他身边简直是无边的快乐。

十月革命爆发后，列夫返回了圣彼得堡。这座城市将在加长版 20 世纪的历史上几度更名，先是改为彼得格勒，然后是列宁格勒，最后又改回圣彼得堡。列夫也给自己改了名字。从过去在敖德萨的沙皇监狱里遇到的一位狱卒那里，他获得了一个化名——列夫·勃朗施坦成了列昂·托洛茨基。

托洛茨基再也没有被允许返回美国。他毕竟是一位危险的颠覆分子，其长期计划包括以暴力方式推翻美国政府。他成为列宁的得力干将，让布尔什维克在苏俄内战中取得胜利的组织者，后续的权力斗争中败给斯大林的第一批失意者，并最终成为秘密警察组织的受害者，于 1940 年在墨西哥城郊外被人用一把冰锥杀死。

在遭遇谋杀前的流亡中，托洛茨基回忆起离开纽约市的情形，反映了世界上许多人的印象。他感到，从纽约返回欧洲的旅程，仿佛是离开未来而回归过去："我正在前往欧洲，那种感觉就像一个人匆匆看了一眼正在锻造未来的熔炉。"[26]

托洛茨基认为，乌托邦正在建设中，但不是建在他即将返回的俄国，他们正试图借助沙皇尼古拉二世被废黜的机会掀起政治运动。高举乌托邦旗帜、承诺领导世界、指引前进方向的是美国。

这个锻造熔炉的热量来自以空前速率持续推进的技术浪潮，由工业实验室和现代公司激发，以美国为中心，进而向外围扩展，首先抵达其他发达国家，然后逐渐遍及世界。要知道在 1870—2010

年，每一年的技术和经济进步与变革从速率上讲要超过 1500 年之前 50 年的进步，超过 1500—1770 年间 12 年的进步，超过 1770—1870 年间 4 年的进步。这样的进步带来了太多创造，也导致了太多破坏。这就是我们要探讨的市场经济：维持你工作的资金融通要求它是价值链的一部分，并能够通过某个可能身处千里之外的金融家所做的利润最大化测试；你获取自认为物有所值的收入的能力，取决于潜在雇主以同样标准对你能做的事情的价值评估。随着技术能力的成长，依靠老式技术通过此类测试的人的能力将下降。经济学家约瑟夫·熊彼特在 1942 年写道："资本主义从来不是静态的……启动和维持资本主义引擎的基本动力来自资本主义企业创造的新消费品、新生产方式或运输方式、新市场和新型工业组织……产业突变……不停地从内部改造经济结构，不停地摧毁旧事物……这种创造性破坏过程是资本主义的本质。"[27] 庞大的财富是由创造带来的，贫困是由破坏导致的，不确定性和焦虑则来自威胁。要想把技术潜力蕴藏的未来真正锻造出来，必须有人来管理协调这个过程，以减轻社会对破坏的消极后果的抵制。

2006 年之后，美国的经济增长步伐快速放缓。到 2010 年，即加长版 20 世纪终结之时，许多人认为减速将会转瞬即逝，因为 2008 年开始的大衰退终于触底反弹。但在 2006—2016 年的 10 年中，人均实际 GDP 增速仅为每年 0.6%，与加长版 20 世纪早期相比呈现惊人的跌幅。例如在 1996—2006 年，年均增速为 2.3%。在之前的 1976—1996 年为 2%，在二战后的"辉煌三十年"中更是高达 3.4%。非同寻常的美国增长熔炉中的火焰在 2006 年后即便尚未完全熄灭，也已快速冷却。

第 3 章　发达国家的民主化

经济学与政治经济学区别很大。后者探究人们以何种方法来共同制定保障经济生活运行所依赖的游戏规则,由此还涉及如何共同制定组织和制度决策所依赖的游戏规则。为了解政治经济学在现实中如何发挥作用,我们做个时间跳跃,从美国联邦政府的故事开始讲起。

詹姆斯·麦迪逊从来对民主缺乏热情。他在 1787 年的《联邦党人文集》中写道:"民主制度一向是混乱和争吵的表演,一向与人身安全和财产权利不合拍,一向容易……短命……并毁于暴力。"[1]

当然在 18 世纪后期,富裕和权势阶层中几乎没有人对民主怀抱热情。

詹姆斯·麦迪逊热心建设的是共和制,一种特定的政府制度,让社会上某个重要的子群体——主要由已经掌握相当数量的武力和财产的人构成——选出一小队睿智、谨慎且积极的人来代表自己。这些代表人将秉持民众的价值观,促进民众的福利,并最好能够无私地行事：不追求自身的利益，而展示作为公民的美德。

麦迪逊狂热地希望避免民主制度的"混乱和争吵"。要知道在他与同僚们起草的美国宪法中，各州可以限制本地公民的选举权，只要能维持"一个共和制形式的政府"即可。

美国国父们认为自己的工作是说服大家：这种实行有限公民权利的共和制也是个好主意。在当时，封建制度、君主制和帝国似乎更能持久，并很可能是更好的政府组织形式。1787 年，麦迪逊与亚历山大·汉密尔顿还在《联邦党人文集》中竭力论述，尽管历史记录不佳，但由于古典时代以来的"政府科学的进步"，共和制将是值得冒险一试的事业。托马斯·杰斐逊等人甚至怀疑汉密尔顿是在装样子，是出于个人野心而投身于共和制的革命事业，而私下里他其实希望为美国建立君主制政府。[2] 在当时，民主制度的优越性确实尚未充分展现。

不过到 1776—1965 年，民主制度（至少对于符合特定年龄和种族要求的男性能够做到一人一票）已在北大西洋两岸取得了巨大进步。封建制度和君主制的政府形式的声誉则变得越来越不堪。

有一段时间，经济富庶被视为参与政治的最重要资格。直至一战结束时，在德意志帝国的普鲁士省议会，还有三分之一的代表席位是由占税收比重三分之一的顶层纳税人单独选出。19 世纪 40 年代早期，法国君主立宪制的一位中间偏左翼的总理弗朗索瓦·基佐还在如此回应扩大选举权的呼吁：如果想投票，那就先致富。但这样的说法对局势而言无济于事。1848 年 2 月 23 日，法国奥尔良王朝的唯一一位国王路易·菲利普把基佐抛下马车，希望借此避免革命和罢黜的抗争浪潮。但他的行动还是太迟和太少，路易·菲利普于次日被迫退位。[3]

1870—1914年，扩大民主作为大多数人最不反感的一条政治原则，获得了普遍的接受。政治生活将成为这样一个领域：在选择政府方面，部分或大多数男性成员有着同样的发言权，政府则对经济生活施加某些约束与控制。政府会限制（但不至于消除）西奥多·罗斯福所说的"超级富豪恶棍"的过分影响力。

即便如此也不足以令所有人满意，实际上，扩大选举权的压力将继续增大。

当自由派掌权时，他们试图扩大选举权的依据是，新增的较为贫穷的选民不那么保守，会成为自己的拥趸。而当保守派掌权时，他们也会更罕见和更勉强地尝试扩大选举权，认为忠诚于国王和国家的劳工将支持自己。让更多民众参与选举会打垮"自由派的辉格党人"，因为工人们将记得是谁成功赋予他们选举权，谁又没能做到。[4]另外，在面临革命威胁时，害怕街头暴力的各国政府会用扩大选举权来分化潜在的革命势力。英国时任首相格雷伯爵在1831年扩大选举权改革的一场法案辩论中宣称："原则就是防止……革命"，在此基础上，"我推行改革是为了捍卫，而不是颠覆"。[5]

以上述方式，在自由派和保守派政府治下，选举权范围都得以一步步扩大。到1914年，至少在作为世界经济工业核心地带的日益繁盛的北大西洋两岸，经济富裕扩展与民主制度稳定的前景令人高兴。政治经济体系看似运转良好，繁荣景象让贵族和富豪们感到，自身相对社会地位的缓慢削弱是换取美好事物的合理代价；也让下层民众以为，继续容忍上层阶级统治是推动社会进步的合理代价。最后，保守派与自由派都看到通向政治胜利的道路足够宽广，双方都信心十足地认为当前的历史进程将偏向自己一边。

选举权的扩大虽然在某些方面进展迅速，却时断时续，并且用了太长的时间才扩大到女性。

1792 年，法国成为第一个实施男性普选权的国家。当然到拿破仑于 1804 年加冕时，任何形式的有效选举权均已消失。除 1848—1851 年的短暂时期外，法国的男性普选权要到 1871 年才重新确立。在美国，为白人男性争取普选权的斗争在 1830 年前后取得胜利。第一个实行包括男性和女性在内的全民普选权的欧洲国家则是 1906 年的芬兰。而在英国，准全民普选权在 1918 年实现：选举权被扩大到所有年满 21 岁的男性和年满 30 岁的女性，而 30 岁以下的成年女性的选举权还要等到 1928 年。

美国的女性参政运动历经了数十年的艰苦斗争，到 20 世纪早期仍在推进。其中有我的曾祖母弗洛伦斯·理查德森（Florence Wyman Richardson），她与其他人一起把自己锁在密苏里州首府的州议会围栏上表达抗议，并据称因此被圣路易斯市的蒙面先知名媛舞会除名。1920 年，美国宪法第 19 修正案通过，选举权扩大到全体女性。而曾经在 19 世纪后期领跑的法国落到了后面，直至与纳粹合作的维希政府在 1944 年被废黜后，法国女性才获得选举权。

选举权跨越种族界限的时间则更加漫长，尤其是在美国。在争取黑人选举权的一个多世纪的斗争中，上演了各种英雄般的牺牲事迹。其中有 1873 年路易斯安那州的科尔法克斯大屠杀，大约 100 名黑人遇害。在远没有那么悲壮的另一端，我的曾祖母弗洛伦斯联合其他人于 20 世纪 20 年代在圣路易斯市发起了"城市联盟"运动，她还因为邀请黑人共进晚餐而成为邻里们的非议对象。

美国黑人的选举权直至 1965 年才随着《选举权法案》的通

过而真正实现,而且在此之后仍然相当脆弱。当我撰写本书时,美国约三分之一的州在近期制定了各种行政和法律障碍,可能有针对性地剥夺多达四分之一的黑人选民的选举权。像已故最高法院首席大法官威廉·伦奎斯特(William Rehnquist)那样(至少因为身份而)有威望的人,却在 20 世纪 60 年代早期因为倡导"投票安全"行动而获得嘉许,该行动使得"每个黑人或墨西哥裔样貌的人都受到盘问"。伦奎斯特为什么支持这样做?借用一位目击者的说法:"就是故意放慢选民投票的速度……让排队投票的人们对此感到厌倦并离开……以及给人们发放传单,警告他们,如果不具备投票资格,将会被起诉。"[6]

* * *

从麦迪逊到伦奎斯特及之后,对部分人类群体而言,民主制度,即选举权以及行使相应的影响力和权力带来的问题始终比其解决的问题更多。纠缠不清的民主的戈尔迪之结*涉及各种头绪,解开它们需要付出相当的笔墨,乃至更多的鲜血。

民主制度的斗争史与经济史通过某些关键作用相互交织。要明白其中的奥妙,我们得再次请出之前提到的两位出生于维也纳的思想家:芝加哥学派右翼经济学家哈耶克与略微年长的犹太裔道德哲学家卡尔·波兰尼。

首先把舞台交给哈耶克,他总是希望给大家布道:"市场给予,市场拿走,赞美市场的护佑。"

---

* 戈尔迪之结(Gordian knots),来自希腊神话传说,意指需要非常规手段解决的难题。——译者注

在哈耶克看来，探寻市场经济对收入和财富的分配是否"公平"或"正义"，本身就犯了致命的理论错误。任何形式的"公平"或"正义"都要求你获得自己应该获得的东西。但市场经济给予的对象不是应该获得的人，而是在恰当时间处于恰当地点的人。至于谁控制着对未来生产有价值的资源，这不是公平与否的问题。哈耶克相信，一旦你踏入"社会正义"的沼泽，你对"公平"和"正义"结果的追求就无法停息，"除非整个社会在所有必要方面……都以完全反自由社会的方式重新组织起来"。[7]

请注意，这样说并不意味着你在道德上只能坐视穷人挨饿，或不顾伤者在街头流血而死。哈耶克认为，"对于那些因自身之外的原因而受极端贫困或饥饿威胁的人，社会应该提供某些救济"，哪怕仅仅是作为保护那些勤劳而成功的民众免受"穷人的绝望行动冲击"的最廉价措施。但除此之外，你不应该干预市场。市场就是乌托邦，或者将引领我们前往乌托邦，或者是最接近人类能够实现的乌托邦。因此干预非但是不合理的，甚至更糟糕。[8]

市场经济是会导致高度不平等的收入与财富分配，还是不太失衡的收入与财富分配，则无关痛痒。在哈耶克看来，甚至提出财富分配应该是什么样的问题，都意味着错误地假设人们拥有财产权利之外的权利，以及需要承担通过自由契约对他人所负义务之外的义务。

此外，对不平等的矫正是可怕的，因为那纯属空想。哈耶克坚信，我们在过去和将来都始终缺乏创造更美好社会所需的知识。集权化总是会导致信息失真与决策错误，自上而下的处理方式是场灾难。只有自下而上的"自发秩序"，即源于每个人追求自身利益的看似混乱的过程才可能带来进步。

归根到底，人类拥有的市场资本主义是唯一可能实现适度效率和成果的制度，因为"价格是一种沟通和指导工具，包含了比我们直接拥有的更多的信息"。哈耶克继续说，所以"你只需要通过指令就能基于劳动分工实现相同秩序的整个想法将彻底崩溃"。以不应得之人为代价来奖赏应得之人，为此而调整市场收入分配的任何尝试都将削弱市场资本主义："你可以根据绩效或需要……来安排收入分配的想法"将与价格的作用发生冲突，"包括劳动力的价格，它将人们引向真正需要他们的地方"。而一旦你开始自上而下地做计划，你就踏上了哈耶克所谓的"通往奴役之路"，"安排计划所必需的极其详尽的价值评估意味着不可能采用民主之类的办法来决策"。[9] 哈耶克的乌托邦理想属于"现状很好，且只能够达到这种程度"的类型。

但哈耶克明白，对公平和正义毫不在乎的这种组织社会的更好方式不太可能赢得普遍喝彩。市场经济承认的唯一权利是财产权，甚至只是被市场认为有价值的财产权，自然不会令普通民众受到鼓舞。很显然，人们认为除手里现有的财产带来的权利外，自己还拥有其他权利。这种感受给哈耶克提出了艰巨的难题。值得赞扬的是，他没有从自己的论证方向上逃遁。他找出了自己的美好社会（或至少是尽可能美好的社会）面临的两大敌人：平等主义和纵容主义。简而言之，他认为太多的民主是坏事，因为这会让民众感觉有能力为所欲为，而不再受掌控更多财产的阶层的辖制。

的确在哈耶克看来，平等主义是"无约束的民主制度为最糟糕的选项征集支持的必然结果"。或者说，民主在本质上意味着"给那些破坏法规的人赋予'同等关怀和尊重的权利'"。哈耶克警告，这绝不是延续文明的办法。[10]

哈耶克担心的可怕结果将是纵容泛滥。他指出,"科学的心理学研究证明……这将有利于那些不遵守我们社会的正常规则却要求占有一部分财富的人"。由此得到的教训很清楚：市场经济只有在得到权威保护时才能兴旺发达起来。

在哈耶克看来,过度民主、平等和纵容的社会在某些时候或许需要有人站出来夺取政权,并以专制的方式重组社会,使其尊重市场经济。按他的说法,这种中断将成为临时的"来库古时刻"——该术语来自古希腊城邦斯巴达的传说中的法律制定者——此后,音乐将重新响起,有秩序的个人自由与市场驱动的经济繁荣将回归正常的舞步。站在巨人与暴君肩膀上的哈耶克对市场经济表达的这一观点,将在整个20世纪不断挑动政治上的右派站出来反对民主制度,让许多人把民主制度不仅视作有缺陷的善,还看成真正的恶。随着一战的脚步迫近,这种看法并未失去影响。

上述文字对哈耶克作为道德哲学家与政治活动家的思想做了苛刻的介绍。稍后我还将更苛刻地评判他作为宏观经济学家的思想。但为什么我们不能够直接忽略他？这里有三方面的重要原因。

第一,哈耶克是一个极具影响力的思想和行动潮流的标志,特别是,他得到了来自富豪与权势阶层的赞同和支持。

第二,哈耶克的政治经济学并非完全错误。民主政治活动确实可能变成不以合作和增长为逻辑,而专注于征收和再分配,把"应得"与"不应得"分别对应于掌权者的朋友和仇敌。如果我们保持谨慎,关注市场交换的共赢结果,忽略追求"社会正义"的空想,结果或许会比上述情形好得多,因此哈耶克的提醒确有道理。

第三，哈耶克在其思想的一个极为重要的方面是富有远见的天才杰科博士。如果用以赛亚·伯林引述阿尔基洛科斯的诗篇来说，哈耶克仿佛是精通一种把戏的刺猬，而非知道很多花招的狐狸。[11] 对于市场制度能够在哪些方面增进人类福利，他是领会最全面最深刻的思想家。所有人类社会在解决经济问题时，都面临给决策者提供可靠信息以及激励他们为公共利益行事的巨大困难。而市场上的财产、契约和交换秩序（如果对产权能够做恰当处置）可以把决策推到已经存在可靠信息的去中心化的外围地带，从而化解信息难题。另外，通过奖励能够有效利用资源的人，市场也自动解决了激励问题。这些之外还有宏观协调问题与分配问题，而哈耶克思想的大部分缺陷都来自他未能理解后两个问题的本质。当然，在四个问题中答对两个绝对是不错的成绩。

总之，哈耶克说对了的地方对我们理解加长版20世纪经济史至关重要。他的理论不仅在数十年来被有着不同影响力的决策者反复援引，而且毫无疑问，其中阐明的机制始终在发挥作用。

接下来我们请出卡尔·波兰尼，他要上的课程是，"市场为人服务，而不是人为市场服务"。[12]

哈耶克乐见市场把所有东西变成商品，害怕那些因为市场不能给所有人提供相同物质福利而诅咒市场的人。波兰尼对此断然表示反对。他在《大转型》中解释说，土地、劳动和资金都是"虚构的商品"。它们不能用损益的逻辑来控制，但需要内嵌在社会中，由社群共同体来管理，其中要考虑宗教和道德等维度。波兰尼认为，这一结果将导致矛盾、争夺和双重运动。市场派思想家与市场本身试图把土地、劳动和资金从社会的宗教与道德控制下转移出来。对此，社会将做出反击，限制市场的范围，对看似"不公正"

的市场结果施加影响。于是,市场经济将遭遇反冲,或许是来自左翼的反冲,或许是来自右翼的反冲,但总之会遇到反冲,而且是强烈的反冲。

这些在当时和如今都是杰出的洞见。然而不幸的是,波兰尼的原始表述对相当多试图阅读他的著作的人而言过于费解。因此为便于读者们领悟,我把波兰尼真正表达的意思总结如下:

> 市场经济认为,财产权利是唯一重要的权利,而且真正重要的财产是用于生产满足富人巨大需求的产品的那一部分。然而民众认为自己还拥有其他类型的权利。
>
> 就土地而言,民众认为有权利维持社区的稳定。这包括,他们认为自身成长或者用双手创造的自然和建筑环境是属于自己的,无论市场逻辑是否认为转作他用能带来更多盈利(例如在社区中开辟一条高速道路),或者让他人住到这里会更有利可图。
>
> 就劳动而言,民众认为有权利保持收入的稳定。归根到底,他们为从事职业做了准备,按规则办事,因此相信社会应该给自己公正的待遇,与自己的投入大致相称。无论世界市场的逻辑怎么说,这都应该成立。
>
> 就资金而言,民众认为只要他们勤勉地做好本职工作,经济体中的购买力流量就应该赋予他们必要的生存资金。而那些身处千里之外,作为"没有根基的世界公民"的金融家不应该有权决定经济中的这个或那个购买力流量不再有足够的利润,所以需要关闭。他们不应该有权剥夺和消灭你的工作岗位。[13]那些强势的金融家与普通民众所在的社群毫无联系,但这点经常

被人联系到反犹太主义——例如，把波兰尼对制度运转的一种批评，变成对犹太人及扮演特定经济角色的类似人群的谴责。

波兰尼宣告，人们拥有的不止财产权利，还有其他经济权利，但纯市场经济对此并不尊重。纯市场经济会铺设那条贯穿社区的高速道路，在发放工薪时忽略人们付出的多年辛苦准备。如果遥远的金融家认为其他地方有更好的投资回报，就会让你的购买力枯竭，裁撤你的工作岗位。所以，社会需要干预，无论是通过政府法令还是群众运动，无论是借助左翼还是右翼，无论是出于好意还是歹意，并把道德与宗教的逻辑重新嵌入经济生活，使上述权利得到满足。这个过程是双重运动：经济的运动是试图把生产、交易和消费从社会关系网络的嵌套中解脱出来，社会的运动则是试图重新巩固自己的嵌套。[14]

请注意，社会想要确立的上述权利并不是（或者说未必是）把工农业产品平均分配之类的权利。将这样的权利描述为公平也许并不合适：它们只是民众在特定社会秩序下期待的东西。的确，相同条件应该得到平等对待，但不同条件应该被区别对待。人类社会并不需要也几乎从来不认为每个人有着同样的重要影响。

在这些思考之下，我们能怎么做？哈耶克与波兰尼都是杰出的理论家与学术从业者，但他们的洞见与学说之所以意义重大，只是因为捕捉到了在千百万人头脑中闪现并推进其行动的宏大思潮。创造历史的不是哈耶克或者波兰尼，而是哈耶克主义者和波兰尼主义者，以及由他们揭示的动机所驱动的那些人。所以要理解这在现实中如何发生，我们不妨看一下经济学与政治学在最激进前沿的交互作用：在一战之前的地球上成长最快、工业化最迅猛的地方，即美国的芝加哥,相当于 21 世纪的深圳。[15]

1840 年,当伊利诺伊和密歇根运河开通,把密西西比河与五大湖连为一体时,芝加哥仅有约 4 000 人。1871 年,奥利里夫人的奶牛引发的火灾或许毁掉了这座城市的三分之一。1885 年,芝加哥建起了世界上首座钢结构摩天大楼。全市人口在 1900 年达到 200 万,当地约 70% 的公民出生在美国之外。

1886 年 5 月 1 日,美国劳工联合会宣布开展大罢工,以争取 8 小时工作制。斗争的最前线位于芝加哥的麦考密克收割机公司的大门前,数百名警察在平克顿公司的私人保安的支持下,试图保护几百名拒绝参与罢工的员工穿过愤怒的罢工队伍。5 月 3 日,警察对人群开枪,造成 6 人死亡。次日在干草市场广场举行的抗议警察暴力、支持罢工运动的集会上,8 位警员被无政府主义者的炸弹杀死。警察则开枪并打死了约 20 名平民(似乎没有人统计清楚具体人数),其中主要是不会讲英语的外来移民。明显缺乏公正的法院判决 8 位左翼政治家和工会组织者谋杀了 8 位警员,并对其中 5 人施以绞刑。而我们今天确信他们是无辜的。[16]

1889 年,美国劳工联合会主席塞缪尔·冈珀斯请求世界共产主义运动组织第二国际把每年 5 月 1 日确立为年度国际游行日,以支持 8 小时工作制,并纪念 1886 年芝加哥警察暴力镇压中的遇难者。

1894 年夏天,秉持左右逢源的政治家传统,美国总统格罗夫·克利夫兰建议国会设立一个全国性假日,以肯定劳工在美国社会的地位。但他没有选择纪念芝加哥遇害工人的 5 月 1 日国际劳动节这天,而是放在 9 月的首个星期一。

不是所有美国政治家都如此羞怯。1893 年,新当选的伊利诺伊州民主党州长约翰·奥尔特盖尔德（John Peter Altgeld），是该州自1856年以来的首位民主党州长、历史上首位成为州长的芝加哥居民、首位在外国出生的州长，他特赦了3位依然在世的所谓干草市场爆炸犯。他给出的理由一目了然：这些被指控的人很可能是无辜的。按照州长的看法，发生爆炸的真正原因是麦考密克公司及其他人雇用的平克顿公司保安的暴力行为失控。

奥尔特盖尔德特赦了受指控的无政府主义者，把暴力行为归咎于中西部的制造业大亨及其雇用的打手。他是怎样的一个人？又是如何当上伊利诺伊州州长的？

奥尔特盖尔德生于德国，父母在1848年把3个月大的他带到美国俄亥俄州。美国内战期间，他在北方军队中效力，并在弗吉尼亚州低洼地区的门罗堡染上了困扰自己一生的疟疾。战后，奥尔特盖尔德完成高中学业，成为到各地巡场的铁路工人，之后担任了学校教师，在此期间深入学习了法律，成为律师。1872年，他出任密苏里州萨凡纳市的检察官，在1874年成为县检察官。1875年，他以《我们的刑法及其受害者》一书作者的身份出现在芝加哥。[17] 1884年，他代表民主党竞选国会议员失败，但成为民主党总统候选人格罗夫·克利夫兰的坚定支持者。

奥尔特盖尔德于1886年当选库克县高级法院的法官，在那里致富。他成为房地产投机者和开发商，最大的资产是1891年芝加哥的最高建筑，位于迪尔伯恩大街第127号的16层高的统一人厦（Unity Building）。

作为移民城市中的一位移民，他属于进步派人士。奥尔特盖尔德担任州长时支持和劝告议会制定了当时在全美国最严厉的童工法规和职场安全法规，增加了州里的教育扶持资金，并委任女性出任州政府高级职位,还特赦了无政府主义者。

主要由共和党控制和资助的媒体谴责奥尔特盖尔德做出的特赦决定。在他的余生之中,全美国各地的中产阶级报纸受众,尤其是东海岸那些身处中间立场的选民将看到,奥尔特盖尔德被描述为外国来的无政府主义者、社会主义分子、凶残暴虐的伊利诺伊州州长。即使这些选民希望改革,也只会找克利夫兰总统那样的人去实施。这样的后果可以从普尔曼罢工事件中看出来。

1894年5月11日,生产卧铺车厢及设备的普尔曼公司的工人拒绝接受降薪,开展罢工。奥尔特盖尔德的朋友兼律师伙伴克拉伦斯·达罗后来在自传中介绍了如何为罢工组织者、美国铁路工人联合会及其领导人尤金·德布斯担任律师。达罗之前曾经担任芝加哥西北铁路公司的律师,有妻子和一个10岁大的孩子。他辞去了原有职位,专心为罢工领导者德布斯提供辩护。

对于这场斗争的实质,他认为毫无疑问:

> 工厂里的争执带有战争的心态,双方会做出许多在和平时期从来不会想到的事情……我站在草地上看着燃烧的火车车厢,不憎恨任何一方,而是悲哀地认识到,只要很小的一点压力,就会让有的人回归原始状态。自那个发生大事的夜晚以来,我已经反复这样思考了很多遍。[18]

在没有恨意的情况下,纵然目睹了罢工者的暴力和纵火行为,达罗仍选择站在他们一边,原因在于他看到铁路公司肆无忌惮地试图利用政府的势力来干预。达罗在后来记述说,"我认为这不公平"。因此当德布斯及其合作者请他接手这个案子时,他答应了,他对此回忆说,"我看到穷人放弃了他们的生计"。

铁路公司成功地让政府加入进来。向来左右逢源的克利夫兰总统——詹姆斯·布坎南与伍德罗·威尔逊之间的唯一一位民主党总统——决定接受他们的请求。他同意给每趟列车都加挂一节邮车,使拦阻任何列车的行为都将因妨碍美国邮政而犯下联邦罪行。美国司法部长理查德·奥尔尼让法院给罢工者发出指令,禁止拦截列车。之后克利夫兰还把美国陆军部署到了芝加哥。

奥尔特盖尔德州长提出了抗议。他在发给总统的两封电报中指出,美国宪法授权总统动用军队来平息国内暴力仅限于"州议会请求,或在州议会无法召开时由州政府请求"的情形。[19]他因此抗议说,他本人与伊利诺伊州议会都没有发出过这样的请求。克利夫兰的反应则是置之不理,并宣布,保护财产免受骚乱者、无政府主义者和社会主义者的破坏更为重要,"如果需要动用美国的全部陆军和海军来给芝加哥递送一张明信片,这张卡片也一定要送到!"[20]

7月7日,德布斯和工会其他领导人以违反禁令为由被逮捕,罢工行动崩溃。

这对奥尔特盖尔德及其他许多人而言是个破裂点,他们随即决定,民主党是时候提名真正有代表性的总统候选人了,而不再是克利夫兰那样的骑墙派。奥尔特盖尔德及其支持者想要争取波兰尼在后来描述的权利,要求哈耶克会谴责的公平和正义。他们还希望美国放弃金本位制,允许自由铸造银币,按照16盎司白银兑1盎司黄金的比例兑换。

克利夫兰总统及其支持者——其中许多是商人和银行家——主张实施严格的金本位制,以维持美元的价值。奥尔特盖尔德及其支持者——许多是工人或农民——则想要扩张性货币政策,允许无限制地铸造银币，因为他们认为这会减轻信贷的负担，并抬高谷物的价格。简而言之，"自由铸造银币"运动倡导者的愿望与克利夫兰及其支持者们的正好相反，但两种观点都是对1893年金融恐慌的反应。

在1896年民主党全国大会上，奥尔特盖尔德控制了局面，把议题引向谴责金本位制，抨击政府对工会的干预，支持联邦主义，并呼吁就所得税议题修订美国宪法，或者让最高法院宣布所得税合宪，以允许政府逐步实施财富再分配，并筹集推动进步主义事业所需的资金。这场大会还支持组织工会的权利，呼吁扩大个人和公民的自由权。

为推进上述事业，奥尔特盖尔德试图让民主党提名美国前任参议员理查德·布兰德。但来自内布拉斯加州的年轻政治家威廉·布莱恩另有打算。凭借谴责金本位制和金钱利益集团的演讲，他获得了满堂喝彩。最终结果是，以貌不惊人的亚瑟·休厄尔作为竞选搭档，布莱恩在总统提名中胜出。

作为回应，克利夫兰总统及其支持者离开了民主党，组建国家民主党（National Democratic Party），让前任共和党人伊利诺伊州州长和北方军队的将军约翰·帕尔默搭档前任肯塔基州州长和南方军队的将军西蒙·巴克纳参选，试图吸走布莱恩与休厄尔的选票。

然后，共和党候选人威廉·麦金莱与加勒特·霍巴特获得了大选胜利。

在1896年之前的几十年中，总统大选的普选票总数很接近。政治神话或许让人们相信，提名布莱恩那样的平民主义者竞逐总统会让民主党在1896年获得压倒性的胜利。但事实并非如此，布莱恩失败了，而且输得比民主党在之前几十年的历届总统大选中都惨得多。麦金莱赢得了一边倒的大胜，最后的选举人票数为 271 对 176，在普选票总数上也大胜。但这主要不是因为美国选民中的关键摇摆部分倒向了共和党，而更多来自针对布莱恩的强大反击动员攻势，这使得投票人数大增，从而决定了选举结果。结果表明，有很多在过去保持观望或者对前往投票站缺乏兴趣的选民，在 1896 年参与了投票。而他们绝对不喜欢奥尔特盖尔德及其盟友支持的那种类型的民主党候选人。还要补充一点，1896 年的民主党并不能用平等主义来描述：在布莱恩获得的 176 张选举人票中，有 129 张来自这样一些州，假如允许黑人参与投票，因为是林肯解放了黑人的关系，这些州的选票都会倒向共和党。

对于那些拥有选举权并参与了投票的白人关键中间群体，调查发现，如果让他们在如下选项中做出选择：一边是保护财产；另一边是扩大机遇，但要借助肯定会威胁财产和秩序的手段，此时他们会选择保护财产，因为他们拥有财产，或认为自己将会变成有产者，另外他们担心，有太多将从再分配中获益的人在某种意义上并没有获益的资格。对 20 世纪之初的美国而言，与特赦干草市场爆炸案的罪犯和普尔曼罢工支持者有关的略微敏感的导向依然不太能够被接受。

奥尔特盖尔德丢掉了州长职位，并在 1899 年的芝加哥市长竞选中失利，1902 年去世，年仅 54 岁。克拉伦斯·达罗更为长寿也更加成功，部分源于在余下的法律生涯中，除了为其他群体和思想——包括进化论与高中教师、杀人犯和工会领导人——提供辩护外，他也愿意出面捍卫大公司的利益。先不论与波兰尼的理念有多接近，他对于哈耶克主义的思想在自己所在社会的影响力始终非常警觉。达罗在 19 世纪 90 年代中期给朋友简·亚当斯的一封信中着重提到"困扰"一词:"我来到芝加哥的时候既没有朋友也没有钱,社会上没有任何资金来帮助那些宣传异端邪说的人生存。这迫使我们在现有的社会中去谋生,否则只有死去。我没有选择去死,但或许那才是最好的结果。"[21] 在参与简·亚当斯的私立社会福利机构赫尔馆的活动的理想主义工人中,还有年轻的弗朗西斯·珀金斯,她日后成为富兰克林·罗斯福总统的劳工部长以及美国社会保障制度的重要奠基者。

尽管在个人职业方面有所妥协,达罗依然认同奥尔特盖尔德等民主党政治家的理念。但他们并非自己心目中可以引领美国更加靠近乌托邦的合适旗手,达罗在 1932 年的回忆录中解释说:"我一直很欣赏伍德罗·威尔逊,而怀疑他的继任者、共和党总统沃伦·哈丁。毫无疑问,我对他们在政府事务上的看法是有评判根据的。然而威尔逊先生作为一位学者和理想主义者,帕尔默先生作为一名教友派信徒,却依然把尤金·德布斯继续关押在监狱。反而是哈丁先生与多尔蒂先生为他打开了牢门。"[22]

达罗在 20 世纪 20 年代为讲授进化论课程提供辩护(斯科普斯猴子案),抨击宣扬社会达尔文主义的优生论者。针对其中一位,他曾说:"我不知道借助何种心理花招,此人得出了阅读能力代表良好遗传物质和优质公民素质的结论。"[23] 1938 年,达罗在 81 岁时去世。在 20 世纪 20 年代中期的斯科普斯案中,他对抗了曾经的政治盟友威廉·布莱恩。后者在当时主张为女性争取平等权利而修宪、提供农业补贴、制定联邦最低工资、为政治竞选提供公共资金、开发佛罗里达州的房产,但加入了反进化论和容忍三 K 党的内容。

1900 年左右的民主党反对财阀、银行家与垄断企业,赞成基本的平等权利。但这种奇怪的大致平等只存在于某些类型的人之间。和平的社会主义者不在其列,例如在组织普尔曼罢工之外还反对美国加入一战的尤金·德布斯。黑人同样被排除在外。伍德罗·威尔逊是一位进步派人士,深受左翼群体的敬重,但他也在美国联邦政府的公务员队伍内部实行种族隔离的做法。

杜波依斯(W. E. B. Du Bois)于1868年生于马萨诸塞州的大巴林顿市,由母亲玛丽以及外祖父母奥赛罗与萨拉·布格哈特抚养长大。奥赛罗的祖父汤姆则是第一个来到大巴林顿的黑人,于1787年前后去世,终年50岁。杜波依斯的白人邻居们筹集了一笔钱送他去上菲斯克大学,那是一所位于纳什维尔的传统黑人大学。他从那里转学至哈佛大学,于1890年获得历史学学士学位,以优等生身份毕业。此后他前往柏林大学,后来他回忆说,那里的同伴们并没有把他当作"异物或者次于人类的东西",而是"属于优等生行列的人才,乐于与我交往,并谈论世界,特别是与我来自的世界有关的部分"。杜波依斯发现自己"身处美国之外的世界,得以由外而内去观察"。再后来,他回到哈佛大学,在1895年27岁时成为第一个获得哈佛博士学位的黑人。[24]

1895年,佐治亚州亚特兰大市举办了一场产棉州国际博览会,打算向世界展示美国南方各州已经恢复活力,希望凭借技术和农业为全球提供产品和贸易。但与此同时,那里到处是针对黑人的私刑暴力活动,在1895年就至少有113起。马里塞斯·格兰特总统曾试图让美国陆军承担起责任,保护黑人免受白人至上主义者的游击式恐怖袭击。在他的呼吁下,国会通过了旨在终结此类暴力的法律。然而,这些努力在格兰特离任后被废弃。他的继任者拉瑟福德·海斯为争取选举人票而出卖了这一事业,以及南方100万黑人

第3章 发达国家的民主化

的选举权。

在那场博览会上,黑人领袖布克·华盛顿(Booker T. Washington)发表了一篇演讲,提出了后来人们熟知的"亚特兰大和解"(Atlanta compromise)倡议。他提出黑人不应该去追求选票或取消隔离或得到平等待遇,而是应该与帮助自己的北方白人一起,更多关注自己的教育和就业。"当前,在工厂里挣到1美元的工作机会的价值要远远高于在歌剧院花掉1美元的消费机会",所以,黑人应该去争取获得"基础"教育。而作为对这一妥协的回报,他们应该得到法治的保护,游击式的恐怖活动应该被制止。布克·华盛顿的口号是:"就地取水,广结善缘。"这是他认为黑人在当时的最佳选择,他们应该关注教育,竭力获取职业培训,然后工作和储蓄,跟随历史车轮继续向前。[25]

杜波依斯不赞同布克·华盛顿,并领导同伴们为立刻实现全面平等,即社会、经济和政治的平等而申辩与抗议。是的,与奴隶制时代相比已有所进步。[26]但不行,这些进步远远不够。而且他强调在此期间,白人至上主义者的恐怖活动并未走向终结。

在布克·华盛顿发表演讲四年之后,就在同一座城市,一位名叫山姆·侯斯的黑人男子被指控杀死了他的白人雇主阿尔弗雷德·克兰福德。当侯斯为看望自己母亲去请假的时候,这位白人农民先拿出枪来,威胁要射杀他。但白人种族主义煽动者撒谎说,侯斯曾试图强奸阿尔弗雷德的妻子马蒂。至少500人组成的暴徒把侯斯从警长那里带走,割掉了他的睾丸、阴茎、手指和耳朵,将他捆绑在一棵松树上,然后纵火焚烧。这些暴徒没有佩戴面罩,也不怕透露姓名。侯斯被折磨了30多分钟才死去。暴徒们随后割下了他身体上的更多部分,包括骨骼,并作为纪念品出售。

杜波依斯后来说，当他看到侯斯被烧焦的关节在一家店铺里展出时，他知道自己必须同布克·华盛顿分道扬镳。黑人必须要求平等权利、平等待遇、同等地位和废除隔离。

杜波依斯也相信教育能帮助解决问题，但跟布克·华盛顿不同，他关心的不只是技术和职业方面的教育。在杜波依斯看来，解决方案是给他所说的"天才的十分之一"群体，也就是有精英潜质的黑人提供全面的通识教育："教育不能只培养人们如何工作，还要指导如何生活。黑人之中的'天才的十分之一'群体必须被培养成自己族群的思想领袖与文化使者。没有其他人能够去做这些，各所黑人大学必须为此培养人才。"[27]

社群需要支持"天才的十分之一"群体，使这些人能够向世界展示，有教养和事业心的黑人能够且愿意做出何种成就。而这个群体需要通过参政来回报社群。否则白人至上主义者仍将虐待黑人，并以有成就黑人的数量稀少为自己辩护。杜波依斯写道，"漫长的三个世纪以来，这些人处死那些有勇气的黑人，强暴那些有品行的黑人女性，粉碎黑人青年的理想，鼓励和培养奴性、下流与冷漠"，然而，"一小部分精华仍存留和坚持下来"，展示着"非洲裔血统的能力，黑人的希望"。

可是，杜波依斯及其同伴们是在与一股极其强大的逆流搏斗。在1875—1925年间，愈演愈烈的种族隔离与歧视继续碾压任何敢于露头的"天才的十分之一"。政治家们与利益团体由于害怕白人平民主义，担心民众的怒火可能被引向繁华的东部城市的富豪阶层，于是竭力将其转移到"懒惰"的黑人群体身上。在社会达尔文主义的影响下，那些坚持追求相对平等的收入分配目标的人把生存与繁衍所需的生物"适应性"重新定义为一种族裔特征。于是，伍德罗·威尔逊试图把白人中产阶级动员起来，而贬低黑人族群，他的进步主义联盟对此也没有表达不满。

*　　*　　*

无论美国例外论还包含其他哪些内容，高度警惕对社会关系与社会阶层的乌托邦式全面改造，无论是基于种族还是阶级，都显得非常突出。这个特点也不局限于美国。欧洲国家一旦超越在财富、头衔和血缘上保持封闭的贵族阶层与其他群体的对抗，一旦打开向上流动的社会通道，曾经属于或者可能被误解为全面平等式社会主义的任何主张也会普遍失去吸引力。

远在1870年的宏大叙事起点之前，我们就能看到这一机制的作用。例如在1848年6月的法国，当时有一股政治抗争浪潮席卷欧洲，激励许多人拥抱自由派的改革主张。然而，那些以为真正正义、平等的乌托邦就在前方的人们将会失望。亚利西斯·德·托克维尔乃至全欧洲都会看到，绝大多数法国人并不乐意为了给城市手工业者提供充分就业而缴纳税收，他们更珍视自己的财产，胜过为失业者提供工作机会的愿望。

1848年，托克维尔所在的法国的农民选择站在社会主义者的对立面。他发现当时的社会主义者，也就是工人，"凭借着一股盲目、鲁莽但强大的力量站出来……希望摆脱他们面临的必然处境，即对他们的所谓的不合法压迫"。[28]托克维尔指的是"六月起义"，即工人们对政府决定关闭第二共和国的国家工厂发起的反抗。那些工厂给失业者提供了工作机会，由农民缴纳的税收来资助，而后者并不希望给扶持城市工人的新兴项目出钱。在白热化的冲突中，约有4 500人死亡，数千人受伤。

法兰西第二共和国的政治家们被吓坏了，随即抛弃了工人运动。自1789年以来的法国政治的教训始终是，除非身边有拿破仑（或类似的人）能够派出训练有素的军队并下达镇压暴徒和摧毁街垒的命令，否则，巴黎的暴民们就会摧毁政府。然而巴黎"六月起义"的情况与之不同。反对工人运动的托克维尔在后来记录说，他看到"数以千计的民众……从法国各地急速赶来，增援我们"。农民、店主、地主和贵族们"带着非凡的热情冲入巴黎"，有些还是通过列车，从而制造出一幅"奇特而前所未见的"壮观景象："叛乱者孤立无援，而我们有全法国站在身后。"

美国在1896年，法国在1848年，见证了同样的规律在发挥作用。

但在1789年法国大革命期间，秩序对于那些不属于社会金字塔顶端的人远没有那么大的吸引力。哲学家与评论家德尼·狄德罗曾发出号召："让我们掏出最后一个牧师的肠子，来绞死最后一个国王。"[29]狄德罗在大革命之前已离世，这对他很可能是件好事，因为革命者只差一点就处死前来法国支持他们的美国民主活动家托马斯·潘恩（Thomas Paine）。是的，法国人当时的确处死了国王路易十六，的确对土地做了平等主义分配，划成小块耕地分给小农户，可他们未能建立起稳定的政治民主制度。

在1791年之后，法国经历了雅各宾派的恐怖独裁统治，腐败而弄虚作假的五人独裁执政，拿破仑·波拿巴担任"第一执政"的独裁统治，然后恢复君主制，直至1848年。而后是第一共和国，第二共和国，拿破仑·波拿巴的侄子路易·拿破仑的帝国残影，一个社会主义公社（至少包括巴黎），第三共和国（镇压了巴黎公社，把一位保皇党推上总统宝座），以及在1889年达到高潮的、野心勃勃的独裁者和前战争部长乔治·布朗热借助"复仇、修宪、复辟"的承诺而发动的阴谋夺权行动。[30]

不过,土地改革坚持了下来。过去的梦想与未来的军事辉煌仍有人憧憬。对左派政治人士来说,翻天覆地的政治革命的理想——城市民众拿起或不拿起武器,推翻腐败政府,建立公正、自由的乌托邦——也依然未熄灭。政权依旧不稳定,1870—1914年的"常态政治"始终处于革命的威胁之下,或者被革命理想所渲染。

这种情形在欧洲其他地方亦然。大陆上的各个民族竞相希望实现统一、独立、自治和安全,尤其对德意志各邦国来说,首要的一点是抵御法国的入侵。为取得上述的任何一部分成果,都需要约束某些特权(而非全面的再分配),并努力赶上全球化与技术革新的浪潮。但这些浪潮会推动社会脱离原有的秩序。随着阶级与民族的裂痕扩大,避免内战和种族净化变得更加困难,特别是当贵族们讲着一种外国语言,而煽动家们宣称自己可以满足工人与农民对"和平、土地和面包"的需求时。日复一日,在这些没有殖民统治者的地方,政治变成了一种不讲规则的游戏,只有玩家们随性和临机制定的办法。几乎在任何地方、任何时候,政权的结构与政治行动的方式都可能突然被改变,或许是朝着非常糟糕的方向。代议政治制度表现得脆弱而片面。试图满足合法诉求的新宪法制定者的承诺往往变成空谈。

最终,这样的制度仍坚持到了第一次世界大战。游戏得以继续。除巴尔干地区,欧洲在1871—1913年唯一发生重大政权更迭的案例是:1910年11月,葡萄牙以相当和平的方式宣布成立共和国。

对革命即将到来的期望与担忧都被证明是错误的。原因之一是，包括社会主义者在内，一战前欧洲各国的左翼政党始终希望获得议会代表资格，但在赢得席位之后，他们提出的诉求很快就变得相当温和。例如，德国社会党就试图以如下纲领来动员全国的激进派选民：

> 赋予男性和女性完全的普选权
>
> 无记名投票制，比例代表制，终结不公正的选区划分
>
> 选举日放假制度
>
> 议员两年任期制度
>
> 全民公投的提议权和投票权
>
> 地方官员和法官的选举制度
>
> 对宣战的全民公投要求
>
> 设立解决国际争端的国际法庭
>
> 女性的平等权利
>
> 言论、结社和宗教自由
>
> 禁止把公共资金用于宗教目的
>
> 公立中小学和大学的免费教育
>
> 免费法律援助
>
> 废除死刑
>
> 免费医疗，包括产科
>
> 累进所得税与累进财产税
>
> 累进遗产税
>
> 取消累退性质的间接税
>
> 每日八小时工作制
>
> 约束童工的法律

> 国家接管失业保险和工伤保险制度，并让工人决定是否参与[31]

这些内容相当符合中产阶级的口味，不是吗？

但从长期看，他们追求的不是渐进式的进步，而是把社会与经济彻底重组为一个真正的乌托邦。德国社会党的纲领还主张：

> 依靠各种法律手段，创建一个自由国家和社会主义社会，通过取消雇佣劳动制度来打破工资铁律……
>
> 把生产资料——土地和耕地、矿产资源、原材料、工具、机械、交通设备——由私人所有变成社会的财产，把产品的生产变成由社会控制、为社会服务的社会主义生产……
>
> 解放……全人类……但这只能是工人阶级的使命，因为所有其他阶级……把捍卫现有社会基础作为共同的目标。

以上主张看似有些相互矛盾。德国社会主义者到底是腐败制度的革命颠覆者，还是永续经营事业的改良者？他们难以决断，因此陷入了两头落空的窘境。

我们于是来到了加长版 20 世纪历史中的一个拐点。两大阵营之间的张力已经拉满，大致来说，一边站在哈耶克"赞美市场"的旗帜下，另一边响应波兰尼"市场为人服务"的号召。大致如此，但实际情况更混乱。所有人都对市场抱有类型各异的信仰，其中某些更具有乌托邦色彩。

马克思、恩格斯以及受他们启发的人对市场拿走的看得很清楚，但他们对市场最终会给予的或其演变结果抱有错觉，认为将走向无产阶级革命。格雷伯爵、本杰明·迪斯雷利以及其他右翼人士知道市场是为某些人而不是为所有人打造的，同样，从中受益的也是某些人，而非所有人。最后，中间派试图通过大量改革和少数强制来控制紧张关系，并基本取得了成功，直至1914年。

当中间派在坚持，左翼陷于瞻前顾后的窘境之时，右翼想出了为基本原则辩护的新理由——"我拥有，我捍卫"。英国自然学家查尔斯·达尔文的《物种起源》掀起了知识界的巨浪，其中有些思想演变出社会达尔文主义。这一思潮的支持者对经济不平等的辩护不是追溯过往，把富人们的血统追溯到征服者威廉的亲随，而是着眼于当前与未来，宣称内在的种族特性是经济成就与现有不平等的根源。再向前迈进一步，他们主张鼓励优等种族生育，而劣等种族没有繁衍资格。如约翰·梅纳德·凯恩斯在一个世代后所言，在社会达尔文主义者眼中，"社会主义者的干预措施成为……大逆不道之举，因为他们企图阻挡我们向前发展的伟大进程，仿佛阿佛洛狄忒从大海的原始泡沫中诞生"。[32]

意识形态不同于有轨电车：你可以随时根据需要拉动绳子提醒司机，到下一站下车。但意识形态在另一方面又和有轨电车类似：必须沿着轨道行进。社会达尔文主义者把社会内部的经济不平等解释为生存斗争的一部分，通过进化，可以改善社群的基因库。[33]那为什么不能更进一步，把国家之间的关系视作类似的生存斗争，同样是通过进化来改善基因库？"我比你优秀"轻而易举地变成了"我们比他们优秀"，而如果要开展生存斗争，"我们"就必须掌握武器来证明这一点。

珍妮·杰罗姆的儿子温斯顿·丘吉尔是20世纪头十年的英国自由党政府阁员。关于德国舰队规模扩张的警报声越来越响亮，而英国必须掌控制海权，以维系自己的帝国。另外，英国有一半的食品来自进口。如果德国舰队控制了周边海域，约一半的英国人可能被饿死。在丘吉尔讲述完这个故事后，自由党政府为安抚海军和媒体，提出每年出资建造四艘无畏级战列舰，以对抗快速崛起的德国舰队。海军方面要求增加到六艘，而丘吉尔说，"最后的妥协结果是八艘"。[34]

借助侦探小说的主角福尔摩斯，柯南·道尔爵士对一战迫近时的国际紧张局势做了如下评论："无论如何，东风即将袭来，又冷又冽，华生，我们中很多人可能会在它面前凋谢……但当风暴平息之后，一片更加干净、美好和强盛的土地将沐浴在阳光之下。"[35]

道尔写下这段话是在1917年，当时一战已历程过半，但他选择让1914年之前的福尔摩斯来讲。他让福尔摩斯预言，尽管流血千里，但世界大战不应该回避，因为最终结果将是值得的。政治、社会、文化和经济的指标当时都在下坠，警告的标志随处可见：右翼的上层阶级已在很大程度上丢掉了社会角色；政客们越来越忧心于掩盖阶级裂痕，保持国家团结；社会达尔文主义意识形态的思潮正在泛滥，不再是针对某个省应采用何种官方语言，而是关于哪些人的后代才有权在哪里定居，并主张用斗争来解决，尤其是通过武装力量的军事斗争。随着1914年的迫近，这些议题带来的麻烦越来越多。前所未有的经济增长震撼了世界，也改变了政治。在这一改变的尽头是高调走向帝国主义和军国主义。

到1919年，凯恩斯将痛苦地记录说，他和同伴们，以及那些成熟、自信的建制派师长们都忽略了警示，坐视其乱。他们把"军国主义和帝国主义、种族与文化竞争、垄断、限制以及排外等政治活动，这些在1914年之前的经济增长天堂中捣乱的毒蛇……都视作每天报纸上的消遣话题"。从后视镜中回望历史时,凯恩斯指出,在自己这类人看来,日益繁荣的进步体系可能崩溃的说法是"不合常理且可鄙的",也很容易被避免。[36]

于是在1914年到来时,完全没有知识上或组织上的反军国主义的动员力量去阻止灾难的发生。

第 4 章 全球帝国

在加长版 20 世纪开启时的 1870 年，大英帝国，这个世界上有史以来最伟大的帝国之一——唯有蒙古帝国可与之匹敌，正接近全盛时期。大英帝国的伟大部分来自它兼具正式和非正式两方面的成就：它拥有常备军、众多官僚组成的殖民地管理机构、确保遵从的监狱，另外也借助其他各种更无形的手段行使其意志。由于大家都知道这段故事后来如何终结，那就请允许我快速推进。1945 年，美国彻底完成了对英国的超越，成为世界领头的工业、商业和帝国主义强国。有意思的是，一旦美国确立自己作为世界超级大国的地位，就开始构建与前任殊为不同的、几乎完全非正式的美利坚式帝国。

在这里我面临一个叙事难题。关于"北方国家"或者说北大西洋区域在 1870—1914 年的宏大故事，还可以略显牵强地放入一条叙事线索的框架之中。而对于后来的所谓"南方国家"，即位置普遍靠南方，且更为关键的是处于北方国家外围区域的国家，则不能如此笼统地讲述。作者的空间与读者的注意力都有限，此外，主要由经济史定义的这个世纪的中心位于北方国家。当然，这样的理由与文化或文明无关，也不表示整体上的北方国家或南方国家乃至特定的某些国家的相对价值优劣，而只是承认世界上某个区域的经济活动与进步引领了其他区域的经济活动与进步。

鉴于上述背景，我在这里将讲述四个重要的花絮式故事：印度、埃及、中国和日本。在深入这些国家的历史时，我们要认识到尽管1870年是北方国家经济增长加速的分水岭，但对南方国家而言，却是处于帝国主义故事的中间阶段，并且这绝非偶然。时间上或许不算准确的中间点，因为欧洲的帝国主义事业始于1500年左右，整体上在20世纪后期终结。如前文所述，这里要讲述的环境变得更为复杂。不过，我们依然能够回想起哈耶克与波兰尼这两位故人的二重唱，观察、等待和喃喃低语。

欧洲，特别是西班牙和葡萄牙，从16世纪开始构建殖民帝国。这不是因为它们拥有胜过世界其他地区的独特技术或组织力量，而是由于宗教、政治、行政和商业等社会体系的紧密交织，把这些因素结合起来，强化了以帝国征服的形式追求霸权的理由。帝国的构建在政治－军事、意识形态－宗教和经济等领域都具有深远的意义。西班牙征服者为了给国王效劳、传播上帝福音并发财致富的目的而扬帆远航。[1]来自其他地方的冒险家与帝国主义者却缺乏如此强烈的相互支撑的激励和能力。

当葡萄牙人在16世纪来到如今的马来西亚时，他们遭遇了当地统治者在政治和军事上的反击、穆斯林社群在意识形态和宗教上的反击，以及不想被排挤出局的华裔商人在经济上的反击。可是，华裔商人们没有得到明朝统治者在政治上的支持。当地的苏丹无力召集足够的宗教和意识形态力量来驱逐葡萄牙人。各地的穆斯林社群对遥远的苏丹及其盟友而言不够有利可图，不值得后者长期干预。而葡萄牙人背后则有一切资源（包括黄金、枪支、上帝和国王）的共同支持。西班牙人同样，还有后来的荷兰人、法国人和英国人。[2]

就这样，欧洲的海外帝国在16世纪之后扎下根基并成长壮大。1500—1770年是帝国-商业时代，帝国主义与全球化在各个维度上高歌猛进：军事、政治、经济和文化，为大善，也为大恶。

然而这些早期帝国仍受限较多。在美洲之外，海洋已被欧洲人完全占据，陆地则不然。当然，制海权至关重要。在16—17世纪，对东亚高价值、轻重量的奢侈品的控制，以及对拉丁美洲贵金属的控制，令许多人发家致富，给现代早期的欧洲王室积累了财富，让那些具有潜在破坏性的年轻人以及致力于献身上帝的布道者们有了一展身手之地。

这个运转机制还产生了烟草、食糖和奴隶贸易，使西印度群岛的帝国成为上层政治的关注焦点与当时依旧缓慢的经济增长的发动机。但与此同时，奴隶贸易给非洲带来了浩劫，并很可能造就了它今天仍属地球上最贫困大陆的社会环境。[3]

不过到1870年，帝国的运转逻辑开始退潮。鲜有奢侈品不能够在工业核心地带更廉价地制造出来。此外，征服的成本超过了贸易。但帝国不只是构建在理性逻辑之上，即使在1870年之后，它们仍在扩张。征服、控制、开发，再加上普遍的凌辱依然在继续。

我们的二重唱表演者之一吟诵说，帝国主义或许令人感到可悲，却不可避免。把世界组织成单一市场会有那么多钱可赚，而市场的良好运转必须有人来治理。市场给予，市场拿走，赞美市场的护佑。另一位二重唱表演者则吟诵说，帝国主义在很大程度上是人们有意而为，并可以得到解释，尽管命运可能依旧可悲。市场应该为人服务，而不是人为市场服务。

到1870年，帝国主义宗主国与殖民地之间在技术、组织和政治方面的力量对比变得非常悬殊。交通和通信的进步大大降低了战争、征服和占领的难度。对西欧国家的人们来说，只要他们愿意，世界上没有哪个地方不能以有限的代价靠武力控制。殖民总督们此时不再只关心从自己管辖的领地能够给宗主国输送哪些资源，毕竟这些站点的官员甚至负责人往往是些急于求成的鲁莽年轻人，或者企盼拯救苍生的狂热传教士。在其中许多人看来，开展贸易和购买资源从长期来看是否更为合算只是排在第三位的问题。

这些野心勃勃的年轻人与激情狂热的传教士不仅掌握着资源，还有手段。

例如在1898年的恩图曼战役中，苏丹马赫迪王国大约有1万名士兵战死，英国和埃及军队这边只损失了84人。战果的差异不只源自欧洲人掌握的先进军事技术。马赫迪政权也拥有原始的机枪、电报和地雷，这些都是从欧洲供应商那里购得的。可他们缺乏能有效使用这些武器的组织能力与严格训练。[4]

训练有素的北方国家的组织能力继续增强的后果是，世界被整合成欧洲占据支配地位的全球经济体，大片地区被欧洲派遣的殖民总督们统治或影响，欧洲人的语言和偏好得以广泛传播：欧洲风格的学校，欧洲的文化，欧洲人的行政管理、科学和技术模式。港口、铁路、工厂和种植园四处兴起，从今天印度尼西亚的巴厘岛到加纳的阿克拉。

世界各地的人们都受到了教训：他们不过是欧洲统治者脚下的

卑贱尘民。

以印度为例，1756 年初，新上任的孟加拉地区行政长官米尔扎·希拉吉乌德-道拉打算向加尔各答的英国人展示谁才是那里的真正主人。他从法国人那里借来一些炮手和大炮，袭击并夺取了加尔各答及附近的威廉堡。他想就此开始谈判，实现和平，让法国人感谢他，让欧洲贸易商大幅增加要缴纳的税收，并沉重打击英国人通过走私逃税的行径。

这是巨大的误判！

英国人从马德拉斯挥师北上，向加尔各答派出了 3 000 名士兵：800 名英国人和 2 200 名印度人。希拉吉乌德-道拉动员部队准备战斗，但英军司令罗伯特·克莱夫收买了他的三名下属。此后，英属东印度公司在当地征服、统治和收税的野心成长起来，而不再满足于只从事贸易。

到 1772 年，加尔各答成为英属印度的首都，沃伦·黑斯廷斯成为首任总督。英属东印度公司针对莫卧儿帝国的领土发动了一系列战争冒险。每一代人都看到之前独立的邦国变成英国人的仆从盟友，之前的盟友变成傀儡，之前的傀儡变成伦敦直接统治的领地。在克莱夫与希拉吉乌德-道拉之战过去近一个世纪后，爆发了印度士兵叛乱（如今也被称为印度叛乱、西帕依土著士兵起义或者 1857 年大起义），但随后被镇压。1876 年 5 月 1 日，英国政府宣布维多利亚一世女王成为印度的女皇。[5]

1853 年，马克思停止了巨著的写作，希望挣些钱，以免再度典押他妻子的银饰。他撰写了一篇文章，题为《不列颠在印度统治的未来结果》，预言英国的帝国主义政府对印度虽然在短期内是严厉诅咒，却是长期的最大福音："英国在印度要完成双重使命：一个是破坏的使命，另一个是……在亚洲为西方式的社会奠定物质基础……不列颠人用刀剑实现的这种统一，现在将通过电报而巩固起来，永存下去。由不列颠的教官组织和训练出来的印度人军队，是印度解放自己……的必要条件。"[6]

如果仔细聆听，你会从中发现我们说的二重唱里一半的声音，尽管是用了殊为不同的调子：赞美市场的护佑。是的，马克思会指出，资产阶级是通过"使个人和整个民族遭受流血与污秽、穷困与屈辱"，从而推动进步。但市场在拿走的同时，也在大方地给予，也即为创建真正的共产主义搭建舞台并提供强大激励，从而实现完全的解放，全人类的解放。

然而到1914年，马克思在大约60年前预言的巨大经济和社会变革并没有太多进展。规划覆盖印度的铁路网络？实现了。给印度引入支持铁路发展的必要工业部门？实现了。在印度各地广泛建立其他现代工业部门？不太多。在印度普及现代教育？不太多。建立有效的土地私有权，以提高农业生产率？完全没有进展。推翻种姓制度？完全没有进展。推翻英国殖民统治，建立自治政府，利用英国人训练的军队发动起义来实现印度次大陆的政治统一？1857年曾接近实现，但只是接近而已。

英国殖民者改造印度失败给全体经济学家提出了一个重要课题。包括马克思主义学者在内，我们都是亚当·斯密的学术继承者，而据杜格尔德·斯图尔特（Dugald Stewart）记录，斯密曾说过："要让一个国家从最原始的状态提升到最富裕的水平，并不需要太多别的条件，只需和平、轻税与可以接受的司法执行力，其他一切都会由事物的自然进程带来。"[7]可是在19世纪后期到20世纪早期的英国统治下，印度拥有相当程度的内外和平、可以接受的司法执行力与较轻的税负，却没有出现向着"最富裕水平"提升的任何进步迹象。[8]

无论是因为自然还是非自然的原因，事物的发展进程产生了不同的结果。

埃及是另外一个颇具启发性的案例。穆罕默德·阿里（1769—1849）是阿尔巴尼亚的一个孤儿，航运商易卜拉欣·阿伽与夫人泽伊内普的孩子。阿里对于在奥斯曼帝国统治下的卡瓦拉港口担任税务官感到厌倦，于是在1801年，作为雇佣兵加入奥斯曼军队，参与收复埃及的行动。那里原来的马穆鲁克政权被拿破仑率领的远征军横扫，后者又败给了英国海军。1803年，阿里成为由他的阿尔巴尼亚同胞组成的军团的首领。奥斯曼帝国的埃及总督此时缺乏资金，无法继续提供军队给养，试图解散阿尔巴尼亚军队。部队发生叛乱并接管了政府，随后陷入混乱。

阿里最终设法站上了权力巅峰。他留住了阿尔巴尼亚人的忠诚，并成功打压奥斯曼与埃及军队，然后至少暂时赢得了奥斯曼苏丹、改革者塞利姆三世的认可（后者很快被自己的亲兵卫队废黜、关押和杀害）。阿里非常关注西北方的欧洲和东方的印度，他统治着一个繁荣的王国，但他很清楚欧洲人可能像控制印度那样对自己及子孙后代的国家下手。

于是，阿里极力振兴埃及，引入新的作物，开展土地改革，建立现代化军队，关注棉花出口，并通过建设国有纺织厂来启动埃及工业发展。他深知如果不能维持机器运转，自己的子孙后代就会变成法国银行家与英国殖民总督们的傀儡。可是，维持机器运转难以做到。是因为埃及没有培训足够多的工程师？是因为企业老板们是政府雇员？还是因为政策没有得到长期坚持，使得当埃及军队受到压力时，在短期内从国外购买武器、弹药和军装的诱惑太强烈？[9]

阿里死于 1849 年。如果他的子孙们有同样的忧虑，他们或许会开展足够多的改革，以促进埃及人的教育，让他们有能力修理那些机器。但事实上这在埃及成了阿里个人的事业，而不是跨越数代的民族主义事业。[10]

1863 年，即苏伊士运河竣工仅六年之后，阿里的孙子伊斯梅尔接过了埃及总督的桂冠，时年 33 岁。伊斯梅尔在法国受过教育，对欧洲影响力持开放态度，急于促进国家现代化，也比较幸运。他成为美国内战导致的"棉花荒"时期的埃及统治者。美国南方从世界棉花供应中暂时消失，给其他产棉区带来了繁荣机遇。工业革命时期建设的大量纺织厂需要棉花供给，业主们愿意接受几乎任何报价。埃及出产棉花，因此有那么几年时光，埃及的经济资源和财富看起来取之不竭。

但事实并非如此。

埃及政府于 1876 年宣告破产。总督的债权人变成了埃及的控制者，伊斯梅尔退位。两位财务总监走马上任，掌管政府税收和支出的大权，一位是英国人，另一位是法国人。他们的任务是，确保此时由伊斯梅尔的儿子统治的埃及维持税收收入并偿还债务。税负沉重的埃及人不明白，为什么要让他们来承担奢华无度的前任总督欠下的债务。英国军队于 1882 年恢复了社会秩序，就此把总督变成了他们的傀儡。然后以各种理由，英国军队继续留在埃及，直至 1956 年。

最后，穆罕默德·阿里的曾孙确实变成了法国银行家与英国殖民官员的傀儡。[11]

中国同样能带给我们深刻的思考。

1870年的帝制中国贫困而失序，政府和经济均陷入危机。在持续两个多世纪的统治中，满族人建立的清政府刻意压制汉族儒家地主－官僚－学者阶层开展有效行动的能力。毕竟，有效的行动力可能威胁到中央政府的安全边界，这也许是当初西方人翻译的紫禁城的真正含义。

1823年，李鸿章出生在上海以西200多公里的一个村庄的士绅家庭。研读儒家经典著作并参加科举考试的道路极为艰苦。1847年，在跟随来自湖南的导师曾国藩潜心苦读之后，李鸿章金榜题名。传统的丁忧制度让曾国藩于1852年回到家乡，为母守孝。此时太平天国运动已爆发。汉族官僚们指挥的军队不堪一击，传说中的精锐八旗军同样溃败。在绝境中站出来力挽狂澜的曾国藩此刻显示出了杰出的军事组织才能。他招募、训练和指挥了一支志愿军，即湘军，以此来对抗太平天国运动者。李鸿章紧随其后，成为清朝少数几名能征惯战的将军之一。

1864年，太平天国运动被镇压，李鸿章又被委派去平息另一支起义队伍——捻军。1870年，他担任外交官，负责在天津教案后安抚法国人，当时的骚乱导致多名天主教神父、修女和教堂会众死亡，其中还有法国驻天津领事。1875年，李鸿章在同治皇帝死去后统领军队，以确保慈禧太后的侄子、四岁的光绪帝顺利登上宝座。李鸿章自幼受儒家官僚训练，把两千多年的经典原则用于治国理政，但他发现真正管用的是如下两条：有能力统辖军队，以及学会平息欧洲帝国主义列强的怒火并争取它们的支持。

西方的许多汉学家号称能够看到甚至触摸到另外一种历史：中国在19世纪后期从经济、政治和组织上崛起。毕竟，日本就在1904—1905年对俄国的短期战争中赢得了胜利，然后在1921年的停止建造战舰谈判中与英美两国平起平坐，在1929年或许已成为世界第八大工业强国。[12]

但我们经济学家对此的疑虑要多得多。我们注意到，腐败无能的官僚机构未能整治好黄河大堤与大运河，清政府难以监督地方官员正常收取盐税。19世纪80年代中期，清政府购买了外国的金属加工机器，试图创建海军，建造军火库与码头，自认为已强大到足以反击法国人对越南的征服。但是，清朝海军舰队在交战后的一个小时内即告覆灭。我们还注意到，1894年，清政府认为自己有能力阻止日本人把势力范围扩展到朝鲜半岛，结果又判断失误。之后签订的《马关条约》把中国台湾和辽东半岛等地划入了日本人的势力范围。

此外，我们经济学家还发现，迟至1929年，中国仍只能年产2万吨钢，平均每人不足2盎司；40万吨铁，每人仅1.6磅。与此同时，煤炭产量为2 700万吨，每人约100磅。相比之下，美国在同年的人均钢产量为700磅，1900年也已经达到200磅；人均煤炭产量在1929年为8 000磅，1900年为5 000磅。

让我们把视角集中到一个特定地点：华北的开平煤矿。作为将军、外交官和总督的李鸿章于19世纪80年代在那一带任职，他看到中国急需工业力量，于是成为这家煤矿背后的主要官员推手，同时也参与了其他几项"自强事业"，例如1878年建立的上海机器织布局、天津机器制造局、天津与上海之间的电报线路等。像李鸿章这样关注经济发展的人确实可以做出一番事业。[13]

然而，他们无法突破整个官僚体系，实现根本变革。李鸿章委派来自香港的富商唐廷枢经营开平煤矿，目标是建成一家大型现代化工业煤矿，以推动国家的现代化。但他们遭遇了非同寻常的反对。有官员宣称，采矿会惊扰龙脉……并且令已故的太后难以在地下安息。李鸿章必须做出选择，要么放弃建设现代化煤矿以及给蒸汽发动机提供燃料的理想，要么可能因为任何皇室成员生病或死亡而承受罪责。他最终选择了现代化，鉴于当时皇室成员的人口规模和高死亡率，这样做非常有担当。

煤矿在1881年投产，到1889年，3 000名三班倒值班的工人每天能生产700吨煤炭。到1900年，工人数量增加到9 000人，但产量只有美国或澳大利亚同等人员规模的煤矿的四分之一。开平煤矿既是政府的公共项目，也是一家私人企业。煤矿负责人既是公司的香港股东们的雇员，也是清政府的官员。

担任开平煤矿总办的唐廷枢死于1892年，继任者为张翼，字燕谋（在各种英文文献中几乎都称为"Yenmao"）。张翼既非商人，也不是实业家、工程师或者经理人，而是慈禧太后信任的政治调停人，1875年支持光绪帝即位的另一位关键人物。然而到1900年，张翼却很可能成了天津的首富。与高效率的经营管理相比，维护朝廷关键人物的利益与关系网络是更要紧的事情。于是开平煤矿变成了核心人物的重要财源，而非工业化事业的关键拼图。李鸿章于1901年离世，生前参与了最后一轮同欧洲帝国主义列强的外交争锋，后者在镇压义和团运动之后要求清政府提供高额赔款。

同样在1901年，26岁的外国采矿工程师、未来的美国总统赫伯特·胡佛接手了开平煤矿。他宣称，煤矿工资册上的9 000名工人中有6 000名是虚增的，从中吃空饷的人事总监为获取该职位给张翼贡献了不菲的贿赂。

等等，真是赫伯特·胡佛来接管了煤矿？

是的，胡佛于1900年抵达天津后，城市旋即被义和团民众包围。张翼因为担心自己被当作欧洲人的腐败傀儡而遭处决，也逃到天津。被围困在当地的欧洲人则打算把张翼囚禁起来，以便给义和团方面传话。

此后的事情经过变得扑朔迷离，几乎所有的讲述者都不太可靠，极力为自己一方说话。大致来说，不知胡佛如何把张翼放了出来，张翼则给胡佛签发委托书，把开平煤矿合并到由后者完全控制的一家英国旗号的企业里。历史学家埃尔斯沃思·卡尔森（Ellsworth Carlson）记录说，当地的英国临时代办对于此事非常不满："胡佛和他的公司敲了中国人很大一笔竹杠……虽然从法律上说董事会的决定不容置疑……但从道德上说却完全错误。"另外，英国不应该容忍"敲诈中国股东的金融交易"，这完全是被"一个草根出身的美国佬"操纵，让一群英国人和比利时人中饱私囊。

胡佛对此说法全盘否认。一个多世纪后，我们可以试着揣摩他的心思。或许他认为原来的股东们应该感谢自己及合伙人只拿走了62.5%的股份，因为另一种选择是整个煤矿作为战争赔款被俄国人没收，这样老股东们将一文不名。或许他认为张翼是个腐败的领导，而自己能够让煤矿经营变得更高效和更有利可图。的确，胡佛成功地让老股东们的股份价值增长了近3倍，他们手里留下的37.5%的股份变得比之前持有的100%的股份更有价值。

我们又听到了二重唱的回响。无情的市场从某些人那里拿走，给予其他人，并极大地增加了总量，赞美市场的护佑。然而当地的英国临时代办听到的故事有所不同：拿走和给予都是胡佛人所为，而不是市场。有些人会感谢胡佛，尤其是后来占有煤矿大部分股份的欧洲股东，他们拿走了李鸿章希望作为中国经济腾飞的部分基础的丰厚利润。其他人则会诅咒胡佛，例如义和团民众，以及看到自己抵御帝国主义征服者的空间被压缩的清政府官员们。

进一步说，不满的反抗者们还会诅咒这个社会经济架构，它没有找到和提拔有能力的经营者，而是带来腐败的政治操盘手。他们会诅咒政治文化：迫使极少数主张现代化的总督需要时常关注和干预企业的正常运营，以免被反对派攻击。他们还会诅咒教育体系：只会培养儒士文人，而没有工程师，让国家的一切事务都需要假外国技术人员之手。可这些诅咒难以改变他们周围的世界。除了外国租界治外法权管辖的港口附近区域乃至少数几个推动现代化尝试的地方官员直接控制的区域，现代工业在晚期的帝制中国仍未发展起来，现代技术更难觅其踪。

倡导改革的政治家孙中山曾于1894年上书李鸿章，但遭到回绝。他于是在清政府鞭长莫及的海外中国移民中建立起筹款和宣传网络。袁世凯等军人政治家则看到，继续为清朝皇室效力已没有前途。1911年，孙中山发起革命行动，袁世凯及其同党们拒绝出兵镇压，清王朝随即倒台。

六岁的皇帝退位。孙中山宣誓就任新成立的中华民国临时大总统，试图掌握国家的控制权。中国此后一段时间在很大程度上坠入了无政府状态。

对于19世纪后期欧洲各个帝国的扩张以及殖民地和半殖民地的反应，我还有很多很多故事可以讲述。但印度、埃及和中国可以代表其中的很大部分。北大西洋地区各个帝国的真实力量和威慑力量，加上全部的财富与影响力，意味着在加长版20世纪之初，即便尚未沦为正式殖民地的若干国家同样被非正式帝国（主要是英国）支配。在这个世界里，某些人提出的建议不能够被直接或委婉地拒绝。

有些建议之所以不能被拒绝，或许是因为接受的结果太好，或许是因为拒绝的结果太糟。正如20世纪的社会主义经济学家琼·罗宾逊（Joan Robinson）喜欢说的那样，唯一比遭受资本家剥削更糟糕的事情就是不被资本家剥削，而是被他们忽视，置于生产与交换的循环之外。

当然，还有谁来承担拒绝特定建议的后果这个问题：是一个国家的统治精英、当时的国民，还是他们的后代？通常来说，哈耶克主义者与波兰尼主义者的观点迥然不同：看到市场给予的人赞美市场（乃至部分帝国主义）的护佑；而看到市场拿走的人，则诅咒那些夺取别人面包、住房和尊严的人。

在正式帝国模式下，比较容易判断哪些人在赞美，哪些人会诅咒。然而在加长版20世纪的前几十年中，随着非正式的大英帝国（以及跟随它的其他欧洲帝国）的力量日增，这一区分变得越来越困难。霸权至少带来了四个方面的重要好处：自由贸易、产业集聚、自由移民与自由投资。

当然，抵抗非正式帝国的扩张从技术上说是可能的。但拒绝大英帝国提出的建议往往意味着给你自己招来本国民众的报复。阿富汗或许的确是帝国的坟场，但那里也同样窒息了社会进步、技术发展和寿命延长。大多数收到建议却无法拒绝的民族国家最终同意按照英国人的规则办事，总体上有三方面原因。

第一，英国自己也是按这些规则办事的，而英国显然值得模仿。人们希望，通过采纳明显成功的先进经济体的政策，本国政府也可以取得经济发展成就。第二，试图按其他规则办事的成本很高，例如保护本国的手工纺织产业。英国等西方国家可以廉价提供大宗商品、工业品乃至奢侈品，而其他地方做不到，另外，西方国家还可以为你的初级产品出口支付不错的价格。第三，即使你想按照其他规则办事，你对本国事务的控制力也有限，而市场上本来有大钱可赚。

按照国际经济游戏的规则办事会带来相应的后果。全球化和自由贸易的第一个关键后果是，蒸汽驱动的机器拥有手工业无可比拟的比较优势，无论工人的工资水平被压到多低。除极少数情形外，蒸汽驱动的机器只能够在北方国家维持良好运转。在工业核心地带之外，制造业趋于衰落，外围地区的劳动力转移到农业和其他初级产品的生产。这样的结果使全球外围地区陷入"欠发达"状态。外围国家虽然能够在短期内受益于有利的贸易条件，却无力培养工程技术人才队伍，而后者是建设更加强大和富裕的工业国家的要素。

第二个关键后果是，蒸汽驱动的机器只能在北方国家足够可靠地保持运转，以实现盈利。"可靠"和"盈利"要求三方面的条件：工程技术人才群体，能通过训练掌握工业技术的有文化的劳动力队伍，以及提供必要的维护、修理和支持服务所需的充足资金。[14]

第三个关键后果是，除限制亚洲人迁往部分温带经济体外，加长版20世纪早期基本实行自由的移民制度。最后，由欧洲非正式帝国统治带来的自由贸易与自由移民极大地促进了世界在一战前的数代人中的经济繁荣，与自由投资相伴的自由资本流动为发展车轮提供了润滑剂。

你可以随意把钱借给任何人，也可以从任何人那里获得贷款。但在一战前，通行的看法是你至少会努力偿还。显然在此期间，那些拥有劳动力、技能和组织资源的经济体从资本流入中获得了巨大的收益。对美国、加拿大、澳大利亚、阿根廷乃至印度等国家而言，能够利用以英国资本为主的大量资金来加速工业和基础设施发展，的确是天赐良机。

对输出资本的国家来说，损益则不太好说。法国在一战前资助了俄国的工业化，认为有朝一日自己将同德国开战（判断正确），而胜利取决于有大量俄国盟军出击，迫使德国人两线作战（判断不那么准确）。一战前，购买俄国债券成为对法国人的爱国主义的考验。但在战后，莫斯科不再有沙皇，而弗拉基米尔·列宁没有兴趣偿付前政权对债权人的欠款。

非正式帝国发挥影响力的另一种方式是给世界其他地方提供可模仿的范例，这在大英帝国尤其如此。英国的制度和实践显得极其成功，事实上也曾的确如此。至少尝试模仿英国是很有必要的，如穿上商务套装、在课堂上讲授拉丁文诗歌翻译、确立严格的财产权利、投资修建铁路和港口等。其中大多数在世界各地都有用，少数则不然。但后来人们发现，随着加长版 20 世纪的推进，适合 19 世纪中期英国国情的那些制度和实践对外围国家的政府与经济而言越来越不合用。

这就是在正式帝国与非正式帝国统治时期，绝大多数外围国家同北大西洋经济核心地带的相处模式。它在印度、埃及、中国和其他地方纷纷上演，极为普遍，似乎可以总结为天意和自然的结果。但有一个地方除外。

在 1913 年之前的欧洲文化以外的世界，只有日本成功处理好了同欧洲帝国主义的关系，实现经济繁荣和工业化，并加入了帝国主义阵营。

为深入了解日本发生的故事，我们需要至少回溯到 17 世纪早期的大名德川家康，他于 1603 年获得幕府将军的名号，即为天皇处理一切民事和军事事务的总督。他的儿子德川秀忠和孙子德川家光巩固了这一政权。德川幕府依托首都江户（即后来的东京），维持了对日本长达约两个半世纪的统治。[15]

从一开始,幕府便很警惕南方的菲律宾的情况。仅一个世纪前,菲律宾还是由众多独立王国分别统治。然后欧洲人到来了,先是商人,然后是传教士。宗教皈依为发挥欧洲人的影响力奠定了有效的民众基础。传教士之后又来了士兵,到1600年,统治菲律宾的已变成西班牙人。

德川幕府自信能控制住日本内部的潜在对手和民众,但没有信心抵御欧洲人的技术、军事和宗教势力。于是国家走向封闭,从事贸易的船只数量受到严格限制,并且只允许它们在长崎的港口靠岸。从海外归来的日本人会被处决,走出外贸限制区域的外国人也会被处决,对基督教的镇压同样不留余地。几个世纪中,欧洲的正式帝国屡次尝试,却仍无法在日本立足。

让日本特立独行的另一个因素是,那里的城市人口占比达到了六分之一。截至1868年,京都、大阪和东京的总人口已达到200万。半数的成年日本男性掌握了文化。同一年,东京有600多家书店营业。如此高的识字率与城市化率为技术竞争力打下了根基。

历史学家罗伯特·艾伦介绍过长崎领主锅岛直茂和他的大炮铸造厂的故事。锅岛直茂手下的工人获取并翻译了荷兰人描述铸造厂的有关书籍,然后按图仿造:"1850年,他们成功建造了一座反应炉,3年后开始铸造大炮。1854年,长崎方面又从英国进口了最先进的后膛式阿姆斯特朗大炮,并仿制出来。到1868年,日本已拥有了11座铸铁反应炉。"[16]

随着明治维新启动,幕府时代于1868年正式终结。统治权落到重要人物结成的不断变化的联盟手中,其中最显赫的是所谓"明治六杰":森有礼、大久保利通、西乡隆盛、伊藤博文、山县有朋、木户孝允，他们都主张学习欧洲的技术，同时维护日本的文明与独立性。[17]维新派对这一志向毫不掩饰，在向全国发出的宣传口号中将它表述为：采取"和魂洋才"的策略，以实现"富国强兵"之目标。

此后，日本快速引入了西方式组织：地方行政长官、公务员职位、报纸，以东京武士方言为基础推行语言标准化、教育部（日本称"文部省"）、中小学义务教育、征兵制，政府出资修建铁路，废除国内市场中的关税壁垒，以工作日的固定时长来改进社会合作关系，以及引入公历纪年，等等，所有这些目标都在1873年达成。代议制地方政府在1879年设立，两院制议会（加上新册封的贵族阶层）与君主立宪制在1889年设立。1890年，至少有80%的学龄儿童在学校注册。

在中国，像李鸿章那样能够在制度和文化潮头逆流而上、推进现代化和工业化的人物可谓凤毛麟角。而在日本，这样的人非常多。伊藤博文是明治六杰之一。长州藩的长者们于1863年认定，他们迫切需要学习更多欧洲的组织形式和技术，因此不顾禁令，偷偷派出了5名有前途的年轻学生离开日本，到欧洲游学。伊藤博文在珀伽索斯帆船上作为水手工作了130天后抵达英格兰，进入伦敦大学院学习。他在6个月之后就中断学业，返回长州藩，激烈反对与欧洲帝国对抗的政策。他认为日本过于弱小，与对方的组织和技术差距太大。

1870年，伊藤博文前往美国学习货币银行学。次年返回日本，负责编写法规，以减轻封建赋税，并采用统一的国家税收体系取而代之。1873年，伊藤博文成为日本工部卿，负责尽可能对欧洲技术实施逆向工程，并支持兴建电报线路、路灯、纺织厂、铁路、码头、灯塔、矿场、钢铁厂、玻璃厂、帝国理工学院等项目。[18] 1881年，他把同时代的大隈重信排挤出政府，成为非正式的日本首相。

第4章 全球帝国

4年后，根据他参考1850年普鲁士模式而制定的宪法，伊藤出任日本第一位正式首相。

伊藤博文于1894年发动了中日甲午战争，凭借11艘欧洲建造和两艘日本建造的战舰，以及由普鲁士少校雅克布·梅克尔训练的陆军，日本很快取得胜利。中国在辽东与山东的基地和港口受到日军正面攻击后，一天之内即告失守。朝鲜半岛和中国台湾随即被日本侵占。

1902年，日本与英国结盟，成为后者在北太平洋的总代理。两年后，日本再度卷入战争，这次是与俄国对垒，并赢得了决定性的胜利，把中国东北地区纳入自己的势力范围。

1909年，伊藤博文走到生命尽头，被朝鲜爱国志士安重根刺杀。作为回应，日本于次年正式吞并了朝鲜半岛。

不只是明治六杰，还有其他许多人为塑造更加现代化的日本发挥了关键作用。例如高桥是清，1854年出生的一位德川幕府宫廷艺术家的私生子，他于1867年乘船前往美国加州的奥克兰，在那里做工并学习英语。回国后，他开始沿着官僚阶梯向上攀升（中间还再度跨越太平洋，前往秘鲁开采银矿，但未获成功）。高桥是清后来出任日本银行副行长，负责发行债券，为1904年的日俄战争筹款，然后又担任日本银行行长，并于1921年出任日本首相。明治维新时期的日本有着向上阶层流动的巨大机遇。高桥是清掌握了现代金融杠杆的知识，但没有变成正统金融学说的迷信者。这在后来非常重要，因为当20世纪30年代的大萧条爆发时，高桥是清正担任大藏相，他对局势的洞察细致入微，制定的应对方案使日本在大萧条的冲击中几乎完好无损。[19]

日本是如何做到的？

经济史学家罗伯特·艾伦认为，在1900年之前成功发展起来的工业经济体把政府的力量集中在创造 4 个必要的制度条件上：铁路和港口、教育、银行，以及对未来拥有比较优势（如果能成功做到的话）的产业实施保护性关税。

欧洲帝国主义列强禁止明治时期的日本实施高于 5% 的进口关税，而当时及之后的日本政府都希望实现进口替代。日本并没有过分采用择优干预办法，也就是挑选特定的成功出口企业，专门提供补贴。工部在为日本兴建铁路和电报系统时，修建了一所学校来培训工程师，并尽可能选择国内供应商。明治时期的日本没有大规模的银行，但有某些相当富裕的商人家族希望参与这一产业，包括三井、三菱、住友、安田等。最后，明治时期的军人政治家强调保卫日本需要的运输路线，并希望在钢铁蒸汽时代完成帝国征服计划。甚至在纺织业工业化开始前，军事工业化就已经上路了：船坞、军械库以及相关业务在 19 世纪 80 年代早期雇用的产业工人可能已经有上万人。[20]

不过，成功总是有侥幸的成分。日本成为例外既是因为自身的决心，也同样出于幸运。1910 年，制造业在日本 GDP 中的比重仍仅有五分之一，而在此前的十年间，日本还属于半工业文明。可是，日本毕竟实现了独特的成就：把相当数量的工业技术从北大西洋的核心圈子里成功转移出来，并掌握了使这些技术继续应用和盈利的诀窍。

* * *

在全世界的南方地区，正式帝国与非正式帝国对经济增长和发展既有加速也有迟滞作用。但总体而言，帝国带来的迟滞多于促进。归根到底，帝国追求的并不是经济发展，而是帝国的统治。

在工业核心地带，保守派观点认为帝国是受命于上帝，或者说，至少承担着上帝在道义上的要求。我们不妨听下鲁德亚德·吉卜林的歌颂：

> 接过白人男子的重任——
> 派出你最优秀的后裔——
> 让儿子们远走海外
> 去满足被征服者们的愿望
> 去把严肃的束缚
> 施加给惊慌和野蛮的民众——
> 你新俘获的郁闷的族群
> 半是魔鬼半是孩童的子民[21]

你要去开化教育的"郁闷"的被征服者或许并不欢迎你。"半是魔鬼半是孩童"的野蛮与新俘获的族群，显然跟你不处于同等地位。你要承担的使命并无乐趣，而只是远走海外、接过重任以及严肃的束缚……但因为某些原因，你必须去做。

20世纪早期的开明自由派观点则认为，这种事业毫无意义，当时仍然存在的各个帝国只不过在玩欺诈游戏，而且已经穷途末路。

奥地利经济学家约瑟夫·熊彼特指出，民众被哄骗和诱导去为对外胜利欢呼，以便让他们忽略由地主和贵族把持的国内政治权力制度缺乏合理性。[22]他认为地主和贵族们同样受到了哄骗：许多精英在征途中因为痢疾、伤口感染、枪弹和炮击而死去，而他们本可以坐在维也纳海伦街14号的中央咖啡馆悠闲地享用带着奶泡的卡布奇诺。

帝国就好比今天的职业体育运动队,他们的胜利会引发各种庆祝活动,例如英国盛大的马弗京之夜(Mafeking Night),就是由南非布尔战争中传来的捷报引发的。军事贵族们喜欢表演,民众们则乐于围观。

熊彼特对此深恶痛绝,他认为随着民众变得更加富裕,资产阶级价值观将占据上风,帝国的驱动力将耗竭,这类表演终将落下帷幕。熊彼特期待此类骗局的结束,希望迎来一个更少贵族气息、更少帝国主义、更少好战血腥的和平的20世纪。

他错了!

英国社会活动家约翰·霍布森(John Hobson)对帝国主义扩张的驱动力有不同理解,认为经济才是最主要的因素,而非文化或社会因素。[23]霍布森提出,政府出钱让民众从事制造武器的工作,再利用武器去征服殖民地,迫使对方购买本国的产品,乃是避免大规模失业的一种手段,由此可以维持国内政治稳定,尽管这远远算不上最优选择。

在霍布森看来,政府的一项主要任务是让民众有工可做,实现富足并感到快乐。为此要面临的主要障碍是破坏性的商业周期可能导致的大规模失业。帝国试图从两方面克服此类障碍:首先是给维系帝国所需的军队提供装备,以增加就业;其次是通过帝国扩张,给国内工厂的产品找到大量消费者。霍布森认为,追求帝国梦的欧洲各国政府遭遇经济衰退的可能性更小,因此更容易维持政权。他由此提出解决帝国扩张的办法是在国内实现更大的平等,以缓和商业周期波动、减少失业,也减少对帝国扩张的渴望。

霍布森还提出,扩大民主和平等的政治变革正在到来,战争和帝国随后将失去意义,给更加平等、更加民主、更少帝国、更少血

第4章 全球帝国

腥的和平的 20 世纪扫清路障。

他也错了!

英国公共知识分子诺曼·安吉尔（Norman Angell）认为，帝国与战争已变得陈腐和毫无意义，或许争取自治的民族解放战争除外。[24] 他还坚信各国政府不可能愚笨和短浅到对此视而不见。

他同样错了!

驱动欧洲列强扩张帝国的那些力量，也将驱动它们走向毁灭性的工业化战争，在 1914 年把欧洲变成名副其实的黑暗大陆。加长版 20 世纪的历史在这里发生了剧烈的军国主义转向。问题在于：这一转向会不会完全吞噬世界文明自 1870 年以来的所有进步成果？

第 5 章　第一次世界大战

在我的书架上，最令人悲伤的书或许是诺曼·安吉尔的《大幻觉》，它是最早于 1909 年出版的《欧洲的幻觉》的修订版。该书有足够的理由加入"他们竟然对此视而不见"的名著之列。到 21 世纪还让人感伤的是，我们都知道后来发生了什么，并深切地希望，安吉尔著作的那么多读者在当时能够借鉴他的智慧并采取行动，而不是只顾着为它喝彩。

安吉尔给他的著作冠以"大幻觉"之名，这里的幻觉意指将战争与领土征服视为实现道德和物质进步的两种主要手段。他在后续著作《和平理论与巴尔干战争》中指出：如果一个国家的财富真的来自军事战利品，那么小国将变得非常不安全，奥地利人的处境就应该优于瑞士人。但事实并非如此。例如，安吉尔发现"比利时发行的政府债券金额比德国多出 20%"，尽管比利时的国家规模要小得多，在世界军事版图上也毫无地位。"通过此类极其简单的问题，以及问题之后显而易见的事实，各国人民可以对帝国征服的利弊得出更为明智的认识。"[1]

如果通过关注显而易见的事实就能得出明智的认识,他本应该更有说服力。

安吉尔正确地指出,与建立军事力量、牺牲本国民众并掠夺他人相比,通过生产和贸易来获取所需,付出的代价要小得多。在他看来,利用战争和帝国扩张来为国王赢得更大的统治疆域,对任何人都不再是可行的策略,特别是在毁灭性的工业化战争时代,将是愚蠢透顶的选择。同时,利用帝国来诱使民众以正确的方式去崇拜正确的上帝,则是人类已经摆脱的另一种陋习。

安吉尔说,战争已不再能带来任何经济意义,这讲得很对。但他以为人类已经摆脱了这个陋习,则是完全的灾难性误判。

* * *

故事都有光环主角。他们做大多数决策,采取大多数行动。讲述主角引领的故事是我们惯常的思维方式。奥托·冯·俾斯麦那样有着主角光环的宰相以各种操作来维持权势;工人阶级是另一种类型的主角,他们决定让自己的议会代表投票支持俾斯麦,以换取全国医疗保险;德国是第三种类型的主角,它过早地选择向着社会保险与社会民主主义的道路前进。[2]人们喜欢用某些纯粹的比喻来叙事:大海试图更加靠近月亮,于是我们感受到了潮汐;闪电则选择最好走的捷径扑向大地。我们特别容易这样去思考问题,这甚至是我们唯一的思考方式。

从某种层面上讲,加长版 20 世纪的历史有两种相互冲突的理念扮演主角。一种与哈耶克有关:市场给予,市场拿走,赞美市场的护佑。另一种与波兰尼联系起来:市场为人服务,而不是人为市场服务。在这个加长版的世纪中,经济及其不断的革命性变化占据主导。而在我们的各种故事中，几乎所有其他主角都受到上述至少一种或许两种观念的深刻影响，无论对于尼古拉·特斯拉、俾斯麦、德国工人阶级，乃至整个人类来说莫不如此。这些分故事的主角如何利用哈耶克或波兰尼后来总结出的理念，如何曲解那些理念，如何参考理念去实施策略，将带来不同的后果。

在很多时候，历史进程与影响因素看上去近乎不可避免：个人的行动和决策很大程度上会相互抵消，某个人在某一天错失的机会，很快会被别人抓住。也可能我们会产生一种事情演变本来可能完全不同的感觉，却无法指出是在哪个时刻，当某人决定向右转而不是向左转时，导致了不同结果。即使像特斯拉那样有决定意义的关键人物，也只是把技术进步的时钟加快了十年左右。赫伯特·胡佛与李鸿章等人作为个人占有重要地位，但他们在历史上的意义只在于：他们是数以千计乃至更多人的代表，某些人推动了帝国主义的扩张，某些人未能成功把中国推上快速工业化的道路，等等。不过在某些特殊时刻，一些具体人物确实会起到关键的作用，选择和机遇在历史舞台的正前方上演。

在第3章，我们把关注点从经济学转向了政治经济学：不仅需要分析技术、生产、组织和交换，还要了解人们如何自我治理，如何规制经济，以实现和维持美好社会，或者说，至少对他们来说算是美好的社会。在第4章，我们把关注点又转向帝国主义政治学：不仅涉及民众及其精英如何自我治理，还要了解他们如何治理其他民族。每一次的关注点转移都缩小了叙述的焦点，主角从人类变成了民族国家，又变成北大西洋地区的核心工业国家与南方地区的外围国家。而在本章中，我们将更进一步。我们将探讨选择和机遇的关键时刻，探讨战争、国家治理和高层政治事务。在本章中，个人的作用至关重要。

1914 年之初的世界在以前所未见的速度增长,基本保持和平,也比过去任何时候更加繁荣,尽管有麻烦,但相当富裕繁荣。在这个世界中,对人类文明保持乐观并非不理性。可是在一战之后,世界面目全非,尤其是欧洲,因为那里很多地方变成了废墟和灰烬。而我们无法用一个合理且可预测的结构演化来解释战争前后的巨大差异。

那么,我们该如何理解历史事件的不合理演化,如何理解对我们经济史学家希望看到的人类自然进步过程的这一彻底颠覆?在我看来,一个不错的出发点是在安吉尔撰写《大幻觉》之前的十年。自 1899 年起,英国在南非发动了一场有意选择的战争,即布尔战争。[3]

这场战争的选择性质,从英国之前数十年的选择模式中看得很清楚。自 19 世纪 60 年代开始,欧洲各帝国的扩张便伴随着把权力交给当地人的意愿,这里的当地人意指居住在当地的白人:1867 年的加拿大,1901 年的澳大利亚,1907 年的新西兰皆是如此。事实上,它们对于 1910 年的南非也将做出这一选择。然而在十年前的 1900 年,英国做出了另外一种选择,最终迫使他们把超过 25 万名士兵派往南非,以镇压当地要求自治的 20 万布尔人,让后者接受伦敦的统治。

荷兰人是到南非殖民的第一批欧洲定居者,始于 1652 年。布尔人则是荷兰殖民者在当地的后裔。从 19 世纪初开始,他们被纳入英国人的统治。感到不满的布尔人建立了自己的共和国:德兰士瓦省和奥兰治自由邦。对此,英国人在几十年中保持了容忍态度。

此后,英国殖民部长约瑟夫·张伯伦——20 世纪 30 年代将担任首相的内维尔·张伯伦的父亲——宣扬吞并德兰士瓦省和奥兰治自由邦。1899年,他发出最后通牒:德兰士瓦省必须赋予英国公民同等权利(这将导致对当地资源的榨取),否则就面临战争。

毕竟,在世界上有史以来最强大的帝国看来,两个小共和国不足为惧。那里不过是些尚未实现工业化的农场主,其经济在很大程度上依赖于对更早的土著定居者的剥夺,无论是黄金还是其他矿产。但出乎想象的是,布尔人的军队出击,包围了英国人在马弗京、莱迪史密斯和金伯利等乡镇的兵营,并在斯皮杨科普、瓦尔克兰兹、马格斯方丹、斯托姆伯格与图格拉河等地的一系列战斗中击败了英方的援军。威廉·加塔克爵士受命统率3 000名士兵去攻击布尔人凭借步枪据守的陡崖,然后溃败,600人在斯托姆伯格被俘。梅休因爵士指挥1.4万人的部队在马格斯方丹攻击布尔人的堑壕,结果有1 400人伤亡。雷德福斯·布勒率领2.1万人的部队在试图跨越图格拉河的时候被50名布尔人阻击,渡河行动失败,并伤亡1 200人。

约瑟夫·张伯伦的战争并未如预期般短暂而辉煌。

任何成本收益测算都告诉英国内阁该选择和谈:是时候下台阶了,以换取布尔人承诺按照白人应有的待遇接纳英国的矿主和探矿者。

但事实恰好相反,从1900年2月起25万名英国士兵被派往南非。这个数字极其巨大,如果美国在2021年派出同等人口比例的部队,将达到200万人。选择把如此庞大的力量送到那里,让英国人掌握了压倒性优势:与布尔人的全部军力相比达到了5∶1。此外英国还派出了能征惯战的将军:陆军元帅罗伯茨勋爵。于是奥兰治自由邦的首府布隆方丹于1900年3月13日陷落,约翰内斯堡于5月31日陷落,德兰士瓦省的首府比勒陀利亚也于6月5日失守。

然而战争并未就此结束。布尔人在正式战役中失利后,又转入游击战,坚持了一年半左右的抵抗,并曾俘虏英军的第二号指挥官梅休因爵士。

当军队在陌生的土地上面临游击队突袭时,入侵的超级大国会怎么做?大英帝国发明了现代的集中营。某个地区有活跃的游击队?那就把所有人都包围起来并圈禁到铁丝网内,男子、妇女和儿童无一例外。不给他们太多的食物,也不会花太多时间去考虑卫生问题。然后建立小型据点,修造隔离壁垒,逐步削弱游击队的机动性。

大约3万名布尔人死于集中营,其中大多数是不满16岁的孩童。整个布尔战争导致近10万人死亡。除3万名布尔平民外,约有8 000名英国士兵死于战斗,1.4万名士兵死于疾病,1万名布尔士兵战死。另外,或许还有3万左右的非洲土著死亡,近乎荒诞的是,当时根本没有人统计。

总的来看,英国为这场战争动员了全国大约2.5%的成年男子,其中近十分之一因此死去。

如果所有这些都能够避免,事情不是可以更好吗?我们今天或许会这样看,但当时的大多数英国人却不然。

1900年的英国大选给好战的保守党带来了巨大政治胜利,其领导人为索尔兹伯里勋爵。由于军装的关系,这届大选被称为"卡其色选举"(khaki election),此后该术语被用于任何深受战争影响的选举活动。1902年终于签订了和平条约,布尔人的两个共和国被并入大英帝国。然后到1910年,南非变成了白人自治领,南非语和英语都被确立为官方语言。而此时,生活在那里的选民们对威斯敏斯特(英国议会所在地)的厌恶情绪基本上同爱尔兰民众不相上下。[4]

所有那些参与投票的英国选民怎么了？普通民众为什么不觉得通过和平谈判来成立白人自治领是更好的选择？因为他们都是民族主义者。

民族主义者是些什么人？广受推崇的社会科学家、当时的自由派人士马克斯·韦伯便是其中之一。在1895年出任弗赖堡大学教授的题为"论民族国家与经济政策"的就职演讲中，德国社会学家韦伯如此总结他与其他许多人共同的世界观：

> 我们都认为德国的东方特色应该受到保护……东方的德国农民与工人并没有被政治上处于优势地位的对手在公开冲突中排挤出土地，却在争取日常经济生存的寂静沉闷的斗争中遭受最差的结果。他们正在把自己的祖国放弃给层次更低的种族，向着黑暗未来前进，最终将了无痕迹地消失在其中……后人不会在乎我们在历史上给他们留下何种类型的经济组织，而是要我们负责能够为他们在世界上征服多大的生存空间。[5]

韦伯是位讲德语的黑发、方脸的白人男子，他非常恐惧讲波兰语的黑发、方脸的白人男子。这样的恐惧让他用民族主义的直白语言写下："因此，德国政府的经济政策以及德国经济学家采用的价值标准，只能是德意志人的政策和德意志人的标准。"

我们知道所有这些言论的含义，后续的章节还将介绍其后果。但我们的讲述可以也应该做个快进。没有人是在真空里做决定，也没有人是完全机械式地受显见的物质激励或后果推动而做决定。韦伯喜欢说"物质利益可以让列车在轨道上飞奔，但思想是扳道工"，扳道工的操作决定了列车驶向哪条轨道。[6] 例如，当某人决定自己要向右转，而非向左转，决定走向某场有选择的战争时，假如这位决策者周围的许多人也被束缚或纠缠在导致该选择的相同观念中，此类选择就意义重大。民族主义就是这样一种观念，它不仅能吞噬其他对立信念，还能将后者腐蚀曲解。

我们可以在个人层面看到这种现象。在韦伯发表演讲48年后，讲德语的军事指挥官麾下的史上最大规模军团，即阿道夫·希特勒的南方集团军，将与规模更大的红军军团在乌克兰展开浴血鏖战，为德国人民争夺"生存空间"。这位指挥官在出生时的名字是弗里茨·埃里克·乔治·爱德华·冯·莱温斯基（Fritz Erich Georg Eduard von Lewinski）。[7]

"冯"（von）是代表德国贵族出身的姓氏，但"莱温斯基"（Lewinski）不是来自印欧语系中的德语分支，作为后缀的"斯基"（ski）是斯拉夫语，代表这是个波兰贵族的姓氏，与德语中的"冯"类似。而在这两者之间还有"莱温"（Levi）。这是世界上最常见的犹太姓氏。

不过，弗里茨仍为希特勒勤勉而热情地工作，娴熟且不知疲倦地指挥军队，为一个无比专注于尽可能多地杀害犹太人、波兰人、俄国人和其他斯拉夫人的政权而狂热战斗，以便为德国农民争取"生存空间"。在历史书上，他不叫冯·莱温斯基，而是被称为"冯·曼施坦因"（von Manstein）。那是因为他是母亲海伦·冯·施佩林的第十个孩子，但母亲的妹妹海德薇没有生育，于是海伦把弗里茨过继给了海德薇，由后者及其丈夫冯·曼施坦因收养。正是凭借这个姓氏，他在德意志帝国、魏玛共和国和纳粹政权的军队中打开了一片职业天地。

弗里茨·冯·曼施坦因（原名冯·莱温斯基）也是位民族主义者。对他来说，与马克斯·韦伯及其他许多人的看法一样，在犬牙交错的边境地区——那里某些人讲德语，其他外貌大致相同的人讲波兰语——发生"寂静沉闷的斗争"的前景让人无法接受。他与数百万民众都对此深信不疑，以至于无论哈耶克还是波兰尼主张的通向乌托邦的和平主义市场路线基本上都消失了。弗里茨在军队里的职业生涯可谓一帆风顺：冯·莱温斯基、冯·施佩林和冯·曼施坦因家族共出了五位普鲁士将军，包括他的祖父与外祖父。海伦与海德薇的姐姐格特鲁德嫁给了保罗·冯·兴登堡，使这位陆军元帅和魏玛共和国的右翼总统成为弗里茨的姨父。

在汉堡和埃森等技术发达的德国城市，渴望招募工人的实业家和商人们发现许多潜在劳动力已走上波美拉尼亚和普鲁士的农业岗位。于是，他们开出更高的工资和更好的生活条件，以吸引这些劳工迁往海港与莱茵地区，许多人确实来了。就这样，实业家与商人们的选择转化成了农业工人的选择，继而改变了德国东部的地主们的选择。他们无法给出匹敌莱茵地区的钢铁业主开出的工资水平，却需要找人来替代流失的农业劳动力，于是到更东方的维斯瓦河谷去招募波兰工人。这不是一个共赢的结局吗？

留在维斯瓦河地区的波兰语民众感到高兴，因为他们的农场规模变大了。迁居德国的波兰语民众也感到高兴，因为他们有了更高的工资、更舒适的生活。讲德语的地主们感到高兴，因为谷物能够以更高的价格卖给繁荣的西部地区，工资水平却不用与之看齐。迁往西部的讲德语的工人们感到高兴，因为他们有了更高的工资、更舒适的生活。讲德语的钢铁业主以及其他实业家和商人们感到高兴，因为他们有了更大的劳动力队伍。掌管德意志民族国家的贵族们同样感到高兴，因为他们有了更强大的经济、更多的税收，贫困现象得以减少，民主主义－平等主义－社会主义引发的骚动频率随之降低。

还有谁感到不高兴吗？马克斯·韦伯以及其他每一个心胸狭窄的德意志民族主义者就是不满之人。

请注意，韦伯在一战之前的德国稳居政治上中间偏左的位置。他当然不是社会主义者，但他也支持政治民主、大众教育和经济繁荣，反对寄生式的贵族阶层和僵化的社会秩序。

恐怖之处在于，德国的民族主义在一战前的欧洲并非特例，而基本上属于常态。通常来说，人们认为民族主义是近乎赢家通吃的竞赛，在这种竞赛中，战争不被视为灾难，而被视为机会：是实现民族主张、民族动员、更强大民族身份认同感的机会，以及赢取战利品的机会，无论是什么样的战利品。

然而，假如民众拒绝响应某种民族主义的召唤，不认同它对民族主张、动员、身份和战利品的鼓动宣传，那么显而易见，处于早期决策顶端的全体政客和军官们都犯下了大错，甚至可以说是十分愚蠢，因为这一切的结局无比糟糕。加入"获胜"的英法联军阵营的王朝统治者还能留住自己的桂冠，而欧洲大陆上参战的皇帝们都被赶下了台。这里的"获胜"极具讽刺意味，一战导致了约1 000万人死亡。如果我们相信，要不是大战导致的迁徙、混乱和饥饿，1918—1919年的西班牙流感本不会有那么大破坏性，那么，战争造成的总死亡人数应该接近5 000万。

长期以来，奥匈帝国的统治者担忧塞尔维亚民族主义或者说这种思潮向北蔓延，因为它主张塞尔维亚、波斯尼亚、克罗地亚、斯洛文尼亚等群体同属一个"南斯拉夫"民族，只是伊斯坦布尔的土耳其人或维也纳的德意志人等外来的统治者阻碍了辉煌的南斯拉夫国家的兴起。

1914年，塞尔维亚人与克罗地亚人成为血盟兄弟，塞尔维亚人同欧洲的帝国浴血奋战，希望把克罗地亚人从外国独裁者的压迫下解救出来。然而到80年之后的1994年，这两个群体的人已无法在同一个村庄或省份里和平共处，至少其中一方的政治领导人号召消灭或驱逐另一方的人群。与80年前的情形一样，领导人发出呼吁，追随者付诸实施。20世纪之初的战争是为了实现塞尔维亚人和克罗地亚人的统一，20世纪末期的战争则是二者之间相互的"种族清洗"。这是历史给人类留下的，或者更有逻辑地说是人类给历史留下的最苦涩的恶作剧之一。

哈布斯堡王朝治下的奥匈帝国是一个半民主的君主立宪制国家，它对多民族地区的统治能够基本尊重本地风俗，维持和平局面，并保证了贸易、宗教和有限的言论自由。在当时较为理想的政权排名上，它至少应处在较前的位置。然而对后来相互残杀的塞族人和克族人曾结成血盟的先祖来说，事情不是这样的。

1914年夏天，一位争取波斯尼亚从奥匈帝国独立、与塞尔维亚联合的恐怖分子刺杀了奥匈帝国王储斐迪南大公及其妻子索菲。刺杀者得到了塞尔维亚王国秘密警察的某些协助，尽管我们基本可以肯定塞尔维亚国王对此并不知情。[8]

对维也纳的老皇帝弗朗茨·约瑟夫及其顾问们而言，对粗暴杀害他侄子（及其妻子）的行为必须做出回应，应该严惩罪犯，羞辱塞尔维亚，宣告奥地利才是巴尔干地区的真正王者。为此值得承担开启一场大战的适度风险。毕竟，20世纪早期的巴尔干战争、1904年的日俄战争、1870年的普法战争、1866年的奥地利－普鲁士战争、1864 年的普鲁士-奥地利-丹麦战争、1859 年的法奥战争历时都很短。1853—1856 年的克里米亚战争更长一些,但也只是场局部战争:参战各方均不认为赌注需要高到干扰正常社会生活的地步。1861—1865 年的美国内战让得克萨斯与弗吉尼亚之间弧形地带的沿海各州的白人成年男子五分之一丧生、五分之一致残,但那似乎没有参考价值。

这不是唯一被忽略的重要事实。

对于圣彼得堡的不算年迈的沙皇尼古拉二世及其大臣们而言,最优先的要务是展示俄国才是巴尔干地区的强大力量,这能让各个讲斯拉夫语的小国明白,它们可以指望俄国的保护来对抗维也纳的霸权。

对于柏林的不算年迈的德国皇帝威廉二世及其大臣们而言,快速赢得对法国和俄国的决定性军事胜利将确保德国在欧洲列强中占有支配性的"阳光下的地盘"。最大限度地支持奥地利基本上属于自动响应,无论后者决定对斐迪南大公遇刺做出何种报复行动。德国又怎么会有其他想法呢?在 19 世纪,德意志帝国的崛起和强势正是源于若干短促而辉煌的战争。发动和掌控这些战争的德国政治家、铁血宰相俾斯麦曾经宣告,"决定今天的伟大事务的不是演讲和讨论,而是鲜血和钢铁",为此赢得了雷鸣般的欢呼。

对法兰西第三共和国的政治家们而言,有朝一日必须再同德国开战,以收复对方在 1870 年偷走的阿尔萨斯和洛林地区。对法国政治家乃至广大民众而言,为确保"Strasbourg"(法语中的斯特拉斯堡)不被称作"Strassburg"(德语),确保那里的市长讲法语而非德语,让很多人赴死是完全值得、不证自明的。而对伦敦的大英帝国的政客们而言,为展示英国不能任人摆布,战争风险同样值得承担。此外，德国人在一战前建造了让英国人感到生存受威胁的庞大舰队，迫使后者花费巨资做出反制。我们可以回想下温斯顿·丘吉尔关于一战前英国建造无畏级战列舰的玩笑：自由党政府打算拨款每年新造四艘，海军将领们要求六艘，加上媒体和公众舆论不断渲染对德国的恐惧，最后达成的妥协是每年新造八艘。

所有这些认为战争将是好事，或至少对他们自己而言是好事的人，都错了。老皇帝弗朗茨·约瑟夫失去了皇冠和哈布斯堡帝国。为了暂时纠正斯特拉斯堡的名称，法国将失去一代年轻人的生命。英国同样将损失一代年轻人，帝国实力在战后大为削弱，并将再度与被德国支配的欧洲对抗。俄国沙皇将丢掉皇冠、生命和国家，全家遭到杀戮。俄国也将失去一代年轻人乃至度过不那么悲惨的20世纪的机会。

第一次世界大战并未给德国提供确保在欧洲列强中占有优势的"阳光下的地盘"。威廉二世将丢掉宝座，国家将丧失政治和军事独立地位，损失一代年轻人，开始迈向希特勒的第三帝国——那个将在千年之中令德国蒙羞的政权。另外还要30年时间，法国政客们才能认识到，只依靠军队来约束德国是不行的，控制德国力量的更好办法是把它在经济上融入欧洲。

他们为什么选择战争？首先是民族主义的影响，另外还有政治上的逻辑：赢得这场战争会减少你在未来战争中失败的风险，以避免失利的后果。

此外还有更多因素的作用，例如贵族制度。1914年的欧洲是民族群体构成的欧洲，是实业家和社会主义者的欧洲，是工人和技术人员的欧洲。但1914年的欧洲各国政府，特别是掌管国防和外交事务的部门，充斥着大量现任的贵族、以前的贵族与候任的贵族。这意味着贵族、地主和军事精英阶层控制了各种宣传与权力机关。贵族们还获得了急于保证自己经济利益的实业家和企业家的支持,例如德国在 1879 年出现的"钢铁 - 黑麦联姻":对英国的钢铁进口实施高关税,以保护德国各家制造商的利益;同时对美国的谷物进口实施高关税,以保护德国地主们的利益。[9]

到一战前夕,这些精英日益发现自己变成了没有社会功用的阶层。展望未来,他们只能看到自己的影响力和地位下降,相对财富水平和自尊感被削弱。在经济共赢的世界里,这些贵族与希望跻身贵族的数千人组成的群体将不可避免地成为输家。为避免这样的命运,他们或许可以把国家引向战争。

权力和宣传因为意识形态而强化。每个国家都认为确保自己的民众在未来文明中留下最持久的印记至关重要,而启蒙主义以及主张和平、博爱和慈善的基督教价值观不再受人青睐。

欧洲的贵族们在 1914 年掷出命运之骰时,对自己将会失去什么最多只有模糊的判断,但他们加入了赌博。他们制造强大的回音室效应,让宣传和意识形态彼此强化,聚合民众的广泛支持。西方国家受过教育的普罗大众尽管比之前任何世代有更好的食品、衣着和住房,也更有文化,仍狂热地加入贵族的麾下。

我们需要谈谈因果与比喻。例如,欧洲各国像多米诺骨牌般倒下就是这样一种解释,以帮助人们理解当时的形势。蝴蝶扇动翅膀,导致大陆另一端爆发风暴。由于时代的思潮、历史的辩证演绎、上帝的旨意——起因随你选择——其中一块骨牌产生了运动,其他亦随之倾倒。

斐迪南大公遇害了,塞尔维亚拒绝了奥地利的最后通牒,后者对塞方宣战。德国试图说服奥地利:为显示严肃的态度,应该发动攻击，但是"到贝尔格莱德为止"，然后转入谈判。接下来，俄国开始军事动员。而此时德国攻击了比利时，那是在1914年8月4日，愚蠢无比。

随着德国的重炮摧毁比利时的要塞，杀死士兵和平民，大战拉开了序幕。大战的爆发始自对一个无关的中立国的突然袭击，在生产、武器和人口方面原本就处于不利的情况下，这势必会让全球最显赫的超级大国加入你的敌对阵营。为什么德国的军事官僚机构会做出这样的选择？

很久以来，我认为其中部分答案来自"普鲁士"。[10]普鲁士王国是一战前夕的德意志帝国的支配力量，而普鲁士自身又被军队支配。正如流传多个世纪的法国人的说法，普鲁士不是一个有军队的国家，而是一支有国家的军队。普鲁士军队有着突然率先发动攻击的深厚军事传统。原因何在？因为它处于没有天然屏障的四战之地，被人口更多、往往也更为富裕的潜在对手环伺。任何处于这种状态的国家如果不能快速制胜，都很可能输掉战争。因此，欲成为那里的强国，就必须能够在战场上快速制胜：这就是普鲁士的战争方式。而因为历史中的各种机缘巧合，1900年左右普鲁士已成为德意志帝国的核心部分。

确实，这种办法奏效了。假如英国置身事外，德国很可能会在1914年8月攻占巴黎，然后可以迅速通过外交谈判恢复和平。但英国参战了，首先是因为对比利时承担的条约义务，更为重要的原因是要阻止欧洲大陆形成德国霸权，进而轻松建造更为庞大的舰队，让英国无路可退。[11]

扳机就这样被扣动。参战者将是欧洲各国大批征召的18~20岁的男青年，加上过去几十年里受过军事训练的更年长的预备役军人。这些军队豪情满怀地前进,歌颂和献身他们的皇帝、贵族、将军们设定的事业。所有各方都期盼迅速取得战争胜利。

如果真是一场短暂的战争,第一次世界大战仍会很糟糕,但不会是一场完全无法言喻、无法容忍的毁灭性灾难。可是,交战双方在初期非常旗鼓相当,不可能有迅速的胜利或只是短暂的冲突,而注定是一场漫长的战争。英国的协助让法国在 1914 年秋季不至于陷落,德国给东线的支援同样避免了奥地利在当期被击溃。接下来所有人都开始挖掘战壕,最终演变成一场全面战争,一场以资源动员为基础的消耗战,将延续四年多的时间。

将军们要求给前线提供越来越多的资源:如果战斗无法以谋略取胜,或许可以靠人员、金属和炸药的绝对数量来赢下。英国达到了最高动员水平,政府在 1916 年把超过三分之一的国内产出(以及全体士兵的时间价值)用于战争。

为全面战争服务所动员的经济资源超出了任何人之前的预想。各国的军事计划都以短期战争为前提:在几个月的时间内,通过一两场战役,分出决定性的胜败。但在现实面前,各国政府和军队只能用忙乱的应急计划来维持军需并加快生产。生产不再由市场力量决定,而取决于最庞大客户即军方代表人的意见。然而军队也不能随心所欲地按照实业家们的要价来付款,因此还需要用配额与计划控制来大量取代市场机制。[12]

这些有可能做到吗?是的,在所有场合,各国负责工业物资分配的指挥部都取得了成功。达成目标似乎非常轻松,但有效率地实现却非常困难。无论如何,德国战争经济的榜样让列宁等人相信,计划经济是有可能实现的。你可以让社会主义经济运转起来,不是通过市场,而是利用政府作为负责指挥和控制的机构,不只是在国家紧急状态时期，而是作为理所当然的常态。证据就来自这场必须开展全面动员的战争。

还有其他更好的经验教训值得吸取，例如军事研究实验室的重要性，以及可以规模化地将其利用起来的官僚机构。美国在整个 20 世纪的经历证明了战争的赢家通常是有着最庞大工厂的国家。

随着德国的速胜梦想破灭，所有人躲入战壕。普鲁士战争方式的逻辑，即如果不能迅速取胜，那就求和，失去了吸引力。德国军官团对"死亡冲锋"精神的崇拜占据了上风，尽自己最大努力去执行毫无意义的命令替代了理性思考。

即使在这个时刻，如果没有天才的德国科学家与管理者，堑壕战仍将难以坚持下去。弗里茨·哈伯（Fritz Haber）就是这样的科学家之一，他凭借从空气中提取有用的氮化合物的发明获得了 1918 年诺贝尔化学奖。负责相关工程运转、把哈伯的工艺流程扩大到工业应用规模的卡尔·博施（Carl Bosch）则于战后的 1931 年获奖。这一发明对于需要化肥来促进农作物增长的人们是巨大利好，对于德国维持长期战争的能力也至关重要：如果没有哈伯-博施工艺从空气中提取出来的氮元素，德国人的炸药与军火将在 6 个月内耗尽，近 1 000 万人将免于丧生。一方面，哈伯-博施工艺避免了发生大规模饥荒：如果需要勘探和开采储量极有限的氨气，就无法实现肥料的大规模工业化生产。但另一方面，弗里茨·哈伯有时又被称为化学武器之父。他亲自从实验室走入西线的战壕，观察他提供的氯气在 1915 年第二次伊普尔战役中首次投入实战的效果。

在希特勒于 1933 年上台后，德国犹太人哈伯逃离祖国，于 1934 年 1 月死在瑞士的巴塞尔。

天才的管理者则是瓦尔特·拉特瑙（Walther Rathenau）这类

人物，当英国海军阻断国际贸易之后，他建立的工业物资优先的命令控制体系帮助德国维持了供应链的运转，至少是对战争物资的生产。"我是犹太血统的德国人，我的族人是德国民族，我的祖国是德国，我的信仰是德国信仰，这优先于所有教派。"拉特瑙曾写下这样的话语。[13]

1922 年，他被德国右翼反犹太主义恐怖分子杀害。

另一个教训来自德国社会民主党（以下简称社民党）的顺从。该党于 1875 年成立，很快被俾斯麦宣布为非法。但到 1914 年，社民党已拥有 100 万名交纳党费的成员，成为世界上最大的政党，在德国国会占有 34% 的席位。该党成立的目标是推翻资本主义，建立公正的社会主义社会。至于是通过革命来建立，或是借助资本主义的矛盾发展来自然演化，还是在自然演化后仍需要在街头抗击反革命政变，则尚未确定。德国社民党创立的初心确实是促进工人阶级的国际联合，因此，它承诺反对一切形式的军国主义。

那么，当德皇威廉二世的大臣们要求更多资金来投入一战时，德国社民党是如何行动的呢？1914 年 8 月 3 日，社民党议员团开会，代表和平主义派系的联席主席雨果·哈斯（Yugo Haase）难以置信地质问："你们真打算为德国皇帝与普鲁士容克（地主－贵族－军官－官僚阶层）批准战争账款？"另一位联席主席弗里德里希·艾伯特（Friedrich Ebert）则回复说："不，不是为那个德国，而是为劳工们的德国、让普罗大众得到社会与文化进步的德国拨款，是为了拯救这样的德国！我们不能在生死攸关的时刻放弃祖国，这是为了保护妇女和儿童。"在决定政党路线的党团内部投票中，110 位社民党国会议员中仅有 13 位赞成哈斯的反战立场。[14]

他们要保护妇女和儿童免受谁的伤害？8 月份已经很清楚了，

在德国进攻比利时引发大战之后,他们要防止俄国人获胜带来的沙皇暴政。工业创新研究实验室加上追求规模经济的现代公司,再结合组织有序的行政管理,会产生极高的效率。但是,当原则和理想告诉你生存或身份面临危险时,那些都可以抛诸脑后。经济增长具有可测量的尺度,民族主义则不然。在民族主义战争选择的力量面前,乌托邦以及市场高于人或人高于市场等理想信念,都只能屈身甚至崩裂。然而,民族主义的替代品是否真正具有效率、效用或价值?

如果德国社民党坚持自己在战前的和平主义路线,成功阻止德意志帝国的战争行动,较早实现和平,结果对德国民众要好得多。因为德国最后战败了。最终,对付德国及其盟友的人力和钢铁的重量发挥了作用。奥匈帝国、德国、奥斯曼帝国与保加利亚联盟面对的敌方阵营包括:法国、比利时、俄国、英国、意大利(1915年参战)、罗马尼亚和美国(1917年参战)。到1918年后期,奥匈帝国的军队垮掉了,德国将军们宣布自己在法国前线的部队也面临溃败。由于英国的食品封锁,德国本土民众走到饥荒的边缘。德国人寻求停战。

如果想了解战争期间的故事,比如战斗、战役、指挥官和伤亡人数,读者们可以从其他作品中获知。[15]我完全没有心情来写这些。在主要参战国的总计1亿人左右的成年男子中,约有1 000万人死亡,1 000万人致残,1 000万人受伤。绝大多数伤亡者是士兵,而非平民。每个参战国都浪费了价值一整年的产出。俄罗斯帝国、奥斯曼帝国、奥匈帝国和德意志帝国的专制政治秩序崩溃,意大利的政治秩序濒于崩溃。社会民众对于由远见卓识的政治家引导世界持续进步的信心一去不复返。

在1870—1914年,我们可以看到全球经济史遵循着一种逻辑,一种如果不是必然的，至少也是很有可能或者能够用事实解释的逻辑。幸运与机缘巧合在 1870 年前后让人类开启了五倍速的突破：开放世界的意识形态和政策、新的交通方式、更迅捷的通信，以及最为重要的新兴工业研究实验室、大型企业组织，它们的合力使发明创造的速率翻番，并极大地加快了新技术的推广应用。1870—1914 年，经济发展的逻辑滚滚向前：发明家更加专业、更加高产，公司开发应用的技术越来越多。国际劳动分工在发展，全球增长保持高速，创造出低工资的外围地区，工业化与财富则集中在如今的北方国家。与此同时，人类开始逃离马尔萨斯陷阱，技术改进的步伐超越了人口的增速，就业越来越多地从农场转向工厂。总而言之，这段时期出现了空前的物质繁荣（尽管分配不均）以及一种可能性：在不远的将来，至少在世界北方的富裕经济体，人类有可能抵达过去时代所认为的真正的乌托邦。

在 1870—1914 年，我们能看到全球政治经济史基本上遵循着一种即便不是近乎必然也是可能的轨迹。我们看到北方国家的经济和政治生活中正在创建与维持日益自由的秩序；我们看到选举权和公民权的扩大、经济日益繁荣、不平等的加剧和制约此类不平等的政治运动，以及没有爆发大规模的革命；我们看到北大西洋地区与世界其他地区的实力差距日益悬殊，正式帝国与非正式帝国完成了对广大地域的征服。

所有这些都可能有其他走向。但 1870—1914 年实际走过的路程，以 1870 年的形势来看并不令人意外。

对于历史发展有着大致近乎必然的结构性逻辑的感受，在一战后消失无踪。但这不是注定要发生的：1914 年的波斯尼亚危机本可能被化解，战争可能因为一方或另一方的决定性胜利而迅速告终,各国政府和精英阶层可能恢复理性。像一战这样的灾难可能避免吗?难道人类只是因为不够幸运?

1918年之后,历史没有回归到原有的基本力量和潮流主导的结构模式,在这一模式下,个人的偏好和选择无关宏旨。于是,历史又遭遇一幕接一幕的悲剧。个人的愿景、选择和行动将继续左右历史进程,而不仅仅是那些即将掌握大权的独裁者。

在约翰·梅纳德·凯恩斯眼里,一战是过去无法想象的恐怖事件,他本人在英国财政部办公室参与战争规划的行为也卑鄙可耻。他在反思中嘲讽了一战前生活在伦敦的上中产阶级的幼稚,"以较低成本和极少麻烦提供的各种便利品、舒适品和愉悦品,超出了过去时代最富裕和最有权势的君王享受的水平",然而这些伦敦人将此"视为正常、确定和永恒的状态,只会得到不断改进……对此状态的任何偏离则是异常、可耻与可以避免的"。

当然,凯恩斯也是在说自己。我在前文提到,凯恩斯及其同伴曾把"军国主义和帝国主义,种族与文化竞争,垄断、限制以及排外等政治活动,这些在1914年之前的经济增长天堂中捣乱的毒蛇……都视作每天报纸上的消遣话题",而且他们对日常的经济和社会生活基本上没有发挥影响力。[16]

他们犯了大错,给世界造成了严重的后果。凯恩斯认为自己也是如此盲目和如此错误的人之一,所以在余生之中,他承担起了一种责任。什么样的责任?拯救世界的责任,请不要笑话他。有意思的地方在于,凯恩斯在很大程度上取得了成功,尤其是对于他这样孤僻、令人同情且从未担任过高级政治职位的人。[17]

第 6 章　喧嚣的 20 世纪 20 年代

　　第一次世界大战是否造成了 1870—1914 年发展模式的永久性断裂？还是说，在枪炮声于 1918 年 11 月 11 日沉寂后，人类未来的可能道路存在一个分岔点？历史能否把这次大战只当作一场噩梦？在战后，人类能否延续过去基本实现的进步与繁荣的共赢逻辑？让各种群体通过个人与集体的行动，开展贸易往来，结成友好联盟，并就如何重建、改革与规制经济生活共同制定决策，做大蛋糕？

　　当然，一战之前的模式不可能完全恢复。皇帝们消失了，很多东西被打破，太多的人死去。但人类能否在某种意义上把时钟拨回四年半以前，做出调整，修补缺陷，以防止军国主义、帝国主义、无政府主义和民族主义的恶魔再度直接把世界推入类似的可怕灾难，然后重启朝向乌托邦的进军或者蹒跚之行？

　　1870—1914 年这段时期是真正的经济理想国，无论从绝对水平还是增长速率上看，世界都实现了前所未见的繁荣。全球经济中应用的操控自然与组织人力的技术进步，其跃升幅度几乎相当于 1500—

1870年整个时期的总和,也几乎相当于从公元前1200年到公元1500年——从圣经传说中的出埃及记、特洛伊战争和青铜时代末期到帝国-商业时代开启——整个时期的总和。

1914年有着史无前例的大好形势,不仅是指生产力。这一年的上半年,世界比过去任何时代都友好和文明得多。从比例意义上看,奴隶的数量大大减少,选民的人数大大增加。显而易见,在1914—1918年的恐怖记忆震慑住军国主义和帝国主义的情况下,就重新回到原来的道路达成共识,难道不应该是顺理成章的结果吗?

从某种意义上讲,在一战之后,维持普遍和平、恢复乃至深化国际劳动分工以及推广生产技术的政治任务理应较为轻松,甚至不那么神志清醒的人也不愿意见到悲剧重演。既然民族主义已经被证明是一场灾难,那么它的对立面——世界主义,即承认各国有着"共同家园",应该如大家庭成员般彼此对待——会是自然而然的替代方案吗?[1]

此外,当时还面临着巨大的机遇:各参战国约三分之一的产出(相当于全球总产出的九分之二)不再需要被用于杀戮、残害和爆炸破坏,而可以用来做各种好事。毕竟,世界在20世纪20年代掌握的技术能力已达到1870年的三倍左右,虽然人口数量比当时又增加了近一半,各国内部与国家之间的财富集中度也仍在上升,但这依然意味着大多数人拥有了先祖们从未有过的坚实信心:明年仍将有食品、衣服和住房的保障,自己的家人不至于遭受饥饿、寒冷、风吹雨淋。人们后来回顾这段时期时认为"古典自由主义"还算是不错的制度,甚至可以说是世界历史上出现过的最好制度——尽管它只是新近出现的伪古典准自由主义,且高度依赖继承而来的权力。

这样的进程和制度固然有许多严重的缺陷，仍使得 1920 年的世界相比 1870 年在潜在物质生产力方面大为改善，它值得重建与延续吗？或者说，如果需要对它做出某些改变，善良的人们能否就如何改变形成基本共识？

一战后出现了两股思潮，不仅试图修补，还打算从根本上改造既有的伪古典准自由主义秩序。它们将以暴烈并极具毁灭性的方式获得现实形态并实现统治。那就是列宁领导的现实版社会主义以及墨索里尼主张的法西斯主义，两者都将在后文展开详细讨论。

其他人同样在努力思考，试图找到并实施更好的制度。讲几句题外话：假如编辑允许本书的篇幅再扩大一倍，我会追踪其中许多思潮及受其影响的行动。我会追踪以约瑟夫·熊彼特（1883 年生于维也纳之外约 100 英里处，奥匈帝国境内的捷克语地区）为代表人物的思想：社会需要改变，以提升企业家的作用，给经济和其他组织模式的"创造性破坏"提供空间，并且抵消技术进步所需的资本密集度提高造成的官僚主义僵化趋势。[2] 我会追踪以卡尔·波普尔（1902 年生于维也纳）为代表人物的思想：社会需要增强各种形式的解放和自由，以创造名副其实的"开放社会"。[3] 我会追踪以彼得·德鲁克（1909 年生于维也纳）为代表人物的思想：自由、创业、合作与组织为什么永远不能同自由放任式的市场或现实版社会主义的计划完全兼容，而是需要通过经理人和管理层来劝诱，以协调认识，让人类能够尽量高效地开展合作。[4]

另外，我会追踪以迈克尔·波兰尼（1891 年生于布达佩斯）为代表人物的思想：社会绝对不需要全面的中央计划（那将永远是传说），但只有分散式的唯利是图的市场机构也不够，还需要分散式的事业性机构，专门负责开发理论知识和实践知识。这些机构的定位是给其他人提供教育（包括现代科学、工程实践操作、法律解释、客观的新闻报道、理性的政治讨论等），它们遵循由人为构建和自发生成共同制定的行为规则，其目标不仅是增进参与者的私人利益和私人自由，还服务于更广泛的公共利益和公共自由。[5]

但鉴于时间和版面两方面的限制，在本书中我只能追踪两大思潮及受它们影响的行动。第一个以哈耶克（1899年生于维也纳）为代表：唯一需要改变的是，市场经济制度必须变得更加纯粹和完美，并依靠反对纵容的社会和文化秩序来支持。第二个以迈克尔·波兰尼的兄长卡尔·波兰尼（1886年生于维也纳）为代表：市场认为人们只拥有财产权利，但组成社会的人们认为自己还拥有其他权利，社会需要对市场的设定做出有力的回应，无论左翼还是右翼，理智或是愚蠢。我将会追踪，在约翰·梅纳德·凯恩斯的撮合下，哈耶克与波兰尼如何可能勉强"联姻"。至少在我看来，这是最基本的一条宏大叙事线索。

时钟能否被拨回到1914年，重新启动，仿佛第一次世界大战只是场噩梦？如果几次关键决策的选择不同，伪古典准自由主义秩序是否会被重建，1918年后能否回归1870—1914年的原有轨道，人类历史可否走上另外一条道路？

无论是否存在那个路径分岔点，是否存在更好的道路，一战之后的真实历史告诉我们完全没有做那样的选择。

其中一个主要原因是，世界在1918年后缺少一个大国来担当霸主角色，这是我的老师、经济史学家查尔斯·金德尔伯格的术语。普遍繁荣、金融稳定、快速而平衡的增长属于经济学家所讲的公共品：让所有人从中获益，却没有人愿意自己单独去提供。大部分国家相信，其他的某个或某些国家会处理好国际体系的整体事务。这种信念促使它们只关心本国的利益。哪个国家的国民在世界经济中发挥的作用最大,即出口的产品最多,消费的进口品最多,借贷的资本最多,这个国家就最需要在国际经济管理中扮演领头角色。它将成为世界霸主,通常也会得到本国民众的支持,因为这些民众毕竟从全球经济的妥善管理中获益也最大。其他国家则会搭上霸主国家的"便车"。世界经济总是需要一个霸主。可是在1919年,世界的新兴潜在霸主对此表示了异议。1914年之前,英国可以扮演霸主的角色,也确实承担了责任。但金德尔伯格指出,在1919年之后,"英国人有心无力,而美国人有力无心……当所有国家都转向保卫自己的私人利益时,全球的公共利益趋于干涸,所有人的私人利益也将因此而萎缩"。[6]

第一次世界大战同样给美国留下了创伤,30万人伤亡,其中11万人死去(一半是在战场上阵亡,另一半死于西班牙流感)。但一战对美国人的文明破坏冲击远不如对欧洲人那样猛烈。在美国,人们后来所说的"美好时代"并非终止于1914年,而是以各种形式延续:禁酒令、爵士乐时代、佛罗里达土地投机、大规模生产工厂的扩建、收音机等高新技术产业、被快速技术革新推高的股市泡沫……换言之,人类的乌托邦愿望在20世纪20年代的美国变得有血有肉(或者说有了钢铁外形)。但作为国际秩序的长期搭便车者,美国此时回避担任霸主角色,反而把注意力转回国内。

美国民众和政客们在一战后非但不想承担世界领导者的责任,反而拥抱了孤立主义。虽然伍德罗·威尔逊总统在战争结束时处于绝佳的强势地位——作为唯一不追求领土或政治利益的参战国的代表,他拥有道义上的权威,而且掌控着唯一还能打仗的军队,但他完全没有抓住这个机会。他接受英国的劳合·乔治与法国的乔治·

克列孟梭的领导地位，甚至令劳合·乔治感到又惊又怕。威尔逊从《凡尔赛和约》中确实争取到了一个成果：设立国际联盟，一个可以达成国际协议并可以就其调整和修订开展讨论的论坛。然而在20世纪20年代主导美国的马萨诸塞州参议员亨利·卡伯特·洛奇及其共和党同僚拒绝考虑美国以任何形式施行国际主义的对外政策。于是国际联盟成立了，美国却并未参加。[7]

除拒绝加入以鼓励各国沟通交流为目的的国际组织，一战后的美国还对移民流入施加了新的限制，并提高了进口关税。尽管关税提高远未达到19世纪早期的公开的保护主义水平，也不及19世纪后期为增加税收而顺带实施的保护主义水平，但已足够让其他国家的生产商怀疑：还能否指望持续进入美国市场。世界没有向正常状态回归，经济繁荣增长与人类兴旺发达的火车头没有被重新导入一战前的轨道。虽然结构性因素与基本趋势的影响力依然存在，却未能产生更好的结果。

与此同时，全球化天使已变身为恶魔，并带来了一件有毒的礼物。

人类对此本该早有预料。1889年5月，俄国中亚地区的布哈拉（今乌兹别克斯坦）的人们开始死于流感，那里有一条跨越里海地区的铁路，于是疾病也传播过去，然后借助俄罗斯帝国的铁路和航运系统，在11月潜入莫斯科、基辅和圣彼得堡。当年年底，斯德哥尔摩有一半居民感染了这种流感。美国纽约的《世界晚报》报道称："这种病不算致命，甚至不见得多危险，但给商人们销售库存手帕提供了绝好机会。"美国的死亡率则在之后的1890年1月达到顶峰。

全球化还将继续带来瘟疫，并快速传遍世界。1957—1958年的亚洲流感导致 100 多万人丧生，1968—1970 年的香港流感同样如此。当笔者撰写本书时，2020 年发端的新冠疫情已杀死了约 450 万人，而缓慢传播的艾滋病的致死人数则达到 3 500 万左右。不过，现代史上最严重的瘟疫还是 1918—1920 年的西班牙流感，在当时约 19 亿的全球总人口中，或许造成了 5 000 万人死亡，占比高达约 2.5%。[8]

事实上，它不是原发于西班牙的流感。参战的各协约国的战时审查制度压制了流感传播的消息，因为担心这会削弱士气。于是各家报纸集中报道他们有记者驻扎的中立国的流感疫情，特别是西班牙，该国的染病者中包括国王阿方索十三世。对流感传播推动力最大的或许是法国在埃塔普勒的军事基地和医院，那里每天有成千上万士兵来回穿梭。流感杀死的不仅有小孩和老人，也有壮年和健康人士，近半数死者是 20～40 岁的成年人。我祖先家族中位于美国朗布兰奇的那支在当时匆忙逃离波士顿，迁居到缅因州的乡下。留在波士顿的他们的许多表亲则未能逃脱厄运。

随着疫情肆虐，欧洲各国政府极力试图把时钟拨回到 1914 年春，但他们无法做到。第一个原因是，尽管大家或许都认为一战本不该发生，但对于所有战败的帝国该如何治理，却没有形成共识。一战后的协议授权获胜的英国和法国接管并统治德国的原殖民地以及奥斯曼帝国的原附属国。可是奥斯曼帝国的本土，以及俄罗斯帝国、奥匈帝国、德意志帝国的地盘则留给当地自己去处理，这意味着用武器加上选举的某种组合来"投票"决定国家该如何治理。因为在一战后，各国的皇帝都已经带着他们的近臣和贵族们消失了（只有英国国王乔治五世还保留着印度皇帝的名号）。

俄国沙皇尼古拉二世于 1917 年 3 月退位。次年年中，他和妻子亚历珊德拉、五个孩子以及家臣们遭到杀害。随后建立的亚历山大·克伦斯基的半社会主义政府组织了一次立宪大会选举,试图制定一部宪法。列宁则用武力驱散了大会。由于缺乏选举合法性的支持,列宁及其领导的布尔什维克必须迎击国内其他同样试图用武装实现统治的派系,苏俄内战爆发。[9]

德国皇帝威廉二世于 1918 年 11 月退位。社会民主党领导人弗里德里希·艾伯特成为民主共和国临时总统。他答应镇压试图剥夺财产、推行国有化和财富再分配的革命派别,由此获得了德国军方高层的支持。德国社会主义运动的领导人卡尔·李卜克内西(Karl Liebknecht)与罗莎·卢森堡(Rosa Luxemburg)号召发动政治革命和社会主义革命,但他们的斯巴达克斯联盟的示威行动很快被军队和退伍士兵镇压。李卜克内西与卢森堡被匆忙杀害,抛尸于运河中,甚至都没有伪装说他们想要逃跑。德国社会民主党左翼就此脱党分裂出去,永远不会原谅和遗忘。自此之后,他们将不再把保皇党、富豪财阀、中右翼或者法西斯分子作为主要敌人,而是瞄准了以艾伯特为首的社会民主党。

奥匈帝国皇帝卡尔一世同样于 1918 年 11 月退位,他的帝国沿着非常粗略的民族语言边界被划分为多个民族国家。

最后倒台的是奥斯曼帝国的穆罕默德六世(信仰启示)——苏丹、先知穆罕默德的继承者、忠诚者的领袖、罗马凯撒、两个圣地的捍卫者、开国皇帝奥斯曼的王朝的最后持剑人。1920 年春,土耳其的政权被穆斯塔法·凯末尔·阿塔图尔克夺取。

即使在获胜一方的政治稳定的各协约国中,回到过去也不再行得通。政治家们不希望被当作把人民拖入毫无意义的毁灭屠杀的无能之辈而被驱逐下台。因此他们只能自欺欺人地告诉民众自己"赢得"了大战,而胜利意味着他们可以随心所欲地收割战利品。

对依然幸存的协约国民众而言,从战败国那里抽取的资源预计可以让他们的生活甚至比战前更好过,让战争和牺牲变得有所回报。但伍德罗·威尔逊总统发出了另外一种腔调,宣布这样的结局将是"没有胜利的和平",是只能够"在强迫和屈辱中接受"的和平。他指出,如此宣告胜利"将留下……痛苦的回忆,建筑其上的和平协议不会长期保持,而是如流沙般易逝……因为只有同等的人之间的和平才可以持久"。[10]然而威尔逊的呼吁被忽略了,用凯恩斯的话来说他遭到了欺骗,被法英两国的领导人克列孟梭与劳合·乔治算计了。[11]这两位宣称自己并不寻求战败者的"赔偿",而只是让德国方面"修复"其造成的损害。但德国人要怎么做呢?他们可能需要把产品运到英国和法国,然而,德国送去的产品会替代英国和法国自己的重工业产品,后者并不想要。接受这些产品会导致英国自身的大规模失业,因此根本不在考虑之列。

一战后的欧洲不仅没有摆脱民族主义,反而变本加厉,还有第三个原因。威尔逊曾经承诺,战后的国界应该"沿着历史形成的忠诚认同和民族界线"来划分,以实现新生国家的自治式发展。但问题在于,民众并不是沿着这些界线来划分的。每个欧洲国家都存在心怀不满的少数民族,许多国家的主流民族在过去曾经是心怀不满的少数民族,他们认为自己现在有实力和权利把过去的遭遇施加于他人。

如果协约国的政客们有睿智和远见,他们本可以降低本国的期望。他们本可以把战败的同盟国的战争贩子,即那些已经倒台的皇帝、军官和军事贵族与广大民众做明确区分。如凯恩斯所述,发动战争的人在开启车轮、"颠覆我们生活和建设的基础"时,被疯狂的幻觉和盲目的自大蒙蔽了。随着他们被推翻，受压迫的人民可以加入协约国的行列，建设自己的民主国家。[12]

凯恩斯总结的"疯狂的幻觉"出自他于 1919 年出版的著作《和约的经济后果》的首段文字。但他在书中以此描述的不是军国主义者、武士贵族或者帝王们，而是指"德国人民"。在当时的协约国，即便对德国人最具同情心的人也抱持这样的态度。

虽然凯恩斯认为"德国人民"应该对战争及其带来的全部破坏和死亡负责，但他相信协约国方面非常有必要立刻把这些都抛诸脑后。他在同一段的结尾处写到，必须对过去既往不咎。假如协约国的代言人试图让德国人赔偿战争造成的所有破坏，让他们生活在贫困中，那么"法国人民和英国人民的代言人就会面临继续制造毁灭的风险"，因为这样的和平"将进一步削弱本来可以重建的、已被战争动摇和破坏的精巧复杂的经济组织，即欧洲各国人民赖以实现就业和生存的经济组织"。[13]

凯恩斯的上述观点截然不同于获胜的协约国的公众舆论与精英阶层的主流共识。他曾担任凡尔赛巴黎和会的领导人的顾问，在恐惧中看到，和会的目标被确立为尽可能对德国实施压榨。凯恩斯认为，这很可能让整个一战后的重建计划脱离正确轨道。

南非总理扬·史末资（Jan Christian Smuts）也参加了巴黎和会，作为大英帝国一个自治领的领导人。他给朋友吉列（M. C. Gillett）写信时描述了会议景象：

> 可怜的凯恩斯经常在晚餐的盛宴后跟我坐到一起，对世界和即将到来的灾难共同抱怨。我告诉他，现在是格里夸人（欧非混血南非人）的祈祷时间，但愿上帝会亲自过来，而不是派

遣他的儿子，因为这不是儿戏的时候。我们笑了起来，但笑声背后是胡佛描述的可怕景象，如果不采取重大的干预措施，会有3 000万人丧生。然后我们想结果不会真有那么糟糕，有些事情会反转，最坏的情况永远不会出现。但所有这些不同感觉都是真实的，都有一定的缘由。在这些情绪中我也牵挂你，非常思念。如果我们能聚到一起，你、亚瑟和我尽兴长谈该多好。[14]

怎么，又是赫伯特·胡佛吗？没错。一战爆发时，他很快意识到比利时会面临饥荒。英国封锁了德国，不允许它进口食品。德国则占据了比利时，并在进军途中造成了很大破坏，由于禁运而缺少食品的德国会把比利时的供应问题放在最末尾去考虑。不知如何，胡佛说服了英国：如果允许他派遣运送谷物的船只去比利时，这将巩固比利时对协约国的忠诚，同时不会增加德国军队的给养。又不知如何，胡佛说服了德国：如果他们允许运送谷物的船只进入比利时，德国方面就不用再考虑给比利时送吃的，从而集中保证自己军队的供应，同时这会让德国的占领变得不那么悲惨，从而安抚比利时。胡佛展示了他的游说才能。

战争结束后，胡佛仍在同饥荒作斗争，在新的事业，即伟大的人道主义救援之中继续努力。[15]他确实发出过警告，如果在救济方面无所作为，饥荒有可能造成3 000万人死亡，他也确实竭尽全力筹集资金，并把食品送到从苏俄到法国的欧洲广大地区。

胡佛的解决方案是运送食品，凯恩斯尝试的则是用写作来改变人们的观念。返回英国以后，他出版的《和约的经济后果》引起轰动。他在书中严厉批评了更看重胜利而非和平的目光短浅的政治家，提出替代建议，并预言了厄运："如果我们蓄意导致中欧的贫困，我斗胆预言，复仇将为期不远。没有什么能长期拖延最终的内战，即革命势力对反动势力的绝望反抗之战。与之相比，过去对德战争的恐怖将不值一提。它将摧毁……我们这一代人的文明与进步。"[16]

非要细究的话，他还是低估了未来景象的惨烈程度。

战后的麻烦从通胀开始。市场经济的运行依赖价格信号，给经济决策者提示什么事业能够盈利。如果价格信号正确，盈利的事业也能促进社会福利。但如果决策者不知道价格信号，或者价格有系统性错误，他们就很难实现准确的经济估算，增长会因之受损。我们这里要谈论的通胀不是价格水平的缓慢提升，例如平均每年上涨1、2或5个百分点之类的。那种情况不会导致太大的麻烦或混乱局面。然而10、20或100个百分点，乃至更高呢？凯恩斯在1924年对此问题做了如下评论：

> 据称列宁宣告，摧毁资本主义制度的最好方式是让货币堕落。通过持续的通胀过程，各国政府可以神秘、隐蔽而专横地把很大部分财富没收……这一制度给某些人带来的意外横财，超出了他们应得的份额，甚至超出了他们的预期或想象，让这些人成为暴利获得者、中产阶级的仇恨对象，后者被通胀剥夺得一贫如洗……构成资本主义制度根基的债务人与债权人之间的所有长久关系，则会被极其丑陋地扭曲，几乎失去意义；获取财富的过程将因此退化为赌博和彩票。列宁显然是对的。没有比让货币堕落更狡猾而确定的推翻现存社会基础的手段。通胀过程把经济规律的全部隐藏力量都作用到破坏一侧，而且操

作方式极为隐蔽，纵使万里挑一之人也未必能洞察。[17]

＊　　＊　　＊

那么，为什么各国政府（除列宁领导的以外）要采用高通胀政策？

设想一个国家的政府做出了重大承诺，告诉民众他们将获得更高收入，可以购买的物品远远超出政府税收的支付能力，甚至远远超出经济体所能生产的水平。此时政府如何能够自圆其说？一种办法是通过发债来借款，由此让部分民众放弃购买某些好东西，并承诺对方，他们在未来将获得更大的社会购买力，也就是资金回报。一边是国民希望政府支付的产品与服务，另一边是以富人为主的群体愿意缴纳的税收，每当这二者存在缺口时，政府就必须设法弥补：印刷并销售带利息的债券以换取现金就是最直观的做法。

这种办法能否奏效以及如何奏效，取决于购买和持有债券的人们的预期，其中大多数是银行家。他们会有多大的耐心？对持有而不卖掉债券要求何种回报？他们对政府的信任程度如何？这种信任能持续多久？在一战之后，银行家们的耐心变得更有限了，且要求更高的回报。当他们抱有这种心态的时候，大规模发债的最有可能的结果将由如下公式给定，也就是经济学家所说的价格水平财政决定理论模型：

价格水平 =（名义债务）×（利率）/（实际偿债限额）

以1919年的法国为例。1919年6月，1法郎可兑换0.15美元。当年，法国的名义国债为2 000亿法郎，年利率为4%，因此每年的国债利息支出为80亿法郎。如果法国的实际偿债限额，即法国政府和选民能够动员起来偿付债务利息的实际资源数量，以1919

年平均价格计算为每年 80 亿法郎，上述公式将保持平衡，法国在 20 世纪 20 年代将不会发生通胀：

1.00 =（名义债务 2 000 亿法郎 × 利率 4%）/

（年实际偿债限额 80 亿法郎）

但事实上，法国政府和选民能够动员起来偿付债务利息的实际资源只有每年 32 亿法郎（以 1919 年平均价格计）。同时，银行家们对每年 4% 的利率缺乏足够信心，要求提高至 6%。于是价格水平财政决定理论的公式变成：

3.75 =（名义债务 2 000 亿法郎 × 利率 6%）/

（年实际偿债限额 32 亿法郎）

为实现平衡，要求法国的平均价格水平提高至 1919 年平均水平的 3.75 倍。这意味着法国法郎的价值不再是 1 法郎兑换 0.15 美元，而是 1 法郎兑换 0.04 美元。读者们可以猜一下法国法郎的汇率到 1926 年时最终稳定在何种水平？不错，就是 1 法郎兑换 0.04 美元，它使得法国在 7 年之中维持 20% 的平均通胀率，这个货币堕落幅度足以在整个 20 世纪 20 年代严重扭曲经济规划，制约增长。

当银行家们的信心完全崩溃时，将出现更坏的结果。那就是恶性通胀，使"贬值"演变成"一钱不值"：政府印刷的货币和销售的债券最后将完全失去价值。一战后的首批恶性通胀发生在奥匈帝国的各个继承国。战后，曾经是单一经济体的奥匈帝国领土被并入至少七个国家，每个国家都有自己的货币和高关税，整个区域内的劳动分工也被打散。

战争结束前，时年 34 岁的约瑟夫·熊彼特就已提出这一难题。他说，"军队需要的物资"一直在供应并将继续得到供应，"但在战后，我们将遇到'货币问题'"。熊彼特借助类比指出，为战争花钱的各国就好比"看到工厂被烧毁的企业家,如今不得不把损失列入账目"。[18]

熊彼特在1919年成为新成立的奥地利共和国的财政部长,主张对所有房地产以及工业、商业、住宅和金融资产立即征收大额财富税,以偿还国债。包括外交部长奥托·鲍尔在内的其他内阁成员也对财富税表示支持,但他们希望把税收用于"社会化"行动,即购买大型国内企业,提高其经营效率,然后利用高效率带来的利润,首先提高工人的工资,其次再去偿还国债。熊彼特反驳说,如果社会化行动真是"高效率"的,那就用不着靠财富税来提供资金了。也就是说,采取我们今天所说的融资并购(LBO)的办法,高效的融资并购项目自己就能解决资金问题。

熊彼特被解聘了。奥地利内阁陷入争吵,财富税一直没有实施。

相反,印钞机启动了……一战之前,奥地利克朗汇率略低于20美分。而到了1922年夏末,已跌至0.01美分。战后成立的国际联盟提供了硬通货贷款,条件是让奥地利政府交出对本国货币和金融的控制权。通过大力削减政府支出和提高税收,预算实现了平衡,但奥地利的经济低迷和高失业率仍持续了5年左右的时间。

在德国,价格水平飙升了1万亿倍:1914年价值4马克的东西,到1923年底需要花费4万亿马克。面对战后的德国,银行家们毫无信心,要求奇高的回报率。问题在于协约国通过《凡尔赛和约》给德国施加的赔款要求,对德国的任何政治家而言,要想制定实际偿还计划都是不折不扣的选举毒药。另外雪上加霜的是,对英国或法国的任何政治家而言,要制定出能够实际执行大额赔款的可行计划也会是选举毒药,因为那将意味着给德国工人提供帮助,夺走已经在国内市场上遭到排挤的英国工人和法国工人的工作岗位。[19]

这一问题或许可以得到更巧妙的处理。法国和英国可以用赔款来购买德国企业的股份,再从中获取收益。德国领导人可以通过提高税收来诱使本国的富人出售企业股份。但这要求协约国政府同意接受延期获得回报,把短期的赔款要求变成长期的所有权,以及德国政府足够强势以提高税收。德国方面实际上宁愿不去寻找还债的可行办法。

于是,大部分赔款事实上从来没有偿付,实际支付的部分来自美国投资者。他们给德国提供贷款,德国再将其转移给协约国。美国的贷款是期待战后成立的魏玛共和国政府取得成功的投机行为,从事后看并不明智。德国的赔款负担最后在大萧条时期得到了豁免。

起初施加的这些赔款要求在后来被证明是代价沉重的政治决策,因为这开启了一系列事件,最终导致了大萧条。赔款造成的问题没有直接促成希特勒的崛起,那是稍后才发生的,但这些问题是魏玛共和国缺乏稳定的关键因素,使它在希特勒崛起之前就走向崩溃,从议会民主制度退化成依靠总统法令统治的专制制度。

德国的恶性通胀有多严重和多大影响?1914 年,1 马克值 25 美分,到 1919 年底,只值 1 美分。此后略有回升,到 1920 年底升至 2 美分左右。但德国政府继续增加开支和印钱,使马克在 1921 年底下跌至 0.33 美分,通胀率达到每年 500%,每月 16%,每天 0.5%。到 1922 年底,1 马克只值 0.0025 美分,通胀率达到每年 13 000%,每月 50%,每天 1.35%。

在一段时期内,德国政府对通胀持欢迎态度:与收税相比,通过印钱来支撑政府支出更加容易。工业和商业利益集团也因此获益，它们从银行借款，然后用严重贬值的马克偿还。劳动者同样在短期内有收获，失业基本消失了，至少在通胀早期阶段，实际工资与工人的购买力没有下降。然而1923年1月，法国政府出于国内政治需要，派军队占领了德国鲁尔区，强制征集各种物资。德国政府与人民用消极方式抵抗，鲁尔区居民罢工，德国政府印更多的钞票，以维持消极抵抗者的收入。于是到1923年底，1马克跌至0.000 000 000 025美分，通胀率高达每年9 999 999 900%，平均每月364%，每天5%。

在经历了一战后通胀的国家中，德国受创最严重，如上文所述，价格水平飙升了1万亿倍。但若干其他国家的通胀率也攀升到了灾难性的水平。苏俄的价格上升了40亿倍，波兰达到250万倍，奥地利为2 000倍。法国的通胀率只有7倍，但也意味着在1918年投资法国政府债券的人，到1927年从这些债券中获得的购买力仅为当初的七分之一。

推动这波通胀巨浪的一股力量是，欧洲国家必须尽量安抚那些在一战中幸存的人：致残者，挨饿者，为失去兄弟、父亲、丈夫、儿子而悲痛的人。在许多人心目中，牺牲者需要得到补偿，因此政治领导人试图打造一个"英雄的国度"。在实际操作中，这要求政府对社会福利和基础建设做出承诺，以改善生活，加上把选举权扩大到男性劳工阶层，乃至女性群体。此类措施都会带来相应的后果。例如在英国，一战前仅有不到一半的成年男性能参与投票。而到1918年大选的时候，奉行社会主义路线的工党的得票增加了7倍。

随后出现了参战老兵伤残保险、失业保险（让回国的士兵不至于流落街头）、庞大的政府开支（以修复战争破坏）、更庞大的政府开支（以弥补在战争期间耽误的各种基础设施和其他投资）甚至还要更庞大的政府开支（以偿还战争债务）。选民和英雄们要求政府补偿被毁坏的财产，或因为战争混乱而损失价值的财产。他们还要求更多的波兰尼主义权利，养老金、公共住房、公共医疗保险等都被提上日程。满足这些要求需要庞大的资源。世界各国政府，连带它们的国民经济都比1914年变得更为贫穷，但对于开支的需求极为强烈。右翼政党对此不敢拒绝，左翼政党又缺乏足够的选民授权去逼迫富人出钱，银行家们则对以低利率持有政府债券没有信心，最终结果导致价格水平财政决定理论发挥了作用，即通胀。

从狭窄的经济学家的视角看，通胀只是一种税收、一种财富调整和一种混乱。它是对现金的税收，因为从获得现金到花掉现金的期间，其价值会减少。它是一种财富调整，因为借款人是用贬值后的货币还款，而贷款人不得不接受已经贬值的货币。它是一种混乱之源，因为无论对企业、家庭还是个人，当不同日期进入账目的相同数字对应不同的实际购买力水平时，很难测算人们的行为会有怎样的经济成果。

通胀，尤其是恶性通胀的这些要素，即税收、调整和混乱，都是对信任的可怕摧毁，包括对经济、社会和政府的信任。用凯恩斯的话来说，这种对信任的摧毁"很快使得19世纪的社会和经济秩序不可延续，然而欧洲各国的领导人并没有替代计划"。不属于特别富裕但算是社区支柱的人群尽管害怕左翼的再分配计划，通常也并不觉得需要向政治右翼靠近。但通胀对各类名义财富的侵蚀让他们饱受困扰，深感上当受骗。持有政府债券的人群也感觉受到了政府的欺骗。他们不可能再认为市场拿走和市场给予同样多，不可能继续认为市场应该被赞美而非诅咒。这毫不奇怪,因为他们正在见证保持金融稳定和生活水平的波兰尼主义权利被突然撤销。

*　*　*

几乎所有的权贵和富人都希望回归美国总统沃伦·哈丁所说的"常态"。在一战中被打破的一切需要得到修复。而对许多人来说,这意味着修复金本位制:半个世纪以来,所有主要贸易国都坚守以固定黄金价格购买和出售本国货币的承诺。战争刚一结束,各国均同意必须让各自的货币重新同黄金挂钩,最终也这样做了。[20]

富人们对此感到高兴,因为这能防范进一步的通胀。或者说,任何通胀倾向都可能导致资本外逃或进口需求增加,促使银行家们排队去中央银行把货币兑换为黄金,从而解除通胀压力。由于英格兰银行担任着国际金本位秩序的协调人,所以只有英国需要提升或降低本国的利率水平。这对英国和世界贸易来说似乎都是一个有利的体系,毕竟金本位制在一战前支撑了有史以来经济增长最迅猛和最广泛的半个世纪。

一战期间,欧洲各国的财政部长发现了通胀的好处:鉴于政府不愿意过分提高税收去支持这场大战,通胀对它们而言其实成了必要手段。但如果继续坚持用固定黄金价格购买和出售货币的承诺,就无法实行通胀,于是各国在战争期间放弃了金本位制。到战后,各国又重新转向金本位制,希望回归常态。

要做到这点却难得多。战时和战后的通胀几乎使世界范围的价格水平提升至原来的三倍,各国的银行和政府为确保顺利交易,按照付款流量的一个大致固定比例来持有黄金资产,把黄金作为储备。价格水平提升三倍意味着交易的名义价值会提升三倍,因此持有的黄金数量也需要提升三倍,除非改变黄金同本国货币之间的兑换标准。

经过战时和战后的通胀及恶性通胀,战间期要想在勉强维持运转所需的黄金储备－交易额比例的三分之一水平上恢复金本位制,这显然不可能得偿所愿。

英国属于金本位制运转失败的地方之一。虽然在战时和战后的通胀率相对而言最低,但英国仍陷入了令人忧虑的境地。英国的货币已经贬值,1914年7月的汇率为1英镑兑4.86美元,而战后的市场交易价格已略低于4.00美元。在给英国官员提行动建议时,金融家保证,若采取紧缩措施以恢复一战前的1英镑兑4.86美元的汇率,政府就能够赢得市场的长期信任。这些金融家表示,该结果将增强稳定性、降低利率并加快经济增长,个个都显得信心十足。

当权的政客决定听从上述建议。但在市场希望把英镑汇率设定在3.80美元的经济环境中执行这一计划所需的紧缩措施将使全部工资和价格的平均水平下降约30%。换句话说,这要求实行通货紧缩,并很快会导致高失业率、外国竞争带来的破产以及不现实的汇率水平。

英国在20世纪20年代中期的决策者是财政大臣温斯顿·丘吉尔。他的私人秘书格里格(P. J. Grigg)称,丘吉尔在1924年召集了一次晚宴,其间,支持者和反对者就英镑重返战前汇率水平的议题争执起来。有一位来宾描述了可能出现的凄惨画面:出口停滞、失业增加,工资下行压力巨大,罢工浪潮翻涌。此人正是约翰·梅纳德·凯恩斯。

凯恩斯之前谴责英国政府以最强硬的条件给战后谈判定位,不是早已把他与英国当权派之间的联络桥梁给毁掉了吗?事情不完全如此。此时,凯恩斯已经有了相当的名望,就算烧毁了桥梁他也能穿越自如。[21]

凯恩斯因为《和约的经济后果》一书而声名大噪。用传记作家罗伯特·斯基德尔斯基(Robert Skidelsky)的话说,这位经济学家讲话时"就像一位有专业学识的天使"。凯恩斯被"激情和绝望"推动,他不仅展示出对经济学的卓越理解,还娴熟掌握了让经济学打动人心的话语艺术。他变成了需要被安抚或至少是需要被倾听的一种力量。

一战之后,凯恩斯感到有义务尽自己的力量重建文明。在经济、社会、文化和政治等各个方面,战前的世界都曾显得很美好。然后,统治精英阶层打破了这种状况。现在必须找到返回的道路。但简单地把时钟拨回到1914年的1英镑兑4.86美元的汇率于事无补,因为经济基本面已发生深刻变化,需要更明智的调适。凯恩斯的影响力让自己坐上了丘吉尔召集的历史性晚宴,却仍不足以撬动历史,或者更准确地说,撬动政客,特别是丘吉尔。[22]

1919年,英镑兑黄金和美元的价格返回过去水平的经济风险看似还很模糊、遥远和不确定。踏上进一步的冒险路径似乎没有必然的好处,而继续开展实验、推迟英镑汇率回归的政治风险则显得巨大而急迫。此时,实现汇率回归的政治风险与经济风险一样模糊、遥远和不确定,于是英国做出了回归金本位制的决定。[23]

英国于1925年回归金本位制,这让本土工业(从采矿业到纺织业,从化学工业到钢铁制造业)面临严峻的竞争环境。由此导致出口部门失业增加,以及为增强国内产业的竞争力而压低工资。此外,英镑投机者比英格兰银行看得更加清楚:以高估的平价回归金本位制会削弱英镑，造成其脆弱性。于是，他们开始把资金撤出英国。为平衡对外收支，英格兰银行不得不把利率提高到美国的利率之上。但更高的利率压抑了投资，使失业状况雪上加霜。

针对谁来承受汇率调整负担的问题，英国爆发了社会冲突，最终酿成1926年的大罢工。这促使英国政府开始为衰败和缺乏竞争力的产业提供补贴，然而此类措施会拖延经济活动对环境变化做出恰当的调整，又如何能重现繁荣？

到20世纪20年代末，西欧各国的公民和选民已见证了不止一个而是两个低劣而不诚实的十年。受一战的影响，20世纪第二个十年是帝王、贵族、将军、政客和士兵执掌大权的最后时光，结果带来了近乎彻底的人道灾难。而战后的20世纪20年代被投机者、经济学家和政客操弄，他们的政策虽然没有直接杀死1 000万人，却未能带来快速的增长、稳定的收入和价格，以及足够充分的就业。

* * *

20世纪20年代奉行孤立主义的美国不只是拒绝参与外交和军事事务。商业的全球化也在逆向而行，而且不限于美国。在1950年之前，世界各国的全球化都在退潮。

一方面，各国在面临失业高涨时极力保护本国市场，以刺激国内生产。另一方面，各国及其统治者担心经济上的相互依赖会被人当作武器，因为一个国家对外依存度太高的话，可能受到禁运的沉重打击，这被视为政治风险甚至安全风险。更多的情形是，受到全球化竞争冲击和削弱的利益集团在日益民主或者民粹色彩的政治生活中有了更大的声音。而最主要的情形是，国内制造业的生产能力提升过快,却没有在各国之间实现充分分工。开展海外贸易是否物有所值将取决于:(1)生产成本与运输成本的相对比值;(2)世界不同地方的生产成本与产品需求的差异比值,这是潜在的贸易收益的来源。[24]大规模生产与组装线的出现导致上述第一个相对比值缩小,第二个差异比值则没有提高。上述所有因素共同导致1950年的国际贸易占全球经济活动的比例下跌至9%,回到1800年的水平。全球化周期被完全逆转了。[25]

此外,许多有影响力的美国人认为限制移民应该列入紧急优先事项。

早在一战之前,美国就出现了对自由移民和开放边界的抵制倾向。美国参议员亨利·洛奇(Henry Cabot Lodge)是一位本土主义者、盎格鲁-撒克逊白人新教徒兼波士顿婆罗门和共和党人,他早就摇响了战鼓,进步派人士伍德罗·威尔逊同样如此,都呼吁避免美利坚民族(意指定义非常狭窄的白人群体)遭到社会达尔文主义意义上的腐蚀。[26]洛奇曾说,大部分意大利移民是友善勤劳的人,但少数是黑手党,所以就必须排斥他们。大部分波兰移民是友善勤劳的人,但少数是恐怖分子,例如麦金莱总统就是被第二代波兰移民、无政府主义者莱昂·乔戈什所刺杀,所以波兰人也必须被排斥。

洛奇还说,大部分爱尔兰人是好人,包括那些已经世代居住在美国的人,特别是马萨诸塞州的选民,他们选出的州议员把洛奇本人选入了美国参议院。然而最近到来的移民中包含某些放置炸弹的社会主义者和无政府主义者,所以爱尔兰人同样需要被排斥。

无政府主义者是威胁,尽管很少犹太人是无政府主义者,但许多无政府主义者是犹太人。所以,犹太人也普遍是个麻烦,尤其是政治上的麻烦。民主党人试图争取犹太人的选票,例如,伍德罗·

威尔逊提名路易斯·布兰代斯（Louis Brandeis）担任最高法院大法官，洛奇则宣称布兰代斯并不合格且过于激进，民主党人的做法将以可怕而阴险的方式扭曲美国政治。在洛奇代表的人们看来，英国、德国、荷兰、法国和北欧的白人移民后裔是美国的财富，爱尔兰人则处于分界线上。在爱尔兰裔人口占很大选票比例的地区的政客推动下，他们很快被归入"不列颠人"的类别。而其他地方来的人则弊大于利。

除却有特殊需要的偶然情况，许多美国选民正是采用洛奇的思考方式，或者更糟。在1900—1930年，美国黑人中产阶级，即杜波依斯所说的"天才的十分之一"群体的社会经济地位被完全摧毁。好莱坞让三K党现象重新复活。中左翼总统伍德罗·威尔逊对联邦公务员队伍实施种族隔离制度，设立贬低黑人员工的人事管理制度。共和党进步派总统西奥多·罗斯福曾邀请布克·华盛顿（美国黑人政治家和教育家）到白宫共进午餐，而他的侄子、民主党人富兰克林·罗斯福在一战期间签署并下发命令，对当时位于白宫的国务院、战争和海军部大楼的厕所实施种族隔离式管理。[27]

到20世纪20年代中期，对东欧和南欧的移民限制已固定下来。1914年来到美国的移民超过120万人，而到20世纪20年代中期，移民限制措施把每年允许进入的人数固定在16万左右。此外还对每个国家安排了固定配额，给北欧和西欧的配额超出需求，给东欧和南欧的配额则少得多，也远低于需求。与洛奇及其同党在1924年未能取得立法胜利的假设情形相比，因为移民限制措施，到1930年，美国的总人口减少了700万。但美国仍然在不停地建造房屋，仿佛这700万人已经来到并且入住其中。市场对于独立住房和公寓的估价也按照有这700万人购买住宅或支付租金的情形来考虑。

老实说,许多美国人并未警觉向内转的趋势。20世纪20年代的美国有很多事情要做,特别是成长为一个拥有收音机、家用电器、汽车和郊区住房的中产阶级经济体。美国人陶醉于爵士乐时代的乌托邦气氛中,甚至连禁酒令也不能使其清醒过来。1929年,美国已经有近3 000万辆汽车在公路上行驶,平均每5个国民就拥有1辆。工厂里由电机驱动的组装线更便于工人的操作,使一战后的美国成为人类世界前所未见的富裕社会,令全球为之惊叹。

19世纪中期,英国工程师在美国人的做事方式中发现了某些规律。美国制造业生产的产品较为简单和粗糙,利用的劳动力的技术水平要低得多。美国制造商消耗了大量原材料,在英国人看来纯属"浪费"。但美国制造商给工人提供的薪酬远远高于英国,甚至包括非熟练工人。美国制造商采用的生产流程似乎更依赖机器和组织,而非工人的头脑和双手。

这种"美国式制造体系"是伊莱·惠特尼的创意成果,他是发明家兼推动者,以发明轧棉机著称。他的发明让美国短纤棉变成了纺纱业经济实用的投入品。严格来说,惠特尼是四分之一的发明家,四分之一的销售员,四分之一的疯子和四分之一的骗子。这套复杂人格组合带来的创意是,美国制造商可以把产品的部件按照更优质、更严格的规格来生产,使得这些部件可以相互替换,例如一种武器的枪管可以适应另一种武器的触发机制。惠特尼自己并没能充分实现这种创意,但创意本身非常有说服力。

美国式制造技术体系的推广在19世纪后期的制造业发展中发挥了关键作用。利用机床产业的中介位置,许多美国公司采用了让部件可以相互替代的策略,以节约需要大量熟练工人时间投入的操作、配置和修整成本，例如制造缝纫机的胜家公司（Singer）、制造收割机和其他农业机械的麦考密克公司、制造自行车的西部车轮公司（Western Wheel Works）等等。[28]

节约成本显然是 19 世纪美国制造商关注的重心，但追求显然不止于此。他们同样试图制造出品质比竞争对手更高的产品（尽管还不是最高品质），以便卖出更高的价格。

在利用美国式制造技术体系开展金属加工方面，亨利·福特同之前的企业家以及外国竞争对手的关键区别在于，福特的关注点不总是造出最卓越的产品以卖给配有司机的有钱人，而是制造低价格的产品，以卖给尽量多的客户。

如何实现呢？福特采取的成本最小化办法是，建造资本密集型的专业化工厂，能够高效率地生产汽车，但不适合制造其他东西。这种资本密集策略带有风险。福特工厂的生产率和盈利能力依赖于较高的利用率，他们为此采用的一种手段是借助装配线"把任务送到工人身边"，这成为大规模生产的另一项基本信条。福特公司的工程师找到了加快那些手脚慢的工人的办法，工作节奏可以提高，工作监督可以增强，非熟练工人可以被熟练工人替代。管理层的任务则变得比过去简化了许多，因为装配线迫使工人跟上节奏，瓶颈的位置变得一目了然。固定成本因为产量的不断增大而被摊薄，于是产品售价可以变得越来越便宜。[29]

如果能够为生产线找到低工资的合格工人，亨利·福特当然会很高兴，但并不容易找到。福特的新型装配线上的工作很辛苦，在底特律的福特工厂，按照非熟练劳动力工资标准（即每天不足 2 美元）招募的工人离职率极高。1913 年的一整年中，福特工厂的年平均劳动力数量为 13 600 人，却有 50 400 人辞职或被解雇。工人被自动化流程裹挟、被异化,他们工作节奏快、任期短,随时准备辞职,成为工会组织世界产业工人联盟的理想招募对象。后者支持的"野猫式罢工"(自发式非正式罢工)让福特工厂在财务上吃不消。

福特的解决方案是大幅度提高工资,对非熟练工人提升至每天5美元,只要他们的行为表现和家庭条件能达到要求。1915年,工厂的年人员流失率从370%大幅下降至16%。过去认为在那里每天挣1.75美元的工作不值得珍惜的许多人,发现每天5美元物有所值。更多人开始到工厂外排队,以争取福特提供的工作机会,这些人并不在乎装配线的工作节奏和无聊性质。[30]

在20世纪初高度不平等、阶层化的美国,半熟练的蓝领工人能够靠工资跻身收入分配上半部分的理念非常激进,但事实上在底特律真的发生了。社会评论家与福特的模仿者憧憬着使大规模生产方式遍及经济生活的各个领域,使底特律现象成为普遍规律,而非例外。福特也因此声名鹊起,成为一种标志。某位不知名的宣传者开始把这种方式称作"大规模生产",其杰出效率给人们带来了依靠技术进步快速奔向乌托邦的美好前景。到两次世界大战的间歇期,亨利·福特已经成为全世界的一个传奇、一个神话人物,近乎先知摩西,并以此形象现身于阿道司·赫胥黎那本含糊不清的反乌托邦小说《美丽新世界》中。

但不是所有人都被说服了,某些人甚至表示高度怀疑。洛奇的骇人警告中释放出的怪物、无政府主义者和社会主义者都是真实存在的,尽管他们对历史事件的影响力还有限。而且尽管含糊不清,赫胥黎的《美丽新世界》依然有着明显的反乌托邦导向。他虚构的福特主义创造的世界并不是所有人都愿意接受或者说应该接受的。

同加长版20世纪的许多最杰出人物一样,尽管福特的理念会变得过于狂野、古怪、残酷甚至偏执，但他仍受到世界的充分关注。他的大规模生产的美丽新世界对认为自己应该享有稳定生活的任何人（如波兰尼）都必然构成冲击，但这个新世界又带来了许多看得见摸得着的新鲜事物，如收音机、汽车、更大面积的住房等。略微的不稳定可以被克服，某些狂野、古怪和残酷可以被忽视。美国大规模生产的未来总体上看仍一片光明。

美国的决策者越来越相信，现代企业的成功关键在于巨大的规模经济效应，实现途径则是纵向一体化的大型组织，它们能够规划如何把原材料送入工厂，把最终产品输送到分销渠道。这样的规模经济要求最大的产出，以及让产品能够卖掉的尽可能低的价格。福特这样的公司证明上述策略是成功的，或至少有充分的可行性。

20世纪早期的美国电话电报公司总裁西奥多·韦尔（Theodore N. Vail）曾区分出两种追求净利润的策略：在小生意中获得高利润率，或者以低利润率来做大生意。而在美国，后者是最佳方式。[31]

不过，大规模生产制造商面临一个完全由自身带来的问题。一旦市场饱和，对相同产品的替换需求就会大幅下跌。厂商希望消费者不仅考虑以旧换新，而且愿意更新换代。这对福特而言是个大难题。他出于观念和生产等方面的原因，坚持不改变产品的生产路线。但事实表明，跟他不一样，消费者追求新奇，在当时和今天都不只是想拥有一辆汽车，而是愿意多付些钱以得到跟邻居们不同的汽车，这对福特来说尤其纠结。[32]

赫胥黎认为，劝说人们购买大规模生产线的产品需要高超的心理操控术，这正是《美丽新世界》展示的场景。[33]可是现实世界要简单得多：制造产品，告诉人们有这样的产品（配以别人使用该产品获得超出想象的人生享乐的图片），然后公众自己就会去购买。

福特遭遇的难题，通用汽车公司的阿尔弗雷德·斯隆同样需要面对。他的办法是生产相同的汽车部件，以充分利用规模经济，但是用不同颜色的车体外壳封装，并借助广告来渲染不同车型带来的不同气氛。这里显然使用了某些心理操控术，但似乎并不高超。

这种产品差异化的大量涌现很自然激起了争议，被认为具有浪费和欺骗性质。然而产品差异化、垄断竞争乃至广告都变得越来越普遍。大规模生产加上大规模消费是让美国成为中产阶级社会的关键所在，人们越来越多地到郊区别墅居住，使用汽车来通勤和购物，配备洗衣机、冰箱、电熨斗、电气灶等各种器具。一系列发明和技术深刻地改变了家庭内部的经济生活，并与民众对波兰尼主义权利的理解相互交织。

一战之前，美国已经有着工业化世界中最剧烈的商业周期。1873 年，北方太平洋铁路申请的公共补贴未能兑现，令全美最大的投资银行杰伊·库克银行破产，随即发生了严重的暴跌和衰退。1884 年，又爆发了一起铁路引发的严重衰退，人们担心美国会放弃金本位制，让英国和东部城市的资本逃离美国，不过约翰·皮尔庞特·摩根坚信克利夫兰总统会延续金本位制，并借给对方现金作为支持，最后从中获利匪浅。然后是 1901 年恐慌，由哈里曼（E. H. Harriman）与摩根争夺北方太平洋铁路的控制权而引发。再然后是 1907 年恐慌，差点导致了大萧条那样严重的后果。所幸摩根决定借鉴英格兰银行自 19 世纪 20 年代以来采取的行动，支持陷入困境的银行，直至危机平复。英格兰银行可以为此类行动印刷作为法定货币的钞票，摩根则依靠印刷"清算所凭证"，并告诉每个人，如果不把这些凭证当作现金接受，他会在危机过去之后摧毁对方,而且他很会记仇。[34]

但此后政治家与银行家认为,让能干却鲁莽而贪婪的金融家在私人部门履行中央银行平息恐慌的功能并非最优选择。自安德鲁·杰克逊总统在 19 世纪 30 年代因为担心对自由的威胁而否决美国第二银行的执照延期后,美国一直没有类似中央银行的机构。直至 1913 年,作为中央银行的美联储成立,负责维持金融体系的稳定和流动性,以支持工商业活动的平稳运转。在一战后大约 10 年中,对大多数美国人而言,市场经常给予,却很少拿走,因此他们都赞美市场的护佑。另外,取得这一切成果并不需要承担维持世界整体稳定的霸权责任,维持美国自身的稳定已经足够。

美国在 20 世纪 20 年代取得快速工业化成就的一个重要鼓劲者和架桥人是赫伯特·胡佛。伍德罗·威尔逊把胡佛从比利时人道救援项目中抽调回来,把他确立为美国的"食品沙皇"。国会在 1919 年给胡佛补款 1 亿美元,他自己又筹集到 1 亿美元,用于战后的食品救济。当美国联邦政府于 1921 年从民主党回归共和党之后,沃伦·哈丁总统做出了让步,任命胡佛担任商务部长,以促进两党合作,或者说为了进步主义事业以及让政府更有所作为。胡佛在这个位置上一直工作到 1928 年。[35]

胡佛认为,商务部长应该成为美国所有企业的管理顾问,并且推动其他政府部门开展合作,帮助美国发展工业。他推动了航空制造业,推动了无线电产业,然后担任 1927 年密西西比河大洪灾时调动联邦应急响应的指挥官。1928 年夏,胡佛获得共和党总统候选人提名,并在当年的大选中击败了民主党人阿尔·史密斯。

1928 年底,卡尔文·柯立芝总统在最后一次给国会的国情咨文开篇提道:"为审议国情咨文而召集的美国历届国会,从没有面临今天这样令人欣慰的前景。"即将卸任的总统宣称,所有人都应该"对现状感到满意,并且以乐观态度展望未来"。的确,20 世纪 20 年代的几乎所有美国人都有理由感到乐观:美国正航行在创新发明的浪潮之上,它将以更快的速度把国家推上更高的繁荣水平,超出之前任何世代的想象。[36]

汽车和其他耐用消费品(特别是收音机)成为领军产业,电动机和电力成为工业生产的主要动力来源,公用事业部门的增长与这些进步密切交织。随着电气化的推进,对公用事业部门服务的潜在需求迅速增长,体量巨大,未来可期。这些公用事业部门有着固定的前期成本,几乎都带有准垄断的性质。

公用事业部门发展的一个常见策略是,利用良好的产业前景作为抵押,向银行借款,再利用这些钱来收购更多同类企业,以发挥规模经济的优势,降低成本,收获利润并确保与合适的人分享利润,以使潜在监管者对产业保持友好。芝加哥的一位公用事业大亨塞缪尔·英萨尔(Samuel Insull)就采用上述策略成为基础设施建设领域的王者,如果不是嫉妒而贪婪的投资银行家放弃了对他的支持,他或许会支配 20 世纪中期的整个美国资本主义。

此时并非没有反对的声音。美国的财富日益集中让人们广泛感受到有些事情出了问题,但对此做出准确解释并不容易,没有哪个派系或者群体能有效地把不满情绪转化为政治能量。针对黑人的种族偏见,加上社会更多地把不平等视为地方问题,把贫困视为农村现象,使平民党在 19 世纪 90 年代走向衰败。温和派只愿意接受有限的改革,让进步主义趋势退潮。选民继续支持对美国经济和社会发展基本感到满意的共和党人担任总统,而这些领导人坚信:美国的正事就是做生意。[37]

不过，美国的企业经理人和当选政客没有忘记进步主义的挑战。出于对工会运动与左翼政治走向的恐惧，以及对员工福利状况的关心，美国工商业领袖们在20世纪20年代发展出了"福利资本主义"。企业雇用社会工作方面的专业人士，为工人们提供咨询建议，并走访其家庭。企业推出股票购买计划，帮助工人为养老储蓄资金，并提供疾病、意外和人寿保险。[38]

在不平衡地推出福利资本主义制度的同时，社会主义与社会民主主义被当作无意义、不必要、非美国精神的主张。美国企业把照顾好自己的员工列入长期利益目标，这在亨利·福特的5美元日工资与普尔曼公司（Pullman Company）的员工住房制度中表现得淋漓尽致。

随着20世纪20年代的推进，美国人忘记了一战前的历次严重衰退，开始幻想自己已身处一个经济快速增长和普遍繁荣的"新时代"。新设立的美联储有平复商业周期的工具。工业研究实验室把科学成果系统地转化为应用技术，掀起了不断加速的新发明潮流。如果有选择地观察现状，这个世界确实恍若全新的乌托邦。20世纪20年代的美国人民为什么不应该期盼繁荣的持续、增长的加速呢？

这个看似永久的"新时代"的一个后果是，金融资产价格上涨。

要正确评估任何金融资产的价格，我们首先应考虑市场对安全资产的回报率的要求，例如世界上最值得信赖的政府发行的债券。其次，我们对要评估的资产增加一个适当的风险调整要求。再次，从上述调整后的回报率中减去被评估资产的预期回报增长率（对于固定收益债券，该比率为0；对于股票，则等于企业的预期收益率增速），结果可称为"收益调整因子"。最后，用被评估资产的现有收益（债券利息或者股票分红）除以收益调整因子，此时得到的价格就是该资产的适当售价。而在20世纪20年代，不辞辛劳完成这四个步骤的美国人都认为，资产价格必然还会上涨。

结果导致了对永恒的低风险"新时代"的普遍信仰：成功维持宏观经济稳定会带来低利率，新技术会带来高增长，未来的经济衰退将变得次数少且幅度小。这自然意味着金融资产价格高涨，尤其是股票，特别是高技术公司的股票。货币经济学家（以及热心的禁酒主义者）欧文·费雪在1929年后期宣称"股票价格已经走到看似永恒的高原之上"，由此毁掉了他作为经济预测大师的一世英名。其实他的说法在那个时期得到了几乎一致的赞同。[39]

我们现在知道，美国股票市场在当时已经失控。股市估值的大量异常现象表明1929年夏季和初秋购买股票的人对自己正在做的事情没有丝毫的理性认知。

例如封闭式投资基金，这种基金是纯粹的控股公司，投资者把资金汇集起来，其风险限于购买该控股公司（或者说封闭式投资基金）的股份。然后，基金再代表投资者购买和持有上百家乃至更多企业的股票。它背后的理论是，基金管理者相比个人投资者能够更好地挑选股票和管理风险。

在现实操作中，这意味着封闭式投资基金的唯一资产是金融资产，即其持有的股票和债券。因此根据理性金融的基本原则，该基金的基本价值完全等于其投资组合中的股票和债券的现值。然而在1929年秋季，封闭式投资基金的销售价格比资产净值高出了40%。[40]

根据金本位制的游戏规则，有黄金流入的国家应该以此来增加货币存量,从而刺激通胀。然后,通胀会鼓励该国增加进口并减少出口,以恢复贸易平衡。但美国和法国都不愿意容忍国内通胀,它们把黄金贮藏到政府的金库中。这两个国家都不再把黄金储备作为缓解冲击的手段,而将其视为国家财富予以捍卫和囤积,把任何黄金外流都当作失败。

到1929年,美国和法国合计持有全球货币黄金的60%以上。此时的全球价格水平是1914年的两倍。在美国和法国之外,其他国家只依靠世界黄金总量的一小部分来开展贸易。这使得一枚金币或一根金条需要发挥相当于正常时期5倍的功能,包括缓和冲击、提供流动性和创造信用等。[41]

事后,经济学家哈耶克与莱昂内尔·罗宾斯把1929年开始的大萧条归罪于美联储不愿意更早提高利率,尤其是在1927年春,美联储应德意志帝国银行与英格兰银行的要求甚至还把给银行的贴现率由4%下调至3.5%。他们认为,这一利率调整显然扩张性过强,让经济体中能利用的货币过于便宜,由此带来的通胀性繁荣诱发了1929年的投机狂热。[42]

我们今天知道这种说法不对,是因为见证了过度扩张的货币政策的实际后果:例如美国在1965—1973年的情形。20世纪20年代后期完全不属于此类状况,整体价格水平基本维持稳定,产品及要素市场均不存在太多资金追逐太少物品的迹象。

米尔顿·弗里德曼等经济学家提出了更有说服力的观点,认为美联储在1929年股票市场崩盘前夕不是扩张过度,而是收缩过度。1928年之后,美联储官员便开始担忧,如果不提高利率,黄金可能会开始外流。他们另外还担忧过高的股票价格最终可能崩溃,然后导致经济衰退。于是美联储采取措施,增加借钱的资金成本,以

第6章 喧嚣的20世纪20年代

同时阻止黄金外流和股票市场投机。他们在前一项任务上取得了成功，在后一项则失败了。[43]

美联储试图阻止股票市场的过度估值愈演愈烈、最终走向崩溃，但干预结果适得其反。事实上，股市崩溃和经济衰退完全是美联储自己引发的。美国经济在 1929 年 6 月进入了下行周期。而此时，德国经济已进入衰退约 1 年时间，大萧条已经开始了。

第 7 章 大萧条

为理解大萧条，我们首先回顾下 19 世纪早期经济学家的一些讨论。他们当时看到市场经济正在勃兴，担心事情的发展未必总能保持协调。例如，农民不能把自己种植的农产品卖给工匠，是因为工匠不能把自己的产品卖给商人，商人手里没钱，是因为他无法把工匠的产品卖给农民，最终又因为农民不愿意买东西。

法国经济学家让-巴蒂斯特·萨伊（Jean-Baptiste Say）在 1803 年指出，没有必要为此感到担忧。这种普遍的过剩，即整个经济体范围的"过度产出"或者"需求不足"，以及随之造成的大规模失业，并不符合逻辑。他认为，人们之所以会生产任何东西去卖，只是因为他们打算用挣来的钱去购买其他物品。[1] 后一代的经济学家约翰·斯图亚特·穆勒在 1829 年对萨伊的论点做了如下总结："形而上学的必然性"表明，计划生产的总价值、计划出售的总价值与计划购买的总价值之间不可能存在不平衡。这被称作"萨伊定律"。[2]

萨伊强调，这种平衡只适用于经济体范围的总量。单个商品仍可能并在事实上经常处于需求过剩的状态，需求没有得到满足的买家会迅速抬高愿意支付的价格；也可能存在供给过剩的状态，促使卖家迅速降低计划出售的价格。对稀缺商品可能存在过度需求（从而能带来高利润），对太丰富的产品可能存在过度供给（从而发生亏损），这种情况不是故障，而是一种特点。市场带来的激励能迅速调整资源配置，以消除此类失衡。但萨伊认为，各种商品的需求相对于产出都普遍不足的情况不可能出现。

其他经济学家质疑了萨伊的结论：如果你想在出售产品之前购买其他人的物品，情况又会怎样？例如在商人前来购买纺织品之前，纺织工要购买食品。萨伊认为，这就是银行和贸易信贷发挥作用的地方：商人非常清楚如何找到作为交易中介的产品替代物。马克思则把这讽刺为"萨伊的牙牙学语"。[3]人们不只是为了购买而出售，有时候是为了偿还过去的债务而被迫出售，例如当银行提供的信贷被收回时。此时，对产品的需求是发生在过去，并不能在当前平衡你的供给。如果每个人都试图为了偿债而销售，确实就会发生"普遍过剩"。如果要求收回贷款的人看到周边的企业纷纷破产，他们就不太可能提供"作为交易中介的产品替代物"。

萨伊错了。经济学家托马斯·马尔萨斯在1819年凭直觉依稀指出，然后年轻的约翰·斯图亚特·穆勒又在1829年证明，有可能出现对货币的过度需求和其他各种商品的过度供给并存的情况。[4]

假如一家制造商对某种产品有过度需求，他会提高报价。如果你真的需要这种产品，你会愿意付出更高的价格。这反过来很可能促使你想要更多资金，以购买更多这种或类似产品。当出现对货币的过度需求时，也会发生类似的情况。需要资金的人可以通过更多时间、更加努力地工作来"购买"更多货币。但由于货币很特殊，你也可以选择做其他的事情来积攒，例如停止给自己花钱。而在你停止支出后，你的交易对手将失去他们的市场、收入和工作机会。[5]

假如对货币的需求过剩，使得越来越多的产品和服务变得供给过剩，则工厂将被关闭，劳动者将失去工作。接下来，股东们将没有红利收入，贷款人没有利息收入，劳动者没有工资收入，这会进一步扩大经济体的潜在产能与当前总需求水平之间的差距。

萨伊其实在1825年英国"运河恐慌"之后已认识到了马克思、穆勒以及其他人后来提出的观点。[6]那年下半年，英国的银行家和商人判断，他们向投资效益不佳的太多伙伴发放了太多贷款，于是面对客户的未来收益承诺，他们不愿意再投入现金。萨伊指出，"许多企业发现自己被剥夺了原先指望的一系列款项"，这最终导致金融和经济活动的崩溃，出现了真正的"普遍过剩"。归根到底，货币和贷款是一种流动的信用。如果你对伙伴的偿付能力失去了信心，就不会再给他提供货币和贷款。

然而，社会上有一个组织在货币方面基本上是值得信任的。政府在征税时会接受自己发行的货币，因此，需要缴纳税收的所有人在出售自己的物品时也都愿意接受政府发行的货币。每当经济体因为需求或收入不足而陷入低迷时，政府都可以设法增加公众手中持有的现金，加以矫正，当然前提是政府自身的财政状况从长期来看值得信任。这样操作之后，人们就会有购买力，购买又会增加其他人的收入，再增加那些人的购买力。如果政府的干预行动得当，经济体就能解困。

第7章　大萧条

政府有若干手段可以增加公众的购买力，以逆转经济萧条：

  可以让政府职员从直升机上撒下大捆现金，这是米尔顿·弗里德曼最早提出的抓人眼球的主意，美联储前主席本·伯南克因为引用该说法而赢得了"直升机本"的绰号。

  可以雇用民众，安排他们从事工作，并给他们支付薪水。

  可以购买有用的物品，提供额外的需求，让雇主愿意雇用更多劳动者，安排他们工作并支付薪水。

  可以利用中央银行这个得力机构用现金购买金融资产。

  最后一个选项是近代历史上各国政府最喜欢采用的。例如为应对1825年运河危机，英格兰银行就采取了重大措施，以增加英国银行、企业和个人的现金持有和支出水平。[7]英格兰银行的董事之一耶利米·哈尔曼在当时指出："我们用各种可能的手段及过去从未采用的方式借出现金；我们囤积各类证券，购买国库券，预定国库券，我们不仅提供贴现，还为汇票支出了金额庞大的预付款；简而言之，我们采用了英格兰银行安全所允许的所有可能办法，而且在某些情况下并不吹毛求疵。看到公众们的凄惨状况，我们竭尽所能地提供了援助。"[8]

  尽管有这些措施，经济衰退依然发生了：与上一年相比，1826年在英国纺成纱线的棉花减少了16%。但这次衰退很短暂，1827年的棉纱产量比1826年增加了30%。事情本来会更加严重吗？绝对如此。有充分理由认为，假如当时的英格兰银行像20世纪30年代早期的美国财政部和美联储那样操作，运河危机导致的衰退会糟糕得多。

*　　*　　*

在全世界于1929—1933年滑入大萧条的时候，各国中央银行并没有采取大规模的应急措施为公众注入现金。衰退过程说起来并不复杂，但要理解各国中央银行束手旁观的原因却不简单。

20世纪20年代美国出现的股票市场繁荣是普遍乐观主义的结果。商人和经济学家都相信，新成立的美联储会稳定经济，技术进步的速度会保证生活水平快速提高，市场继续扩大。美联储则担心持续的股票投机将导致大量金融机构的杠杆率太高，一旦出现资产价格的轻微跌落，就容易走向破产。然后这样的破产浪潮会导致恐慌程度急剧提高，人们纷纷追求现金，而对现金的过度需求则对应着"普遍过剩"。于是，美联储认为需要控制股票市场泡沫，以预防上述情形。可是，美联储防止未来发生衰退的行为却造成了当前的衰退。[9]

之前的历次经济衰退，以及之后的历次经济衰退，在程度上都远不能与大萧条相提并论。美国过去的经济下行的破坏程度要小得多：1894年的失业率峰值为12%，1908年为6%，1921年为11%。而在二战到2020年新冠疫情暴发之间，美国失业率的峰值为11%。但在大萧条中，这个数字高达23%，非农业劳动者为28%，而在家庭农场经济中不太容易测算"失业"水平。大萧条的严重程度部分源自非农业经济部门相对于家庭农场的规模扩张。根据现有的最可靠数据，我测算出非农业经济部门的失业率在1921年的峰值为14%，1908年为8%，1894年为20%，1884年为11%。伴随着大规模失业的衰退是企业和雇佣工人组成的非农业经济体的通病，而不属于自耕农或独立手工业者经济体的特征。

不过，即使考虑了工业与非农业经济部门的规模相对扩大，大萧条与之前或之后的历次衰退相比依然更为严重和持久。其他衰退带来的巨大冲击导致许多人失去工作岗位，工厂和企业关门。之后便进入或快或慢的复苏，人们重新站起来，恢复信心，对货币的过度需求减退，不再打算为将来的紧急情况储备大量现金。

大萧条则与之不同。1929年年中开始的衰退是第一波信心冲击。1929年后期的股票市场崩溃则是这场冲击与过度杠杆的共同后果，并形成了第二波重大的信心冲击，且很快蔓延到全世界。一年之后，美国又爆发了银行业危机。你存在银行的钱可能被冻结，无法提取，甚至会完全消失，这种念头导致了银行挤兑。人们对于在需要的时候能取出存款失去了信心，使得银行存款不再是完整的"货币"。于是，人们要求获得更多的货币，并强调是能拿到手的现金形式的货币，这进一步加剧了对货币的过度需求。1931年3月爆发了第二轮银行业危机。当年的夏季和秋季，其他国家也出现恐慌，让大萧条在全球范围内肆虐，其中德国的形势最为严峻。[10]

到1930年末，人们仍在疯狂追逐现金。随着喧嚣的20世纪20年代过去，股票市场深陷熊市，对现金的需求依旧高涨。但很快，银行开始感到恐惧，因而限制了给客户提供的现金数额。银行收回贷款，取消授信额度，以提高自身的准备金与客户存款的比例。居民也开始提高自己的现金-存款比率，把更多的现金藏在家里，而非存于银行。

从1930年末到1933年，随着信心下跌，上述的准备金-存款比率与现金-存款比率逐月下降，货币供给逐月萎缩。在此期间，

1931年成为银行业危机与国际金融危机之年，1932年虽然没有再发生重大危机，却看不到经济复苏，情况变得史无前例地糟糕，人们对于复苏完全没有信心。

传统的反凯恩斯主义经济思维认为，如果鼓励或迫使工资和物价的名义水平下跌，任何衰退都会更快走向复苏。因为这样一来，同样数额的美元支出就可以购买更多的物品，从而产生让更多人从事工作的需求。然而问题在于，当工资和物价下跌时，债务并不会随之减少。衰退中的价格下跌，即通货紧缩，会导致无力偿还债务的企业破产，造成进一步的生产萎缩，并且继续引发价格下跌和企业破产。

银行恐慌与世界货币体系崩溃使每个人的信用都不太可靠，这强化了如下信念：20世纪30年代早期需要等待和观望。对于现金的需求在继续增加，产品和服务的供给过剩在蔓延，每年的价格跌幅达到10%，投资者有充分的理由保持观望。现在就投资明显是不合时宜的，因为如果等到下一年，他们手中的美元的购买力将提高10%。向大萧条的滑落，失业增加，生产减少，价格下跌，贯穿了新当选的赫伯特·胡佛的整个总统任期。

大萧条的深渊时期处于一种集体错乱状态。劳动者无所事事，是因为企业不愿意雇用他们去开动机器。企业不愿雇用工人去开动机器，是因为产品没有市场。而产品没有市场，则是因为赋闲在家的工人没有收入。记者兼小说家乔治·奥威尔的《通往维根码头之路》记述了英国在1936年的大萧条场景："几百个男人冒着生命危险，几百个女人花费好几个小时在泥浆里摸索……从煤渣堆里努力寻找能够拿回家取暖的小块煤炭。"对他们来说，这些"免费"的煤炭甚至比食物还重要。而在这群人冒险和摸索的时候，他们之前曾经操作过的机器却在一旁闲置：如果开动那些机器，只需 5 分钟时间就可以开采出比他们翻找一整天所得更多的煤炭。[11]

对于大萧条为什么在当时发生，以及为什么只发生过那一次，迄今还没有令人十分满意的解释。如果无规制的资本主义经济总是可能发生如此严重的衰退，为什么在二战之前没有发生过两次、三次或更多次？米尔顿·弗里德曼与安娜·施瓦茨后来提出，大萧条是源于货币政策的一系列不可思议的重大错误。可是 20 世纪 30 年代早期制定政策的人认为自己只是在延续前任采用过的同样的标准法则，他们做错了吗？如果他们真的错了，为什么只有这一次发生了大萧条呢？

还有若干坏运气也都聚到了一起。美国在 1924 年决定停止引入移民，使得 20 世纪 20 年代中期在建的大量建筑失去了服务对象。金融市场的快速扩张以及更广泛的金融参与，使它们比过去更容易受到过度投机和恐慌的打击。法国和美国决定把黄金封存在本国的库房里，导致作为冲击缓冲的货币黄金短缺，造成了不利影响。除黄金之外，国际货币体系还依赖于可能发生挤兑的其他资产，这也恶化了局势。

在最开始撰写本书时，我和其他许多人一样认为 1929—1933 年是个特殊的脆弱时期，并计划用相当多的篇幅去解释其中的原因。不过到 2008 年，我们惊险地避开了又一次大萧条（将在本书第 17 章详细探讨），由此清晰地证明 1929—1933 年并非特别脆弱。事实反而是，我们在 1929 年之前极其幸运，在 1929 年之后也极其幸运。

在大萧条的先导阶段，政策制定者强化了他们在 20 世纪 20 年代后期已经采取的紧缩措施。在衰退加剧时，各国政府与中央银行的第一反应竟是无为而治。商界人士、经济学家和政治家都认为1929—1930年的衰退会自动缓解，双手闲置的劳动者与设备闲置的资本家会给仍在工作的同行施加压力，让价格下跌。当价格下跌到足够幅度时，企业家们将出手一搏，因为需求虽然低迷，但在较低的工资水平上，生产仍可能获利，这样就可以重振生产。之前的衰退也正是如此走向终结的。

美国的劳动力有接近四分之一失业，单位劳动者的产出相比1929年下跌了大约40%，在整个下跌过程中，政府并未试图提振总需求。美联储也没有采用公开市场操作来防止货币供给减少，唯一重大的系统性公开市场操作还是反向的，在英国于1929年秋季放弃金本位制后，美联储调高利率，以防止黄金外流。[12]

美联储自以为得计：放手让私人经济部门用自己的方式去应对萧条。另外，美联储担心扩张性货币政策或财政支出（以及赤字增加）会妨碍私人经济部门的必要调整过程。

美联储的无为而治策略得到了许多声音的支持，其中包括当时最负盛名的某些经济学家。

例如，当时在哈佛大学的约瑟夫·熊彼特认为："萧条并不是我们需要压制的单纯的坏事，而是必须去完成的对变化的某种调整适应。"[13]哈耶克则写道："因此永久性地动员全部可用资源的唯一方式，就是通过缓慢的生产结构适应过程，让时间去实现永久性的治疗。"[14]

哈耶克之流相信，企业是一种赌博，有时难免失败。在此情形下的最佳做法就是关闭那些对未来需求做了错误假设的企业，清算这类投资和企业，把生产要素从不能盈利的用途中释放出来，使其可以被重新利用。哈耶克说，萧条就是这种对资源实施清算并准备再利用的过程。

熊彼特的表述是:"依靠人为刺激带来的任何复苏都会让萧条的部分任务无法完成,并会在尚未消化的失调残余之外,添加新的、必须被清理的失调,从而造成下一次或许更严重的危机,威胁企业发展。"[15]市场给予,市场拿走,在这种情况下,咬牙切齿地赞美市场吧。甚至许多人不再是咬牙切齿,他们开始大声地反复诅咒。

赫伯特·胡佛于1929年3月4日从商务部长变成总统,比经济衰退开始早了3个月,比股票市场崩溃早了半年。他让安德鲁·梅隆留任财政部长,后者之前是由沃伦·哈丁总统提名,在其任期开始后5天的1921年3月9日得到批准。哈丁于1923年死于心脏病,卡尔文·柯立芝继任总统,梅隆得以留任,并在柯立芝赢下大选、于1925年就职后继续留任。胡佛于1929年上台后,梅隆依然出任财政部长。在美国历史上,只有阿尔伯特·加拉廷,即杰斐逊、麦迪逊和门罗总统的财政部长,有过比他更长的任期。当时的财政部长是兼任美联储主席的,因此,税收、预算和货币政策都属于梅隆的职责范围。胡佛本人是位矿业工程专家,作为管理者,对专家高度信任。梅隆则是他所依仗的应对大萧条的专家。

胡佛在20世纪50年代回顾这场经济浩劫与自身政治生涯时,痛斥了梅隆及其在政府中的支持者在衰退中无为而治的建议:

> 由财政部长梅隆领头的"任其自然清算主义者"认为,政府必须捆住自身手脚,让经济滑坡完成自身的清算。梅隆先生只有一个药方:"清算工人,清算股票,清算农民,清算房地产。"他坚持说,即使恐慌也算不上坏事,"那会把腐朽的东西

清除出系统，生活成本与奢侈浪费将减少，人们会更努力地工作，选择更健康的生活方式，价值观将发生调整，积极进取的人会出来收拾残局，取代那些能力较差的人。"[16]

在回忆录中，胡佛说他曾打算采取更为积极的政策：不只是发放救济，而是要让民众相信繁荣即便不是近在眼前，也将为期不远。根据他的描述，似乎是梅隆否决了他的意见，让他只能跟从。然而就他们两人而言，谁才是美国联邦行政部门的首脑，谁只不过是一个部门的负责人？

从长远看，大萧条最终会成为经济的良药，刺激政策的支持者是公共福利的短视的敌人，简单来说，这种主流观点可谓完全神志不清。约翰·斯图亚特·穆勒早在1829年就做过分析：对货币的过度需求会导致"普遍过剩"，如果经济体中的货币供应与货币需求相当，就不会有萧条。[17]负责实际操作的中央银行家们也早已制定了应该如何应对的策略[18]，却没有被正常采纳。

为什么会这样？或许是因为在之前的衰退中，货币的过度需求引发了对流动性的争抢：急于获取现金的人们立即抛售其他资产，包括政府债券。随着政府债券价格下跌，其支付的利率被抬高。中央银行家们于是把政府债券利率的急剧提高视作经济体需要更多现金的信号。

可是大萧条与之前的经济衰退有所不同。

在这场衰退中，对货币的过度需求过于普遍，恐惧过于严重，以至于引发了对安全资产的争抢。人们的确迫切想要更多现金，但同时也迫切想要能够轻松换取现金的安全资产。他们认为危机会持续很长时间，因此在市场上抛售其他资产，例如投机性股票、工业股票、公用事业股票、各类债券,甚至安全的铁路股票、祖上传下来的家具和消夏别墅等。哄抢的对象则是现金与政府债券。在路边堆满家具的同时,政府债券的利率没有出现飙升,这让中央银行家们对局势走向的判断失去了把握。

各国政府则竭尽所能去恢复竞争力、平衡预算,这意味着在现实中进一步压低需求,继续打压工资和价格。例如在德国,总理海因里希·布吕宁发布了降价10%、压低工资10%~15%的法令。但按照正统学说采取的每项措施都使情况变得更加糟糕。

如果考查大萧条期间的利率变化,你会发现政府债券的安全利率同企业借款需要支付的利率的差额持续扩大。尽管信贷(这被理解为流动性)较为充裕,即拥有优质抵押品的借款人能以极低利率获得贷款,但大部分仅能勉强维持周转的企业(即没有优质抵押品)很难获得支持投资的资金,因为对厂房设备的新投资风险很高,金融活动极其缺乏安全性。

银行系统走向冻结,不再发挥把购买力从储蓄者引向投资者的社会功能。私人投资崩溃了,投资减少造成更多失业、更多产能过剩,使价格继续走低,通缩延续。通缩延续导致投资者的投资意愿进一步下降,银行系统更加缺乏偿付能力,冻结的情况加剧。

通缩螺旋会使经济持续萎缩,直至采取某些措施来打破对价格继续下跌的预期,恢复银行系统的偿付能力。在大萧条期间,理解这个过程的经济学家人数很少,而且其中没有人置身权力中心。

因此,主导性的"清算主义"学说压倒了没有受此类理论蒙蔽的不同意见者的痛苦呼吁,以及失业、饥饿、居无定所的人们的痛苦呼吁。正如英国货币经济学家霍特里(R. G. Hawtrey)所述:"他们表达的是对通胀幻觉的担忧,就好比在诺亚所处的大洪水里叫喊'起火了'。"[19]大萧条是20世纪人为造成的最严重的经济灾难。凯恩斯在萧条刚开始的1930年指出,当时的世界"完全有能力像之前一样给每个人保证足够高的生活水平",然而前景却相当黯淡,"今天,我们自己卷入了巨大的混乱,在控制我们并不了解如何运转的精密机器时犯下了大错"。凯恩斯担心,1930年的不景气可能"滑入萧条,伴随着价格水平下跌,并可能持续多年,给各个国家的物质财富和社会稳定造成不可估量的破坏"。他呼吁主要工业经济体采取坚决而协调的货币扩张措施,"恢复长期债券国际市场的信心……恢复(提高)价格与利润,以便让世界商业活动的车轮重新转动起来"。[20]他发出了卡珊德拉式的凶兆警告。

然而,此类行动从来不会通过某个委员会或国际会议而出现,除非能在事前做充分准备。此类行动必须来自某个霸主国家,而全球经济实现良好运转需要采取这种行动。在一战前,所有人都知道英国是霸主,并根据伦敦制定的游戏规则来调整自身行为。到二战以后,所有人也都知道美国是霸主。如果愿意,美国有实力单枪匹马采取有效行动来改变国际金融格局。可是在一战到二战的战间期中,情形并非如此。必要的行动没有发生。

于是凯恩斯的担心变成了现实。

他指出,在一战期间及战后,主要参战国动摇了"欧洲各国人民赖以实现就业和生存的……精巧复杂的组织"。这个体系被战争打破,继而被大萧条完全粉碎。凯恩斯写道,对信任的这种破坏"使得19世纪的社会和经济秩序不可延续,然而欧洲各国的领导人并没有替代计划"。他警告后果可能非常可怕:"我斗胆预言,复仇将为期不远。"他说的没错,因为大萧条一经开始,"没有什么能长期拖延最终的内战,即革命势力对反动势力的绝望反抗之战。与之相比，过去对德战争的恐怖将不值一提。无论谁取得胜利，这场争斗都将摧毁我们这一代人的文明与进步"。[21]凯恩斯或许过于悲观了，后来的结果证明，文明没有被完全摧毁，但遭受了重创。

大萧条的痛苦之惨烈，有很大部分是来自它不仅程度深重，还极为漫长。这源于多方面的原因，我这里仅列出其中三条：

大萧条持续如此之久的第一个原因是劳动者不愿意承担风险。在极大的不稳定局势面前，大多数人愿意接受自己能找到的最安全的生活状态。长期的高失业经历给劳动力市场投射了巨大而深刻的阴影。有风险但能盈利的企业不容易招募到它们需要的工人，因此投资持续低迷。

第二个原因在于对金本位制的记忆以及经济体需要恢复金本位制的信念。这种信念让各国政府放弃了采取若干本可以用来促进生产和就业的措施。金本位制在1931年就已作古，但它的幽灵依然缠绕着世界经济，导致急需采取的措施很少被真正实行。各国政府采纳的唯一做法是货币贬值：减少对外国制造产品的需求，增加对本国制造产品的需求，以此来实现净出口。评论家们抨击货币贬值是以邻为壑的做法。的确如此，但这也是唯一普遍采取的有效措施。[22]

第三个原因是，缺乏一个霸主国家来引导协调性的国际货币行动，这不仅迟滞了期待中的改革，还阻碍了全球政策协同响应。世界主要货币大国错失了共同采取建设性行动的机会。复苏最终只在国家层面发生，而非全球层面。

一般来说，各国越早放弃金本位制，受金本位正统习惯的约束就越少，经济复苏表现也就越好。最早摆脱金本位制的北欧各国的表现最好，日本次之。英国同样在1931年放弃了金本位制，但日本更为彻底地拥抱了扩张性政策。美国和德国均于 1933 年放弃金本位制,而希特勒更清晰地认识到走出经济萧条需要让民众恢复工作,罗斯福则还在新政中尝试着各种权宜之计。

不过,知名人物的所有观点都反对走向"再通胀"的行动,也就是采取措施来恢复 1929 年大萧条之前的价格水平和支出水平。权势人物,即富兰克林·罗斯福在 1933 年的就职演讲中所说的"在我们的文明殿堂中身居高位的货币交易商"的共识是应该采取紧缩措施:维持货币稳健,削减政府支出和平衡预算。[23] 主张有所作为的人被右翼阵营谴责为骗子,例如丘吉尔的私人秘书格里格就说:"一个经济体不可能永远凭借政府的金融戏法,依靠各种花招过入不敷出的生活。"[24]

在那个时期,凯恩斯的最精明或者说最敏锐的批评者、芝加哥大学的雅各布·瓦伊纳(Jacob Viner)就认为,只有在"不考虑就业质量,仅关心就业数量"的时候,刺激政策才有作用。他补充说,在与工会代表人的不可避免的竞赛中,"印钞机必须始终保持领先",才能让经济体避免通胀带来的自我毁灭。[25]

在描述大萧条历史的时候,我们很难回避同最近的大衰退做类比。"紧缩"一派的主张在二战后失色,但仍在地下流淌,在 2008 年重新涌出并导致了灾难式的报复后果。熊彼特主义的观点在那一年复兴,宣称大规模失业是经济增长的必要过程,人为地避免低效率群体失业只会给未来积累更多的麻烦。例如芝加哥大学的约翰·科克伦(John Cochrane)在 2008 年 11 月说,他欢迎衰退到来,因为"在内华达州钉钉子的人应该找些其他的事情做"。他认为衰退带来的失业是有益的刺激。

凯恩斯曾做过辛辣的回击。政府的干预主义和再通胀政策当然违背了自由放任经济学的正统信条，但这套体系的成败应该看能否让民众获得就业。干预主义和再通胀毕竟是"避免现有经济活动形式被完全毁灭的唯一可行办法"。[26]

凯恩斯还讽刺说，如果批评者稍有点头脑，他们就会明白成功的资本主义需要确保充分就业的干预主义政府，因为若非如此，就只有特别幸运的创新者能够生存下来，只有疯子会尝试去做创新者。经济增长将由此变得比必需的水平慢得多，如果有效需求不足，企业家们将在不利的条件下经营。世界的财富增长会"落后于个人储蓄，这个差距是源自某些人的勇气和主动性没有得到特殊技能或良好机遇的补充"。对于1914年之后的世界而言，正统紧缩政策和自由放任是致命的破坏性错误选择。不管政府预算削弱了多少，大萧条仍长期延续，这证明凯恩斯是对的。

只有在北大西洋区域的一个局部，大萧条的影响浅而短促，并在之后十年迎来了强劲经济增长，那就是斯堪的纳维亚地区。在战间期，北欧各国的社会主义者赢得了足够的选票来执掌权力。英国和法国的同僚们对于左派执掌政权还一无所知，与之迥然不同的是，北欧国家的社会主义者已开始推行住房补贴、带薪休假、孕产福利，并扩大公共部门就业，给新婚夫妇提供政府贷款等，所有这些都依靠比其他国家更早脱离金本位制以后所解放的货币政策。这些国家的社会主义者逐渐演变成社会民主党人，放弃了传统的末日预言式的理论，抛开了所有私有财产都具有邪恶本质、只有伟大而剧烈的革命可以创造美好社会的信念。民主成了他们的奋斗目标，而不只是手段。[27]

在斯堪的纳维亚地区之后，日本是大萧条程度较轻的国家，后者于1931年放弃了正统财政理论和预算平衡。大萧条在日本影响不严重，并在 1932 年结束。[28] 这主要应感谢高桥是清，他不属于明治六杰，却是日本现代化的后继推动者。77 岁的高桥是清于 1931 年第三次出任大藏相，对欧洲的"稳健财政"模式完全没有耐心。日本让货币贬值，以提高出口产业竞争力，促进出口繁荣，刺激需求。另外，高桥是清还推行大规模军工制造计划，使日本的工厂产出在 1936 年恢复到了 1928 年的一半。这从短期来看是有效的经济政策，但从长期看则是糟糕的战略：军工制造的繁荣和文官丧失对军队的掌控，让日本卷入了对亚洲的战争，并最终诱使它对世界两大超级强国英国和美国发动了袭击。

高桥是清没有亲眼见证第二次世界大战的恐怖和悲剧。当军方强硬派于 1936 年 2 月 26 日试图夺取政权时，他是三位遇害的高层政治家之一。他提高后的军事预算仍没能达到政变策划者的要求。

在其他国家，大萧条成为长期的灾难。德国的情况最为严重，这导致希特勒上台，民众对他的支持不是因为 20 世纪 20 年代的通胀，而是 30 年代的大规模失业。

希特勒一上台就打破了对财政和货币正统理论的坚守，纳粹德国的经济便得以复兴。在盖世太保的监督下，政府的公共工程和军事计划产生了强大需求，让德国的失业率在 20 世纪 30 年代快速下降。[29] 希特勒似乎更加关注就业和武器，而非增加工业产能和国民财富。政治效果和军事实力是他的优先考虑事项。[30]

产生政治效果容易理解，但扩充武器和军队是为什么呢？难道第一次世界大战没有提醒德国人，包括纳粹党和希特勒在内，不要再卷入战争吗？确实没有。[31]

总体来说，世界主要货币强国错失了机会，没有采取建设性的协调行动来帮助全球金融体系复苏。1933 年的最后一次机会，即伦敦经济会议因分歧而失败。法国人认为自己应该试图维持金本位制，放弃金本位制已久的英国人则没有兴趣"把自己的政策同意图不明的外国伙伴（美国）捆绑起来"，经济学家巴里·艾肯格林（Barry J. Eichengreen）这样描述。[32]协同再通胀是最显而易见的应对策略，但从未被尝试过。接下来则是财政扩张策略，但直至那个十年尾声才付诸实施，因为战争威胁让各国政府意识到，动用公共资金制造武器比继续想办法维持预算平衡更加重要。[33]

在复苏竞赛中，英国几乎处于垫底的位置。英国在 1931 年 9 月就被迫放弃了金本位制，但没有随之实施大规模的再通胀。英格兰银行做了本职工作，把短期贴现率降低。然而保守派的联合国民政府没有采取相应行动。当年 10 月，保守党在选举中大获全胜，占据了下议院 78% 的席位。英国从大萧条中的复苏变得缓慢而痛苦。[34]

法国对金本位制的坚守维持到 1937 年，因此其应对最为糟糕。在 20 世纪 20 年代七倍的通胀之后，法国选择低估汇率平价，这使它暂时成为出口强国。然后大萧条爆发了，初期对法国影响甚微。但随着出口下跌，各国相继让货币贬值，以试图恢复部分外来需求。逐渐地，尚未货币贬值的国家发现自己的产业丧失了竞争力，国际收支出现赤字，维持货币可兑换性会导致国内失业，因为必须保持高利率并引发更多通缩，以平衡外汇投机者的贪婪和恐惧。分裂的法国选民产生了不稳定的联合政府。从 1929 年股市崩溃到 1936 年，法国总理如走马灯似的频繁换人：阿里斯蒂德·白里安、安德烈·塔尔迪厄、卡米耶·肖当、塔尔迪厄复出、泰奥多尔·施特格、皮埃尔·赖伐尔、塔尔迪厄再度复出、爱德华·赫里欧、约瑟夫·保罗－邦库尔、爱德华·达拉第、阿尔伯特·萨罗、肖当复出、达拉第复出、加斯东·杜梅格、皮埃尔－埃蒂安·弗朗丹、费尔南多·布伊松、赖伐尔复出、萨罗复出，最后则是莱昂·布鲁姆，迎难而上的人民阵线的总理。到 1936 年，法国与荷兰、瑞士等国最终还是放弃了黄金兑换平价。[35]

布鲁姆承诺要把养老金和公共部门工资恢复到预算削减之前的水平，还答应大幅提升失业金、捍卫法郎、平衡预算、削减军事支出，并通过减少工作时长和支持罢工来分享就业和财富。

这些主张缺乏一致的逻辑。

布鲁姆放弃了金本位制，但这并不意味着总需求的大幅扩张：政府对保持预算平衡的信念使其减少了非军事项目的支出。广大投资者对社会主义的担忧超出了之前贬值带来的刺激效应。法国就这样走入了 1938 年，即二战在欧洲爆发之前的最后一年，工业产出依然低于 1929 年的水平。

漫长的大萧条意味着当时的应对会在后来很长时间里影响各国的政治与社会状况。乔治·奥威尔是最有力地表述导致大萧条的制度环境如何带来人道灾难的作家之一："让我害怕并震惊的事情是，看到许多人因为失业而感到羞愧。我非常无知，但并没有无知到去设想，当失去外国市场让 200 万人丢掉工作时，相比在加尔各答赌局中的一无所获者，这 200 万人更应该受到责难。"[36]

一旦失业不再被视为失业者自身的错误，工作的不适感是劳动者自身责任所致的说法也就值得推敲。于是，奥威尔这样的人便不再把煤矿工人当成有工会撑腰、待遇可能过高的非熟练劳动者，而将其看作尚未被其他人正确对待的施恩者：

> 事实上我们所做的一切事情，从吞下一个冰块到穿越大西

洋，从烤面包到撰写小说，都需要用到煤炭……正是因为矿工的辛勤劳作，上流人士才能够维持自己的高贵。你和我、《泰晤士报文学增刊》编辑、诗人南希、坎特伯雷大主教、创作《马克思主义婴幼儿读本》的 X 同志，我们相对体面的生活都应该感谢那些在地下做苦工的穷人，他们的眼睛被熏黑，喉咙里吸满煤尘，却仍在依靠双臂和腹部的结实肌肉奋力向前挥动铲子。[37]

奥威尔判断一个社会制度的标准是诚实、体面、繁荣和自由的结合，尤其强调体面。社会和经济制度有善待这些民众的道德义务，让他们失去工作是缺乏道义的。如果社会制度没有担负起应有的义务，那就缺乏合理性。

在大萧条到来后，人们无法否认旧秩序已经破产。随着旧秩序崩溃，代议民主制度也一同坍塌。到 1939 年，代议民主制度只留存在英国及其自治领、美国、法国，以及西北欧弧形地带的若干小国：瑞典、卢森堡、比利时、荷兰、丹麦、挪威、瑞典和芬兰。

* * *

在斯堪的纳维亚地区，社会民主党成功引领国家走出大萧条，让他们有资格在后续的半个世纪中继续掌权。而在欧洲大陆多数地区，大萧条强化了反动力量，即让人们感到墨索里尼在意大利做对了，法西斯主义是未来的出路，是组织工业化社会的最佳方式。大萧条给予世界的第一份"礼物"是弗朗西斯科·佛朗哥元帅在 20 世纪 30 年代的西班牙内战中取得胜利，他将成为全球最长寿的法西斯独裁者之一。第二份"礼物"则是德国的阿道夫·希特勒。在没有巩固反动势力的地方，大萧条也增强了旧制度已经永远被打破、需要革命式改变的信念，或许还有一个基础是，人们对莫斯科克里姆林宫的斯大林实施的绝对统治的效果抱有幻想。

美国在大萧条的复苏中落到了后面，但更为重要的是，在于1932年底以压倒性优势当选总统的中左翼人士富兰克林·罗斯福的领导下，美国终于认识到并实施了经济复苏的最重要原则，即花钱购买物品。罗斯福的政策效果良好，给他赢得了持久的多数群体的支持。

这具有极大的意义。首先，罗斯福愿意打破政治规范，成为唯一四次当选的美国总统。他在任12年，其指定的继任者哈利·杜鲁门还将执政8年。其次，罗斯福是位保守的激进派，他希望清除一切束缚发展的障碍，只保留对美国有利的东西。

20世纪30年代之前，美国的总统候选人并不在全国性政治大会上露面。他们通常留在自己家中，忙于私人事务，直至党派官员在大会之后一周左右通知他被推荐为候选人。他们需要模仿古罗马政治家辛辛纳图斯的做派，神秘地待在自家小农场里，躬耕陇亩，静候别人通知已被选为罗马军队总司令和国家执政官。这一传统表演是希望透露如下信息：不是某人想谋取职位，而是某个职位选择了他。

然而在1932年，时任纽约州州长的罗斯福打破惯例飞到芝加哥。按照历史学家威廉·罗伊希腾堡（William Leuchtenburg）的说法，这样做的部分原因是想打破腿部残疾的小儿麻痹症患者无力完成总统选举艰巨历程的传言。罗斯福在民主党大会上对代表们讲道：

> 我已经上路……并打破了候选人应该对最近几周以来的事件假装不知的荒唐惯例……
>
> 我已获知你们提名我参选,我来这里荣幸地向各位致谢……
>
> 为此,我打破了传统。但愿从此之后,我们党的任务就是打破那些愚蠢的传统……
>
> 我向你们宣誓,也向自己宣誓,要为美国人民实施新政。[38]

的确,政治博弈的重新洗牌已经完成。富兰克林·罗斯福将认真兑现他所说的"新政"。与许多北方国家形成鲜明对比的是,大萧条没有增强美国的反动势力,而是推动了广泛的解放事业和社会民主主义实验。

这在某种程度上令人惊讶:为什么与其他许多国家不同,大萧条没有把美国推向右翼、反动、原始法西斯主义或法西斯主义,而是走向左翼?我推测这纯粹是出于幸运:大萧条爆发时,正好是赫伯特·胡佛以及共和党人执政,然后他们在1932年大选中被轰下台;富兰克林·罗斯福属于中左翼而非中右翼;大萧条的漫长让制度以持久方式被构建;美国是世界上新兴的超级大国,也是唯一没有被二战严重破坏的强国。所有这些背景都具有深远影响。二战以后,美国有实力和意愿在铁幕一侧塑造世界的面貌,而这意味着全球许多地区将按照新政的思路而非反动势力或法西斯主义的模式去改变。

通常来说,美国的政治生活总面临近乎僵持的格局。20世纪30年代的选举则有所不同。罗斯福在1932年赢下了59%的选票,比胡佛多出18个百分点。国会两院也都向民主党大幅倾斜。自南北战争以来，还没有哪位总统及其政党拥有如此不可动摇的绝对多数席位。不过罗斯福对于自己要做什么并无太多头绪，只是确信能够做些重要的事情，并判断胡佛很多事都做错了。胡佛做的事情是阻碍能促进就业的公共工程上马，极力维持预算平衡，提升关税以及保持金本位制。罗斯福决定都反其道而行之。其他的呢？如果你有个貌似可行的主意，那就很有希望劝说罗斯福一试。在尝试之后，他会根据进展情况，停止或者放弃那些不起作用的措施，而大力推动有效果的部分。

就这样，第一批新政包含多方面的内容：涉及政府－产业联合规划、共谋式监管与合作的强大"社团主义"计划；给整个农业部门提供大量联邦补贴，并强力管制大宗商品的价格；公用设施建设与运营计划；大笔公共工程支出；对金融市场的实质性联邦监管；为小储户的银行存款提供保险；抵押贷款救济；失业金；以及对降低关税、缩减工作时长、提高工资水平的承诺等。[39]

某些措施确实非常对路，例如美元贬值与1933年《国家工业复兴法案》打破了对未来的通缩预期。创立存款保险和改革银行体系让储户再度愿意把钱存入银行，使货币供给重新开始扩张。社团主义措施与农业补贴让痛苦得到分担。不再追求预算平衡是好事，对失业金和抵押贷款救济的承诺、对公共工程支出的承诺也起到了作用。以上政策都防止了局势恶化，并显然有改善作用，经济很快出现了显著的好转迹象。可是除去货币贬值和扩张、结束通缩预期与财政收缩压力之外，罗斯福的"百日新政"整体上到底成效如何呢？首批新政措施中的其余部分究竟起到了正面还是负面效果，我们并不确定。但显然，这些措施并未给美国带来全面复苏。

于是，罗斯福继续开展尝试，发起了第二波新政行动。

罗斯福再次呼吁采取大胆措施，但同样对行动方向没有明确的预判。对第二波新政影响最大的是罗斯福政府的劳工部长弗朗西斯·珀金斯。珀金斯是美国首位女性内阁成员，在家里需要照顾身患双相精神障碍、经常住院的丈夫保罗·威尔逊，她因为立场中立得不到工会和企业经理人双方的信任，被右翼势力宣扬为共产主义者——因为她竭尽所能地拖延和阻碍西海岸码头工人工会领袖、信奉共产主义的哈利·布里奇斯被驱逐出境的法律程序。尽管面对这些重压，珀金斯仍担任劳工部长达12年之久，跻身历史上最杰出的美国联邦内阁成员行列。

第二波新政最持久和最有力的成就是《社会保障法案》，给寡妇、孤儿、没有父亲的孩子、残疾人提供了联邦救助金，并建立了近乎覆盖全民的联邦出资支持的养老金制度。如果说推高黄金的美元价格没有起到足够的作用，对工会运动的支持则影响广泛。1935年的《国家劳资关系法案》（又称《瓦格纳法案》）制定了解决劳资冲突的一套新规则，极大地提升了工会的地位，使美国的大型私人工会组织在20世纪30年代之后延续了半个多世纪。总的来说，第二波新政的措施对缓解美国的大萧条或许作用甚微，却把美国变成了一个温和的欧洲式社会民主主义国家。

新政奠定的社会秩序得以长期维持下去，它几乎全面否定了自由放任主张。老实说，自由放任从来不是经济学家们的共识，而是其他人理解和描述的政府行为与经济学家的建议。但不管怎样，它成了一个强有力的学说，直至大萧条爆发后很长时间还未被动摇。

然而，在此后的一段时间里，自由放任主张及与之相伴的财政紧缩建议在很大程度上消失了。在罗斯福新政之下，美国经济得以从1933年的谷底回升，尽管并不彻底。到1941年时，82%的美国家庭拥有了收音机，63%拥有电冰箱，55%拥有汽车，49%拥有真空吸尘器。而在1914年，所有这些物品都还未曾出现。[40]

20世纪50年代，共和党人、美国总统艾森豪威尔给兄长埃德加写信说，市场运转绝不应该被理解为"神佑的"，自由放任主张已经或者说应该寿终正寝，重新将它树立起来的企图是完全"愚蠢的"：

> 联邦政府不能拒绝或逃避普罗大众强烈相信它应该承担的义务……如果在这方面不能采纳合理规则，我们将失去一切，甚至可能导致宪法的大幅修改。这正是我经常在政府中坚持"调节"的由来。如果有哪个政党试图废除社会保障和失业保险，试图取消劳动法和农业扶持计划，它必将从我们的政治史上消失。当然，还是有极少数群体认为你能够做到这些事情……可他们的人数微不足道，头脑也愚不可及。[41]

在大萧条开启的1930年的一个晚上，约翰·梅纳德·凯恩斯发表了令听众们困惑的演讲："我们子孙后代的经济前景"。他在这一演讲中设想通过经济调控维持充分就业的问题，给技术发明、开发和应用提供激励的问题，给储蓄以及投资提供激励的问题，让人们对社会有效运转保持信心的问题（例如让同等之人不受到过分的区别对待，让不同的人不总是被混为一谈），假如这些问题统统能够妥善解决，那么在2030年的时候，至少对世界上富裕国家的人们而言，还需要面对怎样的经济问题或者说经济前景？

凯恩斯的结论是，科技发展和增长的复利将在一个世纪内带来足够的物质财富，使得"经济问题"不再是"人类面对的永恒问题"。尽管"生存斗争"此前始终是"最主要而迫切的问题",但经济问题一经解决,人类就将脱离传统的目标,而面临"真正的永恒问题,即如何利用摆脱经济压力之后的自由……来过上智慧、惬意与幸福的生活"。[42]

那的确是个极富希望和魅力的图景。即便在追近的大萧条的悲惨中,凯恩斯依然能够看到隧道尽头的一片光明。

第 8 章　现实版社会主义

对大多数亲历者而言，大萧条强化了自一战冲击乃至更早以来就在形成的一个信念：人们越来越认识到全球经济秩序与各国政治秩序都失败了。它们未能恢复经济的持续繁荣，没有给英雄们提供大显身手的舞台，没有带来稳定且高水平的就业。到大萧条中间点的时候，现存的政治经济秩序显然未能保证国民的波兰尼主义权利。

显而易见，现存秩序未能给民众带来稳定社群中的安全位置，未能给他们带来就业上的安全感，未能确保人们希望的合理收入水平。现存政治经济秩序甚至没有提供市场社会原本应该首先保证的权利：作为财产的所有者，可以让你获得安全、繁荣和权力。

实际上恰恰相反。大萧条证明，在紊乱的经济中，即便财产权利也可能变得高度不安全。战后时期的政治动荡表明，财产权利可能被剥夺。真正的大众政治时代的到来，加上收音机与小报的推波助澜，击碎了人民对富裕精英群体的顺从和对权威的尊重，社会共识的形成难以为继。简而言之，旧制度已不再适用。

这样的旧制度、旧秩序曾经帮助实现了 1870—1914 年经济增长的爆发和人类自由的拓展，它们有着何种特质？它们最多属于伪古典性质，因为其历史不长，没有经受时间考验，而是由一批在 1870 年之前就执掌社会权力的人新近发明出来的。这些人希望继续掌权，并且像萨里纳亲王的侄子在兰佩杜萨的小说《豹》中所说，他们认识到"如果我们希望让局势维持原状，就必须加以改变，你们明白吗？"。[1]

这样的旧秩序只是准自由主义性质的，因为让市场力量发挥更大作用的压力受到了抵制，如果改变不利于富人和贵族的利益，那么把经济活动从管制中释放出来的每项"自由化"都会是一个残酷、漫长且勉强胜利的斗争过程。的确存在一种压力，把人与人的区别只归结到钱包的分量，但这也意味着财富能够让你步入社会网络的精英阶层与优越地位。

对 20 世纪 20 年代的许多人和 30 年代的少数人来说，这种伪古典准自由秩序仍是理想状态。消除一战以来和大萧条时期的各种改变、回归这种旧秩序，是各个北方国家强大却正在失势的政治和政府联盟的公开愿望。例如，直至在白宫的最后一天，赫伯特·胡佛仍在试图迫使继任者维持预算平衡与金本位制。

然而到 20 世纪 30 年代中期，主张倒退者的人数和信心都大幅降低。在大萧条中，很少人相信放开市场能带来足够的经济增长和再分配，以避免社会上最强大的群体决心掀翻政治博弈的棋盘。在许多人看来，与其继续支持重建显然已经无以为继的体系，不如转投胜利者的阵营。

有哪些替代选择呢？一方面是刚刚构建出来的法西斯主义，另一方面是可以远远追溯到马克思、恩格斯及其阵营的社会主义。法西斯主义是较为有形的，可以通过其效果来判断得失。社会主义则是对一种理想的诠释，所有人都承认已经实现的情况同理想或者说未来可能的情况存在巨大差异。

列宁建立的政权是后起的马克思的信徒们首次夺取政权，他们急于把马克思的理想王国带到地球上，通过"无产阶级专政"这类工具创建了一种现实版的社会主义。专政（dictatorship）一词的发明者是工人运动活动家约瑟夫·魏德迈（Joseph Weydemeyer），意指暂时取消权力制衡和程序障碍，建立政权，使政府能够推行所需的改革和统治，并在必要时以暴力方式压制反动势力，这符合马克思与恩格斯的原意。[2]列宁起初同样将此视为暂时性的措施。[3]

但这种统治是为谁的利益服务呢？

在列宁看来，集中起来的权力将由无产阶级掌握。为什么不依靠全体民众实施的专政，即民主制度？因为列宁认为，社会上的各种非无产阶级都有自身的利益诉求。在革命后的初期，赋予他们任何政治权力，只会妨碍历史发展的必然进程，也就是通向真正的社会主义的进程。

在获得现实形态之前，"社会主义"可能有很多含义，其中许多不同于由列宁创立、由斯大林巩固的那套制度。在一战时期的西欧和北美，大多数自称社会主义者的人都认为，在这样的美好社会里应该有充分的空间留给个人自主、多样性、决策分散化、自由价值观，甚至并非居于支配地位的私人财产。毕竟，真正的自由才是人们追求的目标。资本主义的收入不平等把形式上自由的大多数人束缚在千篇一律的生活重压下，这是他们希望消除的对象。

就价格管制和公共所有权而言，这是个经验能够解决的问题：在属于私人的地方实行私有制，在有需要的地方实行公有制。大多数人相信能用代议民主制度和理性讨论逐一解决问题,但也有人持激进看法,主张超越改善、良治与较为温和的市场经济。但直至列宁执掌权力,人们才开始发现现实版社会主义面临的主要权衡事项是摧毁市场力量。

列宁及其追随者和继承者从一条普遍信念开始:如果加以恰当诠释,那么在所有问题上,马克思都是对的。

马克思嘲笑了自己时代的冷漠的商人,他们自称以恐惧态度看待革命。但马克思宣布,他们在某种程度上却是世界上有史以来最无情的革命者。商业阶级——或者马克思所说的资产阶级——发起了截至当时的最伟大革命,彻底改变了人类的处境。改变是有益的,因为企业家、发明家等商业阶级,加上让他们相互竞争的市场经济终结了此前一直属于人类宿命的稀缺、贫困和禁锢。

然而,马克思同时看到了无法逃避的危险:资产阶级创造的经济制度必将成为人类幸福的主要障碍。他认为,这种制度可以创造财富,但不能够平等分配财富。伴随着经济繁荣,将不可避免地造成财富分配差距扩大。富人变得更富,穷人变得更穷,且会陷入因为不被需要而愈加无法忍受的贫困。唯一的出路是彻底摧毁对人们发号施令的整个市场体系。

上文采用的"无法逃避""不可避免"等说法不是为了渲染。对马克思及其思想继承者而言,"不可避免"的说法是对一个致命缺陷的修订。马克思用了毕生精力来使自己的理论变得简洁、易懂与滴水不漏。但他没有成功。因为市场经济并不必然会导致不平等的持续恶化,并不必然在财富增长的同时导致贫困化持续加剧。有时确实会出现这种情形,但有时却不会。市场经济是否会导致这种后果取决于政府的控制,后者有足够强大的手段为自身的目标去缩小或扩大收入与财富分配差距。

对于这种时好时坏的情形——结果取决于不同的政府及其决策——乌托邦主义或者说反乌托邦主义的思考方式并不擅长处理。面对随机的不确定性，需要不可避免的必然性作为理论补丁。于是，马克思决定证明现存制度必然走向反乌托邦："资本的生产率越高，劳动分工就越是细化，机器应用就越是普及。随着劳动分工的细化和机器应用的普及，工人之间的竞争将愈加激烈，工资进一步下降。为争取工作岗位而举起的手臂形成越来越稠密的森林，可是这些手臂本身却变得越发纤细。"[4]马克思还自信地认为，他当时看到的资本主义反乌托邦景象不会是人类历史的终结状态，因为这种惨淡的资本主义制度将被生产资料国有化和社会化的模式推翻。在创建真正繁荣的社会之后，资产阶级的统治将"首先产生……自身的掘墓人"。

在这样的革命之后，社会将变成什么样子？取代私人财产的将是"以合作与共同拥有的土地和生产资料为基础的……个人财产"。这将很容易实现，因为社会主义革命只是要求"人民大众对少数僭越者的剥夺"，然后民众将以民主的方式来制订共同计划，"拓展国家拥有的工厂和生产工具，更普遍地开垦荒地，改善土壤"。[5]

只不过，马克思说错了。

由不平等加剧的贫困化导致的不可避免的社会主义革命并未发生。一方面，在1850年之后，至少就英国而言，贫困化没有出现。不平等程度在1914年的西欧和1929年的北美达到峰值，但1870年之后的经济增长跃迁使全世界的劳工阶级同样变得比先辈们越来越富裕。

马克思的错误并不出人意料。作为理论家，他只有英国这样唯

——一个工业化国家的样本可以参考。另外在英国，有很大一部分工人阶级在 1840 年的处境确实比 1790 年更为恶劣。技术性失业具有强大影响。兰开斯特郡建立的黑色恶魔般的工厂让农村人的纺织技能失去了用途，民众愈加贫困。在某些窗口期，马克思的部分甚至许多思考看似有可能成真。1848 年，市场资本主义必然会把收入分配差距推高至无法承受的水平，这样的信念并非没有道理。[6] 但是到马克思去世时的 1883 年，这样的信念已经站不住脚。到 1914 年，不可避免的贫困化学说已只是一种教义，不再基于理性推导，而成为某种纯粹的至高信仰。

但如果马克思的错误如此明显，为什么我们还要用这么多笔墨来讨论他？因为他将成为一位先知，他的著作将变成一种世界主流派别的经典。至少就我而言，在阅读马克思的作品时很难不联想起使徒约翰在拔摩岛听到的"天音"："我将擦去他们的一切眼泪，不再有死亡，也不再有悲哀、哭嚎和任何疼痛，因为以前的事情过去了。"* 革命之后建立的社会主义应该是此时此地的天堂，矗立在凡间的圣城。

马克思的追随者中有一小批骨干成员，包括列宁、托洛茨基和斯大林。还有其他一些人，如苏联首批政治局成员加米涅夫和克列斯廷斯基，但仍是一个非常小的群体。人们对此或许想问，如果是不同性格和不同观点的其他人最终掌握了苏联的最高权力，又会发生怎样的情景。现实并非如此，或许是因为这些人不只是学者或新闻记者，不那么优柔寡断，而是足够能干、坚决和无情。

列宁的继任者直至 1990 年都在严肃地对待先知马克思的信仰，

---

* 使徒约翰的故事出自《启示录》。——译者注

并试图将它变成现实。可他们不是上帝，尽管嘴上说"要有真正的社会主义"，他们做出来的却是现实版社会主义。这种社会主义自称已经尽可能接近马克思和其他社会主义者的希望，但也是立足于现实而实行，在其巅峰期一度覆盖了约全球三分之一的人口。它不是理论上的乌托邦想象，而是对世界混乱现实的必要妥协。它的宣传家和党政官员们宣称，这种现实版社会主义已最大可能地接近乌托邦。

对于大部分现实版社会主义，马克思或许会投以失望甚至鄙夷的目光，这是先知们常有的宿命。为在现实中生存，社会主义不得不在许多方面背离先知的预见和教导。因为你会发现，不但必须敲破鸡蛋才能煎出蛋卷，而且最终做出的产品（先不论你做的能不能叫蛋卷）在很大程度上还取决于你手里拥有什么样的鸡蛋。这一点很重要，因为20世纪初的俄国绝非任何早期社会主义理论家设想的会最早出现现实版社会主义的地方，这么说事出有因。

1914年，俄国的富裕水平或许只有美国的一半，德国的三分之二，不平等程度却比它们严重得多，大多数人的生活标准仅为每天4美元。俄国人出生时的预期寿命只有30岁，而西欧为50岁，美国为55岁。俄国富裕的受教育阶层主要是贵族领主，他们没有发挥实际有效的社会作用。领主与附庸之间的封建规则，而非私有财产、无产阶级与资产阶级之间的规则，支配着社会上大多数人。

俄国与西方国家的工业革命差距遥远，却吸收了西方的许多思想，例如法律面前人人平等、政府的正当权力来自被统治者的认同、贤能政治，以及终结出身带来的特权等。这些思想通过圣彼得堡流入国家腹地，那是彼得大帝于几个世纪前建立的波罗的海之滨的港口都城，朝向西方世界的窗口。马克思与恩格斯的理念也混杂在这些思想潮流中。

1917年2月，沙皇倒台。10月，临时政府被列宁领导的革命推翻。12月，列宁解散了旨在制定一部民主宪法的制宪会议，俄共（布）掌握了大权，并且这成为他们的唯一资产。正如英国历史学家艾瑞克·霍布斯鲍姆所言："列宁认识到……支撑自己的一切完全是……既有的国家政权，而非其他任何东西。"[7]

随后是残酷的内战，包括支持沙皇的"白军"，寻求独立的地方独裁者，列宁领导下的"红军"，以及其他零散势力，如日本军团、一支美国远征军、一度有效控制西伯利亚的由战俘组成的捷克军团等。三年时间里，各方势力（主要是白军和红军）在苏俄的广袤大地上来回厮杀。

为了在这场战争中坚持下来并争取胜利，苏维埃政府需要依赖原先沙皇部队的军官们。但他们值得信任吗？担任战争委员的托洛茨基拿出了解决方案：委派这些军官，再给每个人配备一名纯粹负责意识形态的政治委员，政委们要在每项命令上签字，并给士兵开展社会主义教育。这套"双重领导"制度可以适用于一切事务，事实上也的确如此，成为后来整个苏联社会的管理模式的起源。党组织监督技术官僚，以确保他们（至少对党的治理方针）保持忠诚。如果有人不听从号令，则有古拉格劳改营来伺候。[8]

列宁政权的首要任务是生存下来，但他们认为自己面对的首要任务则是消灭资本主义：把私有财产国有化，把业主从管理职位上赶下来。但在没有企业主的情况下，也就是说离开了收入和社会地位直接取决于企业的业绩，因此有激励和权力让个体经济单位富有效率地正常运转的这批人，又如何能够维持工业和经济活动呢？列宁采取的办法是像军队一样去组织经济生活：自上而下的指令性计划层级制度，根据下级管理者完成上级经济指挥者下达的任务情况，施以提拔、解聘甚至严惩。

在内战的绝望处境中，列宁尝试实行"战时共产主义"，希望达到德国在一战时期曾经实现的对经济生活的军事动员程度。

列宁亲眼见证了德国战时经济的中央控制，并印象深刻。他判断，战争表明资本主义"过渡到社会主义的条件已经完全成熟了"。如果德国能够"做到由一个中央机构来指导6 600万人的全部经济生活"，那么在有阶级觉悟的工人阶层的指挥下，广大贫苦的群众也能够做到同样的事情："要剥夺银行，依靠群众并且为了群众的利益"去完成德国战争机器所做的同样的事情。[9]不过，这具体该如何操作？如何能够在没有私有财产和市场经济的情况下实现经济运行？

一战时期的德国战时经济由沃尔特·拉特瑙及其在战争部原材料局的同僚负责，起初是让政府发行债券或印刷钞票，然后按照市场要求的任何价格购买战争所需的物资。这让厂商们很高兴，因为他们能大赚一笔。

随着价格上涨，对债务融资负担的忧虑增加，德国政府开始实施价格管制：我们将按照上个月的价格水平来付款，不会再提价。但这样一来，政府打算购买的物资开始流向民用经济领域。于是，德国政府又实施了配额制，禁止把战略物资用于非军事或非优先级的生产，并着手追踪物资平衡。分析员按照产能来安排消耗水平，用于购买的资金变成纯粹的记账工具。然后，由计划部门来决定各种具体物资应该配置给何种军事用途。

在德国，战争物资，尤其是武器和炸药被首批列入政府计划。随后是食品。战争支出从国民收入的六分之一提高到三分之二。很快政府便不单单控制进出工厂的关键原材料以及送往前线的最终产品的流向，还需要决定为增加战争生产而扩建和新建哪些工厂。

就这样，一战时期的德国成为苏俄战时共产主义的灵感来源。

苏俄战时共产主义最初是政府对工业的国有化，然后要求以固定价格向国有工厂提供原材料，然后对非优先项目的稀缺材料使用实施配额限制，由此建立起苏俄的中央计划经济。若干关键大宗商品由中央的物资平衡体系来控制，中央给工厂经理们发出需求指令，然后这些经理将竭尽所能，在安排给自己的配额之外，再通过恳求、借用、购买、易货乃至盗窃等方式来筹措资源，以尽可能地完成生产任务。这种方式极其缺乏效率。

同时，这种方式也存在严重腐败，但它高度重视中央放在优先位置的特定产品的生产，并通过物资平衡体系分配关键资源。

战时共产主义对农业是一场灾难，当然远不止于此。在苏俄共产党的支持下，农民普遍自发完成了对土地的再分配。但政府需要给城镇提供食品，而相比于被赶走或死去的贵族地主们，自耕农对于用谷物换取城里的奢侈品的兴趣要冷淡得多。于是政府开始征收食品，农民则藏匿谷物。饥饿的城市工人被迫回到亲戚家的家庭农场，以填饱肚子。城里的工厂只能靠剩下的饥肠辘辘的员工来勉强维持。

战时共产主义或许有低效、腐败的问题，甚至带来了灾难性的后果，但仍生产和控制了足够多的资源，并使托洛茨基领导的红军获得足够多的武器，赢下足够多的战役，最终让布尔什维克在内战中获胜。

在特定决策位置上的个人确实能发挥关键作用。

列宁和苏俄共产党赢得内战胜利，部分应归功于托洛茨基有能力组织红军，部分是因为尽管农民害怕征收谷物的红军，却更憎恨要把领主带回来的白军，部分还因为费利克斯·捷尔任斯基有能力组织起秘密警察。最后，苏俄共产党的胜利是因为他们在内战中形成的"无情"作风，不仅会对社会大众实施，也同样适用于党内的积极分子。"命令式经济"要求有"命令式政治组织"的支持。

列宁尤其符合这种"无情"斗争需要的精神气质。据作家高尔基记载，列宁曾说喜欢贝多芬的音乐，尤其是《热情奏鸣曲》："我每天都听……人类可以做出多么伟大的成就！"然而，音乐"使你想说些愚蠢的好话，想去轻抚在这个肮脏地狱中仍能创造美好事物的人的头。但你绝不能去抚摸任何人的头，因为那可能让你的手被咬掉。尽管理想状态是不对任何人实施暴力，你却必须毫不留情地痛击他们的脑袋。是啊，我们的任务就是如此艰难"。[10]

在苏俄的1.65亿人口中，或许有1 000万人死于内战：大约100万红军士兵、200万白军士兵、700万平民。在这些数字之外，还有约700万人死于西班牙流感，200万人死于一战，10万人死于苏波战争。到1921年，苏俄的经济水平下降了约三分之二，工业产出下降了约五分之四，预期寿命缩减至20岁。此外，苏俄西部边缘区域的很大一部分瓦解了。苏俄的许多将军和官员死去或流亡海外，所有自由民主派或社会民主主义中间派都被白军或红军清洗。列宁掌控了一战前的俄国的主体部分，这后来形成了苏维埃社会主义共和国联盟。

革命之前在列宁旗帜下聚集起来的一小波社会主义活动家咬牙挺过了内战的考验，眼下面临如何管理国家，以现实版社会主义的方式建设乌托邦的问题。

一开始，他们从信仰出发预期自己能获得帮助，因为马克思与恩格斯的辩证唯物主义和历史唯物主义就是这样说的。列宁及其同志们坚信,十月革命会引发其他人的追随,西欧更为发达的工业化国家也将爆发共产主义革命。而一旦建立起共产党政权,这些国家就会给苏俄这个贫穷的农业国提供援助,让列宁继续执政,并领导国家进入工业化发展的新时代,让社会主义如马克思预见的那样运转起来。列宁把希望尤其寄托于德国这个工业化最为发达且拥有最大和最活跃的社会主义政党的欧洲国家。

匈牙利出现了短暂的共产主义共和国,德国南部的巴伐利亚也一度建立起共产党政权,但最终,十月革命是唯一成功的例子。一战之后的现实版社会主义处于列宁的领导下,局限在一个国家,尽管它幅员辽阔,其中很少人曾想到那里能够建立起任何形式的社会主义制度。

接下来,建设社会主义的尝试要求从战时共产主义后撤,转向"新经济政策":允许价格涨跌,允许人们从事买卖并发财致富,要求国有工厂里的经理人追求利润(否则会丢掉职位),让商人和中间商阶层成长壮大。凯恩斯评论说,这是"对不法之徒的容忍"。但这只是权宜之计。资本主义依然受到政府的控制,社会化的国有企业为利润目标展开经营,虽然缰绳很少收紧,毕竟还是存在的。

采取这一权宜之计的部分原因是,集权化的苏联政府的控制力有限。即使到 20 世纪 30 年代中期,计划官员们仍只能追踪大约 100 种主要商品的物资平衡,它们的流动确实纳入了中央计划。在全国范围内,这些商品的生产商如果不能按照计划完成任务,将受到处罚。在此之外,各种商品会在企业之间交易,或者通过标准的现金交易市场或人脉关系发送给用户,因此认识哪些人至关重要。

如果通过人际关系、市场交易或中央计划都不能获取企业需要的原材料，那还有一种选择：易货交易中间商。这些中间商会找出谁拥有你需要的商品，标价多少，以及你需要用何种产品来完成易货交易等。[11]

这些描述是否听起来有些耳熟呢？理应如此。

资本主义经济的一个秘密是，大多数企业的内部组织与苏联国家计划委员会的物资平衡测算非常相似。在企业内部，商品和工作时间都不是通过市场交易程序分配的。员工希望完成组织的任务，取悦老板，并协助其他人，以获得晋升，或至少不被解聘。他们以各种正式或非正式渠道交换好处，他们知道某些目标和标准处于优先位置，如果未能达成，大老板会不高兴。他们利用社会工程学和压力强化的技巧，要求获得外包许可，还会自掏腰包去应付偶发事件。市场交换、易货交易、人脉关系和计划机制都在发挥作用，尽管所占比例有所不同，而计划是各种组织的首要目标以及凝聚力所在。

主要的区别或许在于，普通的资本主义企业身处更广阔的市场经济中，始终面临自制还是采购的决策：就某种资源而言，是从企业内部通过社会工程协作、施压或互助方式来获取，还是说服管账人从外部采购，哪种更有效率？此类自制还是采购的决策是促使资本主义市场经济中的企业保持机警、高效的强大力量。在这样的市场经济中，企业及其工厂被成群的中间商环伺。而在苏联，各家企业没有如此广阔的市场界面和庞大的中间商，因此经济运行存在极大的浪费。

当然，尽管存在浪费，物资平衡控制体系依然是几乎所有国家在战争时期采用的应急办法，因为完成少数特定目标是特殊时期的首要任务。在社会全民动员时期，命令控制体系似乎是我们能做的最佳选择,但人们是否希望社会永远处于全民动员状态呢?

列宁在十月革命后仅活了几年时间。1922年5月他中风,然后在7月回到工作岗位。当年12月,他第二次中风。1923年3月第三次中风,说话能力受到暂时影响。1924年1月,列宁陷入昏迷并去世。但此前他仍有时间考虑接班人的问题:应该让什么样的委员会或个人来继续领导无产阶级专政。

在病中,他写下了如今所说的"列宁遗嘱",谈到了可能的接班人[12]:

他提到,如果约瑟夫·斯大林"掌握了无限权力,他能不能永远十分谨慎地使用这一权力,我没有把握"。

列昂·托洛茨基"大概是现在的中央委员会中最有才能的人,但是他又过分自信,过分热衷于事情的纯粹行政方面"。

费利克斯·捷尔任斯基、谢尔盖·奥尔忠尼启则和斯大林都表现出了"大俄罗斯沙文主义"。

尼古拉·布哈林的"理论观点能不能说是完全马克思主义的……因为其中有某种烦琐哲学的东西"。

格奥尔基·皮达可夫"太热衷于行政手段和事情的行政方面,以致在重大的政治问题上是不能指靠他的"。

他还补充了一条,说斯大林"太粗暴",这对担任总书记而言是不可容忍的。他指出有人甚至试图撤销斯大林当时担任的苏联共产党总书记职务,换上"较为耐心、较为谦恭、较有礼貌、较能关心同志,而较少任性"的其他人。这是"一种可能具有决定意义的小事"。

列宁在苏俄内战后提名斯大林担任总书记。在他及其领导圈子看来,那是个枯燥而简单的工作,适合某些对党的工作有极大热忱却并无杰出才干的人。但出乎列宁及其他所有人意料的是，斯大林对人事的掌控成了极其强大的武器。

列宁的失败还在于，他生命末期临时拼凑出来的警告是不够的。最终，他没能利用自己的声望任命一位接班人，也拒绝建立某种机制，让人民，哪怕只是工业无产阶级的意愿能获得明确表达。列宁没能处理好这个"小事"，而历史证明它确实具有决定性意义。

于是，选定列宁接班人的任务落到苏联共产党头上。但党是哪些人呢？党是由人组成的，这些人由谁选定？斯大林。招募工作使苏共党员人数达到了100万，总书记斯大林负责任命地方党委书记，地方党委书记负责任命筛查新进党员、选拔党代会代表，然后这些代表将按照领导的意愿来行事。

他们背后的最高领导正是斯大林。

在列宁去世后，经过三年的过渡期，苏联共产党于1927年做好准备，接受了斯大林的领导地位。

在分析斯大林的个性及其决策的后果之前，我们先探讨苏联在那段时期的国家状况。1927年，苏联已经恢复到1914年时的水平，包括预期寿命、人口、工业产出和生活水平等。生存的需要已经得到满足，也不再有贵族对资源的浪费消耗，以及封建制下的思考和行动方式。只要列宁的继任者能够避免因为自己犯错而摧残国家，只要他们继续鼓励人们参照战争和混乱的底线来评判自己的治理结果，就很难不被继续容忍。

当然，复苏后的苏联仍面临生存考验。苏联政府中的高层人士非常担忧工业核心地带的资本主义强国会颠覆其政权。他们认为，现实版社会主义很快将不得不卷入另一场救亡图存的战争。他们清楚地记得已经打过的两场战争：内战，至少英国和日本打算大力援助自己的对手；还有在西部边界同波兰的战争。这些人完全清楚苏联的经济和政治软肋。为抵御外来威胁，苏联领导人拥有一套意识形态、少数人组成的坚定无情的干部队伍、基本上能让经济恢复元气的官僚机构，但他们缺乏时间。

这样的认识没错。

在这里可以提前讲一下，1941年6月22日，希特勒的纳粹德国果真对苏联发动了进攻。其目标有两个，首先是消灭犹太式的布尔什维克主义这种理念、政治运动和政权，其次是驱赶、奴役或者消灭苏联的主要居民群体。需要把他们占据的广袤土地夺过来，让德国农民有更大的农场，让德意志民族有更大的生存空间。[13]

或许还存在另一条路径，苏联并不是预先注定会变成充满恐惧的战俘营。但列宁拒绝制订接班人计划以及为党内正常政治生活创建有效机制，意味着苏联很可能回归旧的政治模式，也意味着苏联很可能再度迎来沙皇。他们迎来的是斯大林。

斯大林早年被东正教学校开除后，便投身革命政治活动。他曾四次被流放西伯利亚，每次都逃脱并返回格鲁吉亚。某些人对此感到可疑，他为何能够如此轻易地逃脱？他为什么在事后并不害怕回到原来的落脚地？

不管真相如何，1912年，列宁需要找人在俄国边缘地带发动起义，于是选中了斯大林。在沙皇于1917年倒台后，斯大林是返回当时作为首都的圣彼得堡的首位布尔什维克要员。列宁让他担任党报《真理报》的编辑。内战期间，斯大林负责巩固他此前发起的少数民族地区的革命行动。作为总书记，他可以决定哪些人留在党内，继而影响党的组成人选和性质。[14]因此，斯大林登上最高位置并不令人惊讶，尽管在此过程中树敌甚多。具有他那种心理特质的人在面临众多权势强大的敌手时会采取后续的行动，也不足为奇。

捷尔任斯基于1926年死于心脏病，是在斯大林巩固权力之前。列宁在遗嘱中提到的其他人纷纷遭到枪决，只有托洛茨基例外，或许还有奥尔忠尼启则。托洛茨基流亡海外，于1940年被苏联秘密警察用一把冰锥杀害于墨西哥城。奥尔忠尼启则或许是在秘密警察到来前选择了自杀，详情并不清楚。简而言之，斯大林让之前的所有同僚噤声并处决了他们，然后把完全忠于自己的下一层级官员提拔起来，随心所欲地支配他们为自己服务。

布尔什维克认为，非社会主义国家都把自己视作生存威胁。他们一致认定，苏联为了生存必须快速实现工业化。但如果没有工厂生产的消费品去换取谷物，他们如何能够鼓励农民扩大农业生产？

马克思在描述英国经济史时将此解释为"原始积累"的过程。领主利用政治制度夺走自耕农的土地，并压低他们的生活水平，迫使部分农民迁居城市，在那里成为一无所有的城市工人阶级。此时，制造商和生产资料所有者又利用政治制度迫使他们建造工厂并在其中工作。

在马克思看来，这种可怕结果是资本主义阻碍人类发展和繁荣的主要因素之一。布尔什维克借鉴了马克思对英国现代化进程的批判，并将其作为自己的商业模式。不只斯大林，还有托洛茨基、叶夫根尼·普列奥布拉任斯基以及其他精英群体的成员都认为，占据统治地位的共产党人必须首先向苏联农民发动经济战争才能快速实现工业化。他们将尽可能压低农民的生活水平，以喂养和充实增长中的工业城市。他们要把城市工资维持在足够高的水平，使移民持续流入城市寻找工作,但工资也不能过高。这种策略便是后来形成的一系列五年计划的最初措施。

这种策略导致的"产品短缺"把城市生产从消费品转向资本品,从轻工业转向重工业,最终造成了"谷物短缺",导致了"剪刀差危机":城市制造的工业品的价格持续提高,以满足政府的投资需求,农产品的价格则下跌,形成了愈益扩大的剪刀状缺口。农民无力购买制造品,也越发对此缺乏兴趣,同样难以出售自己的农产品。城市则为食品供应发愁,这威胁到了五年计划以及苏联的工业化能力,而后者在布尔什维克眼中是关系生死存亡的大事。

斯大林宣称,剪刀差危机是由少数"烂苹果"(富农,即囤积谷物以图谋不公平高价的少数富裕农民)造成的。他说,富农就是问题所在。

没有富农,就不再有问题。

苏联政府决定,必须对这些富农采取某些措施:这些人生产了过剩农产品,却不愿意将其交给执政党。解决办法是什么?没收他们的土地和牲畜,迫使他们与其他农民一起加入集体农庄。还要压低他们的生活水平,直至比其他人还要差。苏联共产党认为,其他农民会感到高兴,只有富农不满,他们的反抗容易镇压。接下来,所有的富余农产品都能送往城市,也完全不需要给农村供应任何消费品。

政府错了!

苏联的2 500万个农民家庭中,有大约94%被集中到国营或集体农庄,平均每个农庄有大约50户农家。许多农民遭到处决,还有些死于饥荒。在20世纪30年代,数百万人被发配到西伯利亚劳改营,死亡人数或许高达1 500万。农庄产出下降了约三分之一,整个国家的牲畜数量则减少了一半。[15]

这一政策带来了什么好处吗？乏善可陈。如果把部分城市工业产能用于制造农民认为有用并愿意购买的消费品，城市本可以获得更多更好的食品。集体农庄并非一种从农村榨取食品的高效办法，尤其是当农民预见这种情况要发生，并赶在政府官员的征收行动之前把牲畜屠杀并吃掉的时候。让那些在运动中死去的人活下来，用工厂制造的消费品来换取他们种植的农产品，效率本来可以高得多。

有实现相同结果的更好办法，并不意味着布尔什维克没有达成自己的目标。在第一个和第二个五年计划期间，苏联的统计工作者宣称，工业产出在 1928 年已经比 1913 年高出 11%，到 1933 年高出约 181%，1938 年更是高出 558%。重工业，包括煤炭、钢铁、化工和电力，被列入最优先发展的类别。消费品晚些时候总会发展起来。

这些计划包含一系列特定目标：建成某座大坝，修造大量冶金高炉，开发许多煤矿，不惜代价去实现。国家需要建立重型冶金业，需要获得美国同行采用的先进技术，这可以从海外购买或者在本土开发。凭借这种精神，乌拉尔山脉区域的马格尼托哥尔斯克建起了一座"钢城"，由来自中国边境的煤炭提供能源。如果没有这座城市，我们很难想象斯大林如何能够赢下二战，因为在 1941 年 7 月至 1943 年末，苏联西部地区的工厂都处于德国人占领之下。同样，大坝、汽车厂和拖拉机厂（也可以生产坦克）都在莫斯科以东很远的地方建设起来。这些地方原本人口稀少，但问题可以解决。

斯大林如何给新建的重工业工厂填充人手呢，尤其是在还不能支付高工资的情况下？他的办法是征召人口。苏联的内部护照制度限制了人们的迁徙自由，获取住房和票证要求你保留工作岗位并让雇主满意。让雇主满意，就能同时保证生活。对于上级眼中的"破坏分子"，总是有被流放西伯利亚或枪决的威胁。在工业化启动之初，苏联就对罪名为肇事策划者的工程师们搞过杀一儆百式的审判。

进一步压低农村生活水平导致了大规模人口流失，对成年男性来说，城里的生活虽然不够健康、待遇低下，但在集体农庄里工作更加悲惨。20 世纪 30 年代有超过 2 500 万人迁入城市和工厂。这种办法以独特的方式发挥了成效。苏联的武器制造将在二战期间超越德国和英国，其中许多质量还过得去。当然，武器质量的标准设定得较低。苏联 T–34C 坦克的设计寿命只有 6 个月，仅能经受 24 个小时的高强度战斗。

苏联工业产值在 1913—1940 年有接近 7 倍的增长，这个说法显然被严重夸大了。如果用标准方法测算，1940 年的工业产值或许是 1913 年的 3.5 倍。某学者测算的最高值是，苏联的实际国民产值在 1928—1958 年的年均增速为 4.5% 左右，这已经非常出色了，但为此付出的代价也是巨大的。

共产主义活动家、官员和秘密警察们的日子也不好过。在 20 世纪 30 年代的大清洗运动中，大量政府官员和党员被处决或流放。那段历史最讽刺之处是，当时的苏共领导层反而是最危险的地方。1934 年苏共第十七次代表大会的 1 800 名代表中，仅有不足十分之一在 1939 年的十八大上留任，其余的人要么死了，要么被投入监狱或流放西伯利亚。红军中最显赫的将军也遭到处决。到二战爆发之初，苏联共产党有一半多的党员是在 20 世纪 30 年代后期新加入的，所有人都非常清楚，自己的职位及社会地位都要感谢斯大林以及他的亲信乃至亲信的亲信。

由于记录保存情况不佳，我们并不知道悲惨状况的全貌。我们更清楚 20 世纪 30 年代的苏联有多少牛羊死亡，却说不清到底有多少斯大林的反对者、假想敌和旁观者在当时被杀害。我们知道西伯利亚的各个劳改营接收了数百万人，而且是一轮又一轮。"古拉格群岛"发展起来，容纳了农业集体化时期遭到驱逐的数百万富农，到 20 世纪 30 年代后期又被大清洗驱逐的人群填满。二战前夕，随着苏联的领土扩张，那里再度被波兰人、立陶宛人、爱沙尼亚人、拉脱维亚人和摩尔多瓦人填满。二战期间迎来的则是受惩罚的士兵、对斯大林的战时领导表达不满的异见者，以及所谓亲德国的少数民族成员。二战后，还有大约 400 万曾被德国人俘虏而幸存下来的士兵被送往古拉格，在那里死亡并腐烂。

第9章　法西斯主义和纳粹主义

俄罗斯文学家亚历山大·索尔仁尼琴写道：

麦克白的自我评判虚弱不堪……伊阿古则是头小羊羔……莎士比亚笔下的坏人的想象力和精神力只不过造成数十人的死亡，这是因为他们没有意识形态。意识形态给邪恶提供了期待已久的理由，给作恶者赋予了必要的毅力与决心。意识形态是一种社会理论，在此类理论的帮助下，作恶者的行动在自己和他人眼中化恶为善，不再被谴责和诅咒，而是收获赞颂和荣誉……正是由于意识形态，20世纪注定要经历受害者达到千百万计的恶行。这点绝不容否认、忽略或抹去。[1]

他提到的例子包括：宗教法庭，把自己的罪行辩解为"执行基督教教义"；历代征服者，以"伟大祖国"之名而扩张；以文明为旗号的殖民者；以种族为旗号的纳粹分子；法国大革命中最为激进的雅各宾派人士，他们号称追求平等主义、四海一家和后代幸福。

看到乌托邦未来的想象场景，认为通过哪怕严厉、残忍、暴虐的行动能够更加接近它，使它从理想王国变成地上的现实，这就是意识形态的诅咒。

经济史亦难免受意识形态的影响，这部分是因为经济史学家对于意识形态不能免疫。数字和指标能够支持多种解释和描述，然而如索尔仁尼琴所言，还是有底线的。对千百万人的蓄意杀害绝不能被否认、忽略或抹去。造成重大灾难（如饥荒）和千百万人死亡的经济失败同样不能被否认、忽略或抹去。形形色色的意识形态在加长版20世纪中期肆虐的几十年，是艰难但必须吸取的教训。这些经历打破了各种政治和经济意识形态，但令我屡感惊讶的是，打击并不算致命。而在两次世界大战的间歇期，三大主要意识形态彼此对立，要求对经济和社会做根本性的重构。

早在一战之前，我们就看到了20世纪的三大主导性意识形态之一，也是其中最温和的：市场给予，市场拿走，赞美市场的护佑。根据它的说法，一战前的秩序需要做某些重大修订，使其得到纯化，变得更强大。该意识形态落在"护佑"一词上，它与社会达尔文主义结合起来表现得尤其恶毒。美国钢铁巨头和慈善家安德鲁·卡内基的话就很具有代表性："社会为竞争规律而付出的代价……也是巨大的"，在承认这点之外，他又补充说，"但我们无法回避……这一规律虽然在某些时候对个人来说可能很艰难，对种族来说却是最好的结果，因为它确保了适者生存"。[2]看吧，即便是自由放任的市场经济带来的糟糕结果，也必须被视为是有好处的。

我们在上一章里提到了第二类主流意识形态：列宁和斯大林创建的现实版社会主义。这种意识形态也主张付出巨大努力来实现经济重构，但要求消灭市场制度，因为它认为市场是未来一切邪恶的根源，妨碍人类利用工业化带来的物质繁荣去建设近在眼前的现实乌托邦。

许多有思想、见地和热情的人会毫不犹豫地押注于第三种主流意识形态：法西斯主义。他们这样做有很好的理由。法西斯主义的确看起来是最为可怕、最具摧毁性的意识形态。老实说，若不是其他所有各方，包括实用主义者、社会主义者、市场崇拜者、真正的自由主义者联合起来阻止它，法西斯主义或许会赢得那场恐怖竞赛。法西斯主义政治运动杀死的大约 5 000 万人，只不过是其信徒打算给世界奉上的大餐的开胃菜。

法西斯主义从根源上讲，同样是一种主张付出巨大努力来重构经济秩序的意识形态。之前的经济把人们归类为各种阶级，由此产生了利益团体之间谈判和争斗的政治活动。法西斯主义则认为，我们需要的是统一的民族群体，以及团结起来争取共同目标的政治行动，然而，让富人老板同工人组织开展谈判的市场经济无法实现这种统一联合。此外，世界经济需要对全球资源做重新分配，真正的问题不在于贫困、勤劳、负担沉重的无产阶级，而在于缺乏资源、殖民团体和土地的无产国家。法西斯主义领袖的一个主要目标是让世界经济为他的民族群体服务，而不是为由缺乏根基的世界主义者组成的某些全球精英群体服务。

直至二战在欧洲爆发，意大利的墨索里尼一直是世界法西斯主义运动的领袖。他最早是意大利社会党报纸《前进报》的编辑，发动在瑞士的意大利裔工人开展大罢工，因此遭到逮捕和驱逐。他曾在奥匈帝国主要讲意大利语的阿尔卑斯地区宣传社会主义，抗议意大利在利比亚的帝国征服行动。一战前夕，墨索里尼已成为意大利最负盛名的社会党新闻人和政客之一。[3]

1914年7月29日，即奥匈帝国对塞尔维亚宣战的次日，各国纷纷为一战开展军事动员，欧洲的社会党领袖也不甘寂寞。他们来到布鲁塞尔，参加第二国际的一次会议。在此前的1912年和1907年的会议中，大家达成了以下共识：工人阶级没有祖国；面对战争威胁应该用大罢工来抗议；工人要放下工具，让机器停止运转，让铁路瘫痪，迫使军工厂关门，然后让外交家去交涉谈判，以维持世界和平。

但那一天在布鲁塞尔，奥地利社会民主党领袖维克托·阿德勒宣布，维也纳的工人不是在大街上呼吁和平，而是为战争唱赞歌。阿德勒一直主张：与其用正确的主张去跟工人对抗，不如跟着他们一起犯错。[4]奥地利社会主义者于是加入了其皇帝的阵营。在法国，内阁会议主席勒内·维维安尼是位社会主义者，他号召法国工人保卫自己的国家，对抗作为同志的其他国家的社会主义者。交战各国的社会主义领袖中，只有极少数人反对战争，如德国的雨果·哈斯、罗莎·卢森堡和卡尔·李卜克内西，还有俄国的列宁。

意大利的社会主义者没有陷入这种两难境地，他们当时还不需要在和平主义原则与为祖国而战的政府号召中做选择。意大利在1882年同德国和奥地利结成了防御性的军事联盟，此时政府宣布，德奥两国不是防卫者，而是侵略者，因此意大利将保持中立。国内的社会主义者赞同政府的做法。

不过，墨索里尼因为布鲁塞尔发生的事情和各国的形势发展而深感震撼。第二国际试图对抗民族主义势力，结果却土崩瓦解。德国皇帝威廉二世宣称："我眼中没有党派之分，只有德国人。"在那个时刻，他说的没错。在关键时刻，国际工人阶级联盟走向崩溃，国内阶级对立被弱化，民族国家来到了舞台中央，这一切说明了什么？

墨索里尼认识和喜欢的意大利社会主义者纷纷站到民族主义一侧。他们开始鼓动加入协约国参战，以夺取奥地利控制的意大利语地区。墨索里尼说着他们的名字："卡迪、克里多尼、拉雷吉尔……都是些战争鼓吹者！这种情绪会传染到每个人，但我想坚守到最后一刻。"[5]实际上，墨索里尼比他们更希望成为群众运动的领导者。他不是乔治·奥威尔，后者认为在群众犯错误时自己有义务阻止他们，哪怕这样做会面临无休止的斗争。[6]

因此在战争爆发后的第三个月，墨索里尼放弃了坚守。如果他希望领导的意大利工人阶级首先想做民族主义者，其次才是社会主义者，他愿意加入他们。到1914年深秋，墨索里尼已经从第二国际的溃败和工人阶级对战争的集体激情中吸取了深刻教训。压力略微增大，阶级就破裂了，无法承受强大而持久的群众运动所需的负荷。相比之下，种族和民族将足够强健。

墨索里尼深信马克思主义的社会主义在精神上存在重大缺陷，无法激发出他在战争时期看到的强烈民族主义情绪的那种浪潮喷涌。社会主义运动的领袖似乎没有能力充分认识到，社会团结是与人们的民族社群联系在一起的，而不是与跨越国界的阶级或普遍的人性联系在一起的。

看起来，作为社会主义者与领导民族主义群众运动——唯一可能真正发动起来的政治运动——并不合拍。因此，墨索里尼创建了自己的报纸《意大利人民报》，呼吁站在法国和英国一边加入战争。过去的同志谴责墨索里尼被法国情报部门收买了（在改变立场之前，他或许还没有，但之后则肯定被收买了），只不过墨索里尼的行动对法国人来说并不是那么重要，他所支持的希望参战的意大利新兴政治运动本身更有意义。1914 年 11 月 24 日，墨索里尼被意大利社会党开除，双方的联系渠道被切断。他成了一名前社会主义者，成为另一种更强大的政治运动的领导人。

但这种运动会是什么呢？

起初，墨索里尼只是"法西斯主义"这个术语的代表人。他最早只是观察到，工人阶级很难被动员起来去参与经济领域的斗争，例如通过示威、游行、罢工和投票来赢得尊严和终结贫困，但他们很容易被血腥的破坏性战争鼓动，例如要求收复或占领上阿迪杰、特伦迪诺、弗留利、乌迪内、的里雅斯特等地区。与抽象理念、道德原则、普世主义团结精神相比，植根于血缘与土地的族裔群体的吸引力更能驱动群众的行为。于是，墨索里尼把这样的探索纳入了自己的学说，而许多人在此后以他为榜样。[7]

法西斯主义作为政治运动的核心特征包括：对约束的蔑视，尤其是以理性论述作为基础的约束；对现实可以用意志来改变的信仰，以及把这种意志作为终极观点、唯一重要观点的激烈主张的兴奋情绪。法西斯主义作为意识形态的核心则是一种批判态度：准自由的工业资本主义和议会制政府曾获得过机会，结果却失败了。它们的失败表现在多个方面，相互之间存在联系。意识形态的特征是第二位的，但这没有关系。为什么会有人选择追随法西斯主义领袖的意志？要做到这点，意识形态必须与他们产生共鸣。我们接下来看看，法西斯主义认为，当权的政客在一战之后试图重建的伪古典准自由主义秩序到底遭遇了哪些失败。而且请不要误会，这些失败是真实存在的。

第一是宏观经济的失败：准自由资本主义未能保证充分就业和

强劲经济增长。

第二是分配的失败：准自由资本主义要么让富者愈富，其他人依旧贫穷；要么未能让教育程度较高、更受尊重的下中产阶级同无技能的工业无产阶级保持足够大的收入差距。这样不可能成功。根据其所关注的收入分配的不同方面，工业资本主义的收入分配或者会过于不平等，即富者愈富，其他人依旧贫穷；或者不平等程度不足，导致有社会地位的下中产阶级滑入无技能的无产阶级行列。对于不平等程度不足的指控包含着或明或暗的族裔－宗教界限，例如宣称对犹太人、波兰人、斯拉夫人或其他任何少数族裔过于平等，使其具有更大的煽动本国群众的力量。

第三是道德的失败：市场经济把人类之间的所有联系，或者至少很多联系变成保持距离的市场交易，你给我做这个，我给你付钱。然而，完全把对方视为用钱换取商品，或者用劳动换取金钱的机器，让人们感觉并不舒服。竞赛和礼物交换会有更好的心理共振效果。得到或送出某件礼品，或者以赢下某件物品作为奖励，相比花钱购买更能让人高兴。因为你的表演而得到真诚喝彩，相比花钱请人捧场更能让人满足。自愿追随一位领导者，相比受雇加入某个群体更能让人受到鼓舞。市场社会忽略乃至试图压抑这些不同维度，要求一切通过金钱纽带来维系，导致生活的许多方面失去了人情味。

第四是团结认同的失败：伪古典准自由主义秩序未能认识到，所有人，即在特定地理边界之内、由特定文化捆绑起来的全体国民的命运密切相连，民族国家的全体民众有着比任何个人利益大得多的共同利益。因此，经济政策必须以"工联主义"或"社团主义"的模式来制定。这意味着政府需要调和雇主与工会，必要时需采取强硬手段让雇主或工会妥善行事。劳动的价格与雇用的数量将不是由市场力量决定，而是依靠政府管制，因为社会健康状况会受到财产分配和市场运转的极大影响，这些因素太过重要。

第五是政府的失败：不仅准自由主义经济存在缺陷，准自由主义政府亦然。议会软弱无能、呆滞愚蠢。议员们要么是缺乏主见的趋炎附势者、给特殊利益团体提供好处的腐败分子，要么是罔顾公共利益、一心讨好自己支持者的意识形态鼓吹者。国家需要强大的领导人，敢说真话、敢做实事，不顾忌传统也不拘小节的强势领袖。

以上这些真实或宣扬的失败导致民众的不满情绪从酝酿走向爆发。如何操控不满情绪的发泄形式和方向，构成了法西斯主义纲领的前两个核心。

法西斯主义纲领的第一个核心是民族主义主张。墨索里尼要求意大利受到"尊重"，要求意大利的国界向北扩展到阿尔卑斯山脉，向东扩展到后来的南斯拉夫。扩展到多远距离呢？能有多远就扩展多远。第二个核心则是反社会主义：招募年轻人组成恶霸群体，派他们上街殴打社会主义者，冲击工人阶级组织。

第三个核心是"社团主义"，即用某种形式的政府计划来替代市场混乱状态，至少在确立工资和收入水平方面是如此。法西斯主义认可工作和职业的尊严，不是只根据市场的标价来看待每种工作和每名工人的价值。

为了让民众觉醒和行动起来，并且让阶级利益服从民族利益，他们需要一位强势领袖：墨索里尼。与其说这是核心，不如说是前提条件。民众并没有需要政治家去满足的利益，而是需要被领导，由领袖告诉他们利益何在，从而感受到国家目标的意义。统治者则不需要倾听和遵从，而是应该发号施令。

这样定义的"法西斯主义"是真实的博弈还是一场骗局？

或许它只是一种骗取信任的手段。正常的政治运动是依靠某些利益集团，这些集团认为自己的福祉是美好社会的一部分，有自己的世界观来指导促进福祉的特定政策，并试图组建政治联盟来实施此类政策。法西斯主义当然不属于这种正常的政治运动。

为夺取权力，墨索里尼需要把自己包装成新意识形态的先知，需要一种学说来掩盖自己的独裁统治，需要让反对派四分五裂、无力抗衡。法西斯主义具有投机性质，领导原则可以掩饰矛盾。从这种视角看，法西斯主义是一种被险恶之人操纵的骗局。他宣扬法西斯主义是为了成为领袖，以获取地位、财富和权力。为此，墨索里尼需要找出哪些人希望被领导，并通过微妙的心理谈判来明确他们希望被引向何方，接下来便可以迷惑他们，为自己服务。

我们可以认为，墨索里尼玩弄的最大骗局就是说服全世界或至少意大利的很大部分人群：他和他的法西斯主义才是大势所趋。毫无疑问，他一度获得了成功。意大利的当选政客最初试图轮换着压制法西斯主义或与之结盟。1922 年，在赢得部分选举后，墨索里尼威胁说，如果自己不被提名为总理，就要通过大规模的政治暴力让国家变得一塌糊涂。国王同意了这个要求。自此之后，墨索里尼便成为意大利的独裁者："元首"。通过蓄意谋杀、监禁以及无底线的政治操纵，他始终大权独揽，直至英美盟军于 1943 年攻入意大利。

的确，法西斯主义有着混乱、矛盾、含糊不清这些特点，但大多数政治运动同样如此。组建联盟或政党的目标是维持友谊和统一阵线，为此需要模糊内部分歧、避免观念明晰，因为那样会在你的追随者中制造不和谐。

法西斯主义对自身真实意义的宣扬还源于另一个无可辩驳的事

实：它在 20 世纪拥有太多追随者，所以不可能被简单地贬斥为虚幻的骗局，尽管其大多数成员在大多数时间里只知道要反对什么，而不清楚要支持什么。从那些自称为法西斯主义的政权中，我找到了六个常见的元素：长于发号施令而非代表群体意见的领袖；以血缘或土地为纽带联合起来并排斥和贬低不属于己方阵营的社会群体；以协作与宣传作为手段；支持至少一部分传统等级秩序；仇视社会主义和自由主义；以及基本上始终仇视"无根基的世界公民"，从反犹太主义的世界观看，就是指犹太人以及与犹太人行为相似的各种人群。

法西斯主义经常被视为"唯一的游戏选择"。如果你不支持自由民主制度，或者害怕社会主义，认为在工人阶级学会利用选举权之后，自由民主制度将不可避免地走向社会主义，这样的理解显然是对的。对于一战后的许多人而言，旧秩序的重建明显已经不再有希望。因此在许多反社会主义者眼中，法西斯主义便成为他们的唯一选择。君主制过时了，以出身和军衔为基础的贵族制过时了，神权统治过时了，财阀统治难以维系群众基础，所以法西斯主义才是选择。于是当时（乃至今天）有很多人愿意站出来为其出力或助威。

事实上，一个在两次世界大战间隔期生活、观察欧洲和拉丁美洲国家的人会很容易相信，法西斯主义将是未来的潮流。几乎所有地方，民主制度都在后退，无法为大萧条提出的经济难题提供解决方案，无法应对社会冲突。在二战前夕，世界上的民主制度仅存在于极少数彼此相距遥远的国家：英国及其自治领（澳大利亚、新西兰、加拿大，或许还能算上南非）、美国（如果只看白人群体）、爱尔兰、法国、低地国家（比利时、荷兰与卢森堡），以及斯堪的纳维亚地区（芬兰、瑞典、挪威与丹麦）。只有这些。其他地方能够看到的都是独裁国家、非民主国家，以及左翼或右翼的反民主国家。

*　　*　　*

在一战后的德国，社会党支持者经常被称为"Sozis"，即用社会党员（Sozialist）一词的前两个音节作为代称。与之类似的是，当巴伐利亚地区的城里人用"伊格纳茨"（Ignatz）一词来取笑那些愚昧落后的乡下人的时候，也喜欢将其简称为"纳粹"（Nazi）。然后在20世纪20年代，阿道夫·希特勒及其领导的纳粹党（全称为民族社会主义德国工人党）在该地区的政治对手开始借用"纳粹"一词来贬损他们，这个称呼便由此流传下来。

希特勒在1933年夺取政权，于次年巩固地位，在当时有充分的理由广受拥护。[8]在希特勒执掌权力、打破对正统货币与财政理论的坚持后，德国经济从大萧条中复苏的进度较快。依靠盖世太保对要求提高工资、改善工作条件、行使罢工权利的呼声的暗中压制，以及政府的公共工程和军事计划带来的强劲需求，德国的失业率在20世纪30年代逐步下降。除美国外，德国是全球受大萧条打击最严重的地方，但此时的复苏速度则仅次于日本和北欧国家。

和平时期掌权的希特勒似乎更关心促进就业和制造武器，而非扩大工业产能和增加国民财富。他推动修建了全国性的高速公路，但首先不是为实现城市之间或者资源产地与工业基地的连接，而是修建在让尽可能多的人看到的地方。政治效果与军事能力是他优先考虑的事项。

政治效果容易理解：纳粹在当时还是少数人参与的政治运动，

即使在巅峰期，纳粹党也是把社会主义者和共产主义者排挤出德国国会之后，才得以掌握议会多数席位。而且即便如此，残破的国会也只愿意在神秘的纵火案之后的恐慌中，授予希特勒临时性质的独裁权力。部分因为这种勉强多数的形势，希特勒及其党派把争取更多更强大的政治支持作为优先任务，于是专注于增加就业，让政府表现出兴建大型基础设施的浓厚兴趣。

但扩充武器和军队呢？将此作为优先任务该如何理解？人们可能因为失误而引发一次世界大战，但怎么会有人以上帝的名义召唤两次世界大战？

希特勒不同意这个质疑，他事实上很喜欢第一次世界大战。

希特勒在一战期间的经历绝不会让正常人认为这是一场"美好的仗"，但他是这么认为的。[9]

未受过训练的希特勒先是在祖国奥地利被视为不适合服兵役，然后于1914年8月被巴伐利亚的军队接收。10月，他加入巴伐利亚第16预备役团（以首任指挥官的名字命名为李斯特团）。作为9个新组建的训练不足的步兵师的一部分，他们很快在紧急情况下被投入战斗。第16团受命参加第一次伊普尔战役，德国人与英国人交锋，该团首次参战即遭到沉重打击。

德国人称这场战役为杀婴行动（Kindermord），借用了《圣经》里记载的犹太王希律在耶稣诞生后对伯利恒的无辜孩童实施大屠杀的故事。这个比喻自有说法，因为在短短20天时间里，9万德国军人中就有4万人伤亡。到战役结束时，第16团最初的250人中仅有42人幸存、出院，有能力继续执行任务。

与其他许多部队一样，李斯特团在一战中的命运早已注定：缺乏经验的他们被送往战场，遭到痛击，很大部分人员损伤，幸存的一部分被重组，再度参战。李斯特团遭遇一次又一次牺牲，如松姆河战役（1916年）、弗罗梅勒战役（1916年）、阿拉斯战役（1917年）、巴雪戴尔战役（1917年）等。每次战役的总伤亡数字都令人感到恐怖，达数十万人之多。1916年，希特勒也被在防空洞入口处爆炸的炮弹伤到了大腿，为此住院两个月。伤愈后，他被派往慕尼黑的后方预备役部队。但希特勒对此无法忍受，乞求重返前线，与战友们同甘共苦。他的要求被批准了。然后在1918年10月，他因为英国人的毒气袭击而暂时失明和失声，在医院里度过了战争中的最后25天。

但这样的惨痛经历没有让他厌恶战争。

希特勒就此退伍，开始漂泊生活。无论奉献精神如何，他都不属于德国总参谋部希望在和平时期的军队中保留的士兵。但军队情报部门的少校卡尔·迈尔在1919年年中把他选为卧底，派去监视社会主义者。希特勒参与监视的一个社会主义小群体是安东·德莱克斯勒的德国工人党。德莱克斯勒发现希特勒是个荒唐的小人物，却也被他的演说能力吸引，于是在1919年9月邀请他加入自己的党派。

五个月之后，这个党派变成了纳粹党（民族社会主义德国工人党），即在德国工人党的名字中加入了"民族"和"社会主义"的词汇。希特勒衷心支持"民族"一词，但反对加入"社会主义"一词。改名的初衷是希望吸引那些打算加入社会主义者阵营的人。与社会主义者类似，纳粹党也是从那些对现行体制失望的群体中招募成员，部分摇摆者可能会留下来。到后来再想改变党的名称就太晚了，而且此时无论其名称如何，它已经首先和主要地成了希特勒的政党。

从一个颇具故事性的侧面，我们能看到希特勒打算建设什么样的政党：如何对待最早接纳他入党的人。

1921年，希特勒最终把邀请他入党并作为其导师的安东·德莱克斯勒排挤出纳粹党的领导层，后者于1923年退党。在1925年发表的《我的奋斗》中，针对曾多年辅导自己的德莱克斯勒，希特勒把他描述为"一位单纯的工人，没有特别天赋的演讲者，也不是斗士"，另外，他"虚弱而不够坚定……不算真正的领袖……内心缺乏足够的激情去开展政治运动……也不能采用无情手段去压制新思想的反对势力"。[10]德莱克斯勒于1942年因为自然原因死于巴伐利亚的慕尼黑市，他还算善终。

招募希特勒去监视德莱克斯勒党派的卡尔·迈尔起初属于德国政坛的右翼，但逐渐向左翼靠拢。1925年他加入德国社会党，领导了社会主义左翼准军事组织的某些街头行动。当希特勒于1933年掌握独裁大权后，迈尔逃往法国。1940年纳粹占领法国后，他被盖世太保通缉。此后，他首先被送往萨克森豪森集中营，然后又被送往布痕瓦尔德集中营，并于1945年2月9日被杀害。

纳粹主义的大多数主张，可以从希特勒对19世纪之初经济学家马尔萨斯的著作的极度推崇中剖析出来。

我们在之前的章节中介绍过马尔萨斯，他是阴郁地预言人口增长会超过食品供给的悲观派学者。马尔萨斯认为，当人口与食品增长失衡时，过少的食品无法养活过多的人口，就需要自然或人类的力量予以矫正。这种矫正有各种形式，包括战争、饥荒、疾病和死亡，或者采用"道德约束"之类更仁慈的手段，如强烈宗教信仰支持的推迟婚姻年龄和减少性行为等，他认为此类办法能使平均生活水平略微高于生存状态。

从这些介绍中我们知道，马尔萨斯的学说出色地描述了在他之前的人类社会，但对此后的历史却不是很好的指导。追溯以往，他得出的教训不如说是陷阱，一个无法逃避的命运：人口增长受到食品不足的制约，必然导致贫困。然而在马尔萨斯之后的历史中，科学发现的合理化与常规化、技术创新加上大规模生产已经驱散了"马尔萨斯魔鬼"。

可是，希特勒从马尔萨斯学说中得出了不同的启发。他认为，马尔萨斯陷阱加上社会达尔文主义思潮对外交政策具有启发性。他在《我的奋斗》中提出，"德国每年的人口增长接近90万，养活这些新的国民大军的困难会逐渐递增，最终导致灾难"。[11]

希特勒谈到了四种应对选择。一是通过生育控制来降低人口增长率，但他认为对德国人数量的任何限制都相当于削弱日耳曼民族。二是提高农业生产率，但由于马尔萨斯已经指出的收益递减，这个办法也注定失败。三是通过工商业来满足外国的需求，同时从外国进口食品。但他认为该办法"有危险"且不现实，因为英国永远不会坐视德国以和平手段成为支配性的工商业强国，如果英国像一战时期的对德封锁那样，再度以饥饿武器来对付德国，仍会取得成功。

剩下的第四种选择呢？领土扩张！希特勒继续写道：

> 我们必须……冷静而客观地接受这样的观点，在这个世界上，给予某个民族50倍于另一个民族的土地，绝非上天的意愿……我们绝不能让政治边界遮蔽寻求内部正义的边界……自我防护的法则没有效果，在友好办法遭到拒绝时，只能靠拳头来解决问题……如果欧洲需要土地，在很大程度上只能从苏联

获取，这意味着新的德意志帝国必须再次踏上过去的条顿骑士团的征途，用刀剑为德国人获取可以耕作的土地、满足国民日常需要的食品。[12]

依据各种不准确的历史记述与匪夷所思的理由，希特勒得出结论说，德国必须继续野蛮而血腥的征服："我们将重拾600年前停下的任务，我们将停止德国人向南方和西方的无止境迁徙，而把目光转向东方的大地。最终我们将放弃一战前的商业殖民政策，而走向未来的土地扩张政策。"[13]

可是，德国怎样才能向东扩张呢？希特勒此时相信，命运（或者说上天、宇宙正义、自卫法则）已经给德国创造了机会。"苏联拥抱布尔什维克主义，使俄罗斯民族失去了作为领导核心的日耳曼上层阶级"，希特勒宣称，这个群体已经被"信奉布尔什维克主义的犹太人"取代。借助数千年来对犹太人的仇视、恐惧和厌恶，再披上社会达尔文主义的所谓科学外衣，希特勒宣布"犹太人要永远维持广袤的（俄罗斯）帝国是没有可能的……东方的庞大帝国正走向崩溃"。

德国要做的就是，当这一崩溃来临时，确保有一支足够强大的军队做好了准备。准备是做了，但没有足够的耐心。正如希特勒在1941年6月命令纳粹军队对苏联发动攻击时所说："你必须打上门去，整个腐朽的建筑才会土崩瓦解。"

就此我们看到了作为纳粹主义核心的四条相互交织的假说。第一，强烈的德国反犹太主义；第二，对于德意志民族和雅利安种族在整体上肩负特殊的英雄主义命运的信仰；第三，对于战争是民族和种族力量与价值的终极考验的认识；第四，对外征服要求杀灭或驱逐其他人口,却是为德国人尤其是德国农民争取更多生存空间的必要手段,只有这样才能拥有更多的土地,为德国民众提供生存所需的农产品。

支撑这一理论核心的还有三个前提条件。第一是领袖原则,它不仅相信卓越的领袖是构建良好政治秩序的必要条件,还对约束领袖志向的任何障碍主动表达了蔑视乃至仇恨,包括议会制度,希特勒认为那只是为不同利益集团服务的无效而卑鄙的讨价还价。第二是利用恐怖手段来保证服从。第三是要求确保全社会为国家事业服务,包括每个国民和每个组织。

我们由此得到了纳粹主义。纳粹主义从反乌托邦理想起步,预见不可避免的种族和民族的暴力斗争,最终完全实现其追求的反乌托邦恐怖。

对于这一以马尔萨斯经济学为基础的雅利安种族优越论意识形态,希特勒于 1939 年 3 月 15 日进行了一次检验,赌博式地命令德国坦克在毫无抵抗中进军布拉格,吞并捷克斯洛伐克。当年 9 月 1 日,他采取了更严肃的行动,命令德国军队跨过波兰边境。虽然这次遭遇了抵抗,但仍在三周之内轻松击溃了波兰军队,把欧洲正式卷入二战。1941 年 6 月 22 日,希特勒再度以生死存亡的态度去追求他的新意识形态,在与大英帝国惨烈鏖战的同时,让德国坦克碾过苏德边境,与苏联全面开战。归根到底,希特勒对外政策的核心是向东方扩张,用刀剑为德国民众赢取口粮,为德国农民拓展耕地。为此,他需要消灭、驱逐或者奴役德国东部边境之外的所有斯拉夫民众。

他把纳粹主义的混乱逻辑用于严肃的种族灭绝行动,在数百万共犯的帮助下,实施了针对"犹太人问题"的最终解决方案。[14]

或许有 5 000 万人因为希特勒的战争而丧生。而假如纳粹赢得战争,即征服乌拉尔山脉以西的欧洲地区,把德国式的地主-农民庄园移植过去,死亡人数可能会达到3倍以上。而在此之后,陷入种族疯狂的纳粹获胜后又会在非洲、东亚和乌拉尔以南地区做些什么呢?

这是需要历史和意识形态来回答的问题。

* * *

我把法西斯主义同纳粹主义捆绑起来,是否犯了错误?毕竟有很多人曾为法西斯主义叫好,今天有些人依然如此。

政治哲学家列奥·施特劳斯(Leo Strauss)1899年生于德国的犹太人家庭,1932年迁居巴黎,1938年流亡美国,之后担任芝加哥大学教授。作为美国知识界右翼政治群体中某些人的老师和许多人的偶像,他曾在1933年骄傲地宣称,尽管被纳粹党误用,但自己依旧信仰"法西斯主义、极权主义和帝国主义"的原则。[15]

极右翼势力的宠儿、经济学家路德维希·冯·米塞斯生于奥匈帝国(今乌克兰境内)的一个犹太人家庭,他在1927年这样谈论法西斯主义:"法西斯主义与旨在建立独裁统治的类似政治运动都充满美好的愿望……就目前而言,他们的干预暂时拯救了欧洲文明。法西斯主义为自己赢得的成就将永载史册。"[16]当然,他在同一部著作中也称之为"应急性质"的安排,警告"对它寄予更多的希望将是个致命错误",并且谴责法西斯主义"对暴力的支配力量的彻底迷信",因为米塞斯认为完全遏制社会主义需要的是思想的力量,而非拳头和棍棒。1940年,作为犹太人的米塞斯同样迁居美国(1934年他就到了瑞士),承认拳头压倒了思想的力量。

20世纪80年代初,自由意志论派别的大红人哈耶克给撒切尔夫人写了一封信，建议英国人更多借鉴法西斯主义者奥古斯托·皮诺切特的做法，后者在 1973 年的冷战时期通过政变推翻和谋杀了萨尔瓦多·阿连德总统，却受到哈耶克的热情欢呼：把智利从通往奴役之路上挽救了回来。我们可以从撒切尔夫人的礼貌回复中看到哈耶克对法西斯主义的强烈赞同，她说："智利采取的某些措施是完全不可接受的……我们将以自己的方式、在自己的时间安排下实现改革。"[17] 除撒切尔夫人外，上述人等都至少暂时性或策略性地与法西斯主义有过眉来眼去，结盟效忠，而且某些人的行动还远不止于此：认为代议民主制度无法集结起足够的力量来抵御现实版社会主义，相信对文明的致命威胁要求用极端措施和联盟来回应。

我在回顾历史上众多法西斯主义派别于数十年间在各个大洲的此起彼伏时，把他们与希特勒及其疯狂实施种族灭绝的帮凶等量齐观，是否曲解了那些人的观点？其实即便把法西斯主义者都归入同一类别，其中许多人的看法还是比纳粹党人要温和得多。大多数法西斯主义者的经济观是较为消极主义的，他们不是社会主义者，并不相信马克思主义提出的工业国有化与剥夺资产阶级是解决经济问题的出路。但他们也不接受希特勒的"民族生存空间"学说，没有那么反犹太人，不像纳粹党那样邪恶。

不过，还有些法西斯主义者与纳粹党属于同样的意识形态类型，且彼此接纳。希特勒对于"阿尔卑斯山南边的伟人"、法西斯主义创始者墨索里尼表达过最崇高的敬意，这绝非偶然。[18] 墨索里尼在二战中同希特勒并肩作战，一起在 20 世纪 30 年代后期出手援助西班牙内战中的弗朗西斯科·佛朗哥保皇派叛军，同样不是意外事件。另外在希特勒的第三帝国覆灭后，逃出欧洲的纳粹分子在胡安·贝隆的阿根廷受到欢迎，也自有道理。

我没有把法西斯主义者同现实版社会主义者归并起来，这是不是又一个错误？归根到底，他们这两类群体之间有多大区别？

从墨索里尼本人开始，有相当数量的人似乎曾直接在这两类群体之间变换过身份。这表明我们看到的不是一个左右对立的政治光谱，而是一个马蹄铁形状乃至圆盘形状的谱系。红色和蓝色在视觉波长上是相距很远的颜色，但如果你给洋红色的颜料里加一点点青绿色，你就会得到蓝色；如果给洋红色颜料里加一点点黄色，就会得到大红色。乔治·奥威尔有句著名的疑问："我们不都是社会主义者吗？"[19]那是在1937年，他身处巴塞罗那，斯大林支持的社会主义者正在屠杀他刚来到当地时加入的另一个西班牙马克思主义派别：马克思主义统一工人党。而且与此同时，佛朗哥的法西斯主义党徒们还在城外磨刀霍霍。

他们之间在政策取向上有关键的区别。

赫尔曼·劳施宁（Hermann Rauschning）声称，希特勒曾对他讲："为什么要费劲把银行和工厂社会化？我们应该把人社会化。"[20]他是说，现实版社会主义首先关注的是控制组织和商品流动，其次才是人们的思想、言论和行动，而我们应该首先关注人们的思想、言论和行动。这个区别真有那么巨大吗？对现实版社会主义者而言，地位不平等问题非常重要，物质不平等与统治阶级的奢华则令人尴尬。相反对法西斯主义者而言，如果物质不平等和统治阶级的奢华让你感到困惑，则只表明你还没有真正跟上运动。

不过，这些区别造成的是不同群体之间的本质差异，还是可以统称为"极权主义者"的内部差异？

我们不妨来听听英国社会主义历史学家艾瑞克·霍布斯鲍姆的看法，他从二战之前到1956年一直是位有党员证的共产党人，后来立场趋于温和，他给历史留下的若干旁白让我颇受启发。首先是他在 1994 年出版的《极端的年代》，记述了他所谓的缩短版 20 世纪的历史，即从 1914 年一战爆发到 1991 年苏联解体的时段。此时已是老人的霍布斯鲍姆依然相信，对渴望世界革命的人来说，加入"与莫斯科结盟的共产党"是"唯一重要的事业"："列宁的新型政党……给很小的组织赋予了超出其体量的能力，因为党可以动员其成员付出非凡的贡献和牺牲，超越军事纪律和凝聚力，不惜任何代价、全力以赴地执行党的决定。"他指出，"即便作为对手的观察者也对此钦佩不已"。[21]

法西斯主义者崇敬英雄式的领袖，霍布斯鲍姆认为无条件忠于苏联共产党总书记者——无论他是谁，哪怕他曾经杀害了几乎所有同僚——是值得钦佩的非凡行动，这之间有多大区别呢？追随者应该不惜代价地奉献和牺牲，这种主张毫无疑问会得到墨索里尼和希特勒的赞许。作为斯大林的同僚和布尔什维克，格里哥里·季诺维也夫在遭到枪决时，最后所说的话或许正是："这是法西斯主义政变。"[22]

* * *

在 20 世纪以前，意识形态（与宗教不同）并未导致千百万人的死亡。人们并不接受那样沉重的代价，对大规模屠杀的狂热还在等待贵族军国主义以及法西斯主义的结合。直至 20 世纪后，对经济生活应该如何组织的乌托邦理想才导致了各国和全球性的政治运动，为更加接近乌托邦未来，他们建起了反乌托邦。他们环顾四周，为自己辩护：必须做出妥协，这已经是所能得到的最好结果。

在我看来，人们花费了太多精神和历史研究的能量去辨析反乌托邦运动与理想中的极权主义运动。为此花费的时间纯属浪费，因为它们存在太多共性（即使正式学说有所不同），至少在运转方式上太过相近。一方能看到奥斯威辛、马伊达内克、特雷布林卡和达豪集中营的守卫们，另一方则是古拉格群岛之类的守卫们。

事实上，精神和历史研究应该集中思考这些政治运动从哪里得到支持。为什么我们的世界无法给民众提供一个可以过上好日子的社会？为什么必须要求对社会做全面的改造？卡尔·波兰尼认为，由于市场社会不能或不愿满足人们的社会权利，法西斯主义与社会主义都是由此产生的反应。市场社会无法给人们保证赖以生存的舒适社群，是因为土地的用途必须经受盈利检验。市场社会无法给人们提供物有所值的收入水平，是因为支付的工资必须经受盈利检验。市场社会无法给人们提供稳定的就业岗位，是因为支持他们的价值链运转的融资必须经受盈利检验。所有这些失败都为如下思潮提供了传播能量：必须对经济和社会做根本性改造，使之能够尊重民众的波兰尼主义权利。于是，千百万人把改造的希望寄托于法西斯主义和现实版社会主义。

然而，乌托邦信仰是一剂猛药。

第 10 章 第二次世界大战

20 世纪 30 年代，当大多数其他国家仍在大萧条中挣扎时，德国快速复苏。然而纳粹意识形态清楚地指出，依靠和平支出而促进的复苏并非希特勒政权的目标。

1935 年 3 月，希特勒宣布德国将打破《凡尔赛和约》的约束，重新武装起来。[1] 一战的战胜国联盟此时面临棘手的外交政策难题。奉行孤立主义的美国没有兴趣向欧洲派遣士兵和部队，英国和法国选民们绝对不希望让一战情形再现，而希特勒的重新武装和一意孤行要求英国和法国必须做出抉择。

20 世纪 30 年代的外交角力并不公平，这并非因为英国和法国有充足的军备，受大萧条影响更轻微，而德国被解除了武装且深受大萧条冲击。外交不公平在于，英国和法国希望远离战争，并深信其他人也是如此，因为战争一旦爆发就会像一战那样恐怖。外交不公平在于，希特勒并不认同这种看法，德国的整个国家权力架构也不认同。

英国和法国的政策完全可以被称为绥靖政策：把外交胜利拱手

交给希特勒，辅以拖延和消耗，希望他获得各种小胜利后可以遵守为此做出的重大承诺。如英国大使埃里克·菲普斯在1935年的日记中所述，假如他们可以"用他签过字的协定……来实施约束"，他就可能遵守协定，"对英国和法国来说勉强可以接受、对意大利来说不算太糟糕的协定，或许可以在一段时间内防止德国人再度出手……这样过去若干年后，即便希特勒也会变老的"。[2]

如果这算是他们的策略的话，效果并不理想。

当希特勒开始外交攻势时，他有一套支持自己的强大理由。结束一战的《凡尔赛和约》把德国军队限制在10万人的规模以内，但世界其他国家没有削减自己的军队。德国是否将因此成为害怕丹麦或南斯拉夫入侵的唯一强国？这显然很不公平。因此，把纳粹德国说成一个由残酷暴虐的独裁者统治的被人唾弃的国家在当时的欧洲外交语言中是不被认可的说法。一个被合理承认的政府在自己境内的所作所为与世界其他国家无关，这是当时根深蒂固的观念。

欧洲外交语言真正能够起作用的地方确实是针对语言：例如一个村子里大多数人所讲的语言。《凡尔赛和约》以及一战后的其他制度安排曾经竭尽所能（尽管并不完美）地试图沿着语言边界重新勘定国境线，却唯独忽略了德国。导致讲德语的民众并不都归属柏林的领导，他们还可能被罗马、维也纳、布达佩斯、布拉格、华沙、维尔纽斯、巴黎乃至布加勒斯特统治。

只要希特勒把外交政策目标限定为取消对德国军备的不平等限制，以及更确切地沿着语言界限来重新划分国境线，以此"解决"他国境内讲德语的少数民族问题，英国、法国和其他国家就很难予以反驳。

毕竟，英国和法国真想过入侵德国、驱逐希特勒，并建立一个不稳固的傀儡政府，给德意志民族主义火上浇油吗？他们的确考虑过，但只有温斯顿·丘吉尔有远见地认识到，这种做法是最不坏的选择。[3]而他被视为莽撞之人：曾经错误地希望不对追求自治的印度人做出妥协，错误地在1925年作为财政大臣积极支持通缩，错误地支持爱德华七世国王迎娶离过两次婚且善于攀附的华里丝·辛普森夫人，错误地在一战中做出要在土耳其而非法国和比利时赢得战争的计划。[4]为什么还会有人认为他散布的关于德国威胁的观点是正确的呢？

在大萧条中，法国和英国的政治领袖们坚信，自己有着比强制执行《凡尔赛和约》的每个细枝末节更为重要的问题。有些人还一心希望德国能够重新加入西欧国家的共同圈子。在德国被有效解除武装后，从苏联边境到莱茵河畔中间出现了权力真空地带。波兰与苏联在20世纪20年代早期打了一仗，红军一度逼近华沙。某些智者说强大的德国军队可以作为抵御苏联的缓冲。因此到20世纪30年代，德国的陆海空军规模明显超越了和约规定的界限，但英国和法国对此束手旁观。

希特勒在1936年3月突破了《凡尔赛和约》的又一项规定，把标志性的军事力量开进莱茵兰地区，即1918年之后就被非军事化的德国莱茵河西岸的州。这次同样没有采取应对行动的必要性。其他欧洲国家的境内都不存在此类非军事化区，要求德国维持这一区域，只会更多地煽动那里的民族主义情绪。而且，执行和约的这项条款要求入侵德国、驱逐希特勒，并建立一个傀儡政府。

希特勒于1938年3月吞并了奥地利，那里居住的主要是讲德语的德意志人。希特勒在此过程中宣称，他这样做只是把德意志人民召集到一个恰当的国家中，纠正19世纪后期所犯的一次政治错误，即把奥地利的德意志人排斥在德国的政治边界之外。如果协约国把它们自己以及欧洲其他地区采用的民族自治原则也应用于德国人，这样的错误本不应该发生。的确如他预想的那样，进入奥地利的德国军队没有遇到反抗，甚至在某些地方还受到了热烈欢迎。

吞并奥地利之后，希特勒把目光转向一战之后在欧洲留下的第二处异常边界：苏台德地区。捷克斯洛伐克的西北部边界采纳了中世纪波希米亚王国的传统范围，包含一块山地区域，这是国家防御的全部前沿要塞所在。但这块区域讲德语的居民非常多，其中有些人声称遭到了压迫，要求并入德国。而德国则出资支持了他们的抗议活动。

英国政府有保护法国的承诺，法国政府则做出过保护捷克斯洛伐克领土完整的承诺，捷克斯洛伐克不愿意割让自己的山区土地以及国防要塞。然而，英国和法国政府并不想为了阻止苏台德地区的民众加入德国而开战。西方民主国家的军事顾问们担忧，二战会让远离前线的国民再度见证一战堑壕中的恐惧景象。

他们没有说错。

为避免战争，英国首相内维尔·张伯伦与法国总理爱德华·达拉第于1938年9月29—30日前往慕尼黑，同希特勒达成协议：希特勒将吞并苏台德地区，但承诺尊重捷克斯洛伐克其余地区的独立地位，英国和法国则将为后者提供担保。捷克方面的代表甚至没有被允许进入他们举行谈判的房间。[5]

张伯伦回到英国时受到了民众的热烈欢迎，因为战争被成功避免了。张伯伦宣称自己有尊严地确保了和平，"相信这是属于我们整个时代的和平"，就此在历史上留下了永远的骂名。[6]丘吉尔则被英国下议院其他保守党同僚们的做法震惊了，他对此有着完全不同的看法。在张伯伦前往慕尼黑之前,他给前任首相劳合·乔治写信时表示:"我认为在未来几周里,我们必将在战争与耻辱之间做出抉择,我对于应该何去何从已毫无犹豫。"[7]

希特勒接下来通过支持斯洛伐克地区的分离主义运动,于1939年3月15日正式吞并了整个捷克斯洛伐克。英国和法国对此毫无作为。张伯伦发表声明说:"(希特勒支持的分离主义运动导致的)独立主张从内部破坏了我们在慕尼黑做出了领土保证的国家,大英帝国政府因此不再受该条约规定的义务的约束。"[8]

但短短两天后,张伯伦调整了立场。不是关于捷克斯洛伐克,而是关于绥靖政策。

张伯伦及其同僚把安全保证扩大到波兰和罗马尼亚。他公开宣布,德国人对波兰或罗马尼亚的攻击将导致英国和法国对德国宣战。张伯伦似乎以为,这一承诺将遏制希特勒的进一步冒险。

但理由何在呢?身处外围的英国军队和战舰如何能够帮助波兰抵抗来自比邻的纳粹德国的攻击?希特勒判断,英国人和法国人是在虚张声势。他希望自己能够做好准备,像美国对待北美洲土著民族那样,向东攻击苏联的欧洲地域中的各类斯拉夫民族。他希望就像美国已经发生的一幕那样,德国将因此获得巨大的面包篮子(意指乌克兰),沿着血泪之路把土著赶走,让德意志民众经营的大型商业化农场取而代之。

1939年春天,希特勒再度要求重新划分边界,这次是为解救深陷德国本土与东普鲁士之间的"波兰走廊"的讲德语的民众。

假如英国和法国的外交政策制定者是纯粹的现实主义者,他们或许会耸耸肩说道:希特勒想往东扩张吗?随他去吧。他们或许会判断,希特勒向东发起一系列战争不会带来大麻烦,至少短期内不会。如果希特勒在某个时点转向西边，到时候再着手去对付他。

但他们没有这样做，他们给波兰和罗马尼亚做出了保证，为遏制德国的扩张加重了赌注。

张伯伦及其外交大臣哈利法克斯爵士似乎对于遏制失败的后果完全缺乏考虑。他们知道自己不想要战争，相信希特勒也抱有类似的想法。这说明希特勒肯定也是在虚张声势，不是吗？没有人希望一战重现，对吧？

一方的参加者愿意靠近战争，但依然相信没有人真的想要战争。他们认为自己已经给了希特勒足够多的外交胜利，划出红线将避免战争真正爆发。另一方的参加者则坚信战争不可避免，比维持现状更为可取，并且必须夺取命中注定的"生存空间"。此外，英国和法国政治家们在有着强大底牌的时候都退缩了，到底牌已经削弱的时候，他们岂不是更应该退缩吗？这两个国家在给波兰提供军事援助方面都处于不利的地理位置。

但如果他们不退缩，德国可能会在西线面临战争。出于这一考虑，希特勒对于同斯大林和苏联结成（暂时的）联盟有了兴趣。

多年以来，斯大林一方面在非法西斯主义国家中寻求"人民阵线"和"集体安全"的支援，以抵御20世纪30年代中期崛起的法西斯主义，另一方面也在尝试接触希特勒。希特勒对此不感兴趣，直至1939年才认为需要同斯大林达成协议。因为此时他发现，让苏联保持中立对自己征服波兰至关重要，或者说，暂时征服一半的波兰国土。希特勒与斯大林同意沿着布格河瓜分波兰，另外，德国方面容许苏联吞并三个波罗的海共和国：立陶宛、拉脱维亚和爱沙尼亚。

斯大林完全打错了算盘。《苏德互不侵犯条约》让希特勒得以接连发动三场战争,一场进攻波兰,另一场打击英国和法国,第三场则直接针对苏联。苏联在战争中可谓虎口余生,直至美国加入进来。美国的工厂和后勤支援让红军得到了足够的粮食、燃料和运力,美国的陆军航空队使英美盟军得以再度进入主战场。对苏联而言,如果在1939年与强大的英法联军共同对付德国,要比自己在1941年、1942年和1943年上半年单独抗击希特勒轻松得多。

要理解斯大林及其治下的苏联总是很难。丘吉尔曾说起,那就好比"包裹在恩尼格码中的神秘物件所带的谜语"。[9]但我们依然可以推测,莫斯科克里姆林宫内部会有怎样一番思考:

问:同志,希特勒是个什么样的人?

答:同志,他是资本家操纵的一个工具。

问:希特勒为什么想要对苏联发动侵略战争?

答:为廉价获取我们的原材料,以便让支持他的大资本家们赢得更多利润。

问:如果我们以非常便宜的价格给他提供尽可能多的原材料呢?

答:他就不会再发动侵略了,因为没有理由继续这样做。

问:那样又会发生什么呢,同志?

答:资本主义社会最高阶段总会发生的那些事情。资本主义大国将变成帝国主义者,然后为争夺市场展开残酷战争。

问:是的,但战争过后又会怎么样?

答:我们将如同一战结束时那样采取行动,加入进去,扩大社会主义阵营。

问:那么我们的目标是什么,同志?

答：给希特勒提供所有想要的原材料，先稳住他，直到我们的时机来临。

斯大林或许错误判断了一战场景会重演：堑壕战会导致法德边境陷入僵局，又一代年轻人遭到屠杀，又一批资本主义国家被消耗殆尽，为莫斯科领导的共产主义革命创造成熟的条件。我们可以确定的是，斯大林并没有认识到同希特勒哪怕暂时结盟所带来的危险。

一方的参与者坚信，市场资本主义国家之间注定爆发激烈争斗并走向失败，最终加速无产阶级专政天堂的到来；另一方的参与者则坚信，犹太人－布尔什维克主义的"阴谋统治"是阻挡在自己与命中注定的生存土地之间的致命威胁。

1939年3月，希特勒与斯大林调动各自的军队，瓜分了波兰的领土。

结果表明，英国和法国并不是在虚张声势。

他们履行了自己的承诺。希特勒指挥纳粹军队在9月1日黎明攻击波兰。当天下午，英国首相张伯伦便邀请自己的主要批评者丘吉尔加入战时内阁。不过此后两天中，他仍完全忽略了丘吉尔的存在。如今在世的人恐怕都不知道当时的具体决策流程，但在纳粹军队发起攻击50小时之后的9月3日上午9点，英国政府正式要求德国撤出波兰。上午11点，英国对德国宣战，法国随后跟进。只是，英法两国的军队没有做好准备，并且远离波兰国土，致使波兰在一个月内被希特勒和斯大林完全占领。

英法两国并非虚张声势，但它们也没有做认真准备，对于如何与德国开战没有现成计划，也一直没有制订计划。在波兰陷落后的

8个月时间里,西部战线依然一片寂静。

人们通常会谴责张伯伦、达拉第以及在20世纪30年代统治英国与法国的其他政治家的作为和不作为,他们没有在希特勒较为虚弱时摧毁他,没有在他强大起来后做好与之开战的准备,甚至没有组建强大的同盟军,邀请美国和苏联组成反法西斯联盟。虽然各种迹象都表明,美苏两国的决策者并不希望加入这一联盟,但英法方面甚至没有做过尝试依然是不可原谅的。

当然,对此还有另一种观点。在与纳粹德国接壤的各国中,只有达拉第的法国主动对德国宣战,其他国家则都是坐等希特勒方面宣战,或者说是发动攻击。对斯大林的苏联而言,先是跟德国签订了互不侵犯条约并基本照此执行,然后受到希特勒的突然袭击。20世纪30年代还有一个国家,虽然没有同纳粹德国接壤,却依然对其宣战,这就是张伯伦领导的英国。应该承认,英国人只是在走投无路、清楚地看到自己的政治生存受到威胁时才宣战,而且他们对于该如何打赢这场战争毫无头绪,但他们依然愿意让自己的帝国和民众承受苦难,以图阻止历史上前所未见的最强大暴政。所以,我们应该对达拉第与张伯伦展现出来的有限品德致以某些敬意,他们毕竟超越了同时代的其他人。

但他们的品德没有获得好报。

1940年5月10日之后的短短六个星期,法国就陷落了。[10]纳粹德国迫使法国投降,英国军队从敦刻尔克港口被逐出欧洲大陆,损失了全部装备。但令所有人惊讶的是,由丘吉尔接任领导的英国没有同德国谈判,而是继续战斗,并挑逗希特勒跨越英吉利海峡发动进攻。希特勒没有上当。在1940年,他白天向英国派出轰炸机群,此后又在夜晚派出轰炸机群,并大力支持沃纳·冯·布劳恩的火箭开发计划，于 1944 年造出了作为恐怖复仇武器的 V 型系列火箭。[11]

但在击败法国后，希特勒挥师东进，以实现自己的夙愿。1941 年 6 月 22 日，他指挥纳粹军队对苏联发动了攻击。但他没有为一场全面战争对经济和社会做出充分的动员，而只是借助现有的资源参战。

斯大林最初的本能反应是命令军队不要还击，以免"刺激"纳粹。因此，苏联空军在战争爆发第一天就被摧毁在地面上，边境附近的军队被就地歼灭或俘虏。斯大林的指示造成了惨痛损失。

斯大林之前对军队中可能造成威胁的人进行了反复清洗。在他的体制中，给领导带来坏消息可能危及自己的职业乃至生命。当纳粹发动进攻时，红军仍是按照 1939 年之前的防御来部署，而没有在瓜分波兰之后充分调整边境防卫计划。于是当纳粹于 1941 年 6 月底、7 月和 8 月初在边境附近的里加、布列斯特－利托夫斯克、利沃夫等地展开战役时，苏联军队几乎遭受了灭顶之灾，虽然其人数和装备本来与德国不相上下（但在训练和战力方面不如对方）。

但到 1941 年 8 月，纳粹军队的推进超出了补给线，因而暂停了前行。斯大林与苏联最高统帅部此时再度误判形势，当纳粹于 8 月底、9 月和 10 月初围绕斯摩棱斯克和基辅发动攻势时，他们试图发动反击，拒绝撤退，然后损失了第二支在人数与装备上与敌方不相上下的军队（同样在训练和战力方面不如对方）。于是在纳粹发动苏德战争的 4 个月之后，已有接近 400 万苏联军人被俘。纳粹的攻势依旧连绵不绝。到 1941 年 12 月 7 日，即美国被拖入二战的时刻，纳粹军队已经进逼列宁格勒、莫斯科、哈尔科夫、罗斯托夫等城市的门口，从 1941 年的苏德边境线平均向东推进了 629 英里。

然而，苏联还有第三支军队，人数与纳粹的攻击部队相当，尽管装备更差。这支军队守住了阵地并展开反击，参与了1941—1942年秋冬季的各场战役。[12]

*　　*　　*

1941年12月7日，日本帝国海军机动部队以6艘大型航空母舰的兵力攻击了夏威夷瓦胡岛上的珍珠港，把美国拖入第二次世界大战，前面已提到，只有法拉第的法国与张伯伦的英国是主动参与对希特勒的战争的。但如果从1937年日本全面侵华开始计算，太平洋地区的战争此时已经是第五个年头。

如果没有一战，二战在欧洲是很难想象的。这是在宏观层面的理解：一战造成的经济、政治和人员破坏撕裂了欧洲繁荣稳定的结构。在微观层面同样如此：和平时期的正常历史事件绝不会给斯大林或希特勒提供天赐良机。在地球的另一边也有类似的情形：一战和大萧条极大地推动了日本转向帝国主义道路。

一战对日本的工业化是个强有力的间接刺激。交战期间，从欧洲到亚洲的出口受到严重阻碍，亚洲各国该去哪里购买之前从欧洲获得的制造品呢？正在崛起和工业化的日本帝国是显然的选项。一战时期，日本的工业产出和制造品出口增加了近4倍。对日本产品的强劲需求还激发了通胀，日本国内物价水平在欧洲战争期间翻了一番以上。

一战后，欧洲各国开始重新向亚洲出口，新扩张的日本工业面临严峻竞争。日本经济还受到1923年东京大地震的沉重打击，死亡人数为5万~10万。尽管有这些不利因素，日本的工业化仍在推进。到20世纪20年代，制造业的增加值超过了农业。

与其他国家类似，日本的制造业最初很依赖未婚的年轻女性。从雇主角度看，这一劳动力队伍的主要问题是较为缺乏经验，员工流失率高。所以在20世纪上半叶，日本的制造商们极力用长期性质的有经验的男性骨干员工队伍来平衡短期性质的未婚女性员工队伍。

由此演化出了如今人们所说的"终身雇佣制"。日本的男性员工往往是在离开中学时或者作为学徒时被招募，企业承诺提供终身就业，有工资提升、医疗保障和退休金待遇，以换取他们对企业的忠诚服务。这一制度之所以在日本兴盛，原因可能在于它与日本的社会特征非常契合。还有可能是因为日本经济成功避免了深度衰退，从而让制造业企业无须解聘员工。

在20世纪30年代，棉纺织业、家具制造业、服装制造业与较为小型的重工业是日本经济的核心。这些现代化制造业被财阀集团控制：大企业结成联盟，相互委派高层经理人，彼此合作，拥有对方的股份，并通过同一批银行和保险公司来提供资金。日本式的金融资本主义似乎在很大程度上模仿了德国的模式。

大萧条在1930年蔓延到日本，但势头有所削弱。日本的出口（尤其是丝绸出口）大幅下跌。坚持金本位制给经济造成了通缩压力，于是日本放弃了金本位制，开始扩大政府支出，尤其是军事支出。大萧条带来了影响，却没有击垮日本经济。或许更为重要的是，大萧条表明欧洲帝国主义列强陷入了危机之中。

于是在1931年，日本政府转向了扩张主义。日本扶持的伪满洲国傀儡政府宣布独立，使其影响力大为增强。领土扩张之后是军备增加，然后是在1937年发起全面侵华行动。针对战争物资以及伪满洲国基础建设资本品的政府订单，强烈刺激了日本的工业生产。从 1937 年开始，日本进入战时经济状态，大力建造各类军舰、飞机、发动机、无线电设备、坦克和机关炮等等。

为维持侵华战争，日本需要石油，而后者只能来自美国或如今的印度尼西亚，当时那里是荷兰控制下的东印度群岛。美国总统罗斯福希望尽可能施加压力，以约束日本帝国的扩张。于是在 1941 年 7 月 25 日，即日本军队占领印度支那南半部分的次日，罗斯福下令冻结日本在美国的全部已知的金融资产。

日本政府仍拥有从美国购买石油并将其运输回国的官方许可，但他们的资产遭到冻结后，接下来该如何付款呢？日本政府向美国助理国务卿迪安·艾奇逊的办公室递交了释放石油购买资金的申请，但没有收到答复。这是因为官僚程序，还是政策（以及谁制定的政策？），我们至今不清楚：罗斯福或美国的陆军部和海军部在 12 月 7 日之前是否获知资产冻结已导致了事实上的石油禁运，这项禁运还包含了来自如今的印度尼西亚的石油，因为荷兰殖民当局坚持用美元接收货款。

因此美国通过资产冻结已有效禁止了对日本的石油出口，而且不只是美国，还包括来自其他所有地区的石油。离开进口的石油，日本的军事机器将无法运转。禁运让日本面临选择，要么满足美国方面的要求，要么发动战争，至少占领荷属东印度群岛的油田。这个结局是可以预见的，也应该被预见并为此开展准备，换句话说，需要提高太平洋地区的预警水平，其程度应远远高于美国陆军和海军实际采取的行动。

这样的抉择对日本领导人而言等于没有选择，于是军方决定率先发动强有力的进攻。1941 年 12 月 7 日，日本开始攻击英国、荷兰与美国在太平洋各地的军队和设施。其中最知名的是日本偷袭珍珠港,击沉美国太平洋舰队的战舰。但最具破坏性的则是袭击美国在菲律宾的克拉克空军基地,摧毁了本来可以阻止日方登陆作战的B-17轰炸机编队。

假如不是日本突然偷袭珍珠港,以及希特勒在随后对美国宣战,我们很难判断美国将如何加入二战。直至1941年后期,美国公众的态度还只是竭力给英国和苏联提供武器,支持他们跟希特勒战斗到底,但并不愿意让自己人上战场。如果这种态度继续主导美国的政策,历史进程或许会完全不同。

二战参战国的范围在不断扩大或收缩。在欧洲,战争爆发时是法国、英国和波兰对抗德国。德国和苏联于1939年底完全占领波兰。苏联随后攻击了芬兰,双方于1939年冬至1940年春陷入僵局,达成和约。1940年春季,德国攻击并占领了挪威、丹麦、比利时、荷兰、卢森堡和法国,同期,意大利加入了德国阵营。到1940年夏季,只剩下英国在同纳粹德国孤军奋战。1940年末到1941年初,希腊和南斯拉夫成为英国的盟友,但它们在1941年春季被纳粹德国占领。1941年夏,纳粹德国对苏联发起攻击。当年12月7日,日本海军对美国、英国与荷兰在太平洋的广大区域发动全面进攻。一天之后,纳粹德国对美国宣战,不过值得玩味的是,日本依然同苏联维持着和平状态。此时二战才真正成为全球性的战争。

这是一场真正的"全面战争"。在战争巅峰期,美国有大约40%的国内产出用于战争,英国投入的GDP则大约占60%。整个大战中,大约有6 000万人(或许上下浮动1 000万人)因战争而死亡。

我们该如何理解二战的影响?

仅从人员死亡方面考虑。

当这场战争结束时,大约有 4 500 万欧洲人和 1 500 万亚洲人因为暴力冲突或饥饿而死亡,其中近一半是苏联的居民。即便在二战后的苏联边境以西的区域,死亡率或许也高达1/20,中欧地区则接近1/12。在一战中,绝大多数死难者是士兵。而在二战中,士兵占全部死亡的比例远不到一半。仅凭原始数据不能评判对错,但如下非常粗略的死亡统计仍能给我们带来震撼:

欧洲犹太人:600 万人死亡,死亡率约70%,其中 1/3 是波兰籍

波兰:600 万人死亡,死亡率约16%,其中 1/3 是犹太人

苏联:2 600 万人死亡,死亡率约13%

德国:800 万人死亡,死亡率约10%

日本:270 万人死亡,死亡率约4%

中国:1 000 万人死亡,死亡率约2%

法国:60 万人死亡,死亡率约1%

意大利:50 万人死亡,死亡率约1%

英国:40 万人死亡,死亡率约1%

美国:40 万人死亡,死亡率约0.3%

为了了解战争的进程,我们可以首先从战术和操作层面来分析。我们先讲讲三次重大战役:1939 年 9 月的波兰战役;1940 年 5—6 月的法国战役;1941 年 6 月 22 日至当年年底的苏德战场的前 6 个月。

在 1939 年的波兰战役中,纳粹有约 4 万名军人死伤,波兰军队的损失数量则为 20 万左右,另外还有约 100 万人被俘。在 1940

年的法国战役中，纳粹约有 16 万军人死伤，盟军方面则为 36 万人死伤，另有约 200 万人被俘。在 1941 年苏德战争的前 6 个月中，纳粹约有 100 万军人死伤，苏联方面则约 400 万人死伤，另有约 400 万人被俘。

纳粹在战术方面显然比任何对手都更为强大，他们懂得利用俯冲轰炸机和坦克编队，善于突袭、侧翼进攻和堑壕防守。纳粹在两次大战间歇期组建的德国军队只有 10 万人，但这些军人对战争事务的学习和进展具有令人恐怖的战术优势。这是二战带来的第一个教训：与纳粹交战时，你会发现自己在战术上被完全碾压，己方在战场上损伤的士兵数量可能会达到对方的 2~5 倍。对战争初期的任何人都是如此，而且即便盟军方面在战争后期吸取了教训，该情况很大程度上依旧没有改变。

另外，纳粹的对手在指挥操作方面也更为落后。这是二战带来的第二个教训：与纳粹交战时，你会不时看到己方的众多军队被压制、包围、分割、截断补给，然后在恐慌中逃跑，大量士兵被俘投降。最后一次类似事件发生在 1944 年 12 月，距离纳粹政权垮台不足 5 个月，当时德国的第 5 装甲集团军把美国第 106 步兵师几乎整体包围在比利时和德国交界处的阿登森林的雪山中，意图迫使其投降。

简单来说，战术和操作上的优势带来了巨大的后果。

以 1940 年的法国战役为例，法国人预计纳粹会在阿登森林北方通过比利时发动攻击，然而纳粹选择的主攻方向却是穿越阿登森林，打击脆弱的法国第 9 军，其脆弱的原因是法国指挥部以为森林、默兹河以及糟糕的路网足以提供更多的防守加成。

1940 年的战役刚开始三天，纳粹军队从阿登森林发动主攻的计划已昭然若揭，法国方面随即做出了响应。欧内斯特·梅（Ernest May）在《奇特胜利》一书中认为法国人的行动非常有力。他记录说，5月12日下午3点，法国将军夏尔·安齐热命令"大力补充部队，以迎击德国即将发起的进攻"。梅接着指出，"总预备队中最强的三支队伍"，即第3装甲师、第3摩托化步兵师以及第14步兵师随即加入了安齐热的法国第2军。他还提到，其中的"步兵师属于王牌部队"。[13]

到5月15日，这三支队伍得到了进一步的增援：法国第1装甲师从比利时平原调到第9军的南翼；步兵部队受命在第9军后方组建一支新的第6军；第2装甲师也受命在第9军后方集结。负责指挥新组建的第4装甲师的夏尔·戴高乐则接到命令，准备攻击纳粹军队新突破口的南部侧翼。

上述所有军事力量——4支装甲师、大约800辆坦克加上战略预备队中的16支步兵师的庞大兵力——后来的结果如何？在给出答案之前，我们要指出法国人在4支装甲师中的坦克数量同德国人作为主攻的7支装甲师相当。

实际战役的过程如下。

法国第1装甲师的燃料用完了，在等待燃料车补给时，埃尔温·隆美尔将军的德国第7装甲师出现在前方道路上。隆美尔抓住良机发动攻势，摧毁了法国第1装甲师。因为缺乏燃料，这支部队作为战斗单位被彻底消灭。

法国第2装甲师没有发挥作用，因为在能够组织战斗之前，它的集结区域已经被纳粹军队占领。威廉·夏伊勒的《第三共和国的崩溃》一书记载："给第2装甲师的机动命令……直至5月13日中午才到来……装载坦克和大炮的火车直至14日下午才得以启动",接下来,"装有补给的轮式车辆遭遇了德国装甲师",不得不撤退,"因为他们没有战斗人员"。到坦克和拖拽火炮抵达"圣康坦和依尔松之间"的时候,又被"毫无希望地分散在大片三角区域中"。[14]

安齐热命令法国第3装甲师向南撤退,认为其主要任务应该是保护左侧战线,防止纳粹军队在跨越默兹河之后向南突进。法国第2装甲师,以及法国第6军的步兵部队均在5月15—16日组织战线时被乔治-汉斯·莱因哈特指挥的德国第6装甲师击溃。

夏伊勒指出,法国的3支装甲师"原本在5月10日都已部署在距离默兹河50英里范围内的色当和梅济耶尔,可以通过公路连夜投入战斗",但是到5月16日"被完全浪费了……没有一支投入恰当使用",完全未能开展正常行动。

当纳粹军队于5月10日发动攻击时,法国人只有3支装甲师。次日,法国最高统帅部命令傲慢且爱惹事的上校戴高乐组建和指挥第4装甲师。戴高乐于5月17日率领手里的队伍发动了一次攻击,让德国人的先头部队至少在几个小时内陷入了迷茫。第4装甲师在战场上确实发挥了作用。但正如夏伊勒所述,这支队伍实力不足,缺乏专门的训练。[15]当法国陷落时,戴高乐没有投降,而是自立为"自由法国"运动的领导人:"法国的抵抗之火绝不能熄灭,也不会熄灭。"[16]他成功地做到了这一点,率领自由法国军队在得到美国装备之后,与盟军一起坚持战斗到1945年。

法国人在战术设计上失败了,这鲜明地体现在战场的人员损失上。他们在部署策略上也不成功,例如用薄弱的第9军去抵抗纳粹主攻部队,而把更强大的兵力留在北方,使其容易遭到包抄。法国人的战场指挥操作同样乏善可陈。

5月10日，丘吉尔卸任海军大臣一职，在觐见国王之后，接替张伯伦出任大英帝国的首相。五天后，他接到法国总理保罗·雷诺的电话："我们被击溃了，损失惨重，丢掉了战场，通往巴黎的道路已经被打通，我们战败了。"

5月16日，丘吉尔跨越英吉利海峡，只用了一个多小时就飞到了巴黎机场。他很快发现局势非常严峻，比他上飞机前的判断还严峻得多。法国将军莫里斯·甘末林用简单直白的话语说明了情况，丘吉尔在回忆录中做了如下记述：

> 在色当的南北方向50~60英里的战线上，德国人已经突破。前线的法国军队处于被摧毁或溃散中。大量装甲车辆正在以闻所未闻的速度推进……在他们后方有8~10个全部摩托化的德国师，也在向前推进，对两侧的两支各自为战的法国军队展开侧翼进攻。[17]

甘末林将军认为，德国人可能在几天内抵达巴黎。目瞪口呆的丘吉尔用清晰的英语和蹩脚的法语询问法国军队的战略预备队的情况：

> 甘末林将军转过身来，摇头耸肩说"完全没有"……我被打蒙了。我们该怎么看待法国的庞大军队和最高统帅们呢？……当第一波攻势被消耗之后，他们可以也必须总是有大量预备师团，可以加入激烈的反击战……我承认这是自己一生中遭遇的最惊奇的时刻之一……我接下来询问甘末林将军，他建议在何时何地发动反击……他的回答是："在兵力、装备和

手段上都完全处于劣势",然后又毫无希望地耸了耸肩。[18]

丘吉尔的说法不对,法国人确实有过一支战略预备队,这支部队被调动起来,并在一周内投入了战争。然而,战略、战术和操作上的一系列失败使其没有在战斗中发挥作用,这注定了法国的厄运。

在我们把1940年的法国军队讥讽为"吃奶酪的投降派猴子"之前*,要记住当希特勒的第三帝国已接近穷途末路之时,依然差点围歼美国的第106步兵师。同样的情形还发生在突尼斯的凯塞林山口,由劳埃德·弗雷登道尔少将指挥的美国第2军,即美国军队首次在进攻中遭遇纳粹军队的时候。世界上几乎所有人——波兰人、荷兰人、比利时人、法国人、南斯拉夫人、希腊人、英国人、美国人和苏联人——在遭遇纳粹军队的时候都或多或少在战术和操作层面被击败了,至少在初期遭遇时是如此,后来也没少吃亏。

纳粹军队在战术和操作方面的优势是强大的武力乘数。对全世界和盟军而言,幸运的是这种优势被他们在战略上同样突出的劣势抵消了。例如,在1942年11月纳粹征服欧洲行动的巅峰时期,他们有13支野战集团军部署在苏联,从西北方的波罗的海到南方和东南方的黑海与里海。其中八个集团军分布在从当时的波罗的海之滨的列宁格勒,转向南方和东南,到顿河边上的沃罗涅日的战线上。顿河是苏联欧洲部分南部三条大河中的一条,沃罗涅日位于从波罗的海到里海的五分之三路程附近。这之后存在一个兵力真空地带,直至沃罗涅日到里海的中途位置,即顿河与伏尔加河几乎交汇

---

* "吃奶酪的投降派猴子"的比喻出自美国动画片《辛普森一家》。——译者注

的地方，也即斯大林格勒所在地，德国方面在那里部署了两个集团军。另外还有三个集团军位于更靠近东南方向的位置，即高加索山脉地区。

为什么德国人把后面五个集团军放在与其他部队相距如此遥远的地方——其中两个把斯大林格勒炸成齑粉，另外三个远征高加索地区？他们的任务是什么？他们相互之间以及同其他德国军队之间的兵力空隙怎么办？三支向南推进最深的集团军的任务是占领高加索油田。因为希特勒及其下属确信，纳粹德国只依靠普洛耶什蒂附近的罗马尼亚油田是不够的，要维持战争，必须控制更多油田。

但结果表明，这个判断是错误的。对于当前拥有以及需要消耗多少燃料，下属总是给上级谎报军情。采用命令控制的中央计划体系的一大缺陷就是，你将越来越依赖下属的诚实，他们则越来越倾向于采用保守的预测，而不愿意因为没有做充足计划而受罚。无论如何，这让希特勒确信必须不惜代价去夺取油田。

德国第 6 集团军和第 4 装甲集团军集结在顿河与伏尔加河岸边，负责保护进军高加索地区的三支集团军的左翼。这两个集团军都投入了大量兵力、物资和宝贵的时间，试图夺取已被炸成废墟的斯大林格勒。

除了这座城市的名字代表着苏联最高领袖之外，夺取它的战略意义并不明朗。相比稍微后方的顿河岸边的卡拉奇，占领斯大林格勒与伏尔加河岸并不能给南进的集团军提供更好的侧翼保护。而且第 6 集团军和第 4 装甲集团军也需要担心自己的侧翼防卫，因为在他们同沃罗涅日之间只有来自意大利以及某些并不热心的巴尔干盟国的缺乏训练和装备的部队。

苏联第三个梯队的红军部队已参加过 1941—1942 年秋冬季节

的战斗，并得到了补充，在 1942 年的夏秋季节保存了下来。他们曾遭受重创，在纳粹的攻势面前不情愿地后退，但避免了像 1941 年那样被大规模包抄和歼灭。与此同时，依靠最后的人力资源动员，以及美国租借法案提供的援助，加上阿列克谢·柯西金的团队在德国人攻势面前紧急疏散到东部安全区域的兵工厂的生产[19]，苏联方面组建了红军的第四个梯队，准备在冬季发动反攻。

苏联人在 1942—1943 年冬季发动了两次宏大攻势。火星行动主要针对靠近莫斯科的德国战线中心区域，但遭到了失败，损失惨重。天王星行动则针对斯大林格勒附近暴露已久的德军侧翼，其取得了完全的压倒性胜利，最终包围和歼灭了整个德国第 6 集团军以及很大部分第 4 装甲集团军，围困和俘虏了大量德国军人，并迫使更南方的纳粹军队从高加索油田紧急撤退，向德国收缩。这场胜利极为不凡，一个关键原因是德国方面的重大战略错误，导致其东部军力在 1942 年后期被派遣到很不利的分散位置。

如果不考虑用原子弹把德国变成放射性焦土的话，苏联红军或许抓住了盟军方面赢下二战的最后机会。如果斯大林格勒的天王星行动像莫斯科的火星行动那样遭遇失败，如果第四梯队的红军与之前的三个梯队一样，在参战数月之后失去战斗力，斯大林还有没有能力组织第五梯队？还是说苏联将就此走向终结？

盟军方面能够承受战略错误的代价，尽管损失惨重，仍可以继续战斗。纳粹却不能，尤其是他们需要在跨越整个大陆的若干战线上打全面战争（并在不同程度上跨越地球的几个大洋）。我们不妨看看 1941 年到 1944 年底德国军队逐月的阵亡和失踪人数。从 1941 年 6 月发动苏德战争起，除偶尔情形外，纳粹每个月都有约 5 万名德国士兵阵亡或失踪。战争开始时，纳粹德国有大约 6 000 万德意

第 10 章　第二次世界大战　　273

志民族人口，其中有大约 1 500 万兵役年龄男性。他们中将近一半可以被军事动员，其余则需要从事战备工作。虽然如果纳粹愿意违背自己的意识形态，对女性也开展大规模动员，他们还可以把更多男性送到前线，但实际上并未如此操作。所以按照 750 万人的最大潜在兵力来计算，每月持续损失 5 万人是严重失血。

然后在 1942 年 12 月到 1943 年 2 月出现了损失高峰，大量人员伤亡，迫使第 6 集团军在斯大林格勒投降。之后的晚春季节又遭遇了一次较小的损失高峰，突尼斯的纳粹集团军战败投降。一年后的 1944 年夏季，随着苏联的巴格拉季昂行动的攻势，德国中央集团军群被彻底击溃并投降，出现 100 万人的损失高峰。

如果纳粹方面采用更好的战略，而不是像现实的战略那样抵消其战术和操作层面的优势，二战有可能会被拉长，甚至可能让德国赢下战争。假如德国有次序地选择对手，逐一击破，会比真实情形危险得多，事实上，它在跟英国作战的同时选择进攻苏联，接下来又在 1941 年 12 月 8 日对美国宣战。

不过，德国或许依旧无法赢得战争。即使采用最好的战略，加上它在战术和操作方面的优势，德国依然可能不足以弥补其在后勤与生产力方面的差距，因为盟国在这些方面的优势过于巨大。

如果把美国在 1944 年的军事产出设定为 100，则英国在 1940 年的产出为 7，德国与日本之和为 11。到 1942 年，盟国的产出总和为 92，德日两国之和为 16。到 1944 年，双方的对比扩大至 150∶24。

从 1942 年开始，随着战争蔓延至全球，希特勒的失败已基本注定。在军事产出方面，仅英国便足以匹敌纳粹德国及其占领的欧洲国家。再把美国和苏联加进来，纳粹德国的产出不及对方的八分之一,即使德国和日本加起来也不到对方的六分之一。

当你的坦克和飞机数量处于1∶8的劣势、潜在兵力处于1∶10的劣势时,战术和操作方面带来的3∶1的伤亡优势已不足以翻盘。从1942年秋季开始,纳粹德国与日本帝国在许多关键战役上失利:夏威夷西北方的中途岛战役、瓜达尔卡纳尔岛战役、埃及的阿拉曼战役、为期数年的大西洋海战,以及最为重要的斯大林格勒战役与天王星行动。所有这些战役之后,假如纳粹选择继续搏斗,谁将赢得战争已经一目了然。意识形态要求他们必须坚持到底,于是他们这样做了。丘吉尔在1942年11月说,这不是终结,甚至不是终结的序幕,而只是序幕的终结。他说的没错。

1945年春季,美国、英国和苏联的军队在德国的废墟上会师。随着苏军逼近希特勒在柏林的指挥所,他在地堡中自杀身亡。即便这些军队不能在战场上获胜,美国仍有曼哈顿计划与原子弹作为后盾。日本遭到了原子弹打击、燃烧弹轰炸、全面封锁,并面临入侵威胁,最终于1945年夏季投降。

科学研究能给纳粹政权提供逃生舱吗?不可能。当希特勒上台时,德国在核物理研究方面居于世界领先地位。但这些研究成就被贬斥为"犹太人的科学"。一些幸运之辈得以出逃,有的来到英国和美国,把自己的知识贡献于击败纳粹。

纳粹没有制造出原子弹,也不知道如何制造。与之相比,美国自1945年8月起便掌握了把整座城市夷为有毒平地的震撼力量,一开始是两枚。而且美国会动用这种武器,直至敌人无条件投降。我们对此很清楚,因为美国确实采取了这样的行动。

恐怖一词完全不能准确描述第二次世界大战。若干学者认为这场大战是有可能避免的,当希特勒于1936年占领莱茵兰地区,或者于 1938 年威胁捷克斯洛伐克的时刻，假如英国和法国政府愿意动用武力将他的政权废黜，欧洲或许就不会爆发二战。假如在希特勒于 1939 年入侵波兰时，斯大林同英国和法国结盟并对德国宣战，那么希特勒将有很大的概率被更快地打垮，欧洲的二战到 1941 年底就可能结束。

或许如此吧。类似的推测更多关注个人的选择，而非意识形态或经济方面的基本事实。

我们还可以设想富兰克林·罗斯福在 1941 年春季判断，当欧洲深陷战火时，利用对军事必需品石油的经济禁运来逼迫日本退出中国并不明智。这样一来，美国与日本的和平或许能够维持到 1945 年，中国的沿海省市可能继续成为日本占领下的殖民地、内陆省市陷入混乱状态，日本军方将利用这一优势来巩固其"大东亚共荣圈"。

假如在 1940 年担任英国首相的并非丘吉尔——无论是内维尔·张伯伦留任，还是哈利法克斯爵士接任——英国政府几乎肯定会与纳粹德国单独媾和。这样当纳粹德国于 1941 年进攻苏联时，它就可以倾全力出击，斯大林的政权则完全有可能崩溃，使得直抵乌拉尔山脉乃至更远区域的苏联大地变成纳粹的领土、殖民地或者傀儡国家。

在任何平行宇宙中，希特勒可能都无法抑制住进攻苏联的欲望，这种行动需求深埋在他的纳粹主义意识形态世界观里。几乎能够同样肯定的是，希特勒依然会在 1941 年对美国宣战。

只不过，罗斯福、丘吉尔、斯大林、希特勒、裕仁天皇在平行宇宙中还会是他们自己，这会造成差别，或许还是极其重大的差别。

我们能肯定的是，如果二战走向不同的结局，很可能出现一个由纳粹控制的、以柏林为中心、跨越整个欧洲乃至欧亚大陆的邪恶帝国。情况也不会变好。

在轴心国投降之后，世界面临的真实局势与其他假设情形都大不相同：战败的一片废墟的德国；战胜的饱受摧残的苏联；战败的一片废墟还带有放射性污染的日本；伤痕累累的欧洲；战胜的精疲力竭的大英帝国；以及战胜的、本土依旧安然无恙、经济占据支配地位、自信满满而面貌一新的美国。世界的景象超越了任何人在1933年乃至1938年的可能预想。

第 11 章　敌对但共存制度之间的冷战

军国主义与帝国主义、种族与文化上的竞争对手,这些都在 1914 年之前的大致和平、进步、繁荣的美好时代扮演过毒蛇的角色。二战之后,它们依旧在潜行出没,并很快以美苏冷战的形式变换出宏大而狰狞的面貌。

但令人意外的是,冷战并未阻止或迟滞人类向繁荣和乌托邦的前进步伐,反而可能起到了加速作用。

原因并非显而易见。事实上,冷战在几个关键时刻曾转向糟糕得多的结果,摇摇晃晃地滑向边缘,甚至深渊。冷战偶尔爆发出激烈冲突,并把大量资源用于开发毁灭和屠杀的武器,原本有可能走向极坏的结局。[1]

但冷战也阻止了其他冲突对增长和进步的破坏。

冷战的这一超现实特征简洁地反映在如下事实中:在某种程度上,尼基塔·赫鲁晓夫——斯大林在 20 世纪三四十年代的亲信之一,1953—1964 年掌控苏联的最高领导人——可以被视作冷战的胜利者之一。他在 1959 年针对美苏对立的核心议题、竞争与维持和平共存做了这样的阐述：

> 和平共存不仅意味着在未来爆发战争的持续威胁下……继续一起生活，而且可以并应该演变成一种和平的竞赛：如何以最佳的方式来满足人们的需要……让我们在实践中探索哪种制度更为优越，以战争之外的方式开展竞争，这远远好于比赛谁能造出更多武器、谁能把对手摧毁。我们支持并将永远支持此类竞争，以便把民众的福利提升至更高的水平……我们可以争论，也可以保留分歧。关键在于停留在思想观念的交锋上，而无须借助武力去证明谁对谁错……最终，能够给各国带来改善物质和精神生活水平的更大机会的制度将在全球取得胜利。[2]

曾经宣称苏联将"埋葬"全世界资本主义国家的赫鲁晓夫或许会惊讶地发现，到1990年，他在克里姆林宫的继任者们将不得不承认苏联的现实版社会主义是人类发展的一条死胡同。[3]这不是因为资本主义国家设法埋葬了社会主义国家，它们并未做到。尽管冷战曾偶尔变热，例如在朝鲜半岛和越南，却没有变成全球性的灾难冲突。此外，冷战的结束方式恰如赫鲁晓夫期望的那样：一种制度显而易见地给改善物质和精神生活水平提供了更大的机会。

冷战是不期而至的。[4]二战中的各同盟国——它们自称联合国家——合作摧毁了世界上有史以来最强悍而危险的暴虐政权。它们为什么不能为建设一个更美好的未来而继续合作？二战后的世界给新兴的全球性合作组织提供了广阔舞台，其中最主要的是由战时的联合国家同盟扩展而成的联合国组织及其安理会、大会和各种分支机构。

此时，人们没想到会有冷战。以马克思列宁主义的理论来看，二战之后显然应该出现真正的和平。列宁认为，资本主义需要走向帝国主义。[5]帝国主义则会带来军事化，对武器和殖民扩张产生巨大需求，以维持垄断市场。只有通过这些手段才能基本实现充分就业，防止大萧条那样的灾难性经济危机，否则就会引发共产主义革命。然而，帝国主义又会带来战争。资本主义试图避免经济灾难引发的革命，却会走向政治和军事灾难引发的革命。所以在列宁看来，这种回避经济危机的做法不能长期维持下去。

列宁的继任者们看到，资本主义和帝国主义列强利用帝国主义和军国主义手段在19世纪90年代后期成功拖延了革命，但它们陷入了一战的浩劫。这帮助列宁在俄国成功夺取政权，并创立了第一个现实版的社会主义国家：苏联。革命能够大踏步前进，正是因为一战的影响，也随着一战而爆发。

在一战之后，列宁的继任者们相信，资产阶级已发现代议民主制度不再适合继续维持统治，于是纷纷转向支持法西斯主义者：意大利的墨索里尼、德国的希特勒、西班牙的佛朗哥、法国的贝当、日本的东条英机等。这没有改变向帝国主义和军国主义滑落的需要，反而增强了该趋势。随之而来的第二次重大的帝国主义战争，即第二次世界大战比第一次更具破坏性。

斯大林及其下属看到，在二战后的整合中，他们要完成五项任务：

第一是建立苏联的军事力量，以保卫现实版社会主义的领土，因为奉行法西斯主义和军国主义的资产阶级很可能会再次考虑用军事手段摧毁社会主义制度。这是一个合理的想法，因为确实有若干美军将领，其中最出名的是巴顿将军，希望在二战结束后马上挑起第三次世界大战。前任总统胡佛则认为，美国很可能在二战中加入了错误的阵营。尽管胡佛对战争中开发出的极具毁灭性的武器深感担忧，但像他这样思考世界局势的总统却很可能愿意动用此类武器。从苏联的立场看，在不太遥远的将来面临的新战争风险委实值得忧虑。

斯大林及其追随者们看到的第二项任务是，必须把现实版社会主义秩序扩展到新的土地上。

第三项任务是，苏联必须取得经济发展成就，以实现社会主义的承诺并向资本主义世界展示美好生活应该是何种景象。

第四项任务是，他们应该随时准备援助资本主义各国的社会主义运动，帮助后者在足够强大时发动革命。

第五，他们应该保持低调。

他们认为，在完成上述任务之后，如革命信仰所示，资本主义国家的帝国主义－军国主义发展逻辑就将自动完成其余的进程。资本主义列强将再度爆发冲突，陷入又一场灾难性的世界大战。假如现实版社会主义阵营能够在此期间保持低调并且存活下来，那么战后就又能扩展壮大。这便是苏联的战略：防御、重建，并且等待时机，因为历史潮流在自己一边。发动冷战则不属于该计划的组成部分。

除巴顿这样的将军和胡佛之类的前总统之外，西方国家同样对东西方对抗不感兴趣。美国的孤立主义潮流不像一战之后那样强烈，但依旧影响深远。西欧国家已精疲力竭。英国不再考虑击退现实版社会主义，而是试图给自己已经并仍在萎缩的帝国寻找合适的角色。美国的巴顿将军或许希望带着第三集团军的坦克杀到莫斯科，但这对北大西洋地区的任何理智的政治家及大多数其他人而言都是完全无法想象的。在四年的血腥杀戮和牺牲之后（四年是指美国人，欧洲和亚洲众多国家的战争经历更长），再把数百万人送到前线的想法实在令人反感。

同样的气息甚至可以在斯大林身上找到。在他认为代价不高时，斯大林有着极强的用残酷手段扩张领土的欲望：从苏俄内战末期镇压格鲁吉亚的孟什维克开始。但在二战之后，斯大林抑制了自己的欲望。他没有对芬兰强加一个现实版的社会主义政权，而是容忍了那里的制度，只要该国放弃武装，不参加潜在的反苏联盟即可；另外，芬兰政府中还充斥着许多苏联间谍。斯大林还原则上放弃了对希腊共产党的支援，并劝说毛泽东加入蒋介石的联合政府，以耐心等待时机。因为马克思曾承诺并预言资本主义的内部矛盾将使其走向覆灭，所以没有必要立刻采取行动，事实上在时机成熟之前的匆忙行动很可能适得其反。

请记住：大萧条留下的记忆还栩栩如生。不只是共产党人认为市场经济国家可能陷入长期的失业和停滞状态，当时一个较为流行的判断是，历史将鲜明地揭示中央计划经济的优越性。马克思主义经济学家保罗·斯威齐（Paul Sweezy）在1942年指出，"二战之后，世界上的社会主义国家将很快实现稳定，促进生活水平的提升，而帝国主义国家将在重重困难中挣扎"。[6]与之类似，英国历史学家泰勒（A. J. P. Taylor）在1945年谈道："在欧洲没有人相信美国式生活方式，即私人企业制度，或者说，信仰这种制度的人属于选举失败的政党，似乎不再有任何前途的政党。"[7]

当然，斯大林仍没有舍得放弃唾手可得的机会。1948年，他通过政变控制了捷克斯洛伐克。此外，毛泽东没有听取斯大林的劝告，在战争中击败了蒋介石，将后者及国民党政权驱赶到了台湾岛上。毫无疑问,斯大林听到了某些风声,评价他过于谨慎,或许因为二战的冲击而失去了勇气。在即将落下的铁幕以西,许多人依然用担忧、蔑视和敌对的态度看待现实版社会主义。二战爆发之初,许多人因无法忍受希特勒与斯大林的结盟而离去,干部队伍严重受损。旁观者越是详细考察,现实版社会主义的吸引力就越差。此外又出现了民族主义的纠缠。事情变得越来越明显,对现实版社会主义的忠诚要求服从甚至并入俄罗斯帝国的最新化身,而不是依靠把全世界无产阶级联合起来的普世主义信条。等待资本主义矛盾激化的策略也似乎没有奏效,至少不是很快奏效。

于是,二战后的苏联开始转向进一步扩张,而不是满足于巩固现状。美国则感到必须做出回应。在罗斯福去世后于1945年接任的杜鲁门政府以及众多国会议员相信,美国在一战后脱离国际事务是二战爆发的重要因素之一,所以政府和国会都宁愿犯些其他的错误,也不肯重蹈过去的覆辙。

在美国看来,西欧很可能投向现实版社会主义的怀抱。二战后初期,人们并不清楚西欧国家会在多大程度上利用市场机制来重新协调经济活动,对市场的信仰已被大萧条严重动摇。作为特殊时期的特殊措施,战时管制和计划培养了由政府实施控制与监管的习惯。斯大林治下苏联的极高经济增长率的吸引力,加上其战争实力的震慑,让许多人认为中央计划经济可以比市场经济带来更快的重建与增长。

假如欧洲的政治经济运动转入不同方向,二战后的欧洲复苏或许会停滞。各国政府可能拖延放松战时配给管制,从而严重束缚市场机制的作用。二战后的欧洲在经济方面比一战后更为困难,很可能像之前那样,再度陷入席卷整个大陆的金融与政治混乱之中。政治家们则会倾向于干预和规制,因为无论"政府失灵"会给经济造成多大的破坏,也肯定优于大萧条带来的"市场失灵"。

我们可以设想另外一种场景,欧洲各国政府维持甚至扩大战时管制,以防止收入分配格局的重大改变。在此情形下,20 世纪 40 年代后期到 50 年代早期的西欧国家可能创立负责调配的官僚部门来管理稀缺的外汇,可能对出口产品实施价格管制,以保留某些本土产品,维持城市工薪阶层的生活水平。拉丁美洲的许多国家正是这样做的,它们在二战后的大约 20 年中陷于经济停滞状态。以阿根廷为例,布宜诺斯艾利斯在 1913 年是人均电话拥有量全球最多的 20 座城市之一,该国在 1929 年的人均汽车拥有量可能位居全球第四,接近法国或德国的水平。阿根廷在二战后从第一世界快速滑落至第三世界,而二战后的政治生态并不比二战之前的西欧典型状况更具危害性。所以从 1947 年的视角看,西欧国家的政治经济状态与阿根廷相比至少同样脆弱。[8]

的确在 1946—1947 年,美国国务院的官员们曾担心欧洲是否会死去,就像战斗之后的受伤士兵因为失血而亡。美国国务院的备忘录描述了欧洲可能面临的大灾难景象:劳动分工完全崩溃,无论是城乡之间、工农业之间,抑或各类产业之间。战争给欧洲提供的实施经济计划和配给的经验远超阿根廷。好斗的城市工人阶级要求财富再分配,大量参与投票,使共产党人有希望成为法国和意大利的长期执政联盟的组成部分。接近 15 年的萧条、闭关自守与战争培养了经济民族主义。欧洲国家的各政治党派沿着经济阶层的界限分化成严重对立的阵营已经有两代人之久。

显然在一战之后,西欧国家的经济增长表现黯淡,甚至弱于阿根廷在二战之后的表现。一战后的煤炭产量复苏不稳定,在 1920—

1921年产量还有所下降，跌至1913年的72%左右。煤炭产量下跌是由各国中央银行对欧洲经济实施通缩政策所致，中央银行试图恢复一战前的金本位平价。欧洲煤炭产量在1923—1924年再度下降，是因为德国方面没有如期支付赔款，促使法国军队占领了鲁尔河谷。煤炭产量在1925—1926年还出现了第三次下降，是因为财政紧缩带给英国煤炭厂商的降低工资压力引发了煤矿罢工以及随后的短期大罢工。

一战后的欧洲发现经济复苏不时被各种阶层和利益集团之间的政治与经济"消耗战"打断。因此在二战后，欧洲各国的政治领导人均高度重视如何避免此类困局、达成政治妥协的问题。实际上，如果历史现实表明这些困难无法克服，西欧国家很可能会投票加入斯大林的阵营。

所幸欧洲避开了此类陷阱。到1949年，英国、法国与德国的人均国民收入基本恢复到战前的水平。到1951年，即战争结束后的第六年，由美国牵头、给欧洲提供援助的"马歇尔计划"告一段落，此时各国的人均国民收入已经比二战前高出了10%以上。如果用公认不算完美的国民产出估计值来测算，这三个西欧主要经济体此时取得的经济反弹幅度已经超过了欧洲在一战后到大萧条的11年中实现的复苏。

西欧国家的混合经济体建立了复杂的再分配制度，但这些制度是以消费品、生产品和生产要素的市场配置作为基础，而非取而代之。西欧国家虽然有支持恢复市场经济的呼声，却远远谈不上普遍拥护。战时管制被视为特殊时期采取的特殊政策，但人们并不清楚应该用什么手段来替代它们。共产党和部分社会党籍的部长则反对回归市场经济。人们看不清这种转型会在什么时候发生，甚至是否

第11章 敌对但共存制度之间的冷战

会发生。但实际结果却做到了。

二战后的欧洲事实上远不属于自由放任状态，政府掌握着公用设施和重工业的很大部分所有权，政府参与收入再分配的比例很大。战后的福利国家制度提供的"安全网"与社会保险计划的范围远远超出一战前的所有想象。然而这些庞大的福利国家制度仍伴随着金融稳定，以及对配置和交换的市场交易进程的高度依赖。

为什么西欧在二战之后的复苏进程如此顺利？

人们很容易把西欧的成功归结为美国的罗斯福政府和杜鲁门政府的援助。尽管在国内有时候会受到固执己见的国会的干扰，美国的行政当局依然在1945—1952年有些令人称奇地对外展示了强大实力。首先，美国完成了对日本以及德国西部大片地区的占领，然后给西欧各国提供了广泛的援助，包括直接的救济品、抵抗苏联潜在扩张的军事支持、大规模贷款以及开放美国市场等。这些援助计划改变了受援国在战后的政策走向，进而增强了美国政府的信心。

战争结束后的不到两年，美国确立了在政治、经济和军事上帮助西欧国家重建的政策。杜鲁门主义开创了对苏联的"遏制"策略，其中包括宣布需要采取措施迅速恢复西欧的经济繁荣。如专栏作家理查德·斯特劳特（Richard Strout）所述："抗击共产主义的一项有力措施便是给西欧国家送去盛满美食的餐盒。"[9]

为挫败孤立主义和反对增加支出的政治对手，杜鲁门政府在国会中积极宣扬利用杜鲁门主义、"马歇尔计划"和北大西洋公约组织来保卫欧洲。为此，政府动用了手里的一切武器，包括国务卿乔治·马歇尔在二战中作为军事胜利的主要策划者之一的声誉，保守派对苏联继续扩张的恐惧，以及同来自密歇根州的知名共和党参议员阿瑟·范登堡（Arther Vandenberg）结成政治联盟。

为什么"马歇尔计划"要冠以国务卿的名字,而不是美国总统杜鲁门的名字呢?杜鲁门对此做过精彩解释:"如果以杜鲁门而非马歇尔来命名,你能想象它在选举年被共和党控制的国会通过的概率吗?"[10]

"马歇尔计划"是一个大型的多年度方案。在 1948—1951 年,美国投入了 132 亿美元以帮助欧洲复兴,其中 32 亿美元给英国,27 亿美元给法国,15 亿美元给意大利,14 亿美元给西方国家在德国的占领区,即后来的联邦德国。在该计划实施的各年份,其规模相当于美国国民收入的 1%,西欧国家国民收入的 3%。

"马歇尔计划"的美元援助确实影响到了投资水平,获得大量援助的国家的投资水平确实更高。艾肯格林和乌赞(Uzan)估算,"马歇尔计划"中每 1 美元的援助会增加 65 美分的消费,35 美分的投资,新投资的回报率还很高:投资每增加 1 美元,将使次年的国民产出提高 50 美分。此外,"马歇尔计划"的援助资金还可以通过缓解外汇紧张来促进增长,因为在美元稀缺的世界中,该计划带来了硬通货。而在战后,煤炭、棉花、石油和其他许多物资都供不应求。[11]

不过,这些直接效应依然是有限的。"马歇尔计划"的援助对投资的提升幅度或许只相当于各国 GDP 的 1%。即便都集中用来缓解最致命的瓶颈,我们也很难想象为期三年的该项计划能够使西欧国家的产出潜力提高 1 个百分点以上。然而,西欧国家在二战后的实际增长速度超出了预期的 10 倍以上,且延续了 30 年之久。

某些政治经济效应很可能对此发挥了支配作用,因为在二战后,美国终于积极担当起了霸主的角色。博弈理论对此说得很清楚:只要有一个公认的霸主,某些事情便有了可能,其他一些事情会更有胜算，还有些已经完成的事情能被放大，因为每个人都清楚应该如何合作，并遵守规则。"马歇尔计划"的援助成为维持金融稳定的前提条件。每个受援国都必须同美国订立双边条约，它们必须答应平衡政府预算、恢复国内金融局势，以及把汇率稳定在合理的水平。

金融稳定要求政府预算平衡，预算平衡要求顺利解决收入分配冲突。"马歇尔计划"对此提供了非常强烈的激励，它给予欧洲各国一揽子资源，可以用于缓冲重组过程中发生的财富损失，以及缓解劳工、资本家和地主等各个群体的失望，以免他们抱怨自己没有获得公平的利益份额。"马歇尔计划"的实施者一方面要求欧洲各国政府和利益集团做出妥协，以更加"美国式"的模式推行经济自由化，另一方面则提供资源支持。

这些资源并没有免除必要的牺牲，但它们扩大了各个利益群体可以分享的蛋糕的总规模。

除负责"马歇尔计划"的美国经济合作署，还有其他机构也在推动积极与正和的博弈行动。20世纪50年代中期，西欧国家创立了自己的欧洲煤钢共同体，以实现这些产品的自由贸易，该共同体成为如今欧盟的原型。占据支配地位的美国高度依赖国际贸易作为世界和平与各国繁荣的推手。在1944年的布雷顿森林会议上，美国财政部长哈利·德克斯特·怀特与英国的约翰·梅纳德·凯恩斯共同设计了一个体系，以更好地利用全球化来造福。由此成立了世界银行，当时又称国际复兴开发银行，意图通过（非高利贷性质的）贷款来支持被战争毁坏的各国的重建，以及促进尚未把握现代机器和工业技术带来的宝贵机遇的其他地区的开发。另外还成立了国际货币基金组织，负责协调各国货币的价值水平与跨境资金净流动,帮助各国重新制定贸易条件,并且扮演恶人的角色,催促乃至命令各国履行自己的义务,以及为此应该如何改善经济管理等。西欧和美国在冷战中结成联盟,这个背景给上述机构赋予了生机和活力。此外,二战后的北方国家非常幸运地拥有一批杰出的政治家。

当时还有关于国际贸易组织的构想,希望通过该机构开展谈判,达成互利的关税削减(甚至完全免除),并裁决贸易争端。不过,杜鲁门政府虽然在国会中顺利通过了联合国、世界银行和国际货币基金组织的议案,却在1950年年底判断,把国际贸易组织的议案提交国会过于冒险,因为政府在当年年底还需要国会拨款支持朝鲜战争,以及构筑长期的冷战军事框架。另外到1950年,慷慨的国际慈善合作已经过时,更需要考虑的是自由世界同共产主义阵营之间的长期角力所要求的真金白银的援助。结果导致,没有建立起至少对自己的判决有一定执行力的国际贸易组织,而只是达成了一份协定,即《关税与贸易总协定》,在该协定下,在之后的数十年中,利用多个轮次的多边谈判来逐渐降低关税水平。

因此,欧洲在二战后的成功重建有很大部分应归功于这些高瞻远瞩的国际合作行动:"马歇尔计划"及其他措施改变了政治和经济政策的制定环境,从而加速了西欧国家的增长。这个时代还见证了社会民主主义的"混合经济"的创立:恢复价格波动并维持汇率稳定,在充分的社会保险制度、对工业和公用设施保留部分公共所有权,以及广泛的公共需求管理的背景下,依靠市场力量发挥作用。

社会民主主义在二战后的发展还有一个非常重要的决定因素:苏联在铁幕背后具有极其现实的威胁。包括历史学家泰勒在内,许多观察家根本不相信"美国式生活方式,即私人企业制度"。然而在近距离观察时,现实版社会主义呈现出他们更不会信任的本来面貌。现实版社会主义国家没有实现更高的生活水平,而西欧则没有再度陷入大萧条。西欧国家开始担心苏联的扩张,希望美国持续在场,以遏制此类威胁。于是他们创立了北大西洋公约组织,愿意追随美国的领导,并在必要时逼迫美国出头。对于美国想要的条件,他们则心甘情愿提供。

有个故事说,有人问比利时政治家保罗-亨利·斯巴克(Paul-Henri Spaak),为欧盟的创建者树立一群雕像好不好,他这样回答:这个主意太棒了!我们应该在布鲁塞尔的贝尔莱蒙宫(欧盟总部所在地)之前给斯大林树立一座 50 英尺高的巨像。[12] 正是在德国的苏联军队集群以及在福尔达峡谷的红军坦克,时刻提醒着每个欧洲人:他们是多么需要北约组织、欧洲煤钢共同体、欧洲经济共同体,以及之后的欧盟取得成功。

* * *

到 1948 年,美国政府已制订出真正的冷战计划:把国防支出提升至国民收入的 10%,在全球各地部署美国军队。但这些计划依旧是对难以想象的意外事件的猜测,直至朝鲜战争爆发。

1950 年,斯大林在二战末期帮助树立的朝鲜强人金日成要求他提供坦克及其他支持,以接管朝鲜半岛南部。当时的朝鲜半岛按照人为划定的北纬 38 度线被分割为苏联扶持的北部与美国扶持的南部。

当金日成向斯大林发出要求时,朝鲜半岛南部并没有美国军队驻扎。1950 年初,此时担任杜鲁门政府国务卿的迪安·艾奇逊宣布,"东西方之间保持友谊的传统已成为历史……在最糟糕的情况下,双方有过压迫利用……在最好的情况下,则有过父爱情结"。但如今这样的关系已经终结,美国在太平洋地区有个"外围防卫圈……从阿留申群岛直至日本,然后……延伸到日本南部的琉球群岛",最终是菲律宾。对于这个防卫圈之外的保护将属于"整个文明世界在联合国宪章下的责任",因为让美国对该区域之外的任何国家保证提供援助是"不太可行的"。美国的战略家们还认为,即使对太平洋地区的这个防卫圈内部,美国最好也只是利用海空军,而不是登上陆地。[13]

此外,美国支持去殖民化运动:把英国人赶出印度,把荷兰人赶出印度尼西亚,让其他世界列强也撤出他们长期控制的海外领地。虽然美国人愿意给在东南亚同越南共产党作战的法国人提供后勤支援,他们却希望法国人承诺最终让越南独立,而非继续维持殖民统治。

可是,艾奇逊的演讲没有提到朝鲜半岛,没有提及它在太平洋防卫圈中所处的具体地位。这一缺失是否颠覆了斯大林头脑中的决策天平?或许的确如此。1950年6月,朝鲜战争爆发。出乎金日成、斯大林、毛泽东和美国本土民众意料的是,美国政府召集联合国派出了干预军队。这支力量主要由美军组成,但借用了联合国军的名义,其使命是捍卫在美国控制区建立的韩国政权,乃至争取实现朝鲜半岛的统一。

战争席卷了朝鲜半岛全境,从北部的鸭绿江到南部的釜山港。韩国与朝鲜军队在陆地上交战,美国人在陆地、海洋和空中参战,中国人在陆地上参战,苏联人在空中参战(有350架飞机被击落)。三年之中有100万~200万平民死亡,占半岛总人口的5%~10%,

约有 40 万名韩国人被俘虏到朝鲜。阵亡和失踪的军人包括约 50 万中国人*、30 万朝鲜人、15 万韩国人、5 万美国人，以及约 4 400 名增援韩国的其他国家的士兵。美国空军在这场战争中投下了近 50 万吨炸弹，分配到当时的半岛全部人口头上，约为每人 40 磅。

美国没有动用核武器，这是一场战争，但属于有限战争。美国的战区司令道格拉斯·麦克阿瑟将军曾在 1950 年申请使用原子弹，即中国军队把联合国军从鸭绿江边打回汉城（现称"首尔"）以南的时候。但五角大楼和杜鲁门总统拒绝了他的建议。

常规武器已经足够了。从 1951 年 3 月开始，战线在北纬 38 度线，即朝鲜南北双方初期的分界线附近稳定下来。五角大楼和杜鲁门着手争取停火，回归战争之前的状态，没有人成为胜利者，也没有人被彻底消灭。

1953 年 3 月 5 日，战争仍在悬而未决时，斯大林因中风去世。他的继任者们认为朝鲜战争并无意义，应该结束。毛泽东派出的谈判者接受了联合国方面的战俘处置建议，不要求强制遣返回国。于是，1.5 万名中国战俘中有大约 1 万人没有回归，7 000 名朝鲜战俘中有大约 5 000 人没有回到北方；另外有 327 名韩国战俘，21 名美国战俘和 1 名英国战俘决定留在朝鲜，但最终，这 22 名英美战俘中的 18 人后来还是回归了西方国家。[14]

由此形成了此后延续数十年的格局，甚至延续到加长版 20 世纪结束之后，今天的朝鲜依旧处于朝鲜劳动党的统治下，其间经历过二战后最严重的饥荒之一，韩国则变成了一个独立而富庶的工业强国。

---

* 数据有出入，根据抗美援朝纪念馆的数据，中国阵亡和失踪人数应为 197 653 人。——编者注

朝鲜战争的重要意义远远超出半岛本身，它是改变世界的一次蝴蝶翅膀扇动，因为这场战争让美国及其国防机器驶入了新的轨道，年度军费开支达到了之前水平的 5 倍，并将触角伸至世界各个角落。简单地说，美国在朝鲜战争之后承担起了一个新的角色。

首先，德国的情形与朝鲜半岛颇为相似——被原来设想的战后临时性质的军事占领边界分割成两个部分。

人们对于谁会成为斯大林的继承者知之甚少，唯一能确定的是他们在斯大林羽翼下被提拔起来，很可能会有几个人在斯大林死后的权力斗争中被清除。

于是在 20 世纪 50 年代中期，有一整支美国大军驻扎在联邦德国，预防斯大林的继任者如同他们之前在朝鲜半岛那样发动进攻：利用武力让一个被二战终结时的停战协议分裂的国家重新获得统一。

1950 年 6 月之前还属于国防部职员和规划师幻想的事情已变成了现实：他们有能力把美国的国防支出提升到国民收入的 10%。武器在很大程度上是不会投入使用的，但政府购买武器这件事本身使得大萧条之类的情形不会再发生。这给美国的需求和就业提供了一个强大的托底——政府要采购，负责供应的厂商就需要招人来工作，工人们就有收入来购买其他东西，这又让更多的人获得工作机会。

这些支出有很多是为了帮助美国把参与冷战的军事力量投射到境外。美国在南极洲之外的所有大陆部署了军队，兴建起永久性军事基地。20 世纪 50 年代中期，约有 0.75% 的美国国民产出属于"净军事交易"，即不会带来美元流入的美国军方在海外的支出。在欧洲，美国净军事交易的增加在很大程度上抵消了"马歇尔计划"结束的影响。简而言之，北约带来的不只是抵御苏联，还给欧洲在

第 11 章 敌对但共存制度之间的冷战　　293

20 世纪五六十年代繁荣期的生产提供了更为可靠的需求来源。

此时，我们要进入核武器的话题。

从 1956 年开始，苏联把"和平共存"作为正式的对外政策。苏联人依然会支持反对殖民主义和资本主义的正义斗争，但对于超级大国之间的直接战争则不再考虑。美国和苏联要共存下去。苏联的优先议题是放低姿态，证明现实版社会主义的优越性，这当然会带来最终的胜利。

从 1954 年开始，美国的政策变成了"大规模报复"类型。在当年的演讲中，国务卿艾伦·杜勒斯明确表示，其策略是"遏制共产主义世界的庞大陆军实力"。遏制侵略的办法是"让自由世界有意愿和能力在自己选择的地点、以自己选择的方式做出强烈的回应"。[15]值得注意的是，这一策略没有排除用核武器来回应常规战争的挑衅，也没有把报复与遏制限定在特定的冲突区域。

双方都把对手视为潜在的致命威胁，这让双方变成了事实上的致命威胁。

美国规划师认为，核武器或许不足以吓阻苏联人的核打击或者用常规武力入侵西欧，而苏联规划师认为美国的核武器足以摧毁自己的国家，并能够支持用常规武力占领苏联。他们清楚地记得克里米亚的鞑靼人于 1571 年烧毁莫斯科，波兰人于 1610 年占领莫斯科，瑞典人于 1709 年入侵，法国人于 1812 年占领莫斯科，德国人于 1918 年订立趁火打劫的《布列斯特和约》，以及希特勒于 1941 年入侵苏联。

然而，杜勒斯 1954 年关于美国大规模反击策略的演讲的关键词是"遏制"：美国乃至整个北约对冷战的方针是遏制策略。正如美国外交官乔治·凯南（George Kennan）所言，正确的策略是

"守住阵线,并争取最佳结果"。他接着阐述说,因为"意识形态让苏联统治者相信真理在自己一边,他们可以耐心等待……针对苏联施加的压力,可以在时常变换的一系列地理和政治焦点上用灵活而警惕的反作用力予以遏制"。

另外,"美苏关系议题在本质上是对美国在世界各国中的整体价值的检验",凯南指出:

> 睿智的苏美关系观察家会发现,并没有理由抱怨克里姆林宫对美国社会发起的挑战。他反而会对上天的旨意怀有某种感激之情,因为向美国人民发起这一无情挑战将促使全社会为整体安全团结起来,以承担历史明确赋予他们的道义与政治上的领导责任。[16]

这是大写的美国例外主义发挥到极致的写照。凯南坚信,只要美国能够真正成为山巅之城,能够由此开展行动,那么它和北约对冷战就无所畏惧。好比约翰·温斯罗普(John Winthrop)在1630年的布道中所述:"追随弥迦的忠告,公正处事,崇尚仁慈,虔诚地与上帝同行……他就会让我们获得赞颂和荣耀,一如人们在继承种植园地时所说,'愿上帝使它变得同新英格兰一样美好'。"

负责对外政策的美国人压倒性地赞同凯南的观点。然而,现实版社会主义国家物资匮乏和贫穷,但人口众多,这些国家的政府有着令人担忧的利用宣传来发动民众为自己的事业而支援和战斗的力量。

可是对美国的大多数政治领袖以及军事和外交官员而言,并没有理由恐慌。遏制策略可以控制核战争的威胁。克里姆林宫被无趣的官僚控制,但他们也享受自己的生活和地位。官僚阶层僵化将是现实版社会主义的命运,除非这种僵化能被控制和无限期拖后。这样的判断是正确的。

苏联领导人赫鲁晓夫也认为没有理由恐慌,完全应该等待历史的判决。他在 1956 年谈道:"不管你喜不喜欢,历史是在我们一边的。"[17]他还更带恶意地预言:"我们将会埋葬你们。"但这句译文可以做更多的解释,或许他的俄语原文是指"我们将比你们活得更久"之类的。赫鲁晓夫后来对自己的意思也做过澄清:"我说过'我们将会埋葬你们',为此引来了许多争议。我们当然不会真拿着铁锹去埋葬你们,你们的掘墓人其实是自己国家的工人阶级。"如果包括死于饥饿的人,苏联在二战中损失的总人口高达约 2 700 万。他们中没有人真想迎来第三次世界大战。

于是世界进入了一个远离乌托邦的稳定均衡状态,尽管这需要你细心观察才能看明白。

赫鲁晓夫有理由对苏联抱有信心,这不是来自现实版社会主义中央计划经济的优越表现,而是源于市场经济体的惨淡成绩。总之,市场经济可能也的确会铸成大错。市场用无情的效率来完成实际赋予的任务,协调市场制度的关键在于决定给市场发出什么样的指示以及如何改变这些指示。市场经济体只有对总福利水平做出恰当的界定,才能得到良好的结果,即必须以恰当的方式估算每个人的物质福利和效用,然后做加总和权衡。但问题在于,市场经济给每个人赋予的价值又取决于他们自己的财富。

假设物质消费每增加 1 倍,会使个人效用有固定数量的提升,这样意味着收入中的第 1 个美元比第 2 个美元更有价值,第 2 个美元比第 3 个美元更有价值,以此类推。理论经济学家采用了一种很简单的形式来描述此类公式和定理:当且仅当社会总福利以每个人的财富的市场价值来测算其福利时，市场才能实现总福利水平的最大化。在不平等的分配条件下，市场经济会导致极其残酷的结果。如果我的财富完全取决于我在别人的土地上从事劳动产生的成果，但由于降雨没有如期而至，则我的劳动能力就没有任何市场价值，市场就会让我饿死：这就是孟加拉地区的数百万民众在1942—1943年的真实遭遇。

市场有可能失灵。

而中央计划可能取得成功。毕竟，苏联经济非常高效地生产出了二战中性价比最高的T–34C、T–34/85等坦克。虽然美国的坦克生产效率更高，但中央计划经济动员了更多的资源。如果只有一个或少数几个压倒性的目标要完成，那么过度积极或过度呆板的计划造成的效率损失将成为次要的影响因素。

对于某些会把资源从投资转向消费的人，中央计划经济更容易告诫他们放弃。美国经济学家在20世纪五六十年代曾推测，苏联把更高比例的国民收入用于投资会让它在长期中实现高得多的资本密集度，高资本密集度带来的增加值可能压倒中央计划的效率损失，从而给苏联人带来更高的物质生活水平。

另外，从来没有什么令人信服的理由表明，市场经济在技术发明、开发和应用方面拥有理论上的任何必然优越性。苏联发射的人类第一颗人造卫星斯普特尼克成为震耳欲聋的警告，尤其是对那些之前尚未重视凯南所提建议的人：为赢得冷战，美国必须全力以赴应对这场挑战，拿出自己的最佳表现。

* * *

这一非乌托邦状态能保持稳定吗？二战后的世界处于核战争阴

影下,核武器战略家们接受了所谓的"相互确保毁灭"(mutual assured destruction)战略,在英语里简称 MAD 战略,既是正式用语的首字母缩写,又准确传递了其疯狂本质。

此外,世界也没有摆脱伊甸园里的其他毒蛇的袭扰:如军国主义和帝国主义,以及其他形式的民族、文化和经济的相互敌对。

例如,杜鲁门的继任者德怀特·艾森豪威尔总统在给兄长埃德加那封不赞成政府可以也应该收回新政措施的信中,吹嘘其下属的中央情报局如何通过政变来帮助穆罕默德·礼萨·巴列维确立伊朗国王和独裁者的地位,以防止中东的富裕石油国家走向共产主义。艾森豪威尔确信杜鲁门政府会采取退让态度,所以他自己在很大程度上消除了"近些年来笼罩在自由世界头上的最大威胁"。[18] 不过,没有什么理智的人会把被推翻的伊朗首相穆罕默德·摩萨台当作列宁甚至斯大林的翻版。

20 年之后,和平共存的理性支持者们会饶有兴趣(即便不算热情)地关注智利的民选总统萨尔瓦多·阿连德,如果他主张的向更具吸引力的现实版社会主义和平过渡不能带来繁荣和自由,这对其他国家将是个有益的警示:最好不要做类似的尝试。而如果阿连德取得成功,则其他国家或许可以借鉴该模式来改善自身的状况。然而这种尝试不符合冷战斗士们的逻辑:他们支持将军出身的独裁者奥古斯托·皮诺切特发动武装政变,实施大屠杀。右翼意识形态宣称,皮诺切特有必要承担传说中的古希腊斯巴达立法者来库古的类似角色。而在铁幕的另一侧,和平共存的理性支持者们本应该欢迎捷克斯洛伐克的亚历山大·杜布切克以人道方式建设社会主义的尝试。然而,克里姆林宫的列奥尼德·勃列日涅夫的反应却是派出坦克镇压:现实版社会主义没有也不可能允许以人道的面貌出现。

不过，对于二战后一个世代的某些被殖民国家而言，冷战或许是福音。在独立之前，这些国家可以借此推动去殖民化进程，宣称如果久拖不决，苏联就会利用殖民地人民的不满建立革命势力，进而使该国投入共产主义阵营。在独立之后，这些国家可以借鉴印度尼西亚万隆会议上发起的"不结盟"运动（由印度尼西亚政治强人苏加诺和印度总理贾瓦哈拉尔·尼赫鲁牵头），以中立地位自居。不结盟国家由此能够从冷战双方那里争取支持。它们对冷战角力者的地位越重要，双方就越愿意提供资源支持，以影响这些国家对政治和经济制度的选择，或者在国际事务中倾向哪个阵营。

当然，冷战的局势越是紧张，试图把握自身航向的政府或政治运动就越有可能被某个超级大国的控制项圈收紧，并酿成悲剧。南斯拉夫与芬兰比较成功地捍卫了自己的路线，但苏联红军为执行其路线和纪律对其他国家进行粗暴干预：1953年在民主德国，1956年在匈牙利，1968年在捷克斯洛伐克，1978年在阿富汗。美国支持了若干国家的政变，甚至直接派出军队推翻其政府：1954年在伊朗和危地马拉，1961年在古巴，1973年在智利，1981年在多米尼加和尼加拉瓜，1983年在格林纳达。另外在若干地方，冷战变成了热战：朝鲜（500万人死亡）、越南（250万人死亡）、埃塞俄比亚（150万人死亡）、安哥拉（50万人死亡）等等。

还有些国家的政府对本国社会发动了迫害：例如在1965年的"危险岁月"，印度尼西亚的1亿人口中有10万~50万人被杀害。政治强人苏哈托以共产党人的政变计划作为借口排挤了之前的领导人苏加诺，然后大肆杀害被任何人指认为共产主义者的民众。1975—1979年，红色高棉以各种理由杀害了柬埔寨800万总人口中的大约200万人。这样的事例还有很多很多。

除此类丑恶的大屠杀之外，在整个冷战时期，还总是有着陷入更危险境地的可能性，使得非乌托邦的均衡摇晃着滑向世界末日。

例如，全人类在1962年10月的古巴导弹危机中被挤到热核战争的边缘。美国此前在靠近苏联边境的土耳其部署导弹，苏联则在古巴如法炮制，但美国总统约翰·肯尼迪的好战反应超出了尼基塔·赫鲁晓夫的预料。最终，美国方面承诺不以武力推翻古巴共产党领导人菲德尔·卡斯特罗，苏联则把导弹从古巴撤出，美国也更为低调地撤回了在土耳其的导弹。

美国政治史对此记录说，在双方对视的关键时刻，苏联人眨眼了。或许如此。但我们也应该注意到，苏联是更通情达理的一方，愿意牺牲一点"面子"，因为双方均同意把美国从土耳其撤出导弹作为秘密来对待。在该秘密大白于天下之前的20年里，曾出现过许多完全误导性的历史记述，这些记述基于某些不实的说法，其中有些是来自肯尼迪政府的内部人士。

这段历史上还出现过其他危急时刻。

1960年，北约组织的雷达把月亮升起错误解读成了核攻击，促使美国进入高度戒备状态，而当时赫鲁晓夫正在纽约出席联合国的活动。1967年，北美防空司令部把太阳耀斑误解成苏联发动的雷达干扰，差点发动自己的轰炸机群。1979年，一台计算机在装载训练模拟场景时，诱导北美防空司令部向白宫报告，宣称苏联人对美国发动了250枚导弹，而总统仅有3~7分钟时间来决定是否发动报复。1983年，苏联的斯坦尼斯拉夫·佩特罗夫中校拒绝确认早期预警系统的导弹监测攻击信号，认定那是一个误报，从而避免了更坏的后果。

但在同一年，苏联空军把偏离路线的韩国航班当作入侵自己领空的美国 RC-135 型间谍飞机，将其击落。1988 年，美国海军巡洋舰文森号在伊朗海域非法航行时，击落了一架载有 290 人的伊朗民航客机。

冷战的进程有时候很糟糕，有时候非常糟糕，还有些时候面临极大的危险。

我们应该承认，冷战本可能以其他方式结束，结局可能令人恐怖，以东方集团的胜利而告终，或者更长久地维持僵局，甚至直至今日。为什么没有呢？因为人们可以并确实带来了改变。我认为，给世界带来最大改变的是那些防止冷战变成热战的人，让坚持战斗者认识到冷战已经结束的人，并通过辛勤努力使社会民主主义的西方联盟展现出最好面貌的人。

归根到底，这是一场严肃而致命的殊死搏斗。两种制度都声称代表各自民众的利益，乃至最高利益。到 1990 年，其中哪种制度更为优越或者说更不那么糟糕已经毫无争议。但请不要骄傲，因为在许多方面，与其说西方国家已完全证明了自己是最好的制度，不如说只表明略胜一筹而已。它们没有那么反乌托邦，可是距离真正的乌托邦依旧遥远。因为在当时，对于判断制度的优劣而言，苏联设置的标杆太低了。

第 12 章　南方国家经济发展的虚假或真实的起步

到目前为止，本书有太多篇幅集中在世界的北方国家。这个安排是合理的，因为在大多数情况下，北方国家引领着世界经济史的舞步。而制度之争也主要发生在北方国家及其周边，中国是个极为重要的例外。而如今，我们需要回顾世界上较为贫困、工业化不足以及去工业化地区所发生的事情，从中国清朝政府落幕的 1911 年到冷战结束时的 1990 年。

正如经济学家阿瑟·刘易斯在 1978 年告诫的那样，南方国家的历史极其丰富多彩，对任何你想树立的解释或观点，都至少能从中找到一个例证。[1] 就本书的目的而言，这意味着宏大叙事面临不断搁浅的风险。但我依然看重这样做的好处，即宏大叙事有益于我们的思考，并继续秉持该精神来讲述。与对北方国家的分析一样，我对南方国家的分析将依旧集中在如下五大主题：经济史、技术繁荣、政府失效、全球化以及恶劣的暴政。以此为基调，我带着学者的惴惴不安大方地承认，本章的思路是首先做简略的概述，然后集中介绍几个特定的案例。

在加长版20世纪开启的1870年，英国的工业位居经济和技术前沿，实际人均年收入达到约6 000美元，同英国核心区域（以多佛为圆心）、英国海外殖民地和美国（英国前殖民地）以外的任何地方相比，至少在两倍以上。而在新兴的北方国家之外，学者们的标准估计显示，那些地区相互之间的人均年收入差距接近5倍，从非洲较贫困地区的600美元，到即将加入北方国家的欧洲诸国的3 000美元。整体上的收入曲线则严重向低端倾斜，因为中国和印度当时正处于马尔萨斯人口循环的下行阶段。总体而言，世界南方国家的实际人均年收入水平或许仅有1 300美元。

到1911年，全世界大体上获得了共同的增长。南方国家内部的收入差距此时接近6倍，从人均700美元到4 000美元，以法国贷款来修筑铁路系统的俄国处于南方国家的领先位置。世界南方国家的收入重心提升至1 500美元左右。这与之前的时代相比是不错的增长成绩，但处在技术前沿的北方国家的增速却比它快得多。

然后，在北方国家遭遇冲击的年代——第一次世界大战、大萧条、第二次世界大战、冷战——南方国家的分化严重加剧，落到更远的后方。当冷战在1990年走向尾声的时候，已经取代英国占据技术和经济前沿地位的美国的人均年收入达到约3.5万美元，依然是南方国家中最高水平的两倍左右。此时南方国家的人均收入水平分布在600～17 000美元，相互之间的差距高达28倍。南方国家的收入重心仅有约2 500美元，主要是因为中国和印度依然较为贫困。许多南方国家此时已把北方国家的某些先进技术引入国内生产，还有些国家则因为出口市场的扩张和繁荣而显著获益。

但结果完全不同于新古典学派、新自由学派、类似新自由学派（包括我本人在内）的经济学家们的预期，因为这些学派认为新的技术发现应该比拓展更困难，拓展则比应用更困难，所以世界经济应该逐渐"趋同"。然而在1911—1990年并未发生这种情形，恰恰相反，世界经济以惊人的步伐走向了分化。[2]

对此该如何解释？经济史学家罗伯特·艾伦提出了一份清单：各国为登上1870年之后的经济增长电梯、走向繁荣，需要完成哪些任务。该清单包括：促进市场发展的稳定政府；兴修铁路、运河、港口等设施；准许开办银行，为商业和投资服务；建立大众教育体系；征收关税，以保护本国工业和从事工程技术实践的群体，扶持长远的比较优势。此外还需要一个"大推进"（Big Push），让经济发展的良性循环启动。[3]

对南方国家的大多数经济体来说，上述要求并未实现。它们没有追近，甚至没有跟上快速进步的经济增长与发展领跑者。原因何在？二战之前的宗主国基本上无视亚洲和非洲殖民地的独立繁荣。在二战前，这些宗主国没有兴趣发起"大推进"来开启殖民地的进步、帮助被殖民的广大民众。更复杂的是，亚洲和非洲其他殖民地的工人还面临工资水平极低的印度和中国的激烈竞争，这限制了它们培育本国中产阶级以促进需求和工业发展的能力。

其他地区的南方国家也存在类似的困境。以拉丁美洲为例，它们在19世纪早期就从西班牙与葡萄牙的统治下独立出来。但墨西哥、哥伦比亚、秘鲁、巴西以及该地区其他国家都在不同程度上受到"内部殖民主义者"的束缚：这批人是有着伊比利亚血统、掌握巨大财产权的地主精英阶层，害怕受教育的无产阶级，喜欢外国的制造品，另外他们依靠的伊比利亚派生的法律制度对满足工商业发展的需求并不友好。[4]

二战后,占据支配地位的美国并不待见日趋衰落的老牌殖民帝国。变革之风让亚洲和非洲广大地区获得了独立。[5]殖民化时代较为苦涩的一个讽刺是,为殖民帝国辩护的所谓文明开化使命恰恰是在事实上可能产生效果时被放弃了。在世代为殖民者提供服务之后,这些前殖民地非常需要外来帮助。然而,前宗主国政府对它们的重建和融资需求缺乏兴趣。英国、法国和其他国家都在逐渐撤出。

新兴的去殖民化国家试图执行北方国家的智者为它们制定的规划,许多地方首先建立了工业化国家常见的官僚机构和政府架构:代议制议会组织、独立的司法机构、保护言论和集会自由的法律,以及名义上独立于政治的公务员队伍。这样做的目标是建立典型的自由民主政治制度。权力可以在不同党派之间轮转,相对于头脑冷静的中位数选民的立场,有些党派立场偏左,有些党派立场偏右。这样的规划被认为随后就可以实现经济繁荣。

但实际结果并非如此。前殖民地国家可以兴建铁路、运河和港口,可以组建为商业和投资服务的银行,可以建立大众教育体系,并利用关税来培育有助于其长期比较优势的现代工业和工程技术队伍。然而,采取这些措施并没有自动把它们带到通向繁荣的电梯上,还需要其他必要条件:"大推进"。

在许多南方国家,去殖民化之后的政治长期陷入令人沮丧的状态。预期中的自由民主政治制度成为罕见的例外,而非常态。这对经济发展很不利,因为繁荣任务清单上有很多内容取决于威斯特敏斯特式的议会政治、独立司法等前提条件,但此类制度很少能够扎下深根,只有印度是个重要的例外。[6]在其他许多地方,政权的权威不是来自不同集团之间的选举竞争,而是依靠军队和警察,依靠对异己分子不同程度的镇压，或者来自富有个人魅力、作为民族象征的改革派领袖得到的民粹主义支持，后者属于最"理想"的情形。在许多新兴的去殖民第三世界国家，民主政治以令人心碎的速度大面积崩塌。独立后的尼日利亚的第一任总理阿布巴卡尔·塔法瓦·巴勒瓦被本国军人刺杀，成为去殖民时代首批非洲民选政治领导人中的受害者之一。

对此感到沮丧的人很可能在之前有过盲目乐观。从历史来看，没有理由认为代议民主制度和公民自由制度能够在南方国家（也包括在北方国家）长久延续。实际上近期的历史进程显示恰恰相反，毕竟诞生了歌德与席勒的国家也没能守住。英国的威斯敏斯特宫的"议会之母"用了多个世纪才完善其程序，获得其权力，逐渐走向一个可行的代议民主制度。法国大革命中的民主化阶段则只维持了不到四年时间。为什么人们会预期其他国家的进程将有所不同？

另外，即便新近去殖民化国家在政治民主与公民自由方面做得不成功，它们仍理所当然可以收获某些经济利益，因为自工业革命以来开发的先进技术库是对所有人开放的。让北方国家变得富裕的许多知识与技术属于公共品，充分利用这一知识和技术库可以带来巨大的好处，可以让所有社会集团和阶层的财富都得到数倍的增长，包括有产者和无产者，掌权者和非掌权者。按此道理，所有发展中经济体在独立后的数年里都应该出现绝对生活水平和生产率水平的显著提升，而且应该缩小与世界工业化强国之间的部分发展差距。

南方国家确实有一定的增长，但并未缩小差距。拉丁美洲在20世纪80年代失去了十年的发展机遇。到21世纪20年代早期，智利与巴拿马成为其中仅存的比中国发展水平更高的国家，墨西哥、哥斯达黎加、巴西与中国的情况基本相当。非洲仅有博茨瓦纳，亚洲则仅有日本、亚洲四小龙（韩国、新加坡、中国台湾和中国香港）、马来西亚与泰国发展较为成功。中国与北方国家的收入水平目前依然在1∶3.5左右。这一结果并不完全令人失望，教育和医疗的快速进步尤其鼓舞人心，但我们无法忽略物质生产方面糟糕的增长成绩。

非洲在此期间明显落伍：南非、肯尼亚、赞比亚、加纳和尼日利亚在20世纪60年代都被寄予经济发展的厚望，但结果与之相去甚远。最令人遗憾的或许是在赢得独立之后的一个世代中，作为非洲出口支柱的农作物产量和出口量下跌。学者罗伯特·贝茨（Robert Bates）在20世纪80年代初指出："尼日利亚的棕榈油、塞内加尔的落花生、乌干达的棉花、加纳的可可曾经是非洲最繁荣的产业，但近年来这些作物的生产商的产量、出口量和收入都减少了。"作为大多数劳动力依旧从事农业的唯一一个大陆，非洲却把份额越来越高的出口收入用于进口食品。[7]

1950年，世界上一半多的人口还生活在赤贫状态：与工业化之前的祖先们的典型生活水平差不多。到1990年，这个比例已下降至四分之一。到2010年，则减少到12%以下。1950年，绝大多数此类赤贫人口分布在各个南方国家，此后逐渐集中在非洲，到2010年，全球赤贫人口中约有五分之三居住在非洲。这一集中趋势令人惊讶，因为在棕榈油、落花生、棉花和可可等产品大量出口的殖民时代最后阶段（当时赞比亚的工业化程度超过葡萄牙，富裕程度也与之相当），没有任何迹象表明撒哈拉以南非洲会越来越落到后面，不仅远离北方国家，也与其他南方国家渐行渐远。在1950—2000年，埃及与北非其他国家的人均收入保持了每年2%左右的增速，同世界总体水平接近。然而埃塞俄比亚、加纳和赞比亚（选取撒哈拉以南非洲的三个国家）的人均收入年增长率仅有 0.3%。

内森·纳恩（Nathan Nunn）等学者分析过此类数据，认为经济停滞与之前影响非洲的大规模奴隶贸易有关。[8] 历史上还有过其他大规模奴隶贸易：古希腊和古罗马的军队与精英阶层曾经在一千年时间跨度中劫掠了近 3 000 万人口，把他们带到地中海沿岸。维京人大约劫掠了 100 万人，把奴隶从俄国运往西欧或者爱琴海沿岸，以及把爱尔兰人和不列颠人劫持到俄国。在 1800 年之前的一千年里，或许有 150 万欧洲人被作为奴隶绑架到北非。在 1400—1800 年，约有 300 万人在如今的俄罗斯南部和乌克兰遭到奴役，并被卖到黑海以南地区。

然而大多数学者估计，非洲奴隶贸易的规模更大。在 1600—1850 年，约有 1 300 万人被劫掠到大西洋对岸；1000—1900 年，约有 500 万人被劫掠到印度洋沿岸；1200—1900 年，约有 300 万人被卖到撒哈拉沙漠以北，另有不计其数的人口被卷入非洲内部的奴隶贸易，其延续时间甚至超过了跨大西洋奴隶贸易：即便欧洲人和中东人不再购买奴隶，他们仍可以购买非洲种植园的产品，那里依旧使用奴隶。与以上奴隶贸易的数字相比，非洲在 1700 年的总人口仅约 6 000 万，1500—1800 年出生在非洲并活到 5 岁以上的总人口仅有约 3.6 亿。

在数千年时间跨度中面临奴隶劫掠，这种生活状态培养出了长期持续的社会不信任文化。在运转良好的市场经济中，每次遇到陌生人，你首先会推测这个人或许可以成为某种经济、社会或文化双赢交流的对象。但如果你认为这位陌生人有哪怕很小的概率是个探子，他代表山背后那些备有武器的人，打算奴役你，不惜在此过程中杀死你和你的家人，你对交流的预期就会截然不同。在殖民者的贸易和商业架构控制经济活动的时期，上述社会不信任假设的影响还不会太大。但在殖民者离开后，不信任文化走到前台，相比更具信任文化的社会，那里的人们会更迅速和更频繁地抓起武器，进入警戒状态。

还记得上文提到的被刺杀的尼日利亚首任总理巴勒瓦吗？他于1912年出生在尼日利亚英国殖民地北部，之后到卡齐纳学院上寄宿学校。作为第145号学生，他被分派到大英帝国的职员体系中，担任英语教师。巴勒瓦工作表现出色，到1941年升任校长。1944年，他被送到伦敦大学学院，为出任殖民地政府的督学而接受训练。

但在更早的时候，在巴勒瓦年仅22岁的1934年，有位名为卢帕特·伊斯特（Rupert East）的殖民地官员找人用当地的豪萨语撰写了五部小说，以普及民众识字。伊斯特希望创建一种倾向世俗主义的"本土文学"，不完全属于宗教性质，或不包含强烈的宗教动机。巴勒瓦参与了这项事业，并选择讲述与奴隶制有关的话题。

在这篇名为《乌马尔教长》的短篇小说里，主人公的学生在学习宗教经典的时候跑题，询问他是如何成为教师的，后面则是关于他如何被奴役及之后发生的故事：大规模的奴隶劫掠、绑架、没子女的奴隶主收养孩童、更多的绑架劫掠。主人公最后在的黎波里遇到了自己的母亲，她也被自己招募的守卫们绑架和奴役了。母亲看到他成为富裕而虔诚的教徒后，很快便去世了。该书希望传达的感想是："人们为了金钱可以干出多么伤天害理的事情"，"这世界是一切人对抗一切人的霍布斯主义战争，但如果真正读懂宗教经

第12章 南方国家经济发展的虚假或真实的起步

典,你或许会取得成功,但愿如此"。[9]

巴勒瓦利用自己作为巡回督学的职位在20世纪40年代步入尼日利亚政坛,成为北方人民大会党的创建者之一。1952年,他出任尼日利亚殖民政府的工程部长,1957年成为总理。1960年,巴勒瓦出任独立后的主权国家尼日利亚的总理,并在1964年连任。1966年1月,他在军事政变中被杀害。政变领头者是楚库玛·卡杜纳·恩泽乌及其党羽组成的少壮派军人,他们屠杀了大量高级政治家和将军及其家人,接着又被军方领导人约翰逊·阿吉伊-伊龙西率领的反政变力量镇压。

当年7月,阿吉伊-伊龙西在雅库巴·戈翁发起的再度政变中被杀死。一年之后,伊博族人宣布建立独立的比亚夫拉共和国,但在三年的战争后被镇压,全国5 500万人口中有大约400万人死亡,其中绝大多数是因饥荒而死的伊博族人。接下来,雅库巴·戈翁在1975年7月被穆尔塔拉·穆罕默德推翻,后者则在1976年2月被刺杀。1979年,国家短暂恢复了文官统治,但在1983年,又爆发了一次军事政变。

*　　*　　*

20世纪90年代的南方国家是否比1911年更为富裕?的确要富裕得多。世界在贸易、技术和通信等方面的联系是否更加紧密?的确有大幅提高。但全球是否变得更加不平等呢?是的,不平等显著加剧。

那么,罪魁祸首是哪些人或者哪些因素?

对此有各种观点。南方国家的低储蓄率和高资本投资成本意味着给定储蓄得到的回报较低。根据定义,贫困国家的劳动力较为便宜，机器设备较为昂贵，如果政府的措施导致外国制造的机器不容易得到，大多数制造品的价格高企，情形就更是如此。贫困国家人口结构向低生育率转型不彻底（因为对贫困的担忧会导致生育更多子女，以指望其中某些能给自己养老），导致人口增长率较高，继而使投资被用来给日趋庞大的劳动力提供简单工具，而非给数量有限的劳动力提供更高质量的工具。所有这些还会导致教育和创业精神的普遍缺失。

由此很容易触发普遍存在的恶性循环，而良性循环则非常罕见且难以启动。增长被束缚在经济学家迈克尔·克雷默（Michael Kremer）所说的O形环理论（O-ring theory）之中：劳动分工和价值链越是现代化，生产率越高，就越是要求各种条件全部具备，才能实现正常运转。如果做不到这点，数量巨大的资本、资源和劳动力就会被荒废。

然而是哪些因素触发了恶性循环，导致南方国家与北方国家之间的差距被拉开并且日渐增大？

一种过于简短的回答是，错误在于各国政府，尤其是"攫取型"而非"发展型"的政府制度（用增长经济学家目前较为流行的术语来讲）。我们这里谈论的是所谓的"盗贼统治"（kleptocracy），意指被强盗类型的人所控制，而非个人统治者（君主政治）、自称最优秀的群体（贵族政治）、民众（民主政治）或者富豪（财阀政治）所控制。

然而盗贼统治本不是什么新东西。发明农业生产的主要缺陷或许是，你必须留在附近，等待收获自己耕种的土地，但这会导致当暴徒们带着武器前来掠夺时，你无法一逃了之。随着这种情形变得普遍，人们开始习惯于给暴徒提供给养，暴徒则开始建立层级组织，最顶端的暴徒甚至获得了"国王"的称号。因此，把南方国家的不幸都归咎于政府是罔顾历史。大多数时期和大多数地方的大多数政府采纳的政策，都不关心和促进生产率的持续增长。

一般来说，政府的首要任务必须是防止首都因食品短缺而爆发骚乱。政权能够顺利统治，部分原因是它们控制着国家的显要中心区域：首都的建筑物，让官僚体系的成员在那里接受指示；位居中央的广播电视台，让统治者能够对全国发号施令。如果城市骚乱占领了总统府、各政府机构或电视台，政府的统治就会陷入严重危险。反过来，利用面包和马戏[*]以及装备精良和听话的警察队伍能很好地预防骚乱。政府的第二个关键任务是让军队吃得好、待遇高，并有大量新式武器可以操弄。只有得到军队的支持，统治者才能继续稳坐江山。政府的第三个关键任务是让官僚队伍和政治职员感到满意，以及让所有潜在反对派陷入缄默或者一盘散沙的状态。

对地位不够稳固的统治者而言，达成这些目标的政策基本上总是优先于其他政策。所有统治者都相信自己是最合适的人选，对手则要么缺乏能力，要么刚愎自用且腐败不堪，甚至是非不分、具有破坏性。在这些地位不稳的统治者看来，如果自己无法继续掌权，对国家和民众将没有任何好处，只有在政府地位稳定之后，关于发展政策的讨论才能顺利展开。可是，对江山永固的追求几乎总是要消耗掉统治者全部的时间、精力和资源。在任何理性的历史评论者看来，政府的平均延续时间总是过于短暂，不可能指望它专注于国家的长期经济发展。

此外，正如马基雅维利在 16 世纪早期那本关于新君主回归的

---

[*] 指政府和其他统治集团以小恩小惠来缓和人民不满的手段。——译者注

小书中所述，新成立的政权可能把事情搞得更糟糕，因为它首先需要迎合支持者，而留住这些人的方式只能是让他们得到好处。[10]于是，组建国家的头号任务就是控制和调整可见或不可见的利益分配，以犒劳自己最具影响力的支持者。而控制和调整利益的过程遵循自身的逻辑，这完全不同于如何把资源用来促进快速的经济增长。

当我们思考北方国家与南方国家之间巨大的不平等时，或许最急迫的问题并非应该归咎于谁，乃至归咎于何种因素。问题应该更务实：实现经济增长需要满足哪些条件？出于自私或无私的动机，大多数统治者在认为自己能够做到的时候会表现出仁慈面目。让他们获得这种自信要求稳定和安全的环境，而经济的不断繁荣可能成为稳定和安全感的重要来源。

那么，为什么潜在的企业家们不设法推翻阻碍经济发展的政权？他们可以从支持发展的政策中获得最大的利益，而他们的企业又会给更多人带来好处。政治学家罗伯特·贝茨向加纳的一位可可种植者请教了上述问题，他希望了解为什么农场主没有站出来积极抗议，以缩小政府采购可可时支付的极低价格与出口到世界市场的高价格之间的巨大缺口。贝茨记录说，这位种植商"走过去打开自己的保险箱，拿出来一堆文件：车辆行驶证、备件进口许可证、房地产及附属物产权证，以及让他免除很大部分所得税的公司章程"。在展示完这些文件后，他对贝茨说，"如果我试图组织力量去对抗政府的农产品价格政策，我就会被当作国家公敌，从而失去所有这些东西"。[11]

这些并不总是或者说只是因为"过度监管"导致的事故。从经济发展的视角看，潜在的产业进入者会带来最大的社会收益，但由于没有现成的业务或顾客，他们并没有资源去游说那些有影响力的人。于是从希望继续执政的当权者的角度看，限制产业的潜在进入者是政治成本很低的给在位企业的优惠。再由于高估的汇率把外汇变成了稀缺品，来自外国制造商的竞争也很容易在特定产业被限制，同样成为给关键在位企业的优惠。

还有太多其他因素导致北方国家和南方国家的发展差距拉大，使我们对"为什么"与"何种因素"等问题的回答很难让人满意，因为要像北方国家那样实现繁荣，入门和行路都并不轻松。应该归咎于哪些人的问题则有更直接明了的答案：北方国家在整体上拥有庞大的财富和力量，可以采取措施给南方国家创造更有利的条件，但它们没有这样做。

成功的经济发展依赖强大却有限的政府。强大是指政府确认的财产权利要得到尊重，公务员要执行中央的指示，出资兴建的基础设施要正常完工。有限则是指政府不能做太多事情去扶持或损害个体企业，政治权力不能成为通向财富和地位的唯一有效途径。

若干案例给我们展示了极少数国家的部分图景。

* * *

南方国家在1911—1990年的表现尤其令人痛心的一个例子是阿根廷。从很严格的意义上说，阿根廷本来完全不属于当今南方国家的一分子。1913年的布宜诺斯艾利斯位居全球人均电话拥有率最高的20座大城市之列。1929年，阿根廷是世界上人均汽车拥有率最高的五个经济体之一。另外，20世纪30年代与阿根廷水平相当的这批发达经济体，大多数在二战中饱受蹂躏。阿根廷在那个时期的政治也陷入一片混乱，出现了强烈的反民主潮流。但它面临的局势并不比其他国家更糟糕，甚至好于大多数国家的情形。繁荣的大门本身就狭窄。

面对社会和经济动荡,阿根廷的领导人采纳了新的政策,旨在刺激需求并重新分配财富。同时,这些领导人对外贸和外资愈发不信任,更加倾向于利用管制而非价格机制来配置产品。[12]由此带来了增长的加速,但最终陷入货币混乱和深度衰退。政治变得非常丑恶,这里的丑恶不是指人们遭到逮捕,而是直接"失踪",某些人遭到杀害,被装到直升机里扔出去。[13]

在这种旷日持久的环境中,魅力型领袖可能得到民众的政治支持。其中之一是二战结束时的胡安·贝隆。他主推的政策广受欢迎:提高税收、创建农业销售委员会、扶持工会,以及规制国际贸易。贝隆试图通过政府支出来实现快速增长和充分就业,操纵贸易条件以压制出口商、农业寡头、外国人和企业家;他还希望利用财富再分配来讨好自己的主要支持者城市工人阶级。毕竟,阿根廷当时是富裕国家,有能力让城市工人阶级过上较好的生活。

贝隆的计划带来了五六年的快速增长,但出口大幅下降。国际贸易周期有升降起落,对阿根廷出口品的需求下降沉重打击了阿根廷经济。接下来,农业出口品的价格下跌引起供给减少。农业产出下降,因为政府给农产品支付的收购价格太低。国内消费则在增加,农业部门发现肥料和拖拉机等出现短缺。到 20 世纪 50 年代早期,阿根廷的实际出口额下降到大萧条时期低谷水平的 60%,仅为 20 年代正常水平的 40%。而且由于被贝隆扭曲的贸易条件严重不利于农业和出口品,当世界贸易网络在 20 世纪 50 年代重新拼接起来时,阿根廷没有与之恢复密切联系。

由此导致的外汇短缺使贝隆面临不利的选项。首先,他可以尝试通过货币贬值来平衡对外收支,让进口和出口在长期里恢复平衡

（短期则可以利用海外借款来解决问题）。但显著贬值会提高进口品的实际价格，影响作为其政治基础的城市工人阶级的生活水平。对外借款则意味着背离他的强势民族主义立场。其次，他可以让经济收缩，增加失业与减少消费，并通过放松农产品价格管制来增强出口生产的激励。但同样，这要求逆转作为其核心目标的收入分配变化趋势。

剩下的选项则是利用政府命令对进口实施管制和配额。不出意料的是，贝隆及其顾问相信刺激增长并减少对世界经济的依赖对阿根廷是件好事。但结果并非如此，对贝隆本人同样不利，他遭到了军队的废黜，尽管他依旧受到许多人的欢迎，并在1974年去世之前的数年重新当选总统。继任的政府没有完全逆转贝隆的政策，因为贝隆已经动员起来的政治势力仍然需要安抚。二战后阿根廷的外汇由中央政府分配，其目的首先是让现有工厂维持运转，其次是保证较高的国内消费，再次才是用于进口资本品，以满足投资和产能扩张的需要。

对于二战后初期的阿根廷，可以将它理解为一种导向错误的混合经济：政府负责在不同用途之间配置产品，尤其是进口品；再利用受管制的市场来实现收入再分配。私人部门和公共部门都没有发挥各自的比较优势。于是，资本品价格在20世纪50年代早期出现了大幅提升。总产出中每1个百分点的节余只能带来不足0.5个百分点的投资。由于不能实现规模投资，阿根廷经济发展落到了西欧国家后面。而随着经济的落后，社会不满情绪与日俱增，政府在说大话的政客与能力欠佳的嗜血军人之间动荡摇摆。

不过，阿根廷的缓慢增长路径到底是属于例外，还是一种正常进程？欧洲是否应该以如下态度看待阿根廷：如果不是因为美国的帮助和"马歇尔计划",我们也会像阿根廷一样?如果一个非国际主义的美国没有那么大兴趣参与冷战、促进西欧的普遍重建、提供"马歇尔计划"之类的持续支持,西欧国家是否会在二战后落入与阿根廷类似的令人失望的发展轨迹?[14]

反过来,许多南方国家可能有理由质疑:我们的命运呢?如果北方国家能够提供"马歇尔计划"那种规模的对外发展援助,带动西欧国家进步的良性循环会不会让全球经济外围地区也获得同样的飞跃?

* * *

从巴列维国王与伊朗革命的例子中,我们更能理解实现对北方国家的显著追赶为何极其艰难。[15]20 世纪 50—70 年代,伊朗和巴列维国王受到许多人青睐,被视为国际政治博弈中下大棋的高手。巴列维强烈反对共产主义和苏联,急于促进伊朗的现代化;他听从北方国家的专家的建议,尤其重视土地改革和工程技术;虽然部分石油收入被用于购买奢侈品,更多用于军队,但他还是把收入的主要部分投入了伊朗的经济建设。

的确在 1979 年之前,不客气地说伊朗的王国政府是个暴虐政权,拥有一支凶狠的令人生畏的秘密警察队伍。可是,引发伊朗革命和国王垮台的并非对警察和军队势力的强烈反抗。宗教意识形态发挥了作用,但没有许多人想象的重要:革命之后,大多数伊朗人对自己帮助完成的宗教激进主义意识形态革命其实感觉非常意外。革命爆发的原因更多是源于以石油和土地改革为基础的经济转型造成的贫富差距,有些人获得了财富,有些人陷入了贫困,以及这类矛盾阻碍成功的经济发展。

1973年，世界石油价格飙升至原来的三倍，依靠这笔天赐财富，巴列维国王希望在一代人之内把伊朗建成工业国。这首先需要开展土地改革，重新分配土地，把租户和佃农变成自耕农，用政府的石油收入给地主提供补偿。然而由于快速的人口增长与不愿意过度冒犯富裕地主，导致分配给农民的地块面积很小。同时，石油出口繁荣与石油价格飙升共同推动伊朗的汇率大幅提高，高估的汇率让食品进口变得有利可图。于是，新获得土地的农民发现自己家的耕地太少，且农产品的销售价格还在下降。

农民本应感激政府重新分配土地，成为政权的坚定捍卫者。但结果是，他们在不足以维持生计的狭小地块上艰难度日，或者被迫向城市迁居。尽管不少伊朗人的收入在1979年之前的数年有快速增长，其他许多人则没有同感。对后一批群体来说，事情没有如预期那样进展，让人平添怨气，卡尔·波兰尼对此应该不会感到惊讶。尽管前一批人收获了发展的意外之财，对巴列维的"白色革命"带来的变化感到满意，然而大街上很少有人愿意表达对改革和国王的支持，乃至为他而斗争。

此外，随着通信和运输的进步把世界变得越来越小，伊朗民众可以更清楚地看到其他国家发生的事态。例如，富裕并傲慢的苏联人、英国人和美国人更多地来到他们的街道上，出没于他们国家的权力和舆论走廊。伊朗人曾习惯于以伊斯兰文明的中心自居，在世界各大文明中占据特殊地位。如今他们每日接触到的信息却提醒说，那不再是事实。此时，民众该如何看待周围的世界？

巴列维国王的办法是试图把伊朗人变成欧洲人，也就是说，追随一战前德意志帝国那种威权主义国家引领的发展模式。可是，这条道路给伊斯兰教留下的空间太小，同时政府变得极度腐败。巴列维国王的改革很快问题重重。解放女性的措施得不到有影响力的传统派人士的支持。尽管国王本人衷心希望把伊朗改造成文化普及、重视教育、技术先进的国家，可发展教育的措施却培育了一个意外后果：大量学生和知识分子被革命政治理念吸引。

此时，之前反对土地改革的阿亚图拉·鲁霍拉·霍梅尼认为剥夺地主的财产和免除农民的债务不符合伊斯兰精神，他在流亡中引燃了导火索，号召伊斯兰教士和民众夺取专制君主的权力，发起伊斯兰革命。由此开启了 40 天不断循环加剧的示威浪潮：年轻的宗教活动家遭到警察枪击，引发了悼念他们死难的更大示威行动。

1979 年 1 月，巴列维国王被迫流亡海外。

此后，伊朗经济陷入了停滞。首先是同伊拉克爆发了为期十年的灾难性战争，为此消耗了巨量的资源。虽然战争并不是由伊朗的阿亚图拉（什叶派宗教领袖）们挑起，但也与他们有关，因为他们相信真主站在自己一边，自己的事业是正义的，必然赢得胜利。此外新兴的政教合一的政府对经济发展缺乏兴趣，其领袖更关注云端的天堂，而非地上的乌托邦。伊朗民众参与伊斯兰革命的目的不是为了得到"降价的西瓜"（据传这是霍梅尼本人的名言），以打消其顾问希望通过政策给伊朗带来物质繁荣的念想。

如果感觉上述妨碍快速而成功的赶超式增长的各种因素仍不足够，还有意识形态造成的陷阱：有些人希望通过对社会的全面改造，在较短的时间内建成乌托邦。此类改造的诱惑让许多新独立的去殖民化国家在 20 世纪五六十年代采纳了北方国家左翼知识分子的建议，最终导致了长期的困局。

这个结果的出现非常自然：左派的优点是反殖民主义，而中间派和右派人士在二战前一直是帝国主义者。南方国家在二战后第一代人的发展政策由此受到了极大的影响。马克思设想的原本是言论自由的乌托邦，每个人拥有相同政治权利的民主政府，对职业和居所拥有极大的自由选择权，以及丰富的物质财富等。然而政治左翼人士看到的与此相关的布尔什维克革命的成果，即现实版社会主义，却很少符合以上描述。于是北方国家的左翼知识分子不断为此寻找将其逐一抛弃的借口，并告知南方国家的政府，缺失那些特征其实是好事。没有言论自由吗？如果相互矛盾的诉求让民众感到无所适从，反而不能动员他们去实现国家的发展目标，对吧？

西方社会主张的核心自由权利总是些抽象承诺。有朝一日，总会有言论自由、平等政治权利构建的政府、对职业和居所的选择、丰沛的财富等等。但由于眼前面临的紧急形势，这些承诺很容易推迟兑现：需要去除旧殖民地秩序的最后残余，需要首先维持社会稳定，需要权威的统帅来动员全国力量。推迟会变成长期，转轨时代永远不会结束，紧急状态随之成为常态。

在高素质、有见地的社会主义选民群体培育起来之前，必须有一个集中化的政党担任领导。新兴去殖民化国家中的许多人以及希望他们蓬勃发展的其他许多人都（错误地）认为，把代议民主制度置于美好社会的标准清单的前列意味着对殖民地解放运动的攻击，以及为过去的殖民秩序辩护。国家建设需要团结，新成立国家中的社会团结可能较为脆弱。如果政客和新闻媒体能够发出不同的声调，对政府展开批评，脆弱的团结就可能被打破。在这种逻辑下，对私人经济自由的拥护声音将消失，因为社会的全部资源都必须按照快速工业化的统一计划来动员。鸡蛋会被打碎，而且随着时间推移，肆意打碎鸡蛋将形成习惯，可是煎蛋卷并没有做出来。

*　　*　　*

从冷血的立场看，关于新兴经济体的最有意思的问题或许不是它们为何经常出现停滞或急剧下跌，而是为什么有时能经历高速增长。例如拉丁美洲的智利、墨西哥、巴西南部和巴拿马；北非的阿尔及利亚和撒哈拉以南的博茨瓦纳；亚洲的中国香港、中国台湾、马来西亚、新加坡、韩国、泰国以及后来的中国大陆，它们都在二战之后取得了惊人的进步，大幅缩小了同北方国家的相对物质繁荣差距。它们是如何做到这点的？区分成功与不成功的经济发展时期的关键因素有哪些？

接下来我们转入一个更具希望、更为积极的探索方向。在 1950 年之后，有两类国家确实设法向北方国家靠拢了。第一类是作为经合组织原始成员的某些国家，它们如今已被视为富裕国家俱乐部会员，但初期并非如此。经合组织成员主要包含"马歇尔计划"的受援国、英国的自治领地，以及日本和美国。第二类国家主要位于东亚的太平洋沿岸，是我们这里要讨论的焦点。

日本在 1950 年之后的经济复苏速度让很多人震惊。[16] 二战后初期，人们依然不清楚日本经济能否经受住战败的冲击。工厂多被炸毁，缺乏石油和钢铁，复建需要从头开始，除稻米和煤炭之外，几乎所有工业文明的投入品都必须从海外采购，日本的成功概率能有多大呢？但 1950 年朝鲜战争爆发后，转机出现了，日本经济走向成功变成了冷战的关键目标之一。让日本在麻烦不断的东亚地区成为繁荣、民主和不容有失的盟友，被列为美国的政策基石。到 1955

年，日本经济已经恢复到 1941 年 12 月 7 日时的强势状态，此后的增长业绩更是世界前所未见的奇迹。

1960—1973 年，日本经济的年均增长率达到 10%，在短期之内翻了两番，人均 GDP 从美国的 25% 提升至大约 57%。在之后的 1973—1990 年，日本的年均 GDP 增长率依旧达到 4.5%，使产出再度翻番，人均 GDP 提升至美国的 78% 左右。

日本如何能够实现这一持续的惊人增长？在它采取的计划中，很大一部分是利用复杂的非关税经济和社会网络壁垒来强烈保护国内产业。经济学家通常反对保护主义，因为这会导致价格提高，损害消费者的利益，让某些没有做出足够产出贡献的生产商获利。实施保护主义的经济体培育的企业往往能够利用资本投入造出所需的产品，但效率不高，也不擅长开发新技术。的确，日本的保护主义也带有此类特征，但从结果看却是明智的策略。在较长时间中，日本生产商的收获似乎足以抵消静态损失，过高的价格让它们变得富裕起来。

在目睹这一现实后，北方国家的观察家们为该政策的延续提出了合理解释。他们认为日本颇为特殊：在步入现代社会时有着强势而高效的政府、很快认识到西方化必要性的精英阶层、增长率适中的人口（不至于面临饥饿危险）、对工商业的高度敬重，以及对推广大众教育的极大热情。日本似乎是具备上述全部条件的唯一东亚国家。19 世纪中期的明治维新带来的社会转型，并没有同样出现在北方国家认为文化发展停滞、官僚和层级体系固化的其他东亚地区。

回到 1945 年，绝大多数外部观察家对日本之外的东亚地区的看法，与今天人们对非洲的态度大同小异：属于全球面临最大发展挑战的区域，很有可能继续在贫困状态中挣扎。日本之外的东亚地区看上去希望极为渺茫，因此这些太平洋沿岸国家在加长版20世纪后半叶的快速经济发展绝对堪称奇迹。

许多国家曾尝试在"发展型政府"的庇护下实现经济的高速增长，但在大多数时候归于失败。那么，为什么东亚各国的表现会有所不同呢？原因之一在于，包括拉丁美洲乃至一定程度上的苏联集团在内的其他"发展型政府"首先追求的是独立和自给自足。它们把国内经济同世界市场的价格隔开，甚至彻底取消价格。东亚国家的出发点则是必须发展出口，成为出口强国，因为它们的内部资源类型贫乏且数量稀缺。

它们的目标不是寻找新的经济发展轨迹，而只是追赶先进水平。北方国家相信自己掌握着高效、扩张、具有创造性的技术前沿经济体的运行秘方，但没有先验理由认为，最适合创造工业化未来的经济组织方式也应该是最适合追赶既定目标的经济组织方式。

英国国王并没有把贵族、主教、银行家和工匠们召集起来说，"让我们开启工业革命吧"。但日本在加长版20世纪之初发起明治维新时，恰恰就是这样做的。该策略取得了成功，日本由此给自己的前殖民地创造了一个模板，让朴正熙统治时期的韩国和蒋介石统治期间的中国台湾知道如何实现经济追赶。它们的经验又给马来西亚、泰国及其他国家提供了借鉴。结论一目了然：就追赶型发展而言，无论亚太地区发展模式具体包含哪些内容，反正是奏效了。

这一模式有哪些特征？首先是外贸，并且是有管理的外贸。低估汇率，使你能够出口至少在初期质量不及北方国家的制造品。然后给出口表现优秀的企业提供补贴，它们往往会受到北方国家中产阶级消费者的青睐。在国内市场受到进口保护的同一批日本企业，在进入国际市场之后将不得不提升自己的竞争力，在创新、品质和价格等方面向国际标准看齐。极为廉价而且有耐心的资本可为此助力。到 20 世纪 80 年代，这种保护主义显然已结出了令人惊叹的成果，催生了一大批相当优秀的日本企业：钢铁业的川崎和新日本制铁，汽车业的丰田、日产和本田，轮胎业的普利司通，建筑设备业的小松，以及电子工业的东芝、松下、尼康、富士、夏普、索尼和佳能等。

而在拉丁美洲，高估的汇率导致社会的大量财富被用于购买外国奢侈品（因为上层阶级追求舒适生活），而非把资源用于国家发展。在此情形下，拉丁美洲国家领导人选择的策略是借助高关税和非关税壁垒，限制中间品和机器设备的进口，给生产和经济发展造成过高的成本。

再看看日本，它有年复一年很高的储蓄率，来自土地改革后较为平等的收入分配状况和良好的储蓄渠道，例如邮政储蓄体系把全国各地的邮政局变成了零售银行，可以吸收存款、发放贷款和提供其他金融服务，方便了储蓄的办理，并创造出良好的环境氛围，让民众对存款的安全有充足信心。当企业从银行获得贷款来购买机器设备时，日本的政策是压低卖家的要价，避免买家给国内机器生产商支付高价，甚至给幸运的、有政治关联的商人支付更高价格，后者能够四处搜罗稀缺的进口许可证，销售从外国进口的机器。日本经济的这种价格结构导向是刻意压低包含现代技术知识的机器设备的价格，同时抬高外国制造的奢侈消费品的价格。

当然，上述措施意味着让劳动者承担隐性税收，尤其是高技能劳动者。另外会造成相对于"自由市场"价格水平的金融压抑：挤压储蓄者的回报，把这些收益转移给能获得贷款的工业企业及其所有者。这些措施还意味着通过汇率低估来创造出口盈余（给购买出口品的外国人提供低于自由市场价格的补贴），其目的是在出口品制造中通过边干边学而取得人力资本及组织资本收益，并希望这些收益超出隐性补贴付出的代价。

亚太地区各国留下的历史启示是，只要出口能够带来足够的外汇收入，让本国企业获得北方国家制造的机器设备及其中包含的先进技术，并且只要这些机器能够为高效的企业所利用，该发展模式就能促使国家阔步前进。

由此我们也可以理解，为什么补贴需要流向那些出口表现优异的企业，因为这些企业通过了市场效率的检验，尽管检验不是发生在本国的自由市场经济中，而是在北方国家中产阶级的进口品购买市场中。

最后，东亚发展模式还有赖于其他国家，特别是美国能够吸收这些出口并承担贸易赤字，因为后者采用的是不同的开放经济模式。如果所有国家都尝试采用该策略，美国能够吸收全部出口吗？绝对不行。东亚模式永远只能同时对少数国家适用。

但它确实产生了效果。以韩国为例，它的三星公司目前拥有世界上最高效的两座高科技微处理器制造工厂之一。前文提到，20世纪50年代没有人预见韩国会跻身全球增长最快的经济体之列。当时的韩国刚刚被残酷的战争蹂躏，作为首都和主要工业中心的汉城的控制权在战时四度易手。韩国的储蓄率很低，出口数量极少，50年代有一半多的进口要依靠美国的援助来支付，或者是美国的对外援助资金，或者是支持美国驻韩国军队的采购支出。

1948—1960年的李承晚政府试图控制外汇流动和进口，实行汇率高估（以便尽可能对美国的军事开支收取高价），提高关税，并严格实施进口数量管制。这样做的结果是缓慢而波动的经济增长，以及对美国援助的持续依赖。朴正熙于 1961 年接管政权后，一切都发生了改变。朴正熙行事狠辣（以 20 世纪的标准来看还不算特别突出），但效果卓著。韩国的经济发展战略从进口替代向出口导向改变的过程特别迅猛，结果令人震惊。在 1960 年之后的 30 年里，韩国出口占 GDP 的份额从 3% 提升至 40%，人均收入的年均增速超过了 7%。

即便在看似违背地区政治经济发展潮流的地方，快速增长仍可能发生。这方面的典型案例是博茨瓦纳，实际人均年收入从 1960 年的约 900 美元提升至 2010 年的约 1.4 万美元，在撒哈拉以南非洲的人类发展指数中高居榜首，尽管它是个内陆国，受到艾滋病的严重影响，而且邻国的经济增长业绩糟糕。[17] 例如，相邻的赞比亚的人均收入仅从 1960 年的 2 800 美元增加到 2010 年的 3 500 美元，从昔日博茨瓦纳的三倍左右变成后来的四分之一。博茨瓦纳拥有独立而清廉的司法系统，对机器设备进口不征收关税（以鼓励技术转移）、鼓励储蓄的银行体系以及把政府收入用于基础设施投资的政策，这些都产生了有益影响。茨瓦纳人的酋长在 19 世纪后期利用运气和技巧，成功地引导大英帝国实施轻干预式统治，这让独立后的国家建设变得非常容易。另外，该国近 80% 的人口是茨瓦纳人（班图族），独立运动领袖、独立后的首位总统塞莱茨·卡马（Seretse Khama，1966—1980 年在任）也来自该部族。作为恩托瓦部落的首领，他还是茨瓦纳八位主要酋长之一。还有，博茨瓦纳通过谈判获取了德比尔斯（De Beers）矿业公司在该国的分支机构 50% 的所有权，加上该公司总体 15% 的所有权。

如果拥有这些得天独厚的优势，其他任何地区的任何国家也可能取得成功。

＊　　＊　　＊

我们再回想下罗伯特·艾伦给成功发展列出的条件清单：促进市场发展，兴建铁路、运河与港口，允许开办银行，发展儿童教育，培养工程师，对进口商品开征关税，鼓励工程技术队伍的培育等。在这些条件都满足之后，最后再从某个地方开启"大推进"，以创造对于增长的预期。亚太地区加入了自己的特殊配方，但它们同其他南方国家的关键区别在于平淡无奇的成功落实。卡尔·冯·克劳塞维茨留下过关于战争的名言："战争中的一切都非常简单，但做好最简单的事情却面临困难。这些困难会积累下来，导致损耗，人们对此难以想象，尤其是那些从来没有见过战争的人。"[18]同样的逻辑也适用于几乎任何地区的南方国家的经济发展。

此外，政治的逻辑主要是关于利益偏袒、财富再分配、影响力发挥以及税收安排，这与经济增长的逻辑大不相同。一个刚刚诞生、正在组建的国家很难成功推动经济发展。只有对经济活动的破坏作用有限的国家，或者足够安全、足够独立、经济发展足够快速的国家能够避免各种政治生存陷阱。所以，我们需要的要么是一个严格的有限政府，由于经济与全球经济高度融合并受到相应的规范、法律和条约的限制，不能把好处随意分配给政治惠顾对象；要么是一个高效的发展型政府。要么是由国际市场引领的"新自由主义"式发展，要么是亚太式治理和增长。而对后一种尝试极具风险。正如经济学家兰特·普利切特（Lant Pritchett）所言："世界上很少有其他道路，能比反发展型政府主持的政府引领式发展更为糟糕。"[19]

但这正是太多独立后的亚洲和非洲国家,以及太多二战之后的拉丁美洲国家,在现实中陷入的困境。

因此,假设某个南方经济体不希望冒着失败风险去尝试亚太发展模式,它是否还有其他道路可以选择?如果根本不能创建一个以发展为首要目标的政府,又该怎么办?

在许多人看来,唯一可行的选项就是"新自由主义",这或许是没有办法的办法。但这条道路在实践中的含义并不像期待的那样清晰:其目标简单来说是让经济活动免受半掠夺性质的政府的干扰,使政府让收入分配向政治强势团体倾斜的行动相对失效,尽量减轻其危害。从20世纪80年代开始,实现发展的希望确实是在向新自由主义转移。由于政府的干预看似更容易产生破坏性而非建设性的影响,自以为聪明的人便主张限制政府在发展进程中的作用。他们建议,应该更多地依赖世界市场作为需求的来源,通过融入世界市场来实现足够理想的治理。

从二战后的整个历史时期来看,阻碍发展的压力一直相当强大,足以抵制贫困国家快速学习先进技术、追赶富裕国家的天然倾向。目前还没有清晰的理由表明这方面的压力会在短期内消失。乐观主义者希望,大量第三世界国家在过去一代人的经济发展失败记录会带来思想意识的压力,要求足够强势的改革,以克服停滞的倾向。假如思想从长期来看确实是创造历史的决定性力量,或许他们言之有理。

但如果乐观派是错的,那么我们都将陷入巨大的麻烦。因为要成功应对全球变暖及其他全球性环境问题,以及在长期中实现全球人口数量的稳定,都取决于南方国家顺利完成工业化并在此后快速跨越人口大转型阶段，尤其是撒哈拉以南非洲国家和大量伊斯兰国家，它们目前处于半停滞状态。所以，"新自由主义"在南方国家已成为悲观的乐观主义者的策略。他们对发展中国家维持足够安全、稳定和独立的环境以推动经济发展的能力愈发感到悲观，却乐观地期望经济失败的明证能够带来思想、民众和社会诉求的变化，推动促进经济增长的政府改革。可以说，这是短期的悲观主义加长期的乐观主义。

第 13 章　包容

前文提到，在加长版 20 世纪揭幕之前的岁月即 1800—1870 年，技术和组织的新发展似乎打开了通向更美好世界的大门，人们将不再被马尔萨斯陷阱束缚在极度贫困中。随着加长版 20 世纪的到来，人类开始走入这扇大门，沿着通向乌托邦社会的道路前进。但在此后的 1914—1949 年，随着人类陷入一场世界大战、一场大萧条、又一场世界大战，大门背后的乌托邦变成幻影。还有国内战争和革命战争，最后的中国内战到 1949 年才基本结束。技术与组织越来越多地被用于屠杀和压迫，而非推动自由和富裕的力量。

如果只看这个时期的意识形态挑战、政治作用机制以及增长与分配的困境，我们或许找不到多少对二战后的时代抱有乐观态度的理由。

然而在二战以后，人类世界（或者说至少是北方国家）重新振作起来，向着真正的乌托邦前进，甚至是奔跑。支持战争的高税收主要落在富裕阶层，他们的财富还因为大萧条而严重缩水。在美国，扩大战争物资的产能对劳动力的强劲需求导致工资上涨（却也带来管制）。非技能劳动力的工资比技能劳动力增幅更大，这既是因为战时劳工局的法令要求，也是由于工厂经营者面临完成任务的巨大压力，而结果表明在真正有需要的时候，传授技能并没有那么困难。在二战后初期，无所不在的强势工会让老板和董事会不敢轻易冒险给高管们提供超常薪酬待遇。经济增长的速度前所未见，失业率很低，收入分配差距不大，至少对出生在美国和其他北方国家的白人男性是如此，商业周期的起落也非常温和。因此，就北方国家的白人男性而言，世界比以往任何时候都更像一个物质繁荣的乌托邦，并且在快速地靠近理想。

然而，这只是对白人男性而言，对其他人又如何呢？对于大多数地方的大多数人来说，自己的境遇的确比先辈们更好。如尼日利亚小说家钦努阿·阿契贝所述，如果置身于被殖民的伊格博人祖先之中，"白人确实带来了疯狂的宗教，但也修建了大型商场，并首次让棕榈油和坚果变成了能卖高价的东西，让大量资金涌入乌摩菲亚（Umofia）"。[1]但是否更靠近乌托邦呢？进步并不显著。另外，虽然作为北方国家完全公民的白人男性与其他人群之间仍存在巨大的鸿沟，趋势却是朝着正确的方向：对其他人群而言，情况也有一定的改善。

阿瑟·刘易斯于1915年生于英国统治下的圣卢西亚岛。作为天才学生，他在14岁时就完成了高中学业。刘易斯后来回忆说，他本想成为工程师，但"政府或白人的企业都不会雇用黑人工程师，使这一理想失去了意义"。[2]他于是决定进入商业管理领域，然后赢得了一笔奖学金，由此在1933年成为伦敦经济学院历史上的首位非洲裔学生。该学院的经济学家认可了刘易斯的卓越天赋。1953年，刘易斯作为全球领先的发展经济学家，被晋升为曼彻斯特大学的正教授。他于1959年返回美洲,出任西印度群岛大学的副校长。不过,刘易斯并不认为自己的成功在任何意义上证明了制度的有效性。他是奴隶赔偿问题的坚定支持者,并始终致力于把"欠发达问题"列入核心议程。他指出,欠发达不是指没有经济变革,而是市场经济全球化强加给南方国家的一种经济变革。[3]

从久远的人类历史开始,很长时间以来,人们拥有社会权力的必要条件都是必须身为男性,而且地位特殊:来自恰当的部族、恰当的种姓、恰当的血统或恰当的社会阶层,或者拥有足够的财产和教育背景等。人们还预见这种情形将一直持续下去,除非像亚里士多德推想的那样,人类能够获得黄金时代的梦幻技术——类似于乌托邦的社会。亚里士多德说:"假如一切工具都能自动完成任务,遵从和满足人们的意愿,就像代达罗斯锻造的雕像或者赫菲斯托斯的三轮餐车,工匠首领就不再需要仆从或者支使奴隶。"[4]然而在此之前,马尔萨斯的人口压力与缓慢的创新步伐会让生产率停留在低水平上。正如约翰·亚当斯所言,要让某些人能够有闲暇去研究哲学、绘画、诗歌和音乐之类,其他大多数人就必须低人一等,必须被剥夺社会权利,另外他们生产出来的很大一部分成果也会被夺走。

巨大的不平等本身并不意味着地位的代际固化。在农业时代历史上的许多时候和许多地方,这种地位是可塑的:如果足够幸运,你或你的父辈可以改变自己的境遇。百夫长停下脚步,转头向保民官说:"这个人是罗马公民",于是圣保罗即将遭受的殴打就突然取消了,没有人去计较他拥有罗马公民资格是因为其父亲给某位罗马地方长官提供了好处或支付了贿赂,而不是源于他的哪位祖先到过罗马。

随着时间的流逝和帝国-商业时代的进步,欧洲更多借助暴力手段:大西洋奴隶贸易泛滥,约有1 700万非洲人遭到绑架,被带到美洲遭受奴役，大多数人辛劳至死或者到很大的年纪。我们推测在1800年之前，加勒比地区的黑人奴隶在抵达当地开始强迫劳动之后，大约只剩下七年的预期寿命。欧洲人的罪恶感在逐渐增加：这是一种犯罪行为，有高利润的犯罪行为，除非能够找到非洲人应该遭受奴役的某些理由。杜波依斯于1910年发表的文章《白人的灵魂》曾如此咏叹这段历史：

> 在世界各民族中发现个人的"洁白程度"是非常现代的事情……即便是与我交谈的身处统治阶层的更善良的人们……也继续在他们的真话之外加上各种辅助性的调门语气，如此辩解：
> "不够白的可怜人啊，请不要悲伤也不要愤怒！我完全知道上帝在你身上施加的沉重诅咒，为什么会这样？我对此无法回答，但请勇敢面对。在你的卑微场所做好自己的工作，祈祷仁慈的上帝让你进入充满爱的天堂，有朝一日你也许能够转生为白人！"[5]

从基因分析的结果看，人类基因中的绝大部分在大约7.5万年前通过了一个非常狭小的瓶颈，这使得今天的绝大多数人的绝大部分基因来自当时生活着的几千个人，即大约上溯3 000辈的祖先。[6] 如果用我们今天每个家族谱系上的全部档位数除以当时的祖先人数*，会得到一个天文数字：以153 778 990 270 开头再加上888个

---

* 这里的档位意指家族谱系上各代人所占据的位置，其总数从理论上讲极其庞大，一个人有2位父母，2^2位祖父母，2^4位曾祖父母……到3 000辈以上的祖先，其档位数则为$2^{3\,000}$个。——译者注

0，也就是大约 1.5×10^{99}。这意味着，在 7.5 万年之前身处这些祖先群体中的任何一个人，如果他在今天留下了后人的话，他在我们的所有家族谱系上填充的档位数量不仅多于宇宙中的全部粒子数，而且比之超出 100 亿亿倍以上。这个测算结果的含义是，如果 7.5 万年前的某个人在今天留下了后人，那么有极大可能今天地球上的所有人都是他的后裔，这些后裔通过无数不同的血统继承了他的某些基因。可以说，如今的全体人类都是血缘密切的表亲。有句名言讲，一群狒狒的基因差异可能比全体人类的加起来都大。

的确，人类伴随着文化和地理因素而演化。一部分人的祖先迁居到远离赤道的地方，他们只传承了这部分移民的基因，其中有些变异扰乱了黑色素的产生，使得更多阳光能穿越皮肤表面，帮助把胆固醇变成维生素 D。研究表明，乳糖耐受性基因在过去 6 000 年里发生了六次演化。另外，我们今天还希望导致戴萨克斯症的奠基者效应（founder effect）不曾发生过。

有人认为，在人类血缘密切的表亲之间划分的社会群体界限背后，存在某些重要的基因差异，而且这些基因差异能解释不同性别与种族在社会、政治、文化和经济方面的其他差异。例如右翼经济学家托马斯·索维尔在很久以前就指出（但在胡佛研究所没有产生任何影响），1900 年的"进步派"盎格鲁-撒克逊后裔认为，非常有必要加强移民限制，以防止"意志薄弱"的东欧犹太人迁居美国。[7]

在很多人看来，必须花费精力去反驳那些言论，例如，如今生活较为贫困的美国黑人面临困难处境的原因是，他们这个群体继承了某些"愚蠢"基因，这种说法实在令人感到愤怒甚至侮辱。通常的情形是，某些"只想讨论问题"的人并不真正希望了解遗传、群体遗传以及不平等代际传承的知识。对那些言论的反驳几乎总是引起他们"无风不起浪"之类的托词作为回应,而不是承认自己的无知。我们如今遇到的一个严峻挑战是,如何在21世纪开展理性的公共讨论?因为当前的脸书(现更名为Meta)或推特这样的传播渠道是被商人控制的,而他们的商业模式是恐吓和激怒读者,以吸引大家的眼球,然后借此贩卖虚假的糖尿病药方与加密货币。[8]

此类种族主义观点如此盛行,或许是因为它们在美国历史上有深厚根源。比绝大多数人更加致力于捍卫劳动尊严与人类平等的政治家、国务活动家亚伯拉罕·林肯在1858年的一次竞选演讲中谈过这个话题:"我无意在白人与黑人之间建立政治和社会的平等,这两个群体之间存在现实的差别,在我看来,这些差别或许会永远妨碍他们在完全平等的基础上共同生活。鉴于必须区别对待,与道格拉斯法官一样,我也赞同自己所属的种族拥有更高的地位。"[9]

从经济史的角度看,这意味着在二战后,当北方国家重新振作、向乌托邦奔跑的时候,白人男性相对于其他种族的男性和全体女性有着巨大的领先优势。不过对林肯而言,对于捍卫白人优势地位的高声肯定其实是一句场面话,而非真正的底线。林肯讲这番话之后还有个"但是",他那场演讲的核心意思正是在"但是"之后才陈述出来的。林肯想指出,美国黑人理应获得比当时更好的待遇,更为重要的是他们拥有某些不可剥夺的权利:"世界上没有任何理由认为,黑人不配拥有《独立宣言》中宣布的全部天然权利,即生命、自由和追求幸福的权利……他有权吃掉用自己的双手挣来的面包,而不需要其他任何人的同意,在这点上他与我以及道格拉斯法官是平等的,与其他任何人也都是平等的。"[10]当时的记录显示,在那个夏日的周六下午到州参议员竞选现场去消遣和打探消息的伊利诺伊州白人听众，在这段话之后给予了"热烈的掌声"。

林肯指出，无论社会上可能存在怎样的不平等，把其他人作为奴隶来对待绝对不是正当权利。你只是有权消费自己用双手挣来的面包，这是你的生命、自由和追求幸福权利的一部分。防止其他人拿走你挣得的面包则是政府的责任，而且只有得到民众认可的政府才具有合法性。

这些是理论上的说法。但正如马丁·路德·金在1963年的著名演说《我有一个梦想》中所述，《独立宣言》与美国宪法的起草者已经给美国黑人签署了一张"承兑汇票"，但在当时遭到拖欠，而且迄今尚未兑付。[11] 我们可以看一看，如今的美国仍有一半的州利用选举法律限制黑人民众的选举权，给他们行使公民权利制造额外的麻烦和不便。你不可能制造一个让黑人群体继续贫困的社会，实施某些促使他们把选票投给民主党候选人的政策，然后又号称在选举压制措施造成的区别影响方面不存在种族歧视。[12]

无论如何，林肯的《解放黑人奴隶宣言》是一次意义重大的行动，向着我们如今所说的"包容"迈出了一大步。在整个加长版20世纪，情况至少已开始改变。随着这个世纪的推进，对掌握社会权力而言，身为男性，出身于恰当的族群、恰当的种姓、恰当的家族或恰当的社会阶层已经变得越来越不重要。

不过，拥有恰当数量和品质的财产和教育依然重要。一个人的出身，仍然决定性地影响着人们可能获得的机遇。或者说在整个加长版20世纪中，"包容"更多是奋斗的目标，而非抵达的现实。

在走向包容的加长版20世纪的社会运动中，美国再一次在很大程度上成为锻造未来的熔炉。这不是因为美国比其他国家做得更好，而是源于其全球霸主地位加上其理想与现实之间的差距拉大，产生了极大的张力。美国认定自己应该由托马斯·杰斐逊起草的宣言来定义："所有人生而平等……被赋予……若干不可剥夺的权利"；而抛弃了罗杰·托尼的说法："黑人群体极为低劣，不配拥有受白人尊重的任何权利。"自此之后，这种紧张关系便开启了。[13]

* * *

二战结束时，所有迹象都表明，在法律上和事实上对美国黑人的歧视会永久持续，这会阻碍他们获得教育、摆脱贫困和积累财富。经济学家与社会学家冈纳·缪尔达尔（Gunnar Myrdal）把1944年出版的关于种族和美国问题的著作命名为《美国的困境》(*An American Dilemma*)：这里的困境是指对机会平等的美国式信念与美国黑人的现实处境之间的冲突。当时似乎没有理由认为，这个国家不会在这一困境中无限期沦陷。

共和党在"劳工自由"的信念中保留了对提升黑人地位的承诺。但在《解放黑人奴隶宣言》发表后的一整个世纪中，美国人对平等的追求依旧伴随着官方认可的歧视和剥夺公民权利的行为。在美国南方，剥夺黑人公民权利成为既定政策，在白人中广受支持。1875—1877年有八位来自南方的黑人进入国会，而在1901—1973年竟没有任何一位南方黑人当选，随后才出现来自得克萨斯州的芭芭拉·乔丹和来自佐治亚州的安德鲁·扬。

在美国北方，直至20世纪第二个十年首批大迁徙开始之前，黑人在总人口中的占比一直太少，难以让黑人议员当选，因此也没有产生国会代表。即使在大迁徙开始后，来自北方的黑人议员仍属凤毛麟角。事实上，1929年才出现首位来自北方的黑人国会议员：共和党人奥斯卡·斯坦顿·德·普利斯特在芝加哥南部的少数族裔优势选区当选。第二位黑人议员是 1945 年就职的来自纽约哈勒姆区的小亚当·克莱顿·鲍威尔。之后是来自密歇根州的查尔斯·迪格斯，1955 年；来自宾夕法尼亚州的罗伯特·尼克斯，1959 年；来自加利福尼亚州的奥古斯塔斯·霍金斯，1963 年；来自密歇根州的约翰·科尼尔斯，1965 年。简单地说，在 1965 年通过标志性的给黑人选民提供了一系列有效保护的《选举权利法案》之前的最后一届国会，仅有四名黑人议员，且全都出自民主党。

可是到今天，美国近半数的州依然有试图削减黑人选民份额的选举限制措施。美国最高法院的大多数法官假装以为，这些是共和党议员实施的党派性质的限制措施，以便让自己在下次选举中对民主党占据优势，而不承认它们是针对黑人的种族主义束缚。考虑到美国政治史（即使在加长版 20 世纪后期的几十年）的丑陋现实，上述情况并不太令人意外。毕竟有一段时间，共和党的旗帜性人物罗纳德·里根都把坦桑尼亚的外交官说成"非洲国家来的猴子"，经济政策研究领域的标志性人物、芝加哥大学的乔治·施蒂格勒曾咒骂马丁·路德·金及其他民权运动领袖"嚣张无礼"。[14]另外还有共和党人任命的最高法院法官们没有提出的一个问题：假如一个政党拼尽全力去争取偏执派，试图压制被这一政治策略排斥的人的选票是否就不能算心胸狭隘？

如果一个政党试图扩大和强化等级秩序以及财富与收入差距，它在民主国家会如何采取行动？[15]它首先需要给潜在的多数选民提供给自己投票的理由。这样的政党可以宣称，自己很善于促进经济增长，虽然它给你的蛋糕份额更小，但蛋糕的总量会做得更大，足以补偿份额的下滑。有时候这种办法可以带来良好治理，特别是在两党制的背景下，随着中间选民在加快经济增长与提供公平分配、增强安全的优先次序上摇摆，会导致轮流执政。但归根到底，仅有保守派政策能够把经济蛋糕更快做大的说法是不够的，还需要兑现这一承诺。

如果未能做到，这个政党可以设法降低经济裂痕与财富不平等问题的热度，而把其他议题摆到更突出的位置上，也就是说，放大非经济的政治裂痕并利用此类议题。他们可以玩弄民族主义议题：国家面临危险和威胁，国防比致富问题更为紧迫，你不能只为了饭碗的考虑而投票。他们也可以在内部而非外部寻找敌对势力，发动大多数选民起来斗争。自美国建国以来，各政治党派就发现实施该策略最有效的办法是针对本国的黑人民众发起舆论战（而且经常伴随着致命的暴力）。请注意，选择该策略的并不总是共和党，在20世纪40年代之前，这样做的其实是民主党。当时，对机会平等这一美国式信念的理解，民主党更强调白人男性之间的平等议题，而共和党偏重机会议题。白人男性相互之间的平等感受有很大一部分是来自他们相对于黑人男性的优越感。[16]于是，民主党倡导的美国进步时代的号召力包含相当多白人至上主义的内容。

美国黑人的自由权利在进步时代严重退步，其危害经常被人们低估。黑人解放之后迎来了重建时期，这之后出现倒退，战后的政治-经济-社会均衡被《吉姆·克劳法案》进一步打破，给正在崛起的黑人中产阶级造成灭顶之灾。

到1940年，美国普通黑人劳工的受教育年限比普通白人劳工少三年，绝大多数美国白人支持在就业、住房、教育和选举方面实施种族歧视。黑人男性集中在低技能的农业部门，特别是生产率和收入水平较低的南方。黑人女性则集中在低技能的农业和家政服务业。他们从事的都是待遇极低的职业，黑人男性和女性的平均周薪

第13章 包容

仅为白人的45%左右。黑人男性大学毕业生的周薪约为280美元（按当前美元计算），而白人高中毕业生约为560美元。1940年的官方统计表明，大约48%的白人家庭收入低于今天的贫困线标准，而黑人家庭高达81%。

这些差距加上其他各种广泛的因素，共同使黑人男性和女性处于不利地位。然而到加长版20世纪的最后几十年，情况发生了很大改变。几乎所有白人在公开场合都支持给美国黑人提供平等就业机会的原则。对于在20世纪80年代后期至90年代完成学业的群体而言，各种族的受教育水平几乎相当。黑人男性的平均周薪提高至白人男性的三分之二，黑人女性的平均周薪则超过了白人女性的95%。

这样的改变必须归功于黑人社群的睿智领导力，以及对道德力量的熟练利用。民权运动领导人以极大的技巧和耐心发挥自己的微薄之力，取得了辉煌杰出的长期成就。他们身处加长版20世纪中最伟大的英雄行列。

对于1940—1970年实现的巨大进步，有三方面因素发挥了关键的作用：结束了正式、法定、得到政府认可的歧视措施；美国黑人在第二次大迁徙中从南方农村进入北方城市区域；以及与之相关的职业变化，从低收入低技能的农业转入工业和服务业。这个时期伴随着美国黑人受教育水平的大幅提高，以及整个经济的高就业率和生产率高速增长。1964年又出现了第四个非常显著的因素，《民权法案》第七章把就业歧视认定为非法行为。我们有充分的理由相信，如果没有这一立法成就，美国黑人的经济进步速度会慢得多。

如果说1940—1970年这段时期取得了显著的相对进步，那么1970年之后的图景则较为复杂。到20世纪80年代末，在25~54

岁的美国黑人男性中，至少五分之一没有申报任何年收入。而直到今天，美国黑人家庭的实际人均收入依然只有白人的大约60%：与60年代末的情形基本一样。大部分美国白人认为已经不再有个人种族主义，即白人对黑人的敌意是过去世代的事情，如今不复存在。可是除了种族主义，又是哪些因素让黑人的相对收入如此偏低呢？实际上，有很大部分的种族主义在今天被认定为"结构性种族主义"（structural racism）：过去的摩擦、制度和遗产等因素被包含在当今的财富与社会网络中，发挥着类似于以前的个人种族主义的作用。

在我看来，阻碍黑人民众向经济平等进步的最主要因素是一个涉及经济全局的普遍现象：随着雇主对低技能、低学历劳动者的相对需求萎缩，收入不平等被拉大。同样重要的还有家庭结构的改变：离婚率提高，非婚生育增加，以及单亲家庭随之增多（基本上不可避免的是母亲带孩子）。到20世纪后期的几十年，父母双亲带孩子的黑人家庭的贫困率为12.5%，单亲带孩子的黑人家庭的贫困率则高达40%，有一半的黑人子女在至少一半的孩童时期生活在贫困线以下。

右翼人士对黑人双亲家庭数量减少的解释是，更为慷慨的福利制度打击了工作积极性，削减了维持成年夫妻关系的物质经济利益，由此触发了家庭结构的变化，这是查尔斯·穆雷[17]与乔治·吉尔德[18]之流的观点。穆雷与吉尔德以及类似学者提出上述解释的依据是20世纪60年代中期的一项开创性研究的成果，出自约翰逊政府的政策制定者丹尼尔·帕特里克·莫尼汉。然而，莫尼汉撰写的《黑人家庭：国家行动的理由》，部分受到他向内看而非向外看的倾向的影响，受到他本人的爱尔兰裔美国家庭在物质压力下的变迁经历的影响。该报告更多是他自己的心理写照，而非对黑人家庭所处环境的客观分析。他确实看到了自己的经历与他想象的在悲惨环境下成长的黑人儿童的强烈相似之处，对此呼吁做出国家承诺，使美国未来的孩子有更好的成长环境，不再像他目睹的 20 世纪 60 年代的许多黑人儿童那样，或者他自己的童年那样，在曼哈顿的地狱厨房跟黑帮鬼混。[19]

事实上，我们很容易看出，穆雷和吉尔德完全没有做好基本的算术。给抚养三个孩子的母亲提供的福利和食品券金额在 1960—1970 年增加了约三分之一，但此后又减少了。到 20 世纪 90 年代中期，经通胀调整后的福利水平甚至还低于 60 年代；实际工资则提升了约三分之一，黑人男性更是提高了约 50%。从物质利益的角度看，相比 20 世纪五六十年代，在 1990 年维持双亲家庭是比离婚之后申请福利补贴好得多的选择。

更合理的一种解释是，黑人家庭在广泛的社会整体变革中受到了冲击，而他们自身在变革面前更为脆弱。包容发展的潮流或许已经使种族的影响减少，但 1980 年之后的大趋势则是第二次镀金时代来临，阶级的影响提升，收入与财富不平等即使在白人中也急剧扩大。从一定程度上讲，美国黑人在社会包容方面取得的收益不仅太小，也至少迟到了半代人时间。

* * *

我们暂时再回到二战后的初期阶段。当时的增长率前所未有，失业率较低，收入分配差距不太大（至少对北方国家的白人男性是这样），商业周期的波动也非常温和。对白人男性而言，这比以往任何时候都更加接近物质上的乌托邦，并还在快速靠近。但女性的情况如何呢？

柏拉图在《理想国》里引述苏格拉底的观点说，女性将在理想之城的守护者中扮演角色，因为男性与女性的灵魂基本上是相同的。在一代人之后的公元前340年左右，柏拉图的学生亚里士多德提出了异议，认为两性之间存在重要差别：

> 虽然自然秩序中可能存在例外，但男性比女性天然地更适合担任指挥角色，正如年长者和成年人比年轻人和未成年人具有优势……男性与女性的关系即属于这种类型，但两者之间的不平等是永恒的……奴隶完全没有协商能力；女性拥有这种能力，但缺乏权威……男人与女人的勇气和正义并不像苏格拉底说的那样完全相同；男人的勇气体现在命令中，女人的勇气则表现为服从。[20]

我们可以看看更广泛的社会情况。从数千年前的农业时代以来，男性的优势地位牢固地确立起来，其原因并不那么显而易见。的确，有后裔存活下来，能够给你养老送终，这件事极其重要。而为了尽量增大后裔存活下来的机会，人们有必要生育数量众多的子女。所以，普通女性需要把大约20年的时间用来完成两项任务：怀孕和哺乳。完成这两项任务是极其耗费能量的，特别是在人们普遍接近基本生存水平的时候，这是农业社会的常态。哺乳要求女性与子女保持较为密切的距离，这使她们的劳动集中在特定的类型上：在室内或居所周围从事劳动，例如园艺和纺织等。

即使如此，男性仍可通过进一步压迫女性来获得明显的好处。其程度远远超出马尔萨斯社会中的哺乳动物生物规律所施加的必要限制，尤其是可以让女性相信这是自己的宿命："上帝又对女人说，我必多多加增你怀胎的苦楚，你生产儿女必多受苦楚。你必恋慕你丈夫，你丈夫必管辖你。"

这类强势父权统治从何时起成为人类文化的重要组成部分，我们并不清楚。至少在我们的基因中有某些迹象表明，大约5 000年前发生了重大变化：人类中的"有效"男性人口（即有后裔存活至今的男性数量）突然下降，而"有效"女性人口没有类似的变化。即是说在大约5 000年前，几乎所有存活到生育阶段的女性都留下了后裔，相当多存活到生育阶段的男性却没有。[21]让女性共享丈夫或者接受年长许多的丈夫成为惯例，以及让很高比例的男性保持未婚，这需要多大的社会压力才能实现？这样的压力背后需要怎样的制度，又如何实施？大约3 000年前情形再度改变，一夫一妻制的家庭重新成为主流。这一改变是否源于强势父权制度在当时兴起？亚里士多德的观点能否为此提供证据：男人的勇气体现在命令中，女人的勇气则表现为服从？请注意，亚里士多德在阐述时表达了对苏格拉底以及柏拉图的坚决异议，而这两位前辈认为男性和女性在灵魂上是基本等同的。还是说，父权制度在之前的人类社会就已存在？

假如本书作者是位女性，我会不会把女性地位的巨大改变放在历史演变的核心位置？古代社会的典型女性要经历八次乃至更多次的怀孕，用20年时间生育和哺育后代，并有七分之一的概率死于分娩。现代社会的典型女性只有一两次怀孕，死于分娩的风险大大降低（具体程度取决于她们所在的国家），我是否会把这些归入最伟大的社会变革之列？女性主义的兴起是不是加长版20世纪中重大的事件？一千年之后的历史学家会如何看待它：与马尔萨斯贫困的终结相关但意义更为深远?

让我们做一次时空跳跃。在 1900 年的美国,男性工人与女性工人的比例约为 4∶1。实际差距或许没有那么极端,因为经济普查低估了事实上有产品送到市场上销售的女性劳动者人数,另外经济学家的指标在传统上低估了家庭内部的产出。但无论如何,男女差异仍是惊人的。可是到 20 世纪末,女性已经在全部受雇劳动力中占据了近半壁江山。[22]

在 1900 年,经济普查中列入的成为正式雇佣劳动力的很大部分女性属于未婚状态。在 15 岁及以上的未婚女性中,有大约 43.5% 进入官方统计的劳动力,其中白人为 41.5%,非白人为 60.5%。与之相比,仅有 3.2% 的已婚白人女性和 26% 的已婚非白人女性进入劳动力队伍,全美平均数为 5.6%。1920 年,仅有 4% 的 30 岁左右的已婚白人女性从事职业,可是到 1980 年,这个数字已提升至近 60%。30 岁左右的非白人女性的劳动参与率增幅略小,但起点和终点都更高,从 1920 年的 33% 左右提升至 1980 年的约 72%。

这些带来的仍是不够完整的画面。我们可以再看看 1920 年左右出生与 1960 年左右出生的女性的差异。前一个群体在 1940 年成年,在 1980 年满 60 岁。对其中的已婚女性来说,她们在 20 岁左右的劳动参与率仅有约 15%,而在 50 岁时接近 45%。对于 40 年后出生的后一个群体而言,她们中的已婚者在 20 岁时的劳动参与率已达到 60%。另外,一切迹象均表明,已婚女性的劳动参与率随着她们的年龄增长而提高。

女性劳动参与率在 20 世纪历史上的显著提高固然令人鼓舞,却没有带来男性和女性劳动者收入差距的快速缩小。尽管各种信息来源显示，女性相对于男性的工资水平在 19 世纪有显著提高，但在 20 世纪的大多数时候，女性的工资水平仍维持在男性的 60% 左右。

女性的相对收入水平未能在 20 世纪中提升的一个原因是，她们加入劳动力队伍的速度很快。劳动参与率的快速提升意味着，在任何时期都只有较小比例的女性劳动者掌握了较丰富的工作经验。由于企业给熟练劳动者支付的薪酬更高，这既是因为熟练劳动者的效率更高，也源于按照职业发展轨迹有规律加薪的承诺是激励员工的有效方式，相对缺乏工作经验压低了女性员工的相对工资水平。

导致女性相对收入持续偏低的第二个因素是，长期延续的职业性别隔离。在 1900—1960 年间，约有三分之二的女性劳动者不得不为了维持各种职业之间的性别比例而改变职业。职业性别隔离现象自 20 世纪 60 年代末之后有所减弱，但依然导致女性集中在报酬较低的职业领域。

导致女性相对收入持续偏低的第三个因素是，她们难以取得雇主看重的资质。20 世纪初的女性获得正规教育的机会很有限，大多数人也没有机会通过非正规教育和在职培训去掌握有经济价值的技能。总的来说，女性只是在相对简单、能快速上手的工作上被聘用，工作经历对生产率的提升作用不大。经济学家克劳迪娅·戈尔丁曾估算，如果能解决上述三个因素的影响，那么有相同经历和教育背景的男性和女性在 21 世纪初的收入差距将不再那么显著。*

---

* 戈尔丁的相关研究，可参见《事业还是家庭？》一书（中信出版集团 2023 年 7 月出版）。——编者注

如今的收入差距较少源于男性和女性在经验、教育及其他工作相关特征方面的差异，而更多来自直接的工资歧视：给女性的工资低于男性，因为她们是女性。戈尔丁发现，这种工资歧视可以追溯到现代大型企业及其人事部门的兴起。在大型层级制企业兴起之前，市场对歧视女性提供了重要的纠正机制。由于小雇主的数量众多，如果某家企业实施歧视，即给承担相同任务的女性支付比男性更低的报酬，女性劳动者可以用脚投票，转投不实施歧视的其他雇主。

戈尔丁指出，一旦企业设立起人事部门，实施统一的人力资源政策，它们就会发现，许多女性不会在岗位上停留足够长的时间，寄望通过高效出色的业绩和对企业的忠诚来获取定期加薪。那么，为什么还要用加薪来奖励留在工作岗位上的那些特殊女性呢？这并不意味着，所有的工资歧视都是为企业的利润最大化服务。赤裸裸的偏见显然也发挥了影响，如来自男性员工、雇主和客户的偏见等。例如，男性员工由于害怕竞争而极力把女性排挤出自己的职业。

从如今的视角看，关于女性在经济生活中的角色转型最让人惊讶的事情是其耗时之漫长，尽管在二战之后生育率显著下降，兴起了与体力完全无关的大量文秘和零售类职业，女性教育也形成了固定体系。可是，女性就业的各种壁垒依然存在，例如某些岗位认为员工必须全职参与；还有无所不在的歧视；认为某些职业不适合女性的社会观念；以及限制乃至禁止招募已婚女性的人事政策等。

从长期看，需要联邦政府采取行动以去除影响女性经济角色继续扩大的限制和习俗。1964年的《民权法案》就是此类行动的代表，它禁止基于种族、肤色、宗教、原始国籍或性别等因素实施就业歧视。该法案讨论时期担任众议院规则委员会主席的霍华德·史密斯（弗吉尼亚州民主党人）建议把"性别"加入禁止歧视的类型清单，但他对此事算不上很认真，而且促成法案通过的并非自由派民主党人士，而是南方民主党人与共和党人，表决票数为168：133。法院判决认为，"性别"类型的歧视禁止与其他类型的歧视禁止所依据的理由并不完全相同，因此对性别歧视的审查要求没有种族、肤色、宗教等歧视那样严格。但不管怎样，它依然要受到法律审查，而不是听之任之。就这样，法律环境产生了影响。[23]所以克劳迪娅·戈尔丁才能在那本关于性别鸿沟的著作中总结说，性别歧视有可能在未来逐渐走向终结。受到"男性和女性在大学毕业生中的占比日趋接近"的鼓舞，她认为我们可以"从当今年轻世代的经历中预见未来，看到令人乐观的充分理由"。[24]

其实即使在农业时代，男性优越地位下降对社会来说也可以是正和博弈类型的改变。相比实施男权制度的情形，女性如果作为社会的平等参与者，而不仅仅是仆从（被归入比奴隶和牲口略高的层级），则她们能够做的事情和贡献会多得多。像我这样的乐观派经济学家有强烈的倾向认为，结成群体的人们会变得更具包容性，会找到分享的办法，会在整体上有更高的效率，并通过分配由高效率带来的成果使社会秩序更可持续。生产率取决于劳动分工，如果邀请更多人加入，劳动分工就可以更加精细、更有效率。然而，这明显不符合农业时代及之后许多年里人们的看法。

男权制的基础在1870年之后确实被削弱了，并随着加长版20世纪的推进而更加彻底地消融。婴儿死亡率降低，平均结婚年龄提高以及子女抚养成本增加都促使生育率下降。普通女性用于怀孕和哺乳的时间从大约20年大幅减少到4年左右，更好的卫生条件、更好的营养以及医疗知识的进步，让人们无须多次怀孕也可以顺利留下后代，生育控制技术则让人们能更好地实施育儿计划。另外在工业时代初期的人口大爆炸后，工业核心国家的人口增长率显著放缓。历史证明人口爆炸是相对短期的现象，人类似乎正快速走向长期的总人口零增长时代。

在加长版20世纪中，家庭内部的技术进步轨迹同样给普通女性带来了帮助：洗碗机、烘干机、真空吸尘器、更先进的化学清洗剂、其他家用电器和炉灶，尤其是洗衣机，大大减轻了维持家庭清洁、有序和正常运转的负担。在19世纪照顾好一个高生育率家庭比从事一份全职工作要辛苦得多，而在20世纪后期则更像是做一份兼职工作。于是，过去被家务劳动拴在家庭内部的大量女性劳动力如今可以调整到其他岗位上。贝蒂·弗里丹在20世纪60年代早期指出，女性对于平等地位等目标的追求往往只有在"社会……的有偿工作中得到一视同仁"之后，才能够实现。[25] 只要女性依然被束缚在市场无法用金钱来回报的家务劳作中，男性就很容易轻视和贬低她们的付出。

无可否认，1870年以来的财富增长给20世纪的各种残酷而野蛮的暴政产生了倍增效应，但有两类暴行在此期间缓慢、勉强且部分地消退了，它们就是种族主义与性别歧视。一方面，这些进步尽管显得小心翼翼，却更加清晰地表明人类应该更加迅速地靠近乌托邦，以及多大程度的停滞不前会引发强烈的变革呼吁。另一方面，社会地位是一种零和性质或非常接近零和性质的博弈。在包容性发展的大潮面前，原先拥有性别、种族和种姓特权的那些群体如何能够接受地位下降的现实？对于二战之后北方国家的第一代人而言，答案在于前所未有的收入增长、机遇以及向上流动性。

第 14 章　社会民主主义的辉煌三十年

历史并不会重演，却带有古怪的韵律。1870 年，当时地球上的 13 亿人口的平均收入约为如今的 1 300 美元。然而到 1938 年，随着人口数量翻番，人均收入却增长至之前的 2.5 倍以上，生活大有改善。1870 年之前，世界形势颇为动荡。还记得约翰·斯图亚特·穆勒关于技术进步的潜在收益很难带来涓滴效应的悲观看法吗？更不用说卡尔·马克思了。1938 年之前，对于刚刚经历一战和大萧条的世界而言，形势同样动荡，并很快将变得更加危险，坠入二战带来的巨大浩劫中：超过 5 000 万人死亡，对蹒跚进步的毁灭性破坏。不过，1870—1914 年同样是个不寻常的繁荣发展时代，一个史无前例的经济理想国时代。之后的 1938—1973 年则迎来了另一个辉煌时代，对那些有幸没有成为战场的国家，特别是美国，二战的动员措施产生了强有力的增长刺激。

1938—1973 年，世界经济再度大步飞跃，实现了前所未有的高速增长。北方的核心工业国家，即如今所说的西方七国：美国、加拿大、日本、英国、法国、德国和意大利，迅猛发展，年均增速不是1913—1938年的0.7%，或者1870—1913年的1.42%，而是达到3%，并且是在二战造成的巨大破坏的背景下。这样迅疾的进步意味着，上述国家的物质财富每23年（一个世代）就能实现翻番。西方七国在1973年的物质富裕程度达到了1938年的三倍。

西方七国之中原本最落后的日本在此期间的增速最快，年增长率达到史无前例的4.7%，而该国在二战中还受到广泛破坏，特别是两座城市在1945年遭到了原子弹的袭击。加拿大和意大利的年增长率也超过了3%。此外，西方七国的成就并非特例。墨西哥、西班牙及其他许多国家也实现了类似的增长速度。

法国人把这段时期称作"辉煌三十年"。[1]有如此多幸运因素集中到一起，让人意外。假如你是一位政治经济学家，恐怕至今仍会为之啧啧称奇。

但假如你是一位新古典经济学家，对这段时期或许只会耸耸肩。市场经济带来了充分的就业、良好的基础设施，以及对合同和私人财产的保护，这是应该的。现代科技也发挥了作用，涌现大量根本性的技术突破。此外在大萧条的混乱中有许多等待开发和应用的既有发明成果，形成了积压效应。于是企业看到了赚钱的机会，给工业研究实验室慷慨提供资金，然后大规模地应用部署实验室的创新成果。在此过程中，企业得以积累业务知识，把之前缺乏培训和技能的劳动力从农场和作坊吸引到"福特式"生产装配线上。[2]在我们的新古典经济学家看来，这是现代经济增长时代正常而自然的运转方式，或者说理应可行的方式。只不过在加长版20世纪的历史上，沿着这一自然道路实现的经济进步老实说并不寻常。

这种成功场景可谓是哈耶克关于市场力量的积极观点变成了活生生的现实：市场给予，继续给予，并给予更多。但也有人质疑哈

第14章　社会民主主义的辉煌三十年

耶克的结论。经济学家赫伯特·西蒙（Herbert Simon）经常提到，哈耶克所说的"市场经济"景象，并不是市场交易的绿色田野之中散布着代表个体小企业的红点，而是代表命令控制式大型企业组织的红色区块由市场交易的绿色线条相连接。哈佛大学的经济学家马丁·魏茨曼（Martin Weitzman）则喜欢讲，并没有深刻的理论推导证明，通过价格目标给企业提供信息（如果单位成本能够压到 X 元以下，就启动生产），比通过数量目标给企业提供信息（生产 Y 数量的产品）更为高效。[3]然而哈耶克在芝加哥大学的同事罗纳德·科斯则指出，市场经济的巨大优势之一在于，让企业自行决定是采取层级式的命令控制体系，还是利用以交易成本为基础的体系。也就是说，关键在于企业有选择的空间。[4]此外，企业几乎总会受到市场竞争力量的约束，亏损企业会萎缩和消失，这点同亏损的国有机构截然不同。[5]

但哈耶克的观点要变成现实，在我们中间扎根，还需要三个前提条件。第一是他必须同小说家安·兰德等人的理论和哲学做切割。市场的有效运转要求维持竞争，而非被由技术和组织专家主导的机构垄断。[6]

第二，哈耶克必须得到凯恩斯思想的护佑。必须有能让企业盈利的支出，市场经济才能顺利运转，并把资源投入"最佳"的用途。

1936 年，凯恩斯带着明显讽刺的语气写到，他提出的扩大必要的政府职能以调整消费倾向和投资激励的建议，可能是对"19 世纪的舆论家或者……当代美国金融家"主张的自由的"可怕侵犯"。但事实上，这些措施是"个人事业得以成功运转的必要条件"。他补充说，"如果有效需求不足……企业主就只能在不利的环境下经营,他参与的冒险游戏有许多毫无胜算,导致参与者从总体上看会亏损"。只有"特殊的技能或非凡的幸运"能够让创业者和企业获得回报,让经济增长得以持续。而在引入他主张的政策之后,"有效需求会变得充足,依靠普通技能和一般幸运就足以带来回报"。在"辉煌三十年"时期,精明的企业领导人认识到,凯恩斯和他的充分就业政策并非自己的敌人,而是挚友。[7]

第三,哈耶克必须同卡尔·波兰尼结成伙伴。哈耶克的世界观的基础之一是,市场经济是创造增长和繁荣的唯一道路,但永远不能(也不应该)要求市场经济带来公平与社会正义。公平与社会正义要求把好东西分配给行为中规中矩、需要这些物品的人,市场经济则是把好东西分配给足够幸运、控制着生产资源、为富豪提供特定产品的人。

波兰尼的世界观认为,民众和社群极其强烈地认为自己有权利要求获得某些东西,例如让他们觉得公平的稳定的土地使用模式、与自己的努力和价值相称的收入水平、能够保留自己的工作岗位,或者至少能够较为顺利地找到新工作。然而市场经济要求必须先通过利润最大化测试,才能提供这些必需品。如果经济增长足够快,对波兰尼主义权利的某些侵犯或许会被人忽略:我虽然没有得到自己想要的那部分蛋糕,但至少我得到的分量比自己父母得到的更大。在快速经济增长时期,政府从税收增长中获得的收益让它可以采取行动,以保证和维护波兰尼主义权利。社会民主主义的政府需要容许市场经济,以带来增长和繁荣,但也需要制衡市场,防止"市场经济"变成民众可能反对的"市场社会":就业不稳定,收入与人们的预期不符,社群受到市场波动的持续冲击和改造。

这是一种保持平衡的操作。在某种意义上,平衡行动因为包容性增强的迅疾潮流而变得更加复杂。一方面,该潮流不仅指向性别、种族和民族,也延伸到阶级领域:工人阶级中的男性成员原先有理由甘居从属位置,此时变得不再有很强的说服力。另一方面,他们发现自己正在失去其他人的部分顺从,这原本被他们视为理所当然并能够缓解自身在阶级金字塔中的受压迫感。上述两方面因素都促使他们认为,对于预期秩序(即他们自视的应得权利)的侵犯已变得过于严重,需要采取反抗行动。

不过,收入的快速增长以及自己和子女发展机遇的改善,很大程度上弥补了旧秩序遭到破坏的影响,无论旧秩序如何支撑你对自己恰当、合理的社会归属地位的理解。因此在整个20世纪60年代到70年代早期,北方国家仍能够维持上述平衡。到1975年,人类已投入应用的技术能力达到了1870年的9倍。人口大爆炸的结果则是从之前的13亿增长到40亿。人口的爆炸式增长及其给资源基础施加的压力,最终使1975年的物质生产率提升至1870年的5倍。同时,各国之间的物质生产率水平差异极大,各国内部也不平衡,虽然相比1870—1939年的水平有了显著缩小。

许多因素在其中发挥了作用。至少在美国,大萧条让许多人相信前文提到的思想切割与联合必须发生。镀金时代攫财大亨的寡头统治失败了,并造成了大萧条。虽然过程尚不清楚,但正如富兰克林·罗斯福所言,社会已基本形成如下共识:需要把寡头和金融家财阀"从人类文明殿堂中高高在上的位子上"拉下来。[8]必须让竞争占据主导。大萧条还让私人经济部门相信,他们需要一个有为政府来调控经济,以至少实现近似充分就业。或许更重要的是,大萧条让中产阶级明白他们同劳工阶级有着强烈的共同利益,而且自此之后,这两个群体都要求政治家们解决社会保障和充分就业问题。除上述因素外,来自苏联的威胁也强有力地说服新生的北大西洋公约组织:在安全政策与政治经济重组方面追随美国的领导。而在这些话题上,美国有着强有力的主见。

在两次世界大战间歇期,各富裕国家的政府被紧缩型的正统理论严重制约,坚持盲目的自由放任,让政府完全不干预经济。此类理论最初是用来打破贵族政权的重商主义,后来却成为抵制累进税、社会保险计划与更普遍的"社会主义"主张的武器。

我们可以通过美国右翼经济学家米尔顿·弗里德曼的例子(他自视为也自我推销为自由放任的信徒),来回顾思想领域的这场海啸剧变。右翼人士试图捍卫自己的信仰,坚称市场不可能失灵,只会被辜负,大萧条是因为政府对自然秩序的干预所致。莱昂内尔·罗宾斯、约瑟夫·熊彼特与弗里德里希·冯·哈耶克等经济学家指责说,各国中央银行在 1929 年之前把利率设定得过低。其他人则认为中央银行的利率设定得过高。无论如何,他们都认为各国中央银行没有执行恰当的"中性"货币政策,因此非但没有放任,反而扰乱了原本稳定的市场体系。米尔顿·弗里德曼是这些人中的主将。

但如果深入考察弗里德曼关于大萧条是政府失灵而非市场失灵的论点,我们会发现更多有趣的内容。例如,你如何判断设定的利率是过高、过低还是合适?按照弗里德曼的说法,利率过高会导致高失业率,利率过低会导致高通胀率,刚好合适的利率,即对应"中性"货币政策的利率水平,则可以让宏观经济保持稳定以及平稳增长。但这样的理论就变成了同义反复的循环论证。[9]

这种推理被人们称作托勒密式推理,意思是通过重新定义术语和增加复杂性来说明某个现象,以维护自己的形象,而非承认自己的观点有误,其实这个词是对天文学家克罗狄斯·托勒密在天之灵的侮辱,他曾留下过若干精彩的见解。而就弗里德曼的逻辑而言,则是不折不扣的托勒密式的。如果去除外面的掩饰,我们会看到背后隐藏着凯恩斯的观点:政府需要实施规模足够大的干预,以影响整个经济体的支出流量并使其保持稳定,在成功做到这些的过程中,防止经济陷入衰退,维护市场体系的优越性,乃至民众的经济自由、政治自由和思想自由。

凯恩斯与弗里德曼的唯一重大区别在于,弗里德曼认为仅靠中央银行通过货币政策把利率维持在恰当的"中性"水平,就可以完成上述任务。凯恩斯则认为还需要更多举措:政府或许要利用公共支出和税收激励来促进企业投资,鼓励居民储蓄。而且仅靠这些激励也是不够的,他提出:"我推想,对投资实施一定程度的社会化或许是确保准充分就业的唯一手段,当然这不应该排斥公共权力机构采取各种形式的谈判和手段同私人企业开展合作。"[10]

大多数民众认可凯恩斯的看法。大萧条时期的失业规模动摇了政治家、实业家和银行家们对经济政策核心目标的信念。在此之前,他们设定的核心目标是稳定的货币和汇率。而在大萧条之后,银行家们也只能承认维持足够高的总就业水平比避免通胀更加重要:普遍破产和大规模失业不仅对劳工不利,也是资本家与银行家的噩梦。

于是,企业家、工厂业主和经理以及银行家们发现,努力维持较高的就业水平对自己来说是好事。高就业意味着高产能利用率,虽然劳动力市场紧张带来的工资上涨压力会削弱利润,但企业主们认为需求增加会把固定成本分摊到更多产量上面,从而提升利润率。

在美国，混合经济的凯恩斯式社会民主主义秩序得到了有力的巩固。美国过去一直支持发展市场经济，但也主张建立有效与务实的政府。20世纪早期，美国兴起的进步主义运动希望通过对市场经济的调控来实现公平的增长。此外还有幸运因素的帮助，右翼政党在1932年之前长期执政，不得不承担大萧条的大部分责任。所有这些结合起来，使前进道路变得较为平坦。罗斯福此时接过领导权，他于1945年去世后，杜鲁门又顺利接任。美国选民认可新政的道路，在1948年让杜鲁门获得连任。1953年出任总统的共和党人艾森豪威尔则认为自己的任务并非推翻民主党前任的计划，而只是限制他低调提及的"集体主义"的更大扩张。

1946年的《就业法案》宣布，联邦政府的一项"持续政策和责任"是"协调和利用所有的规划、职能与资源……来培养和促进自由竞争企业以及社会总福利；创造有利条件，以便给有能力和意愿寻找工作的人提供有价值的就业岗位；提升就业、产出和购买力的最高水平"。[11] 在立法中把上述目标确立下来，可以也应该被视为社会的观点、感受与目标发生重大变化的风向标。而以《就业法案》为标志的最重大政策变化是，各国在二战后赞同让政府的财政自动稳定器发挥作用。

前文我们提到过艾森豪威尔在20世纪50年代给其兄长埃德加的一封信，他在其中谈及自由放任已寿终正寝，尝试将其复活的努力纯属"愚蠢"。米尔顿·弗里德曼与艾森豪威尔都看到了凯恩斯发现的"逃生舱"，并同样急切地想要打开舱门，由此脱身。的确，艾森豪威尔在信中说起的政府行动计划与其他发达工业国家的类似措施在组建政治联盟方面做得非常成功。正如艾森豪威尔所言，"如果有哪个政党试图废除社会保障和失业保险，试图取消劳动法和农业支持计划,它必将从我们的政治史上消失"。[12]换句话说,选民并不相信试图收缩这些计划的政治家,而且往往认为支持社会保险计划的专项税收没有其他税种那样令人讨厌。在美国之外,偏右翼的政党也很少严肃地尝试站出来反对社会民主主义。

艾森豪威尔的看法反映了一种共识,但这不是指绝大多数民众从自己内心表示赞同,而是说绝大多数人认为,重返柯立芝或胡佛时代的美国并非明智之举。

由此便造成了大政府以及更多后果。艾森豪威尔时期的联邦政府支出约占美国 GDP 的 18%,是新政最高潮的和平时期的两倍。若加上州政府和基层政府的支出,美国的政府总支出超过了 GDP 的 30%。而在新政实施前的 1931 年,联邦政府支出仅相当于 GDP 的 3.5%,且整整一半的联邦政府雇员是在邮政系统工作。到 1962 年,联邦政府直接雇用的员工人数已接近 535.4 万,当时的全美总人口为 1.8 亿左右。到 2010 年,联邦政府雇员人数下降至大约 444.3 万,全美总人口则超过 3 亿。政府的资金流中有很大一部分不受商业周期的影响,这有助于私人企业保持活力和盈利。当时的大政府依靠高税收而非高额借款来支撑,1950—1970 年,联邦政府赤字的平均水平低于 GDP 的 1%。

虽然在阶级和财富格局上未出现重大调整,中位收入水平却持续提高,造就了一个强大的中产阶级。汽车、独栋住宅、家用电器和优质教育等过去为顶层 10% 群体专享的事物,到 1970 年已被大多数人享有,或至少可以争取。

胡佛总统在 1932 年 8 月签署《联邦住房贷款银行法案》,给住房抵押贷款提供政府信贷。美国联邦政府由此开始利用更为便利灵活的抵押融资,来促进住房建设和住房自有权,确立了政府支持和协助解决住房问题的美国模式。欧洲国家的惯常做法是直接提供住房,而美国政府则在融资方面给予巨大支持,以鼓励私人开发和购买住房。在几乎同一时期创建的美国房主贷款公司于1933年8月到1935年8月出资支持了超过100万笔住房抵押贷款,并形成了美国抵押贷款业务后来的长期运作机制:期限很长,利率固定,首付款低,分期偿还,且由政府提供担保。政府担保是说服银行接受该模式的必要措施:按照固定利率给借款人提供长达30年的贷款,借款人始终可以选择立即还清余款,而银行依然可以获利。

在十分之一乃至五分之一英亩大小的地块上修建独栋住房,这必须配备汽车。过去利用有轨电车或通勤列车把郊区同市中心相连接的模式将不再适用,取而代之的是规模宏大、四通八达但使用权受限的高速公路体系。1956年的《国家州际和国防高速公路法案》要求出资修建4.1万英里长的高速公路,其中90%的费用由联邦政府承担。交通建设资金甚至比联邦住房管理局的保险更严重地向郊区倾斜,而忽略市区的需要:只有大约1%的联邦交通建设资金用于改善公共交通。另外,三分之二的高速公路修建在大都市区的范围内,美国州际高速公路网改称郊区高速公路网或许更加名副其实。

事实上,人口向郊区迁移带来了一种新型的内在民主化与消费模式的同质化。除底层阶层以及肤色较深群体,其他美国家庭都找到了自己的社会位置并发现彼此大致相同:中产阶级。他们还反复向调查者讲述这种感受。社会科学家们很不理解,多达四分之三的美国人为何以及如何坚持认为自己属于中产阶级。美国白人中产阶级则没有这种困惑,他们总是幸福满满地走向或者说驶向自己在郊外购置的新房子。郊区开发其实是一种极端形式的阶级隔离以及种族隔离，然而这种区别不是特别重要，尽管有人得到的比其他人更多，但毕竟大家都是属于一个国家，即中产阶级美国。

1944年，当二战临近终结时，美国政府开始担心1 600万大兵回国后如何找工作的难题。国会于是通过了《退伍军人法案》，作为传统的退伍军人津贴的替代，该法案给希望上大学的老兵提供了慷慨的补贴，这可以让他们暂时不进入找工作的队伍；另外还有给归国老兵提供抵押贷款的强大支持计划，包括可以享受零首付的额外鼓励。

美国在大萧条和二战后形成的共识还包括承认工会的地位，这也是哈耶克与波兰尼的思想联姻的关键组成部分。1919年，美国的工会成员总数约有500万，到罗斯福就职时的1933年可能下跌到约300万人的谷底，然后在1941年底回升至900万，并借助二战时期劳动力市场的紧张状况继续增加，到1953年艾森豪威尔上任时扩充至约1 700万。

1933—1937年，工会的组织变得更容易，尽管面临高失业率，但政治体制在坚定地向着更趋进步派的民主党人摆动。联邦政府不再敌视工会，反而成为其支持力量。《瓦格纳法案》赋予了工人开展集体谈判的权利。全国劳资关系委员会负责监督，并极大地限制了反对工会的雇主惩罚工会组织者及其会员的能力。大规模生产行业的雇主开始认识到工会在雇主和员工之间居中调停的价值，工人则发现工会谈判可以为自己争取到高于市场水平的工资。

随着工会运动在20世纪30年代的兴起和制度化，美国的工资差距出现了大幅压缩。在20年代后期到30年代，美国顶层10%、1%和0.01%群体在全国财富中所占的份额分别达到45%、20%和3%。到50年代以后，这几个份额分别下降至35%、12%和1%，不过到 2010 年，又重新回升至 50%、20% 和 5%。[13]在一定程度上，这是因为教育发展跑赢了技术，暂时导致收入较低的非技能劳动者变得相对稀缺，从而提升了其价值。同时在一定程度上，还因为移民的关闭给英语不熟练（乃至完全不会英语）的劳动者的供给造成了类似影响。可是所有北大西洋经济体都出现了此类"大压缩"，表明某些政治经济因素发挥了比劳动力供需更为显著的作用。工会对工资分配压缩发挥了效应，最低工资法律及其他监管规定也是如此。最后还有为二战而实施的高度累进性的税收体系，它打击了富裕人群以牺牲他人利益给自己捞好处的动力。如果某位首席执行官把公司总利润中的太多份额用来给自己发奖金，从而引发工会的愤怒，这种事情的后果可能得不偿失。

沃尔特·卢瑟（Walter Reuther）于 1907 年出生在西弗吉尼亚州惠灵市一个来自德国的有社会主义倾向的移民家庭。[14]他父亲曾在一战中带他去拜访被监禁的社会主义和平运动活动家尤金·德布斯（Eugene V. Debs）。并让他在家中每天都接触"工会主义的哲学思想"，听到"劳动人民的斗争、希望和理想"。卢瑟在 19 岁时离开惠灵市，成为福特汽车公司在底特律的一位机械师，为生产线上的工人制作工具。1932 年，他因为美国社会党总统候选人诺曼·托马斯组织了一场集会，而被公司开除。1932—1935 年，他去环游世界。在此期间，他在下诺夫哥罗德的高尔基市培训苏联工人生产 T 型轿车，因为福特公司在 1927 年用 A 型车替代 T 型车之后把原来的生产线卖给了斯大林。早在底特律的时候，卢瑟就加入了美国汽车工人联盟，他于 1936 年 12 月发起反对福特的刹车供应商凯尔希－海斯公司的静坐罢工。数以千计的支持者站出来，阻拦了管理层把机器设备运走以便让工贼们重新启动生产的计划。

此前，民主党人弗兰克·墨菲以微弱优势击败了密歇根州在任州长、共和党人弗兰克·菲茨格拉德。在之前那个十年，警察会干预，强制执行企业主和管理层的财产权利，或者像 40 年前的普尔曼公司罢工那样动用军队。但 1936 年的形势有所不同。罢工开始十天后，急需刹车片的福特公司施加了极强的压力，迫使凯尔希-海斯公司做出让步。卢瑟的美国汽车工人联盟第 174 支部的会员数从 1936 年 12 月初的 200 人，激增至 1937 年底的 3.5 万人。1937 年，卢瑟和他的兄弟们还发起了针对通用汽车公司（当时全球最大的公司）的静坐罢工，地点在其生产中心密歇根州弗林特市。罢工者控制了给通用公司最畅销的汽车品牌雪佛兰制造发动机的唯一工厂。此时担任新州长的墨菲确实也派出了警察，但不是来驱逐罢工者，他们的任务只是"维稳"。

到 1946 年，卢瑟成为美国汽车工人联盟的领袖，其策略是不仅要利用工会的力量争取更高的工资和更好的工作条件，"还要为公众的普遍福利而斗争……并作为推动社会变革的工具"。美国汽车工人联盟站在一方，众多汽车公司站在另一方：通用、福特、克莱斯勒这三大汽车公司，再加上份额逐渐萎缩的若干较小的生产商。卢瑟的战术是，威胁每年在三大公司中的一家发动罢工并坚持到底，让爆发罢工的公司因停产而遭受损失。在其他公司工作的美国汽车工人联盟的会员将给罢工者提供支援，而其他汽车公司既不会封闭工厂，也不会给受罢工打击的同行提供资金。在二战后遭遇四次年度罢工威胁之后，通用汽车公司首席执行官查理·威尔逊于 1950 年提议签订五年期的无罢工合同。卢瑟参与了谈判，不仅争取到更高的工资，还获得了由企业缴费的医疗保险和退休计划，以及随生活成本而提升的待遇安排。这就是《底特律条约》。它意味着汽车工人不仅得到了合理的收入，还有稳定的就业，可以设想购买独栋住宅、搬到郊区并用自己制造的汽车来通勤。上层的工人阶级如今真正成了中产阶级。

1970年，卢瑟与夫人梅及其他四人遇难——他们的飞机因遭遇迷雾在飞往密歇根州佩尔斯顿机场的最后航段坠毁。这架飞机的高度仪存在缺失和差错现象，有些部件的安置甚至被完全颠倒。卢瑟此前还躲过了至少两次暗杀。

美国在战后的凯恩斯主义共识的第三个主要部分是福利国家，或者说社会保险制度。不过，美国的社会保险制度比欧洲的典型模式要薄弱得多。从西欧国家的视角看，美国的模式相当贫乏。即便英国的保守主义代表人物撒切尔夫人也认为美国的医疗保险缺乏国家支持是令人震惊甚至粗暴的现象。总体而言，与家计状况挂钩的美国社会保险制度在促进公平方面不如欧洲的类似制度那样有力。针对二战后的第一代人，美国还采取了提升穷人购买力的若干措施，包括补贴营养摄入的食品券，给单亲母亲提供部分现金的"抚养未成年儿童家庭援助"，以及少数通过配额供应的低品质公共住房等。

与此同时，更广义的社会民主主义运动在美国还包含类型各异的行动和组织，例如州际高速公路系统、机场建设、空中交通管制、美国海岸警备队、国家公园管理局，以及政府通过多个机构给研究开发提供的扶持，其中包括国家标准和技术研究院、国家海洋和大气管理局、国家卫生研究院等。此外还包括：司法部与联邦贸易委员会的反垄断律师，来自美国证监会、货币监理署、美联储和退休金福利保障公司的金融监管人员。还有联邦政府承诺为银行的小储户提供防备银行破产的保险；为大银行（具有系统重要性的金融机构）提供预防金融崩溃的保护；社会保障计划及其补充行动，包括附加保障收入计划、先行教育计划、工作所得抵税优惠计划等。当然在自由意志主义的哪怕最温和的支持者看来，上述行动均不属于政府的正确使用方式。

大萧条是促使美国向左转、从自由放任制度转向有更多管控的混合经济的关键推动力之一，这对二战后的福利国家制度建设产生了深远影响。在欧洲，混合经济带有某些平等主义倾向，即减少收入差距，保护民众免受市场冲击。而美国的主要福利国家制度是作为"保险"来宣传的，即个人得到的从平均意义上来说等于自己的缴费，而非调整收入分配的工具。社会保障计划支付的退休金与个人早年的缴费成比例。支持劳工的《瓦格纳法案》建立的体系最有利于技能和工资水平较高的工人，他们有较为稳定的工作归属，可以利用法律武器来分享企业的利润。美国所得税的累进程度也一直较为有限。

社会民主主义的目标显然不同于社会主义者追求的最高目标，后者认为政府应该提供食品和住房等必需品，以及保证公民资格和同志式友谊等权利，而不是必须让民众费尽辛劳才能获取。社会民主主义则强调利用收入补贴和累进税来开展再分配，使收入变得更为均等。强势社会主义体系主张的公共提供方式往往会损失效率，而社会民主主义只是以更为均等的方式来分配收入，给确实有需要的人提供帮助，同时借助市场的神奇效率来服务社会目标，以避免效率损失。

通过类似于奉子成婚的方式，哈耶克与波兰尼在国家依然受到凯恩斯的充分就业的护佑下，有些尴尬地借助社会民主主义维持了数十年的共同生活，并且比过去更具有包容性，也带有足够（以及警惕）的真诚。

* * *

二战之后，西欧国家在社会民主主义上比美国走得更远，这并非预先注定。西欧内部的政治倾向在大萧条期间基本上向右摆动，而在此前的数代人中，西欧对政治民主与市场制度的坚持比美国更为脆弱。但总体而言，二战后西欧国家的社会安全网与福利国家政策显著超越了美国的水平。

从之前的几章可以看到，西欧国家对社会民主主义的坚持产生了效果，这些经济体在 20 世纪五六十年代出现繁荣发展。二战后的欧洲在 6 年中取得的进步超过它们在一战后的 16 年。西欧国家的 GDP 年增长率自加长版 20 世纪开启后长期维持在 2%～2.5%，而在 1953—1973 年跃升至惊人的 4.8%。繁荣景象把人均产值提升到前所未有的水平，另外在法国和联邦德国，劳动生产率的提升速度也超越了 1913 年之前的趋势。[15]

欧洲实现快速增长的部分原因是异乎寻常的高投资率，几乎达到一战前最后十年的两倍。

快速增长的另一个原因是欧洲的劳动力市场，既实现了充分就业，又在生产率提高的同时几乎没有出现向上推高工资的压力。

经济史学家查尔斯·金德尔伯格解释说，欧洲劳动力市场的稳定是源于发达国家内部的冗余劳动力从农村地区转移出来，以及从南部和东部的边缘国家转移过来，形成了有弹性的供给。劳动力的充分供给制约了工会的作用，否则他们可能会极力要求过高的工资。然而这种情况显然也与欧洲近期历史留下的阴影有关，即对战争间歇期高失业和社会冲突的记忆有助于缓和劳动力市场的对立。

保守主义者记得，试图削弱战间期的福利制度曾导致政治极端化和社会动荡，并最终为法西斯主义搭建了舞台。左翼人士则可以回忆起同一个故事的相反侧面。双方都会顾虑战间期的经济停滞，并将此归咎于政治上的僵局。因此对所有人来说，最佳策略似乎都是首先促进生产率提升，稍后再解决再分配问题。[16]

随着二战之后的第一个世代走入第二代，以及工业化核心国家的产业越来越多地采用机械化，他们将更容易受到来自低工资国家的外来竞争的威胁。既然亨利·福特能够重新设计生产线，让低技能工人完成过去高技能工人的任务，那么他以及其他任何人为什么不能重新设计生产线，让北大西洋区域之外的低收入工人来完成工作任务？

许多产业的确开始从富裕的核心国家迁往贫穷的外围国家。但在二战后的前一两个世代，这样的行动还较为缓慢。原因之一是政治不稳定的风险加剧，投资者对于把钱投入容易爆发重大政治动荡的地方往往心存顾虑。另外，企业把生产留在核心国家还有现实的好处，即靠近机械和类似产品的其他厂商，它们在一起既能获得可靠的电力供应，在复杂的机械设备发生故障时又容易找到有能力处理问题的专业人员。

相比于技术已经成形、变动较少的产业，技术正在快速进步的产业对上述因素更加看重。企业在选址时愿意靠近给自己制造机器设备的供应商，很大程度上是因为用户与供应商之间的交流反馈会带来巨大优势，交流反馈在技术设计尚未定型时尤其具有意义。这样做还意味着，企业有成熟的劳动力队伍可用，他们熟悉机器设备，并擅长以略微不同的方式操作略有改进的机器。而随着产业的技术走向成熟，它们的生产流程会逐渐进入静态模式，商业模式会变成尽量以最低价格来实现最大销量。到了这一技术成熟阶段,各个产业和企业往往会考虑向世界经济外围地区迁移。

*　*　*

由于社会民主主义采用民主制度,民众可以通过投票来选择愿意接受多大程度的收入与财富不平等,可以选择多大累进程度的税收制度,选择扩张还是收缩提供给全体国民的公共品和准公共品以及福利的范围,选择增加或者减少给穷人发放的福利。但从根本上说,社会民主主义这种制度植根于如下前提,即普遍的再分配是件好事,因为全体国民都希望借此来防范坠入贫困的风险。追求产出最大化的激励也是好事。可麻烦在于如何在防范风险与产出激励之间保持平衡,这既是判断问题,也涉及政治斗争。但无论平衡点选在何处,社会民主主义都致力于推行包含少量的收入再分配的福利项目,同时以功利主义的最大多数人的最大福利为奋斗目标。

由于上述原因,社会民主主义成为一股强大的力量。但它面临一个问题,最终可能导致社会民主主义的消亡与所谓的"新自由主义"的兴起。阴影中依然残留着对如下信念的记忆:认为市场经济并非社会的仆从,而是其主人;认为维护波兰尼主义权利的社会民主主义行动会造成巨大的负担,严重拖累经济增长,同时也无法带来社会正义,因为全民性质的福利待遇会忽略本来不应该被一视同仁的人与人之间的差异。

或许归根到底,人类有着近乎本能的感受,厌恶哪怕半集中式的再分配安排:剥夺某些人,而补贴另一些人。人类把社会视作相互交换好处的互利网络,所以我们接受的一条普遍原则是:人们之间相互帮忙,比起让每个个人独立承担一切事务,能够大大改善所有人的境遇。我们并不总是想做受助者，因为这会让人感到渺小和乏力。我们也并不总是想做施助者，因为这会让人感到被剥夺或欺骗。因此在理论和实践中，每当看到有人采取总是成为受助对象的生活策略时，我们通常不愿意接受。[17]

此外，成为"受助者"或者"施助者"的含义有时存在争议。单亲母亲独立抚养下一代长大成人，他们未来的社会保障缴费会帮我们付养老金，这种付出算不算艰辛而极具价值的工作？还是说，这些人是榨取制度好处的"福利女王"，或像批评者信誓旦旦地宣传的那样，依靠社会福利维持生计比找到和坚持做一份工作更容易？如果贷款人免除你所欠的一半利息，但仍要求你归还全部本金和另一半利息，他算不算施助者？

社会民主主义对此的逻辑是，我们作为公民是平等的，如果没有良好的理由，平等的人不能被区别对待。在市场经济中支持不平等的良好理由则是，我们需要对技能、勤奋和远见等给予奖励，以促进经济增长，即便这样做会不可避免地奖励纯粹的幸运者。

但如果某些公民认为，由于出身、教育、肤色、宗教信仰或其他特征，他们比其他人"更平等"，结果又会怎样？另外在与家计状况挂钩的福利计划中，有些人获得救助不是因为他们在生活中遭遇了不幸，而只是因为他们从来不做贡献，对此又该如何看待呢？

只要就业状况良好，增长依旧强劲，这些两难问题都可以掩饰过去。可是当增长速度放慢、就业变得不稳定时，对于"乞讨者"占便宜的担忧就会与日俱增。此类担忧是导致社会民主主义落幕、历史潮流转向新自由主义的重要因素之一。

社会民主主义在努力通过再分配计划来平等地对待全体国民的同时，还参与了另一项更为特殊的事业。在世界各地，无论是工业国家还是发展中国家，社会民主主义类型的政府（甚至包括其中最反对共产主义的政府）都认为自己应该直接负责企业经营。

例如英国首相克莱门特·艾德礼，他在二战后很快接任了温斯顿·丘吉尔的职位。20世纪40年代后期，艾德礼政府对许多产业实施了国有化，如英格兰银行、铁路、航空公司、电话公司、煤矿、发电企业、长途公路货运、钢铁企业以及天然气供应商等。从表面上看，这些产业的经营策略在国有化之后并没有改变，追求商业利益依旧是名义上的目标。但企业的盈利动力降低了，尤其是在追求利润可能导致关闭某些车间或工厂的时候。

回头来看，社会民主主义坚持要求由政府生产某些产品和服务很令人困惑。这些国家的政府不只参与需求和分配，也不只监管价格和质量，还要求直接进入生产过程。20世纪中期，大量生产性企业应该实行公有制、推行公共管理的信念在全世界都占据主流地位。即便到了21世纪，仍然有大量企业和机构属于国家所有和国家经营的性质：铁路、医院、学校、发电厂、钢铁厂、化工厂和煤矿等等。

可是，这些领域从来都不是政府的核心竞争力所在。医院和铁路等组织应该以效率为着眼点来经营，用既有的资源创造最大的产出。但影响政府运作的逻辑与之不同，它的关注点是如何协调利益冲突。因此，政府经营的企业往往存在低效率和浪费的现象，无论是英国的煤矿，西欧国家的电信垄断商，还是发展中国家的石油生产垄断企业。

某些被国有化的组织和产业并不把效率置于优先考虑目标之列。有时候我们需要"柔性"而非"硬性"激励，例如由保险公司付费的诊所不能为了降低成本而用染色水去代替抗生素药剂，负责电力供应网络的公司不能为了提高当期利润水平而克扣设备维护费用。

不过，适合采用"柔性"激励的情形并不是很多，通常只适用于消费者难以判断产品的质量，或者无法用脚投票、改用其他供应商的情形。在其他地方，则更适合采用促使企业追求利润最大化的硬性物质激励。

那么，为什么社会民主主义国家会不同程度地走企业国有化的道路？这背后似乎有三方面的主要原因：

首先是对垄断的过度担心。这些国家的领导人认为，规模经济最终会导致大多数产业由单一企业占据支配地位，接下来，垄断企业会毫不手软地剥削社会公众，除非对其实施国有。其次是对人员腐败的担忧，例如垄断企业可能直接收买负责监管的机构。再次，国有化的追求还来自传统的马克思主义信仰的复兴，其认为市场在本质上具有剥削性质，而只有通过消除生产资料的私人所有制，才能最终避免这种剥削。

在我们今天看来，上述理由都显得过于简单。假如市场在本质上带有腐朽的剥削性质，我们又该如何看待官僚化的层级组织呢？的确，垄断值得引起警惕。如果经济生活的许多领域都依赖于提升规模收益来形成垄断地位，那确实会造成严重的问题。然而，国家经营的垄断企业同样是垄断企业。最终，社会民主主义国家通过夺取"制高点"来维持经济运行的努力却得到了让人失望的结果，这损害了对社会民主主义道路的长期政治支持力量。

当然，与美国在 20 世纪 70 年代的通胀危机造成的破坏相比，上述问题的严重性要小得多。在 70 年代的多数时候，美国的年通胀率都在 5%~10% 之间摆动，这样高的通胀水平前所未见，同时失业率也达到令人痛苦的无法持续的水平。滞胀困境又是如何导致的呢？

20世纪60年代，林登·约翰逊总统领导的政府不愿意接受一个最低值乃至平均值约为5%的失业率水平，希望把这个数字进一步压低。正如约翰逊的经济顾问沃尔特·海勒所述，"政府必须出手维持关键的经济稳定，实现市场机制自身无法达到的高水平的就业率和增长率"。政府此时设定的任务不仅是避免经济衰退，还要实现高水平的就业和增长。

上述雄心勃勃的新使命带来了一个重大课题：要维持供需平衡，同时把失业率压低至5%以下，这是否可能做到？或者说，失业率能否在不加剧通胀的前提下维持在这样低的水平？到1969年，答案已经非常清楚了：不可能。

从朝鲜战争结束到20世纪60年代中期，美国的平均非农名义工资的年增速一直在4%附近或更低区间波动，到1968年则跃升至6%以上。此外，通胀率在五六年间的缓慢攀升让人们不能再忽视这一现象。民众做各种各样的决策都会受到他们对下一年价格水平的预期的影响，特别是需要准备多少现金，要求收取何种水平的价格和工资等。一段时期的货币供给过剩可能导致超出人们预期的通胀率。但如果他们回顾过去五六年的时光，发现在此期间始终存在货币供给过剩的情况，他们就会预期未来数年将迎来通胀。这可能带来双重麻烦：价格水平的提高可能部分符合预期、部分超出预期。然后总通胀率，即预期通胀与超预期通胀之和，将加速向上蹿升。

通胀率的急剧提升让约翰逊政府感到意外。宏观经济学家罗伯特·戈登后来谈及他们当时采用的经济分析模型（此前的模拟结果很可靠）：该模型在1967年之后以惊人的速度崩溃了。他和一些经济学家在之前不久获得博士学位并开启首份职业,"我们都非常清楚这次潮流转向出现的时机……并且马上发现自己在博士阶段所受的教育不再能够解释现实经济的演化进程"。[18]

给约翰逊以及在他之前的约翰·肯尼迪总统提供建议的经济顾问们曾认为,通胀率的温和提升可以带来失业的显著减少。然而,社会对通胀率的预期因此"脱锚"了。价格和工资的设定不再以价格稳定的预期甚至通胀率的持续缓慢提升作为基础,而是立足于上一年的通胀率,由此形成新的常态。1965—1969 年,美联储为响应约翰逊总统降低失业的愿望而扩大货币供给,压低利率水平,同时越南战争的支出扩张超出了税收增幅,致使经济过热。于是到 1969年,美国已成为一个年通胀率不再是 2%,而是达到 5% 的经济体。

理查德·尼克松于 1969 年接任总统,共和党新任政府聘用的经济学家们打算降低政府支出,并鼓励美联储提高利率,以便在缓和通胀率的同时尽量不让失业率显著增加。该计划没有完全奏效,失业率明显上升,在 1969—1971 年从 3.5% 抬升至近 6%,而通胀率没有太多变化。

该结果带来了一个极大的谜题。在此之前,美国经济的波动似乎长期遵循着一条稳定的反映通胀率和失业率关系的"菲利普斯曲线"(以经济学家威廉·菲利普斯命名)。民主党政府通常在更多时间出现在这条曲线的左端,对应的失业率较低。共和党政府则更多时间出现在曲线的右端,对应着较低的通胀率和更高的失业率,不过以绝对标准和历史标准看,通胀率和失业率仍处于较低水平。尼克松政府的经济学家们原本计划把美国经济从菲利普斯曲线的左端调整到右端,但此时发现未能如愿。

以略微增加失业为代价来控制通胀的策略不再奏效,是因为没有人相信政府有足够的坚韧把此类措施维持很长时间。例如汽车业的工人们认为，政府不会容忍这一产业出现广泛失业，当汽车业的销售额开始下降，政府会实施干预，推高名义需求，给人们足够的流动资金去购买汽车。这种想法让美国汽车工人联盟没有任何动力放缓提高工资水平的要求，而汽车制造商也没有任何动力抵制工会的要求，因为它们可以把增加的成本通过提高售价直接转嫁给消费者。

上述出乎意料的结果让尼克松政府的经济学家们面临困境。一种可能的"解决方案"是制造真正的大规模衰退，让人们痛苦地看清楚，即便通胀率上升到可怕的高度，政府也不会做相应的调整，在通胀率下降之前，政府会容忍高失业率。然而没有哪位总统愿意考虑这种方案的可行性。美国最终依然走上了滞胀道路，但主要是因为各种机缘巧合与许多权宜之计。

随着失业率提升到6%，通胀率达到5%，以及各方大声抱怨对经济的调控不力，尼克松发现政治风向在逆转。他之前的经济顾问、新任美联储主席阿瑟·伯恩斯悲观地预测，需要一次严重衰退才能通过市场机制来降低通胀预期，而实施此类计划会让自己丢掉官职。伯恩斯估计，国会将以压倒性的投票来解雇一位制造严重衰退的美联储主席。在尼克松看来，此时的痛苦政治局势似曾相识。早在1960年，作为参选总统的在任副总统，他与当时担任总统助理的阿瑟·伯恩斯都恳请艾森豪威尔不要在1960年的大选期间让失业率提高。但艾森豪威尔没有采纳，尼克松在当年的大选中以极其微弱的劣势败给了肯尼迪。[19]

这一次，尼克松决定采用某种"休克疗法"：暂停在布雷顿森林会议中采用的盯住但有弹性的汇率制度，这一暂停在后来变成了永久停止；实施工资和价格管制来降低通胀率；并确保美联储主席阿瑟·伯恩斯明白，在 1972 年大选临近时，失业率需要降低并继续下行。当然，美国通胀率的飙升不应该完全归咎于尼克松的政治算盘。包括约翰逊政府的顾问沃尔特·海勒在内的许多经济学家就认为，尼克松的政策算不上特别具有刺激性和通胀扩张性。

但在实际操作中，美国的货币供给远远超出了需求，随着尼克松实施的价格管制措施被取消，通胀率持续加速提高。

回头来看，我们想知道是否存在任何可行办法，能让尼克松把通胀率降低到每年 3% 左右的"正常"水平，或者至少限制在 6% 以内。当然从技术上讲，这是有可能做到的。几乎在同一时期，联邦德国成为实施反通胀措施的首个经济体，其通胀率在 1971 年达到巅峰，此后，德意志联邦银行采用了在面对供给冲击或其他推高通胀的压力时不随便做调整的政策，于是到 20 世纪 80 年代早期，该国的通胀基本消失了。日本在 20 世纪 70 年代中期也开始实施类似的反通胀行动，而英国和法国在更晚时期才动手，这使得法国直至 1980 年仍保持了两位数的通胀率，英国则一直到 1981 年。[20]

从这些例子来看，让美国在 20 世纪 60 年代后期爆发的较为温和的通胀得到快速矫正，成为短暂的反常现象，并没有什么技术上的障碍。可是阿瑟·伯恩斯没有这个胆量。

对于在压低通胀率的同时不把失业率抬升到过高水平，伯恩斯缺乏信心。早在 1959 年，他作为美国经济学会主席发表了题为"迈向经济稳定的进步"的年度演讲。[21] 其中大部分内容是详细阐述：依靠对银行体系运作的深入理解，如何利用自动稳定机制和货币政策，使过去的大萧条之类的灾难基本上不再重现。在这场演讲结尾处，伯恩斯谈及迈向经济稳定的进步带来的一个悬而未决的问题："未来的长期通胀。"工人们过去在经济繁荣时期拥有市场支配力，但没有要求超出生产率增速的工资增幅，是因为他们担心在衰退来临时，雇主会感觉劳动力过于昂贵。但如果未来不再有经济衰退，又会是怎样的情形？

接下来在1972年后迎来了石油冲击。起初，世界石油价格由于1973年的赎罪日战争飙升了三倍，继而在1979年的伊朗革命后再度上升三倍，石油输出国组织（OPEC）则认识到自己掌握了多么强大的市场支配力。

可以说，从美国外交政策的视角来看，一开始的三倍石油价格涨幅并非令人遗憾的结果。20世纪70年代早期，尼克松的主要外交政策顾问亨利·基辛格希望增强伊朗国王的力量，作为可以对抗苏联在中东影响力的一支制衡势力。随着石油价格飙升，伊朗国王的势力确实大为增强，但代价是让西方工业国家和其他发展中国家遭受了巨大经济损失，它们支付的石油账单翻了数倍。显然，石油价格飙升造成的经济影响也出乎尼克松政府的预料，因为基辛格总是认为经济事务乏味且不重要，尽管这是美国外交和军事实力的根基。实际情况很可能是，尼克松政府认为石油价格上涨的冲击不需要担忧，不值得费力去打压，因为这毕竟强化了伊朗国王的地位。很少人意识到油价飙升可能带来的经济危害，而且这些人在美国政府中也不受重视。

由于石油是世界经济的关键能源投入品，油价上涨的影响波及全球，最终带来了20世纪70年代后期高达两位数的年通胀率。

赎罪日战争引发的石油价格飙升带来了第一波通胀高潮，把世界经济送入二战后最严重的衰退期之一，使美国经济持续处于高通胀状态，并最终迎来 1980—1982 年的又一轮衰退——二战后最严重的一次。通胀率每次飙升之前或几乎同时，失业率也快速提升。从 20 世纪 60 年代后期到整个 70 年代，每次商业周期的波动幅度均高于前一次：1971 年，失业率达到 6% 左右，1975 年约为 8.5%，1982—1983 年则接近 11%。

1975 年，当衰退达到最严重的时刻，人们已准备尝试些新办法。同年，前总统参选者、参议员休伯特·汉弗莱（缅因州民主党人）与众议员奥古斯塔斯·霍金斯（加州民主党人）联合提交了一份议案，要求政府在四年之内把失业率降至 3%，并按照政府建设工程的"现行工资"标准给任何有意愿者提供就业岗位。在众议院版本中，该法案还提出，如果联邦政府未能提供此类就业岗位，个人有权在联邦法院提起诉讼。到 1976 年早期，观察家认为该法案有很大概率获得通过，但共和党总统杰拉尔德·福特可能会行使否决权。事实上，许多人认为汉弗莱与霍金斯的主要目的就是诱使福特行使否决权，以此给他的挑战者吉米·卡特在即将揭幕的 1976 年大选中制造一个议题。

实际发生的情形则是，"汉弗莱-霍金斯提案"在讨论中被一次又一次地注水，直至变成一套呼吁意见，宣告美联储应该做些好事，而完全失去了可以改变相关政策内容的锋芒。最终，吉米·卡特在 1976 年大选中获得了压倒性胜利。而"汉弗莱-霍金斯提案"的最重要长期效应或许是，使得 20 世纪 70 年代后期难以再提出削减通胀的政策建议。任何可能至少在短期造成失业率上升的措施都不会受到大家欢迎。

于是到 20 世纪 70 年代末，人们感到通胀将失去控制。

从经济学家的视角来看，像美国在 70 年代经历的那种通胀或许没有太大影响。价格在上涨，但工资和利润也在提升。或者说，经济学家可以辩称通胀是一种零和博弈式的再分配。某些人遭到损失，但另一些人获得了数额相当的收益。学者们可以指出，如果没有充分理由证明输家的利益比赢家的利益更为重要，那么何必对此过分关注呢？

但这种观点存在极大的误区。为理解其缘由，我们需要回顾一下凯恩斯对一战时期及战后通胀后果的分析：让货币贬值，乃是颠覆一个社会现有基础的最隐蔽而确定的手段，这个过程将经济规律的全部隐藏力量导向破坏，而且即使万里挑一的精明之人也未必能察觉其作用方式。凯恩斯在这里讨论的是高通胀：高到足以使构成资本主义最终基础的债务人与债权人的全部永恒联系被"完全打乱"。而20世纪70年代的通胀固然严重，却远达不到这个量级。[22]

不过，这段话里包含了通胀的另外一种效应：人们通常认为存在一种财富分配的逻辑，即某个人发财致富有某些合理的基础，无论是勤奋、技能、远见或者祖辈的荫庇等。通胀则会撕掉这副面具，哪怕温和的通胀，使之不再具有合理的基础。凯恩斯指出，这个体系播撒的意外之财……会让某些人牟取暴利……获取财富的过程堕落为赌博和抽奖。[23]

导致此类通胀的政府显然是不称职的。到20世纪70年代后期，社会民主主义的全体抨击者都只需要指着通胀质疑说：一个运转良好的政治经济体系应该产生这样的结果吗？答案当然是否定的。

第 15 章　转向新自由主义

1945—1975 年是一个经济理想国时代，与之前的 1870—1914 年的经济理想国时代形成映照。第二个黄金时代在 1975 年之后的崩溃则与一战结束后重建第一个黄金时代的失败有某些遥相呼应。

美国内战之后的 1870—1914 年是第一个经济理想国时代，人类以历史上前所未见的步伐，沿着通向乌托邦的道路，慢跑甚至快跑。对贫穷的大多数人来说，这个时期极大地放松了他们在必需品和物质需求方面承受的压力。对富人来说，这带来了一个物质丰饶的准乌托邦社会：到 1914 年，生活"以较低成本和极少麻烦提供的各种便利品、舒适品和愉悦品，超出了过去时代最富裕和最有权势的君王享受的水平"。此外，文明社会在 1914 年显得自信满满。正如凯恩斯所述，在思想深刻的人们看来，关于这一快速走向繁荣的进步主义经济体系会再度崩溃的任何想法都是荒谬而可鄙的。[1] 但随后就爆发了第一次世界大战，战后的经济运行调控遭遇失败，未能恢复稳定、对制度的信心以及之前的快速增长。于是整个社会崩溃了，秩序的核心未能经受住考验。

我在这里要做一点特别提示：转向新自由主义以来的时期与我本人的职业生涯基本重合。在此过程中，我以很不起眼的方式扮演过知识分子、评论家、思潮领军者、技术官僚、公务员以及凶兆预言家的角色。我很深入并带有情感地始终参与其中，努力推进了结果或好或坏的政策，置身事内既可能砥砺也可能蒙蔽自己的判断。所以从这里开始，本书将部分变成我同年轻时代的自己以及头脑中不同声音之间的讨论。历史学家的理想境界是观察和理解，而非主张和判断。但面对1980年之后的时期，我虽然会继续努力，但不保证能成功做到。

二战之后，或者更确切地说，在1938—1973年的北美和1945—1973年的西欧，出现了又一个经济理想国时代，人类以历史上前所未见的步伐，沿着通向乌托邦的道路慢跑甚至快跑，其速度甚至超出了1870—1914年的前一个黄金时代。对贫穷的大多数人来说，这个时代缓解了获取必需品以及相当多基本生活便利品的压力。对富人来说，这个时代带来的极大的物质丰饶不仅超出了古代最富裕和最有权势的君王享受的水平，也超出了他们自己最狂野的想象。社会民主主义制度在产生效果，创造性破坏可能消灭你从事的工作岗位，但因为有充分就业，你可以找到另一个同样好甚至更好的岗位。由于快速的生产率增长，你的收入肯定会高于之前任何世代中有类似成就和地位的人的一般水平。如果你不喜欢自己的邻居或他的某些行为，完全可以买一辆汽车，把家搬到郊外，而无须扰乱自己生活中的其他部分，至少对于生活在北方国家的有家室的白人男性是如此。

到1973年，尽管还有持续冷战变成热战的担忧，文明社会依旧充满信心。在北方国家，1973年人们的平均物质丰富程度达到一代人之前的2~4倍。尤其是在美国，人们讨论的议题是如何应对凯恩斯在《我们子孙后代的经济前景》中描写的终极状态：在物质极大丰富的文明社会，人类面临的问题已不再是如何获得更多产出来逃离必然王国以及获取某些有益的便利品，而是"如何利用……摆脱经济压力之后的自由……来过上智慧、惬意与幸福的生活"。[2]这个时间比凯恩斯当年的设想提前了大约50年。烟囱和烟雾不再被视为受欢迎的经济繁荣的吉兆，而成为需要被清除的祸害，因为人们需要优质的空气。这是美国拥抱绿色、人类良知觉醒的时代，是质疑以勤奋和节俭来追求物质丰富的资产阶级美德，并转向"感受、融通、自立"的时代。*

如果说整体还没有完全崩塌的话，核心部分已不再能维持。此时出现了脱离之前的社会秩序，即1945—1973年的社会民主主义，向新自由主义的急剧转折。到1979年，文化和政治势头已被右翼占据。人们普遍认为社会民主主义已失败，它做过了头，需要对路线加以修正。

为什么会这样？在我看来，最主要的原因恰恰是辉煌三十年中经济繁荣发展的超常速度，这提高了政治经济秩序获得民众普遍支持所需超越的标杆。北方国家的民众已经习惯于相对平等的收入分配（至少对白人男性而言）、收入水平在一个世代中实现翻番，他们还希望经济风险降到很低，尤其是与物价和就业相关的部分（除非是变好的不确定性）。另外，民众出于某些原因要求收入增长至少能够和预期一样快并保持稳定，否则他们就会要求改革。

---

* 出自1967年的美国纪录片 Turn on, Tune in, Drop out。——译者注

卡尔·波兰尼于 1964 年在多伦多去世。[3] 如果更重视他的意见，他也许会警示那些在快速经济增长时代高谈阔论的学者，他们宣扬成功的调控已经终结了苦涩的意识形态斗争。他或许会说（也的确说过），民众想让自己的权利受到尊重。尽管年复一年的繁荣扩张可以在某种程度上替代这种尊重，但也仅限于某种程度。而且平等主义的分配至少是一把双刃剑。人们希望收入是自己挣来的，或感觉是自己挣来的，而不是出自他人的善意施舍，因为这缺乏尊重。此外，许多人并不希望地位更低的人跟自己获得同等待遇，甚至可能将此视为对自己的波兰尼主义权利的严重侵犯。

随着数代人对高速增长变得习以为常，就需要更大规模的经济繁荣扩张来安抚市场经济的创造性破坏带来的担忧和顾虑。标杆被抬高了。20 世纪 70 年代后期的政治和经济秩序没有达到这个标杆，于是人们放眼四处，搜寻改革的思想。

墨索里尼、列宁以及其他许多人对于在一战之后（以及之前）如何开展改革提出过五花八门的思想，无论你是否欣赏，这些人至少在智识上表现出了创造性，而且可以说非常有创造性。但在 20 世纪 70 年代后期的北方国家，思想市场橱窗中展列的东西却相当陈旧。在左翼，有人宣称勃列日涅夫的苏联及毛泽东之后的中国取得了辉煌的发展成就，展示了成功的道路！[4] 右翼则有观点认为，当胡佛于 1932 年败选时，一切原本都将转入正轨，但后来的整个新政和社会民主主义的尝试都是巨大的错误。

不过，20 世纪 70 年代后期仍出现了一种大体上的共识，即认为北方国家的政治经济秩序需要广泛的改革。最起码的一点是，需要从思想市场的橱窗里购置点东西。

推动上述共识的一个非常强大的因素是，1973 年之后，欧洲、美国和日本的生产率和实际收入增长出现了非常剧烈的下降。[5]这一减速部分是因为它们决定从污染排放较多的经济转型为能够实现环境清洁的经济。不过,这样的环境清洁进程需要数十年才会给人们的生活带来真正改变。把能源的利用从更多数量的产出转向更加清洁的产出,在短期内会造成工资增速放缓、利润减少。减速的另一部分原因是1973年和1979年石油价格飙升的冲击。过去对能源的利用着眼于提高劳动生产率,如今则需要仔细斟酌如何以能源效率更高的方式、更具弹性的方式来生产,以适应较高或较低的能源价格。还有部分原因在于,过去已经发明但未充分投入应用的存量有效知识逐渐减少。特别是在西欧国家和日本,二战后较为轻松的"追赶"时光已经结束。随着战后婴儿潮世代的人群进入劳动力队伍,把他们充分投入生产活动是一项很困难的任务,不能充分做到这点则会对经济造成拖累。[6]不过要具体测算上述每种因素对经济减速的影响幅度并不容易,甚至到今天依旧是未解之谜。无论如何,关键在于社会民主主义对经济日益繁荣的承诺到20世纪70年代以后未能继续兑现。

社会对经济增长显著放缓的不满因为通胀而进一步放大。应该指出,此时的通胀率只是每年5%~10%的水平,而非一战之后的翻番或者数倍的恶性通胀。生产率增速放缓意味着,假如名义工资的增长保持之前的速度,价格就必须上涨得更快。从1966年开始的十年中,平均价格增长率几乎每年都遇到意外的上行冲击,这让企业、工会和消费者都相信:(1)需要重视通胀问题;(2)今年的通胀率可能与去年持平或者略高一点;(3)因此你需要在规划中考虑如下预期因素:你的工资以及其他人的工资,你以及其他人面临的物价都会保持甚至超出上一年的涨幅。由此导致了滞胀现象。

要让通胀率保持稳定，就业则必须下落到充分就业水平之下，从而给劳动者施加压力，迫使他们接受低于预期的工资提升水平。而要让经济保持充分就业，通胀率则必须向上提升。

在1973年赎罪日战争后，石油输出国组织对美国与荷兰实施石油禁运，导致石油市场动荡。该组织动用市场支配力把油价维持在高水平，把世界经济推入严重衰退。[7]此外，高油价还改变了世界经济的发展方向，从注重提高劳动生产率转为强调节约能源。这意味着许多人的收入和工作岗位（永久性地）消失了，许多人未来的工作岗位不复存在，并导致1973年之前业已存在的通胀进入加速轨道。

世界市场油价的三倍涨幅对经济的影响如波浪般传播，并通过经济活动一次又一次地反射和传递回来。其结果不是价格水平的一次性提高，而是让通胀率永久性提升了档位。1965—1973年的通胀率提升促使人们把上年的通胀率作为下年的通胀率预期水平的信号。[8]然而，美国的反通胀政策决策者对于遏制通胀并不特别上心，因为那样做可能会付出工厂歇业和工人失业的沉重代价。相比之下其他目标更为要紧：解决能源供应的危机，维持经济的高压运转，以及确保当前的衰退不会继续恶化等。

通胀是政府感觉很难处理的一个麻烦。消除通胀预期的唯一办法是恐吓劳动者与企业：让对劳动力的需求减弱到足够程度，迫使工人不敢根据预期通胀率来要求加薪，因为他们担心这样做会让自己丢掉工作；另外使经济体的总需求足够减弱，促使企业同样不敢根据预期通胀率来提高售价。总之，让通胀率稳定下来需要一个利润低迷、失业增加的弱势经济。

每年5%~10%的通胀率与德国在魏玛共和国时期的恶性通胀

远不是一回事，生产率增速放缓也不同于生产率增长完全停滞。在1973—2010年，北方国家的劳动生产率的年均增速约为1.6%，同1938—1973年的近3%相比有显著降低。不过从更长远的历史视角看，这依然是不错的。1.6%的年增长率与1870—1914年整个时期（也就是经济学家在1918年之后极力试图重建的第一个经济理想国时期）的生产率增速几乎相当。

只是在1945—1973年的持续繁荣推高了人们的期望值之后，1.6%的水平已不再那么令人激动。此外，1973年之后的增长还伴随着不平等的扩大。对顶层群体，实际收入依然保持了1945—1973年的平均增速，每年达到3%甚至更高。而对于北方国家的中产阶级和劳工阶级，他们为上中产阶级的持续稳定增长和富豪阶级的财富暴增付出了代价，经通胀调整后的收入增速仅为每年0.5%~1%。另外，还有包容发展带来的影响，如果你在1973年属于"恰当"的种族或性别，那么随着黑人和女性变得越发"自命不凡"，你从社会金字塔原先的地位中获得的任何满足感都会逐步流失。随着种族、民族和性别的收入差距至少在一定程度上缩小，白人男性群体（特别是其中受教育程度较低的部分）的收入平均来说甚至落后于下中产阶级和劳工阶级的年均0.5%~1%的增速。

通胀至少在表面上凸显了收入不稳定的问题，石油冲击带来二战之后的首次严重经济衰退，加上社会动荡和收入增长停滞，所有这些因素都为变革创造了条件。不过，转向新自由主义在20世纪70年代仅用了短短六七年的时间就得以完成，依然令人称奇。

在美国，越南战争让局势更加恶化。尼克松总统与基辛格在1968年后期拒绝结束战争，并向南越总统阮文绍承诺，将提供比约翰逊政府时期更好的政治交易和长期生存机会。[9]但他们食言了。1968年后，又有150万越南人和3万美国人在战争中丧生，随后越南在1975年中期彻底击败了南越，并很快发起了对越南华裔的清洗行动。但在尼克松眼中，美国国内对越南战争的不满情绪是政治加分项，因为他的策略一贯是加剧文化冲突的烈度，相信如果能把国家分裂为两大阵营，更为强大的一方就会支持自己。

然而，尽管面临通胀加剧、生产率增速放缓、在亚洲的地面战争泥沼以及尼克松本人的犯罪被揭露等诸多问题，就经济增长率和社会进步指标看，美国的情况依然差强人意，至少与两次世界大战间歇期，或1870—1914年中的任何一个十年相比都是如此。那么，为什么在20世纪70年代出现了那样强烈的反对（自二战之后很成功地保持了平衡发展的）社会民主主义政治经济秩序的转向？的确，美国在越南战争中的死亡人数巨大。但是，通胀毕竟是一种零和性质的再分配，受益者与受损者的损益完全匹配——除了失业率有所提高，进而要求以通胀来防止失业率进一步提高。生产率减速固然令人失望，但当时的实际工资增速依然高于以往人类历史上的任何时代。

极力弱化通胀危害的经济学家应该更仔细地听听卡尔·波兰尼的良言：人们不只是追求物质上的好东西，而且通常认为这些好东西的分配应该符合某种逻辑，特别是分配给自己的东西，使他们的富裕有某些合理与配得上的基础。然而通胀，哪怕是20世纪70年代较为温和的通胀，撕掉了这层面纱。

在右翼人士看来，社会民主主义还有更多的问题。社会民主主义政府想做的事情太多，它们正在尝试的太多事情是愚蠢的专家治国，注定不会成功，它们试图修补的许多明显缺陷并非真正的缺陷，而是激励良好和恰当行为的必要手段。后来里根的首席经济顾问（以及指点我本人的魅力十足的杰出老师）马丁·费尔德斯坦宣称，是"原本希望降低失业率"的扩张性政策导致了通胀：提高退休金待遇时没有考虑对投资和储蓄的后续影响，旨在保护健康和安全的监管规定没有评估对生产率的消极效应。此外他还指出，失业金可能鼓励裁员，福利措施可能"削弱家庭构造"。[10]

马丁是位极力追求经验实证的学者，献身于真诚的学术讨论，他是发自内心地信奉上述观点。我们之前也见过这种情形。有人坚信权威和秩序有着至高无上的重要意义，"纵容"是致命的缺陷。再度借用丘吉尔的私人秘书格里格的话，这种观点认为，一个经济和政治实体不可能永远入不敷出，依靠小聪明过日子。这种思想认为，市场经济的运行有着自己的逻辑，其背后的理由并非凡人所能理解，但必须得到尊重，否则就会失败。这种信念认为，自以为能够调控市场纯属狂妄自大，必将招来报应。

不过，马丁的看法并非完全错误。例如在英国，为什么社会民主主义教育政策会让医生、律师和地主的孩子有权免费上牛津大学？为什么对经济"制高点"实施国有化的社会民主主义国家没有借助这些力量去加速技术进步、维持高就业，而是扶持越来越陈旧落后的夕阳产业？如果用专家治国的效率逻辑来评判，所有在政治上受欢迎的安排都在某种程度上缺乏效率。与2008年的大衰退或者2020—2022年的新冠疫情相比，20世纪70年代末之后的十余年并未发生特别剧烈的冲击，却出现了极其广泛的不满情绪，并极其快速地兴起，这一点非常耐人寻味。北方国家的生活水平在1938—1973年提升了近三倍，但没有带来乌托邦。增长势头被中断和减缓了。然后在不到十年的时间里，人们认为所有这些都表明社会民主主义道路走不通，需要被取代。

我们这里可以再度把英国左翼历史学家艾瑞克·霍布斯鲍姆作为试金石。霍布斯鲍姆认为 20 世纪 70 年代末及之后对社会民主主义秩序的不满事出有因："对国有企业和公共管理的某些失望是有合理根据的。"他谴责了"黄金时代的政府政策下经常隐藏的僵化、低效率和经济浪费"，并宣称"存在相当大的空间，可以用新自由主义的清洁剂来洗涤许多'混合经济'航船的坚硬外壳，并得到良好效果"。霍布斯鲍姆继续论述，奉行新自由路线的撒切尔主义确有必要性，并且全社会在事后基本对此达成了共识："即便是英国的左翼人士最终也承认，撒切尔夫人给英国经济带来的某些无情冲击或许是必要的。"[11]

霍布斯鲍姆是位共产主义者。在生命的最后阶段，他在与毕恭毕敬的采访者茶叙时仍坚定地认为，发生在苏联的牺牲是值得的，因为列宁和斯大利或许的确打开了通向真正的乌托邦的大门与道路。[12]但霍布斯鲍姆也积极参加了撒切尔主义的豁免教派，在那里聆听然后亲自讲授如下教训：市场给予，市场拿走，赞美市场的护佑。

那么，北方富裕国家将在思想市场上为改革计划购买什么作为武器呢？左翼的货品很少，苏联版社会主义被证明破产了，而左翼人士依然在耗费太多精力去为其失败开脱。右翼有些货真价实的思想，当然无须太计较在熟谙历史者看来其中很多是 1930 年之前的旧货的翻版。毕竟，新政时期的许多思想同样是对 20 世纪第一个十年的进步时代的翻版。右翼思想此时得到了大笔金钱的支持。对大萧条以及大萧条中紧缩政策失败的记忆已经久远，逐渐淡去。于是我们再次听到了对稳健财政和正统紧缩路线的呼吁，甚至回归金本位制；再次看到有人在炫耀所谓的标准答案：几乎一切问题都是全能政府的过错。毕竟在真正的信徒看来，导致大萧条如此严重和如此漫长的罪魁祸首乃是政府的干预，这具有形而上学的必然性。因为市场不可能失败，只会被辜负。

对大萧条的记忆淡化也导致中产阶级的如下信念或者说认识消退，即他们与劳工阶级一样需要社会保障制度。在经济保持稳定和增长的环境中，成功者不仅在物质上获得繁荣，也能自信地认为在道德上占据优势，因为他们的财富是自己创造的，政府的角色只是不公平地拿走税收，把原本属于自己的收益转移给更穷的、不正常的人，而后者缺乏自己那样的勤奋和道德观念。

从这点出发，右翼的批评声浪开始远远超出跛脚经济的影响，因为右翼势力还接纳了一种文化批判，矛头直接对准上文介绍的种族与性别平等的显著进步。保守派在波兰尼式的反击中宣称，社会民主主义的缺陷就在于对不同的人实施同等待遇。在《民权法案》和《选举权利法案》获得通过以及平权运动兴起之前，芝加哥大学经济学教授、诺贝尔奖得主乔治·施蒂格勒于1962年撰写了一篇题为"黑人的问题"的文章，认为黑人理应受穷、被人厌恶并且得不到尊重。他写道："问题在于普遍来说，黑人缺乏改善自身的欲望，缺乏为此而约束自身的意愿。"尽管部分问题也许源自偏见，但"黑人男性更多是由于自身的低劣而被排斥在职业之外"："由于缺乏教育，缺乏对目标的坚持，缺乏辛勤工作的意愿，他们不会成为雇主们追逐的对象"。施蒂格勒还谈道，"黑人家庭普遍来说是一个道德感不强的松散群体"，会给邻里社区带来"犯罪和破坏行为的快速蔓延"。他最后得出的结论是，"法规、布道和示威游行都不能为黑人争取到朴素美德所能带来的欢迎与尊重"。[13]

社会民主主义设定了对所有人一视同仁的标杆。黑人知道美国社会拒付了交给他们的"承兑汇票",于是发起游行示威,抗议美国签发的空头支票。施蒂格勒认为,这些游行示威的规模日增,态度愈发嚣张无礼,是事态走向恶化的标志。在他和同僚看来,社会民主主义在经济上缺乏效率,同时普惠式的福利分配又很不公平,难怪他会采用"嚣张无礼"的描述。

地缘政治与地缘经济的动荡有起有伏,对大萧条的记忆则注定会褪色。假如20世纪70年代的通胀率没有变成凸显"凯恩斯主义"和社会民主主义政府的无能的便捷指标,并成为回归更为"正统"的政策的焦点议题,社会民主主义秩序能否维持下去?还是说,凯恩斯主义的社会民主秩序试图凭空创造繁荣,由此已经得到了因果报应——这种寓言剧式的更深层逻辑最终总会在某个时间以某种方式占据主流?事实上,此类寓言剧说法也确实在舆论和权力走廊中逐渐被广泛接受。那么社会民主主义有可能延续下去,得到重组并继续蹒跚前行吗?又一次在这种地方,假如某个数量不多但颇具影响的人群抱有不同的想法,重大历史进程的确有可能发生不同的演化。但至少沿着宇宙量子波函数的这一演化分支,我们身处的世界迎来了新自由主义转折。

* * *

由于担心引发经济衰退,美联储主席阿瑟·伯恩斯始终不愿意动用紧缩货币政策来降低通胀。[14]当吉米·卡特用威廉·米勒接替伯恩斯之后,米勒同样踟蹰不前,他也没有兴趣引发严重衰退(并为此担责)。于是事情在1979年陷入僵局。卡特对于自己的政府以及经济的状态深感失望,决定突发式地解聘五位内阁成员,其中包括财政部长迈克尔·布鲁门特尔。

卡特的助理们告诫称，他不能在没有提名接替者的情况下解聘财政部长，因为这会让白宫显出杂乱无章的形象。但卡特的政府运行的确杂乱无章，他没有现成的合适接替人选，于是为安抚手下与媒体，卡特决定把威廉·米勒从美联储调到财政部。

卡特的助理们此时又提醒说，他不能在没有提名接替者的情况下让美联储主席的职位空缺，这同样会让白宫显出杂乱无章的形象。但卡特的政府运行的确杂乱无章，他没有现成的合适接替人选，于是从财政部和美联储官员中选出了资历最深的一位——纽约联储银行行长保罗·沃尔克，让他出任美联储主席。[15]

我推测，卡特当时对沃尔克的政策倾向最多做过非常粗略的了解。

但有件事很快凸显出来，沃尔克相信自己承担着战胜通胀的使命，哪怕要付出经济严重衰退的代价，而且他已准备好利用这个使命来制服通胀。他希望通过把利率提到足够高并在高水平上保持足够久，来说服整个经济体事情有了变化：年通胀率将永久性地停留在5%以下。1982年，失业率攀升到11%。自大萧条以来，美国和全世界首次出现用"衰退"一词都显得过于轻描淡写的剧烈经济下滑。

许多观察家会说，沃尔克在20世纪80年代早期的反通胀行动所付出的代价是值得的。1984年后，美国经济可以说实现了相对稳定的价格和相对温和的失业（并且一直维持到2009年）。如果没有沃尔克的行动，通胀很可能在整个80年代继续缓慢向上攀升，或许会从每年不到10%抬升至20%。另有人则坚持说，肯定还有更好的解决办法。如果政府、企业和劳动者能够达成限制名义工资上涨的协议，通胀或许可以用代价更小的方式控制下来。或者说，美联储在传递预期和目标方面本来可以做得更好。在"休克疗法"之外,"渐进主义"路线是否也能获得成功?还是说,"渐进主义"就其本质而言是不可信和无效的,为重新设定预期锚定值,必须借助离散式的"制度跃迁"的冲击?[16]

在右翼人士看来,沃尔克的反通胀措施的必要性毋庸置疑,而且已经远远晚于最佳时机。他们对社会民主主义提出的一项指责是,这种秩序让人们以为生活将是轻松惬意的,总是面临充分就业局面,可选的职位众多。由此会妨碍劳动者追求出类拔萃并索要过高的工资,刺激通胀,打压企业利润和投资。另外,即使对前任雇主们并不满意的劳动者,社会民主主义仍能保证新的就业岗位,这会败坏公共道德。

右翼人士坚信,美国政府和美联储需要施加纪律约束,全力维持价格稳定,而放任失业率自由攀升。政府不能成为"保姆",给每个哭喊的人提供奶瓶。货币政策需要交给实施强力反通胀政策的制定者,就像吉米·卡特那样,在半自觉或不经意间把美联储交到了保罗·沃尔克手中。保守派认为,如果美联储足够强势和充分自律,就应该可以在失业率仅有小幅和暂时提高的情况下控制住通胀。他们声明或未声明的另一点是,这也不会颠覆保守的文化等级秩序。

然而,这种情况并不限于美国。英国工会的工资诉求和罢工行动,特别是公共部门的罢工,让中间选民相信:工会的权力需要受到约束,而只有保守党拥有必要的决心,工党政府无法做到。玛格丽特·撒切尔的保守党此时承诺恢复秩序和纪律,实现充分就业和低通胀,让英国再度正常运转。在法国,新上台的社会党总统弗朗索瓦·密特朗掷了枚硬币,然后向新自由主义转弯，采纳控制通胀和正统紧缩政策。沃尔克在美国的反通胀政策导致整个北大西洋地区的失业率被抬升，让社会民主主义事业陷入更加困难的境地，因为许多社会民主主义国家无法继续兑现充分就业的承诺。

这就是罗纳德·里根与玛格丽特·撒切尔上台时的形势，他们将在20世纪80年代的大多数时候继续执掌各自国家的政权，他们的影子还将在此后很长时期里主导各自国家的政治右翼、中间派乃至中左翼的思考方式。

有意思的是，从任何理性的分析角度看，里根和撒切尔的国内政策都算不上成功。他们的承诺与成绩之间存在超出正常值的差距。他们试图通过去除不利的监管来提升就业和工资，试图通过稳定货币来终结通胀，试图通过减税，尤其是对富人减税来促进投资、创业和增长，试图通过减税来迫使政府大幅削减支出，从而压缩政府规模。在他们设想的世界中，这些大体上都是可以带来普遍繁荣的好主意。

许多政治家和战略家在当时预测，里根和撒切尔的政策会特别受欢迎且会大获成功。减税可以取悦选民，并大幅削弱之后对减少政府支出的反对意见，因为维持支出水平的任何建议都必然导致巨额的财政赤字。另外，减税还有让收入分配向富人倾斜的好处，从而纠正社会民主主义的过分之处，即对不同的人给予相同的待遇。减税还可以确保奖勤罚懒，这很符合施蒂格勒等人的逻辑。

然而，除了保罗·沃尔克让民众承担失业和贫困的沉重代价，从而终结了通胀，这些预期的好事并未发生。[17]此外还兑现了对富人的大幅减税，从而开启了收入分配倾斜的进程，把美国推向第二次镀金时代。在西欧和美国，向充分就业回归的经济复苏都表现得不够出色，事实上，西欧的失业率依旧维持在很高的水平。快速的工资增长未能重现。政府规模没有缩减，应付税收减少的办法是增加预算赤字。投资、创业和增长没有加速，部分原因是预算赤字吸走了本可以用来增加资本存量的资金。美元价值被抬升到过分的高位，然后因为政府的巨大资金需求而发生强烈扰动，于是市场向美国中西部的制造业发出错误的"收缩停产"信号。[18]保守主义的承诺与成绩之间的差距在美国是最大的。撒切尔夫人至少完成了约束英国工会运动的目标，而且她做出的承诺比里根更少。

里根政府还策划了大规模军备建设，这导致政府规模的扩张而非收缩。但增加支出和减税同维持预算平衡不会发生冲突吗？政策精英们经常彼此安慰说，候选人在选举前会讲很多傻话，但他们及其核心顾问私下里知道关键所在。减税将会伴随着对若干支出项目的无情攻击，如农业补贴、学生贷款补贴、社会保障收入免税、西南地区用水项目补贴等等。对联邦政府资金的此类"弱势诉求"将得到应有的回应。但某些人提出技术官僚认定的弱势诉求后，仍能够获得政府的补贴支持，乃是因为他们拥有并擅长利用政治权力。

为减少焦虑，里根及其盟友越来越多地宣扬完全不需要削减支出的观念：放松政府对经济的监管，加上减税，能足够强劲地刺激经济增长，从而很快扭转赤字财政的走势。"美国将重新迎来黎明。"

任何对美国政府预算及其变化模式有点数量概念的人都不曾严肃地对待过上述观念，但政府中的其他人却喜欢将这个观念广为传播。事实上，减税、增加军事支出以及混乱的支出削减让美国在整个20世纪80年代都面临巨额财政赤字。之前的数十年中只出现过一两年的巨额财政赤字，而且是发生在严重衰退期。然而80年代的巨额财政赤字在经济繁荣和低失业年份同样存在。许多人认为民主党人会执行短视的反增长政策，葬送美国的明天，因此积极投身选举运动，支持共和党上台，如今尝到了苦果。

当美国经济在20世纪80年代中期回到充分就业水平附近时，里根政府的赤字把大约4%的国民收入从投资转移到消费支出上：储蓄者的资金不是通过银行流入购买和安置机器设备的企业，而是通过银行流入政府，以支持对富人减税，让富人阶层可以把意外之财用于奢侈品消费。这种在接近充分就业的经济中出现的巨额赤字前所未见，通常来说，这本身就会给生产率和收入增速带来每年0.4%的负向作用。此外，里根的赤字周期还给美国经济增长造成了巨大的间接伤害。在80年代的大部分时间里，由于美国的财政赤字从国外吸收了资本，抬高了汇率，使美元被大幅高估。当本国企业的成本高于外国企业的产品售价时，市场相当于给本国企业发出需要收缩的信号：外国人的生产效率更高，把本国相应企业使用的资源转移到国内生产商拥有比较优势的其他部门是更好的选择。80年代，市场体系就给美国的各类制造企业发出了此类的信号：它们应该停止投资，缩减规模。但这一次发出的其实是错误信号：并非来自市场对比较优势逻辑的解读，而是美国政府对借款的极其庞大的短期需求所致。然而，企业依然做出了响应。生产可贸易产品的美国产业走向萎缩，某些丢失的阵地将永远无法收复。里根的减税行动重创了中西部制造业，开始出现如今人们所说的"锈带"。

因此，里根政府时期表现出来的新自由主义转折没能阻止生产率增速的下滑，反而起了加速作用。此外，政府相对于经济的规模并未缩小，公共监管领域的技术官僚的素质也未能提高，由此带来的主要后果之一是收入不平等加剧。

根本问题在于，世界并没有像新自由主义转折的倡导者预计的那样运转。

早在1979年，即里根当选之前的一年，米尔顿·弗里德曼与罗斯·弗里德曼撰写了经典著作《自由选择》，以此来捍卫作为其招牌的小政府自由意志主义。他们在书中提出了三个强有力的事实性论点，这些论点看似成立，或许在当时成立，但我们今天知道明显不成立。他们支持小政府自由意志主义的理由在很大程度上是以这些论点为基础的。[19]

弗里德曼夫妇的第一个论点是，宏观经济的不幸是由政府而非私人市场的不稳定造成的，因为意图实现低通胀和尽量充分就业的稳定局势的宏观经济政策简单直接，一个清楚自己局限性的能干政府很容易做到。只是由于政府试图做的事情太多，才让我们经历了困难的经济波动。第二个论点是，污染等外部性问题相对而言并不严重，最好通过合同与侵权责任法予以处理，而非政府监管。他们的第三个也是最为重要的论点是，如果没有政府造成的歧视，市场经济本可以带来足够平等的收入分配。相同的人之间的平等将会实现，不同的人之间的等同将被避免。弗里德曼夫妇提出，扯掉安全网，消除对机会平等的所有法律障碍，会带来比利用税收和补贴来胡闹的社会民主主义措施更为平等的结果。

唉！事实证明这些论点都是错的，但这个事实要等到2007年大衰退开启之后绝大多数人才看清。

这之前所讲的故事可以归纳如下：社会民主主义的治理体系在20世纪70年代遭遇了厄运。糟糕的运气、自身的缺陷，以及辉煌三十年中培养的对繁荣富裕的高期望值，共同让这个体系丧失了支持基础，给右翼势力揭开了序幕。但转折真的只是因为机遇和偶然吗？还是说存在某些结构性因素，导致社会民主主义的平衡行动变得越来越难以为继，特别是关于大萧条的记忆在消散，现实版的社会主义制度对北方国家资产阶级的威胁力度在降低？

新自由主义政策被采纳之后，除降低通胀外，并没有在其他方面表现得比社会民主主义政策更为成功。快速增长未能重启，事实上，中位数收入水平在里根和撒切尔执政时期还有所下降，因为当时可怜的生产率增长成果被输送到了富豪的口袋，第二次镀金时代已临近。到20世纪80年代末，裁撤社会民主主义措施的新自由主义行动未能超越辉煌三十年时确立的高期望值标杆，与之前的社会民主主义一样遭遇了失败。

可是，新自由主义行动在80年代刺激收入增长失败并没有引发新的呼吁：要求对公共政策和政治经济秩序发起进一步的革命。不知为何，新自由主义运动变成了被普遍接受的传统智慧，以至于在随后数十年中得到了中左翼的支持。我们看到比尔·克林顿（而非罗纳德·里根）在一场国情咨文演讲中宣告：大政府时代已经终结。[20]我们看到巴拉克·奥巴马（而非玛格丽特·撒切尔）在失业率超过9%的情况下呼吁采取财政紧缩对策：既然全国的居民家庭都在勒紧腰带过紧日子，联邦政府也应该从善如流。[21]是比尔·克林顿在社会保障议题上郑重承诺，要求"终结我们所知道的福利"。[22]是来自工党的首相托尼·布莱尔完成了撒切尔夫人的夙愿，废弃了英国工党以工会为中心的传统政治文化。[23]在美国，民主党与共和党针对社会保障私有化应该采取何种形式而争辩，例如你的私人养老金计划是附加的还是分拆出来的？[24]双方都要求由市场而非政府来引导产业发展。美国公共投资占国民收入的比例从7%下降至3%，不再增强政府的科技发展促进作用，包括在后端大规模增加研究开发资金,以及在前端保证采购资金,而是利用放松金融监管来鼓励风险资本及其他私人投资,以支持技术创新。不再利用法规授权来实施污染管控,而是采用排污权的市场交易。不再主张福利计划,而是通过教育普及计划来消除对福利救济的需要(但这仅限于设想,因为教育普及的实施始终不力)。让政府做更多事情将意味着回归过时的社会民主主义的命令控制计划措施,而那种道路据说早已失败。

可是,社会民主主义秩序在20世纪六七十年代曾运转良好。而除了控制通胀这一项任务之外,相比70年代的社会民主主义,80年代的新自由主义在促进增长方面并没有做得更好,在促进公平增长方面更是表现差得多。对此又该如何理解?

中间派和左翼的新自由主义者认为,自己是在通过更有效率的市场导向的手段来实现社会民主主义的目的。正如哈耶克毕其一生极力强调的那样,市场对思考决策以及市场经济自身产生的解决方案的执行做了"众包",并给自身设定了生产标价为有价值产品的任务。左翼新自由主义者认定自己是在支持此类众包方式及其成果,因为市场机制在这里有更高的效率。

除此之外,大政府依然存在,尽管比尔·克林顿宣称大政府时代已经终结,他其实只是在用漂亮言辞安抚那些感到被包容性发展伤害的白人工人阶级。美国依然有强大的、似乎对增长产生过积极推动的政府干预和政策:教育加快了人口人转型,特别是女性中学教育;鼓励国内厂商获取工业核心技术(某些是包含在资本品中的)的政策;行政事务的简化和透明度;运输和通信基础设施。这些事情都证明了政府的作用,也只有政府能够提供。左翼新自由主义者希望,依靠市场机制和精简提升政府效率都有助于恢复快速的经济增长，并结成持久的中间派治理联盟。在此之后，他们能够调整社会关注点，以扭转愈演愈烈的把平等和慷慨地对待所有人视为不公平做法的观念（理由是某些人得到了他们没资格或不需要获得的好处）。

右翼新自由主义者则要激进得多。收入与财富分配的倾斜度大大加剧在他们看来不是毛病，而是特色。企业家、工作岗位创造者等顶层0.01%群体理应占有国民收入的5%，而非1%。[25]他们有理由获得左右人类的时间和精力投入方向的社会权力，也就是市场的准功利主义会对他们的偏好予以特殊关注，这使他们获得了相当于国家平均收入500～25万倍而不只是100～1 000倍的收入。[26]即便在他们死后依然要征税，这是属于盗窃行为，非但不明智，而且不道德。伪古典准自由主义的这种复活形式得到了财阀们资助的智库网络与"人造草皮"（astroturf）类型的利益集团的热烈支持。我曾听到财政部长劳埃德·本特森讲："别跟我讲你是在为人民说话，我这个年纪很清楚草根和人造草皮的区别。"此类群体的核心观点认为社会民主主义是个巨大的错误，只有当世界各国政府都能摆脱它之后，我们才能迅速地奔向乌托邦。造物者不需要把接受者扛在肩上，接受者自己会发育成形，如果不能，他们就会承受其后果，这是他们自找的。

这一逻辑在现实中没有兑现，但对信仰来说不算多大的麻烦。

在我看来，实证结果失败之后再从意识形态上变本加厉的这种模式，让人想起传说中第一圣殿时代后期以耶路撒冷为中心的犹太王国的宗教政治。北方的以色列王国已经被亚述人征服，城市被踏平，精英群体不得不臣服于尼尼微。耶路撒冷的犹太国王寻求对外结盟，特别是周边有兴趣对抗亚述的唯一大国埃及。但先知们此时说：不行。不要相信你自己的武力，更不要相信崇拜古怪虚假神灵的外国盟友，而是要相信耶和华！他的强大臂膀将保护你！当军队败退回来时，先知们又说：你们的问题是没有足够强烈地崇拜耶和华！你们竟然容许女人在街上跳舞，为希腊女神制作蛋糕！赶快加倍崇拜耶和华![27]

另外不得不说，新自由主义转折在恢复甚至提升顶层人群的收入与财富增长率方面做得非常成功。富人有最大的扩音器，并高声宣扬其收入快速增长的事实。至于更下层的人，他们为何也投票支持驱动历史车轮、实现新自由主义转折的候选人和政客？因为他们被告知，如果自己足够有价值，被解放的市场也会给予他们财富。这些人多半听信了。

* * *

新自由主义时代的确兑现了其推销者承诺过的一件事：使富人群体在国民收入中所占的份额迅速增加。

我们已提到过，美国真正的上层阶级，即顶层0.01%家庭的收入从平均水平的100倍提升至500倍。次级0.99%家庭的收入从平均水平的8倍提升至17倍。再次级4%家庭的收入，从平均水平的3.25倍提升至4.25倍。再再次级5%，即顶层10%群体中的下半部分，所占收入份额没有显著变化。而这之下的所有阶层在国民收入中所占的份额都下降了。

这里指的是分配中与排位层级有关的收入，而非特定个人或家庭的收入。例如随着人们的年龄增加，其收入通常也会提高。同时，2010年人均蛋糕的分量毕竟多于1979年，如果用人均实际收入测算，2010年美国平均收入约为1979年的两倍。还有许多极具使用价值的东西在 2010 年可以非常便宜地获得，这点很重要。有一条普遍规则是，市场上出售的标准实物产品（如搅拌器）对消费者的平均使用价值约为市场价值的两倍：实物产品的生产和销售所创造的财富有一半是来自生产中使用的自然资源与人力资源（即生产成本），另一半则是来自消费者剩余，它取决于消费者愿意花多少钱购买该产品，由此涉及把该产品在恰当的时间和恰当的地点交给恰当的用户。对于信息时代的非物质产品而言，这个比例可能还高得多，或许能达到 5∶1 甚至更高。

对不平等加剧需要谨慎看待。例如，1979—2010 年，美国家庭的空调拥有率从 55% 提升至 90%，洗衣机拥有率从 70% 提高至 80%，烘干机则从 50% 提高至 80%，微波炉从 5% 提高至 92%，电脑或平板电脑从 0% 提高至 70%，手机从 0% 提高至 95%，智能手机从 0% 提高至 75%。[28] 2010 年的美国劳工阶级与中产阶级相比 1979 年的类似人群已变得更为富裕。在新自由主义时代，美国不再快速提升年轻人的受教育水平，不再积极投资于公共基础设施，不再阻止政府部分抽取本来可以用于支持私人投资的储蓄资金，这些导致生产率增速只有辉煌三十年的一半左右。平等的增长也不再能够实现。但增长毕竟仍在继续，普通人的收入增速与 1870—1914 年的水平接近，这会令 1913—1938 年的人们羡慕不已。

然而，也有很多在过去和今天被视为中产阶级地位标志的东西，在 2010 年的美国似乎更难以实现，至少与记忆中的 1979 年相比是如此：例如便捷的通勤，在优质社区的独栋住宅，有能力把孩子送入自己心目中的好大学并付得起学费，有足够好的由雇主缴费的医疗保险，让人们在治疗心脏病时不至于倾家荡产或者必须卖掉房子。此外还有人们的相对地位问题。社会民主主义时代成功的美国中产阶级可能遇到美国汽车公司的首席执行官、未来的密歇根州州长、住房与城市发展部部长乔治·罗姆尼，得知他住在密歇根州布鲁姆菲尔德希尔斯市的一栋普通住宅里（虽然面积较大些），开一辆小型的漫步者轿车（或许因为是他自己公司的产品）。而新自由主义时代成功的美国中产阶级可能遇到贝恩公司（Bain）的首席执行官、未来的马萨诸塞州州长和美国参议员（犹他州共和党人）米特·罗姆尼，得知他有七栋房子，遍布全美各地，其中不乏豪宅。我不知道他开什么牌子的汽车，但听说他在加州拉荷亚市的海滨豪宅配有车用电梯。虽然人们可以支配的物质财富的绝对数量与父辈相比变多了，但不同阶层之间如此巨大、如此快速扩张的鸿沟仍会让他们自惭形秽。

法国经济学家托马斯·皮凯蒂让广大民众了解到，北方国家的经济运行模式在一战之前与二战之后有多么惊人的差异。[29]在一战前的第一次镀金时代，财富主要来自继承，富豪阶层支配了政治生活，经济（以及种族和性别的）不平等极其严重。但在二战的剧变之后，一切都发生了改变。收入增长加速，财富主要是自己挣来的（虽然过程有可能不够公正），政治被中产阶级主导，经济不平等变得较为缓和（虽然要实现种族和性别平等还有很长的路要走）。全球北方国家似乎进入了一个新时代。

然后形势开始逆转。

皮凯蒂的核心观点是，我们对此不应感到惊讶。在资本主义经济中，很大比例的财富被继承是寻常之事；分配高度不平等很正常；财阀精英阶层一旦形成，就会利用政治权力为自己的利益去塑造经济，这很正常；以上现象会给经济增长带来拖累，同样属于常态。毕竟，1945—1973年爆发的那种高速增长需要创造性破坏，由于遭到破坏的是财阀阶层的财富，定然得不到他们的支持。

那么，为什么新自由主义时代会延续下来？有人提出，社会民主主义秩序不再能够像二战后的第一个世代那样，带来朝向乌托邦的快速进步。新自由主义承诺会做得更好，但实际上没有做到，除了约束英国的工会运动，通过减税以及工资停滞（工资水平在数量上确实出现了停滞）的副作用给富豪们增加收入。那为什么民众对新自由主义失败的不满没有导致政治经济秩序与社会组织的历史车轮再度发生转向？

我相信新自由主义的延续是由于里根赢下了冷战，或者说，是由于在里根的总统任期结束后不久，冷战得以终结，而这个功劳被记到了他的头上。同时在关于未来可能性的思想橱窗中，遭遇显著失败的不只是右翼。

无论是从今天，或是从20世纪90年代乃至70年代后期回顾现实版社会主义模式，或许最令人惊讶的特征都是这个制度在何等不可避免地走向衰落。德国社会学家马克斯·韦伯并不需要借助1917—1991年的实际历程，就能判断列宁及其同志们创建的布尔什维克政权将走向何方。他回顾了1917年之前的创业者和企业家被政府官僚取代的某些历史片段，发现"在官僚占据优势的任何地方，比如古代中国和埃及，他们都不会放手"。因此，未来出现的情景将是发号施令的政府极度膨胀，而非马克思主义者想象的"消亡"。

德国和波兰的社会活动家与道德哲学家罗莎·卢森堡在1918年对此有更为清醒和悲观的论述：

> 如果没有普遍选举，没有不受限制的新闻自由和集会自由，没有无拘束的观点交锋，每个公共机构都将丧失活力……只有官僚机构保留下来……由几十位精力无比旺盛、经验无比丰富的政党领导人来指挥和治理……时不时邀请工人阶级中的精英代表出席会议，让他们为领导人的讲话喝彩，全体一致地批准决议草案，这从本质上说是一种帮派行动……这种环境将不可避免地导致公共生活的粗暴化：暗杀行动，处决人质，如此等等。[30]

不过，韦伯与卢森堡都认为官僚机构虽然打压企业家精神，却仍可以实现较高的效率。韦伯设想现实版社会主义将实行严格控制和组织，卢森堡设想它会走向残酷和独裁，但他们都没有预见资源浪费、食品店排长队、经济组织的非理性，以及腐败、权力和网络的中心化等等。他们都没有想到，当冷战的铁幕在20世纪80年代末期落下时，与紧邻的国家相比，苏联、越南、朝鲜、古巴等国的物质繁荣程度只相当于对面阵营的大约五分之一。

苏联之外的许多人，例如美国左翼马克思主义经济学家保罗·斯威齐曾信心满满地预言，列宁式社会主义和政府计划将实现比其他任何可能的制度更为高效的生产力配置与更快速的经济增长。即便是许多害怕列宁式社会主义破坏潜力的人也同意，苏联及其卫星国很可能在总产出和人均产出上取得巨大进步。保罗·萨缪尔森（绝非列宁主义者）撰写了二战后最负盛名的经济学教科书，直至20世纪60年代后期，该书还预测苏联经济的人均产出将最远在2000年之前就会超越美国。即使到了60年代，人们依然认为苏联尽管在自由和选择上不如西方，却能够实现更大的产出和平等（即便不是指财富存量)。

但事实证明所有这些预言都是错的。当铁幕落下之时,苏联及其卫星国实际上都深陷贫困。消费品分配极其缺乏效率,投资配置极其缺乏效率,自动化工厂星罗棋布的景象完全没有出现,这些都源自相同的因素。苏联确实曾经取得过某些成就。到 1960 年时,它在医疗、教育和预期寿命等方面基本达到了北方国家的水平。在 20 世纪 70 年代似乎组建起了堪与美国匹敌的军事力量,但为此付出了约 40% 的国民收入,远远超过美国的 8%。

苏联的经济失败是沉重的。产出增长主要限于钢铁、机械和军事装备。农业集体化造成悲剧:我们甚至不知道有多少人罹难,推测有数百万,也可能达到上千万。从全球的视角看,苏联的经济增长率也并不特别出色。

已故的苏联经济学家和政治家叶戈尔·盖达尔喜欢通过粮食与石油的视角来讲苏联工业化失败的故事。他说,知名共产党经济学家尼古拉·布哈林与苏联官员阿列克谢·李可夫告诉斯大林:"在一个由农民组成的国家,不可能用武力夺走粮食,那样会导致内战。"斯大林则回答:"但我就要这么办。"直到 20 世纪 50 年代,赫鲁晓夫还在处理斯大林造成的集体化农业生产的影响。他在 1950 年提道:"在过去 15 年中,我们的粮食产量并没有增加,同时却在经历城市人口暴涨,这个问题如何解决?"赫鲁晓夫最终决定对此投入资源,发起大规模的垦殖项目,把更多土地用于粮食生产。该计划后来仍遭遇了失败。1963 年,苏联通告各个盟国不能再给它们运送粮食,自身也开始从国际市场上购入粮食。[31]

或许因为石油输出国组织在 20 世纪 70 年代把世界石油价格抬升了三倍以上,使得苏联经济和苏联模式的崩溃被推迟了十年。按照盖达尔的看法，苏联走向终结的起点是沙特在 1985 年底决定重新增加石油产能，导致油价大跌，其主要目的是束缚伊朗神权政治家们的野心。但这让苏联陷入了极其困难的处境，无法获得足够的外汇来购买粮食，以满足国内庞大人口的需要。盖达尔认为，苏联人此时已没有其他选择，只能从 1986 年起用借款来填补逆差。可是到 1989 年，苏联人试图组建一家包含 300 家银行的财团来提供庞大贷款，却遭遇失败，不得不启动同西方国家的直接谈判，以争取所谓的政治性信贷。

这最终揭示了苏联产业发展的失败：在石油价格低迷时，这个政权只有通过谈判，以政治让步换取特许贷款来购买外国的粮食，才能够养活本国民众。

罗纳德·里根及其团队决定将冷战扩大到拉丁美洲，他们招募阿根廷的法西斯独裁政权的士兵担任核心骨干，以组建右翼游击队，希望颠覆尼加拉瓜的左翼"桑迪诺民族阵线"政府。阿根廷军政府中的将军们以为，如果阿根廷同英国就马尔维纳斯群岛（位于阿根廷海岸之外约 300 英里处，在几个世纪前被纳入英国殖民统治）的归属发生冲突，作为回报，美国会保持中立。但我们不清楚里根政府中的高级官员，例如美国驻阿根廷大使珍妮·柯克帕特里克是否给过这种暗示。总之，阿根廷将军们派兵占领了马尔维纳斯群岛，试图以一场短期战争的胜利来巩固自己在国内的政治地位。撒切尔夫人随即派出英国海军夺回群岛，并得到了美国人的大量后勤援助。这让她在 1983 年的大选中如虎添翼，再度当选首相。新自由主义就此巩固了在英国的历史转折，而不是以四年期的失败实验告终。

在美国，经济形势及时复苏，帮助里根在 1984 年赢得连任。

此外，里根尽管从政策分析师的角度来讲是个糟糕甚至不合格的领导，却的确是个极为擅长展示国家首脑派头的总统。里根的夫人南希劝说他在第二任期内把戈尔巴乔夫当作一个潜在的朋友。结果迎来了冷战的终结，为新自由主义之翼在美国起飞送来了强劲的侧风。

在新自由主义转折开启的1980年，人们的希望和主张是恢复北方国家在二战后黄金时代经济强劲增长的步伐，政府和社会至少部分转向为市场服务，而不再采纳社会民主主义那套调控、补充和管制市场经济的做法。但这些希望和主张都被击碎了。增长仍在持续，速度却远远低于1938—1973年的水平，尽管略高于1870—1914年并显著高于1914—1938年的水平。

分配格局有了重大改变。包容性发展，尤其是对于女性，也在一定程度上对于少数族裔的包容性发展，意味着白人男性的收入没有跟上平均步伐。但更重要的是，新自由主义完成了把收入和财富向顶层群体倾斜的公开目标。他们的主张是，激励富人和超级富豪会让他们更努力地工作，释放出巨大的创业潜力。这一论点被事实证明是错误的，但收入和财富仍被大量向上层转移。

对多数族裔的中产阶级和劳工阶级的传统强势男性群体来说，形势令人担忧。他们发现自己的实际收入在1980年之后增长缓慢，同时至少在他们心里，自己不再受到女性、少数族裔和外国人的尊重，也不再受到财富和地位日益增长的富豪阶层的尊重，这种尊重原本是他们的期望，是他们认为自己应得的。不知如何，事情变得对他们不利起来。富人变得更富，没有资格的人和少数族裔的穷人得到了救助。辛勤工作、理应获得更多好东西的白人男性却没有收获。于是，选民中的一个关键部分开始对制度及其统治者产生了怀疑，这个制度似乎完全没有给他们带来比先辈们在 30 年前所见的更美好的生活。

当大衰退来临，走出大衰退的复苏显得拖沓徘徊之时，政府和政治体系似乎对此毫不在意。原因之一是富豪阶层控制了公共讨论的议题。对他们而言，危机并不存在。可是其他所有人，或者说接近 90% 的美国人口，在继续遭受损失。而且对他们来说，2007 年以来的经济表现尤其令人失望。他们开始寻求解释，寻求可以改变的对象乃至可以抱怨的对象。他们有权利这样做。

第 16 章 全球化重启、信息技术与超级全球化

20世纪70年代,世界开始转向新自由主义。这个转折到2000年基本完成。新自由主义以各种形式占据主导位置,给全球的政治经济治理提供了默认的前提与操作指南。

新自由主义的兴起是个谜团。它未能带来更高的投资率、更多的创业、更快的生产率增速,也未能让中产阶级的工资和收入重新快速增长。新的政策还导致收入与财富不平等严重加剧。那么它的吸引力何在?新自由主义秩序得以延续,是因为它把冷战的胜利作为自己的功劳,因为它号称确保了无资格者不会得到多余的好处,因为有权势的人借助高音喇叭反复告诉其他人,他们自诩的新自由主义政策的一切成就都值得赞扬。他们就这样把发到手里的牌都打了出去。

牌局的进程尤其受到了如下四个因素的影响。第一个是二战后的全球化重启:在1870—1914年的全球化之后,1914—1950年出现了倒退,二战后再度逆转。第二个因素是技术的重大突破:自20

世纪50年代中期开始,钢铁材质的集装箱运输征服了世界每个角落。第三个因素是另一项重大的技术突破:近乎虚幻的由0和1组成的信息技术普及全球。第四个因素则是新自由主义政策本身及其同其他三个因素的交互作用。这四个因素结合起来,把全球化重启变成了超级全球化。

显而易见,本章要讲的故事很不简单。在世界转向新自由主义的时代,全球化重启、信息技术与超级全球化的故事有两条叙述主线,这让情节变得更加扑朔迷离。第一条主线是全球化重启、信息技术进步以及超级全球化对世界南方国家的影响;第二条主线则是对北方国家的影响。而人们最终会得出的结论,即非常好、还不错或其他,在很大程度上取决于你的守护神是哈耶克还是波兰尼。

某些南方国家成功借助新自由主义思想来打击腐败现象(并且躲过了北方国家新自由主义政策的各种反冲打击),发现自己能够主动利用世界市场,而非被世界市场利用。自1870年以来,这些经济体首次不再同北方国家的发展轨迹背道而驰(即在绝对水平变得更富裕时,相对而言却越来越贫困)。而且自1990年之后,以非常粗略的标准来看,南方国家的实际收入增速开始高于北方国家。[1] 看上去,市场的运转似乎的确促进了全人类的福利。

对北方国家而言,扩大世界贸易与普及信息技术能带来收益。但这些收益最后集中在北方国家的顶层群体,让富豪们变得更加富有。在公司总部所在地的工厂拥有一份附带工会会员的岗位,不再意味着你能惬意分享日益集中的财富。新自由主义转折背景下的全球化重启与超级全球化加上信息技术,使老板和工程师们发现他们可以把工厂设置在世界任何地区。信息流动的大大加速意味着他们不再需要自己驾车去工厂,以了解和管理生产情况,并尝试改进。

第16章 全球化重启、信息技术与超级全球化对波兰尼主义权利的挽歌在北方国家响起，它们首次遭遇南方国家在 1870 年之前就开始经历的去工业化现象。

可乡村音乐风格的挽歌只是北方国家的一段乐章，只是复杂的拼接编曲中的一个古板主题。信息技术进步在 20 世纪 90 年代初产生了临界效应，意味着北方国家在 15 年时间里达到了与辉煌三十年比肩的生产率增速。尽管第二次镀金时代的来临使得生产率增长没有充分下渗到工资涨幅中，却也使得违背民众预期与侵犯波兰尼主义权利的现象同样属于复杂拼接状态——这里出现，那里没有出现，或者程度并不一致。由此导致的一个结果是，政治经济决策的制定基础发生了深刻的变化。

直至 2007 年，位居高层的新自由主义者仍能够沾沾自喜，相信事情进展还算顺利，并将继续下去。[2]生产率增长似乎回升了。他们安慰自己说，当收入分配格局稳定下来后，广泛的增长浪潮将重新掀起，民粹主义的不满情绪将减退。从顶层的情况看，市场的运转似乎真的可以为全人类的利益服务。

然而，这种信念忽略了底层的大量现实。在 2007 年之后，将爆发金融危机和大衰退（下一章的主题）这两次彻底的灾难。本章首先要指出的是，这些灾难将揭开帷幕，展示新自由主义的狂妄自大确实给自己招来了报应。

*　　*　　*

二战后的全球化重启是对 1870 年之后的发展模式的历史回音：在某个霸主国家领导下建立国际经济秩序，加上一场交通运输技术的革命，再度让全球化高速推进。不过在 1870 年之后，作为霸主的英国单独采取行动，制造出一种特立独行的模式，迫使其他国家不得不相应调整适应。而二战之后，美国则建立起了若干机构，使这个时代成为新的全球合作组织的美好时光。例如，政治领域就有联合国及其安理会、成员国大会及其各类分支机构。

在经济领域将成立三个新的关键组织，至少计划是这样，实际上仅兑现了两个半组织。美国作为新霸主押注国际贸易将很快成为世界和平与国内繁荣的促进手段。西欧加注进来，特别是在20世纪50年代中期创立了欧洲煤钢共同体，以实现此类商品的自由贸易，这项行动逐渐演化为如今的欧洲联盟。另外在1944年的布雷顿森林会议中，美国的哈利·德克斯特·怀特与英国的约翰·梅纳德·凯恩斯设计了一个让全球化进程造福世界的货币体系。

计划组建的促进全球经济合作的三个组织是世界银行、国际货币基金组织以及国际贸易组织，但最后一个没有完全实现。世界银行一开始名为国际复兴开发银行，设立时担负双重任务：为战争造成的破坏筹集重建资金，以及促进尚未有效利用工业技术带来的宝贵机遇的落后地区的发展。国际货币基金组织创建的目的是调控各国货币的相对价值以及资金的跨境净流动，让各国能够重新设定贸易条件，并迫使某些国家履行自己的经济责任。拟议中的国际贸易组织的任务则是通过谈判实现互利的关税削减，以及裁决贸易纠纷。

杜鲁门政府虽然在美国国会推进了世界银行和国际货币基金组织的审批，却在1950年底判断，要求批准国际贸易组织会是过分之举，不容易在国会过关。到那个时候，潮流已开始逆转，曾经在战后最初几年里占据主流的倡导开放国际合作的社会思潮受到攻击；自由世界与共产主义阵营之间的漫长明争暗斗，即冷战已经拉开序幕。这导致国际贸易组织的计划胎死腹中。一个有强制力来解决贸易争端的组织未能诞生，取代它的是一份协定——《关税及贸易总协定》，之后数十年里将在这份协定下开展多个回合的多边关税削减谈判。因此，全球化重启进程在刚开始的时候就遭遇了各种逆流。特别关键的一点是，国际贸易组织原本打算要求各个国家、部门和阶层接受自动关税削减带来的一切市场后果，而《关税及贸易总协定》则要求，在关税削减谈判回合完成与生效之前，每个签约国都需要在国内达成相应的政治联盟。

这样的政治联盟确实也实现了。1947—1994 年，一共通过谈判达成并实施了 8 个回合的关税削减：日内瓦回合（1947 年完成）；安纳西回合（1949 年完成）；托奎回合（1950—1951 年完成）；日内瓦第二回合（1956 年完成）；日内瓦第三回合（1962 年完成），更常见的名称是狄龙回合，因为最早是道格拉斯·狄龙（C. Douglas Dillon）在共和党总统艾森豪威尔手下担任助理国务卿时提议，并于他在民主党总统肯尼迪手下担任财政部长时完成；肯尼迪纪念回合（1967 年完成）；东京回合（1979 年完成）；乌拉圭回合（1994 年完成）。到 20 世纪 90 年代，每个回合都需要接近十年的谈判，各回合之间是接近十年的精疲力竭。

当然这只是故事的一部分。1914—1950 年，美国国内的生产进步速度超越了长途运输的生产率改进步伐。此后发生逆转，远洋运输业掀起了革命，其中最令人印象深刻的是集装箱时代的来临。[3]

集装箱货柜通常长 20~40 英尺*，高 8.5~9.5 英尺，宽 8 英尺。推荐的可用空间约为 2 000 立方英尺，货重可达 29 吨，运送的商品价值（零售价格）可达 50 万美元乃至更高。集装箱能在一个

---

* 英制单位，1 英尺约为 0.3048 米。——编者注

月内运送到全世界任何有合适的港口、铁路、火车、无盖货车、卡车牵引车和公路连接的地方。集装箱可以装载任何现代化工厂生产的非易碎易腐的产品，通过装卸码头，转移到世界任何地区的现代化仓库，其费用甚至不到产品零售价值的1%。1960年之前，大多数商品的国际远洋运输费用很容易达到产品零售价值的15%。20世纪50年代，在旧金山市的近80万人口中，约有5万是码头装卸工（包括兼职工人）。而到了1980年，其人数已不及当初的五分之一。

我家曾经从加州圣莱安德罗的一家仓库购买过一台德国制造的洗衣机，仓库位于奥克兰市的南侧，而我们所住的伯克利在其北侧。为了把这台机器从仓库运到我家的地下室，我们付出的费用是它从德国绍恩多夫的工厂运到加州仓库的八倍。

于是在二战后的辉煌三十年，全球化重启得以顺利推进。很大一部分扩张力量来自政治经济因素，尤其是美国逐渐认识到，开放自己的市场可以成为冷战斗争的一种关键武器。而且可以由此形成良性循环：生产率提升导致对产品的需求不断增加，从而消化扩大的产能。到1975年，全球贸易额占全球经济活动的比例已经恢复到1914年的巅峰值25%左右。这代表一个典型地区有近八分之一的产品和服务支出是花费在进口产品和服务上，同时有近八分之一的收入是来自出口产品和服务。

上述良性循环在北方国家表现得最为突出。1800—1914年，工业和工业知识都集中在北方国家的核心地带，这留下了深远的影响，因为知识的创造是以知识的存量为基础的。北方国家过去的工业化加速了它们的经济增长，而南方国家过去的去工业化束缚了它们的经济增长。归根到底，某个地区新思想的产生取决于当地已经利用的思想存量的密度和规模。北方国家的工业区由此继续驱动自己的增长进程。而这种良性循环在南方国家则远没有那么常见,因为较早期的全球化浪潮给它们带来的更多是去工业化的作用。

离开蓬勃发展的工业区与深厚和密集的工程技术从业人群,南方国家如何能够从全球化重启过程中获利呢?唯一的出路是继续把自己镶嵌到世界劳动分工的体系中,这意味着发挥本国拥有的宝贵资源的优势,例如矿产品和热带农业产品,但此类产品的相对价格在持续走低。而且在二战后的全球化重启年代,虽然南方国家的确在变得更加富裕,但致富的速度较慢,与北方国家的相对收入差距至少在 1990 年之前仍在继续拉大。

总之,在二战后的第一个世代中,你可以看到是哪些人借助"皱眉曲线"(frown curve)从全球化重启中获得好处。皱眉曲线的最左侧处于低位:提供原材料带来的财富比较少,因为供给弹性较大而需求弹性不足,初级产品生产商作为一个群体在极力提高生产率之后,只能降低它们索要的售价。改进设计也不会收获太多财富,因为竞争对手可以很快对已经出现的产品做逆向工程模仿。接下来,皱眉曲线的中部处于高位,此处可以收获大量财富。这代表在 20 世纪中后期,北方国家的工业地带在大规模生产领域积累了大量技术诀窍和实用知识。皱眉曲线的右侧尾部再度处于低位,能带来的财富同样较少:市场营销和分发,即把商品与个人的特定需求相匹配,或者至少说服人们值得花钱去获取,也不属于主体的业务部分。

不过,政治经济格局与集装箱化推动的全球化重启,只是本章要讲述的故事的前三分之一部分。20 世纪 80 年代出现了另一股强大的技术变革力量,将对世界贸易及更广泛的领域带来深远影响,它就是信息技术革命。这是一场真正的运(传)输成本的革命,但输送的不是货品,而是字节,不是实物,而是信息。通信和数据的全球互联网,以及大规模的光纤海底设施和海底电缆,加上窄播和广播类型的发射器、接收器和卫星设备提供的支撑,让人类世界从20世纪90年代开始再度发生剧变。

* * *

关于新技术如何推进人类整体上改造自然的力量,如何让人类以新的方式将我们自己组织起来,这些技术包含哪些类型以及成就如何,本书并没有做太多深入讨论。我只是提到了有用技术知识的增长率,例如在1870年之后达到每年2%。要集中分析具体包含哪些新技术以及它们带来了何种影响,那将是大不相同的另一本著述,需要更多工程师的背景,而非政治经济学家的视角。我得赶紧补充说,那样一本书如果写得好,必是关于有绝对重要意义的议题的伟大著作。我已故的老师戴维·兰德斯撰写的《解除束缚的普罗米修斯》完成了这个领域之中欧洲在1750—1965年的部分,迄今依然是经典之作。罗伯特·戈登则沿着同样的思路献出了另一部经典,针对美国自1870年以来的进步。[4]

但既然涉及此类话题,我认为可以介绍一下此类技术在中心舞台上的某些特征。我先看看通用技术(GPT)的概念:此类技术的进步会带来所有或几乎所有事情的改变,因为它们跨越多个产业部门。[5]第一种通用技术是19世纪早期的蒸汽动力技术。第二种是早期的机床,在设计和建造中包含了如何加工材料的大量技术知识。然后在1870年之后迎来了电信、材料科学、有机化学、内燃机、生产组装线、后续的各代机床以及电力,这些技术的爆发形成了罗伯特·戈登所说的"一波技术进步的巨浪",在1870—1980年彻底改变了北方国家的面貌,然后趋于衰落。从20世纪50年代开始兴起了又一场通用技术的重大革命:微电子技术。电子运动不仅可以用来提供能源,还可以协助和加快计算与通信。结果表明,与传统上采用机械方式制作的笨重材料相比,利用微控制器等微电子技术可以制造出某些效能优越得多的材料,而且价格更便宜,重量也更轻。[6]

例如普通沙子中包含的石英成分,将它加热到1 700摄氏度(3 100华氏度)以上就可以实现提纯和液化,再加入碳元素,把其中的氧原子吸收出来,就能得到纯净的液态硅。让这个材料冷却,在其固化之前放入一小粒晶种,再把晶种提起来,其周围就会覆盖上硅材料。

如果操作正确,你就能借此得到一个单晶硅圆筒,再将它精确切削,可以得到薄薄的晶片。由纯硅晶体形成的晶片不能导电,因为在硅原子的14个电子中,有10个被锁定在内核中,即化学家所说的第1层和第2层轨道上。当然这个术语有些不精确,电子实际上并不真正沿着轨道运行。尼尔斯·玻尔在一个多世纪前曾认为有这种轨道,但他推测错了,欧文·薛定谔后来做了纠正。硅原子中只有最外面的第3层轨道上的4个电子能在获得能量后发生迁徙,从而形成电流。但在纯硅晶中,这些电子也无法移动,它们被锁定在自身的原子核与晶体中4个相邻的原子核之间。将这些电子踢出第3层轨道并送入"导电带"轨道需要输入很强的能量,这会破坏硅晶体。

但假如你把晶体中很少一部分硅原子——连万分之一都不需要——用磷原子代替,后者自带的电子数是15个,此时每个磷原子中有14个电子会像硅原子的电子一样被锁定在轨道里，最里面的第1层和第2层紧贴自己的原子核，外面第3层的4个电子绑定在自身原子核与邻近的4个原子核之间。但第15个电子不能被锁定，它会找到一个能量更高的轨道状态，与任何一个原子核都只能松散地连接。这个电子能够并的确会跟随邻近电场的梯度发生移动。于是，硅晶体中掺入了磷原子的区域便成为一个电导体。如果你通过某些操作，把这些第15个电子拖到其他区域，原来的区域又会重新变成不导电的绝缘体，同硅晶体的其他部分一样。因此，掺入了少量磷原子的硅晶体区域好比你家墙上控制电灯的开关。通过加入或撤出微小的电流和电磁压力，我们就可以按照自己的意愿调整这个开关的状态，让电流通过或者不通过。

今天，在台积电的半导体工厂里，利用重金购置、精心安装和编程的机器设备（特别是来自荷兰的阿斯麦公司与硅谷的应用材料公司），工人们正在刻印130亿个此类半导体固态开关，把电流和控制路径镌刻在晶圆上面，然后制成大约五分之二英寸宽和五分之二英寸长的一块块芯片。台积电发布的市场宣传材料显示，最小的蚀刻线宽只有25个硅原子的宽度（实际上通常是这个大小的10倍）。如果130亿个半导体开关在由沙子制作的这一小块芯片上被正确蚀刻，并通过了产品检测——要求电流通道在1秒钟之内精确和同步完成32亿次开关——它就能成为某台电子设备的心脏。例如我输入这些文字时使用的电脑就采用了苹果公司的M1微处理器，一组超大型的集成电路，由大量此类掺杂硅晶体的微小开关组成（又称为晶体管）。

威廉·肖克利、约翰·巴丁与沃尔特·布拉顿是1947年在贝尔电话实验室制造出第一支晶体管的功臣。江大原（Dawon Kahng）

第16章 全球化重启、信息技术与超级全球化　　417

与穆罕默德·阿塔拉制作了第一支金属氧化物半导体场效应晶体管。借用仙童半导体公司罗伯特·诺伊斯与让·霍尔尼的思路，杰·拉斯特的团队制作出了第一组由多支晶体管组成的可运转的固态集成电路。到 1964 年，通用微电子公司开始生产和销售由 120 个晶体管组成的集成电路。过去的真空管电子转换部件有 4 英寸长，约 100 毫米。1964 年的晶体管被密集排列在二十五分之一英寸长的集成电路里，彼此相距仅 1 毫米；仅为电子管的百分之一，可以在同样大小的空间里实现 1 万倍的算力，消耗的电力则少了多个数量级。

当时在仙童半导体公司工作的戈登·摩尔于 1965 年发现，自 1958 年以来的 7 年间，最先进集成电路上的固态微电子晶体管的数量从 1 个增加到了 100 个。他随即提出了一个大胆的推测性预测，认为未来将朝着部件密集型设备的方向发展，到 10 年之后的 1975 年，一块面积为 100 平方毫米的芯片上将包含 6.5 万个部件。他提出，这将使"电子技术在全社会各个领域得到应用，实现其他技术目前难以充分完成或根本不曾尝试过的许多功能"。摩尔预测，未来会出现"家用计算机，或者与中央计算机连接的终端设备，对汽车的自动控制，以及可携带的个人通信设备"。他还说，会出现"用于数据过滤的集成电路，在多通路设备上区分不同的频道信号"，并预见了电话通信线路和数据处理技术的进步。最后总结说：计算机的功能将变得更加强大，并以全新的方式组织利用起来。[7]

到 1971 年，集成电路半导体制造商采取了四个步骤来改进在硅晶体上蚀刻电路的工艺。第一个微处理器 Intel 4004 在 1 平方毫米内集中了 2 万个晶体管，蚀刻线宽为 200 微米（1 微米等于 1 米的百万分之一）。到2016年，蚀刻线宽加上间距的大小被缩小到200纳米（1纳米等于1米的十亿分之一）。到2021年，工艺再度被压缩一半以上，蚀刻线宽加上间距的大小只有90纳米，即450个硅原子的宽度。在1979年，完成1MIPS（每秒百万条指令）需要1瓦特电力；而到2015年，同样的电力可以完成100万以上的MIPS。随着部件变得更小，其速度越来越快。在一定程度上，蚀刻线宽每缩小一半，速度可提升1倍。在1986年以前，微处理器的速度每7年提高约4倍。接下来出现了精简指令集带来的工艺改进，在17年时间里，每3年就能使微处理器的速度提高4倍。不过到2003年之后，微处理器速度提高4倍的时间又回到了7年。直至2013年前后，速度的进一步提高遇到了技术障碍。

然而，把越来越小的晶体管安装进超大规模集成电路芯片的事业仍在继续，尽管速度慢于最初的"摩尔定律"。对此类工艺改进，我只能称之为"玄妙魔法"。我看到的介绍说，阿斯麦公司的TWINSCAN NXE：3400C光刻机利用波长为13.5纳米的极紫外光做工艺操作。我可以想象：这台机器对准位置，在300毫米大小的晶圆片上用激光把2 000万根线条刻画进硅晶体，所有的位置误差都不会超过人的头发宽度的三万分之一。但我实在无法理解这样的任务如何能够常规而可靠地完成，并且最后制造出来的每个微处理器的可变成本仅有50美元。[8]

英特尔公司是位居创新经济核心位置的微处理器设计商和制造商，它在这场信息技术革命中全速前进：一方面改进微处理器的微观设计细节，使程序能够更快运行；另一方面改进制造过程的高分辨率，使之可以把半导体的蚀刻线宽乃至整个微处理器做得更小——并且在3年之内完成一个改进循环。1995年以后，微处理器的速度每两年提高1倍，信息技术产业的作用被充分发挥，全社会的生产率增速再度提高，接近二战后初期的黄金时代的水平，直至2007年底大衰退来袭。新创造的财富在用户中间得到了广泛而分散的分享，他们获得了显著的学习和通信能力，能够以惊人的低价享受娱乐。硅谷的高科技大亨以及后面的支持者更是收获颇丰，同时也出现了经济扰动，有许多失意者。例如，美国在1960年有大约50万女性雇员为电话公司或其他机构的前台接线员，如今仅有不足2000人。但对大多数美国人而言，信息技术发展突破关键临界点只是改变了职业的构成，并没有完全摧毁这些职业。

随着信息技术在整个经济中普及，工作的性质随之改变。东非平原上的类人猿长期以来有着强壮的脊背和大腿可以搬动沉重的物体，有着灵活的手指可以完成精细操作，拥有可以实现彼此交流的嘴巴和耳朵，拥有可以思考和处理符号信息的大脑。从驯化马匹开始，到使用蒸汽机，脊背和下肢在人类工作中的重要性自1870年以来显著下降，但仍有大量精细操作任务需要完成。而随着电力及电动机械的产生，人类的手指也开始被机器代替，但仍有大量复杂设计需要完成，加上头脑风暴式的创新、日常的记录和通告，这些工作都依赖大脑、嘴巴和耳朵。早期的机器需要一个微控制器，而人类的大脑就是绝佳的现成配备。因此，技术发展给劳动提供了补充而非替代：更多的机器，更多的信息技术，让人类变得更有生产效率，更有价值，而不是相反。只是对许多人来说，这些新的工作似乎不同于高段位的工匠大师要做的事情，而更像仆人需要完成的任务，这些任务要么来自顾客，要么来自日益自动化的机器本身的要求。

另外在国际层面，信息技术加上继续推进的全球化重启，在20世纪90年代达到临界规模之后，变成了超级全球化。[9]

国际经济学家理查德·鲍德温对他所说的"第二次松绑"，即企业内部的沟通做了如下诠释。随着互联网时代来临，企业中成熟的产业劳动分工不再需要在地理上集中于某地。你无须亲自驾车或走到供应商的办公室及工厂，去给他们展示其现有产品并不完全符合你的要求。最早在20世纪80年代，你可以画好演示图，用传真给他们发过去。然后在90年代，你可以用电子邮件把内容发给他们。而到了21世纪头十年后期，你可以把大容量文件轻松发送到全球各地。

当然对许多人来说，仅靠纸上的文字内容或者屏幕上的文字和图片，依然不足以完成沟通。1990年后，你可以越来越方便地跳上跨越大洋的夜间直达航班。据说在新冠疫情暴发之前的数月中，旧金山到中国的往返航班上每天共有50个头等舱座位是属于苹果公司的。对于其他某些情形来说，劳动分工受到的局限不是源于信息交流不畅，而是因为需要面对面的接触试探来建立信任，越洋航班在这里同样可以帮上忙。

于是在1990年后，自1800年以来日益集中在北方国家的制造业开始以惊人的速度向其他地区扩展。通信不只变得更好，而是有了革命性和颠覆性进步，让过去地域性集中的企业能够扩展成全球范围的价值链。一个世纪的经济发展分化造成的北方国家与南方国家之间的巨大工资差距，让这些产业布局调整变得非常有利可图。于是在大约一代人的时间里，随着生产发展为全球范围的价值链网络，全世界的大量制造活动同时具有了高技术和低工资的特性。

鲍德温指出，全球生产的逻辑在1990年后越来越受"微笑曲线"的驱动：初端和末端处于价值高位，中端处于低位。初期阶段主要是提供原材料和资源，以及更为重要的产业设计，能够获得巨大价值。中间阶段的制造和组装变得日益程序化，附加值很低。而价值链末端的营销、品牌和分发又能够创造巨大价值，包括给消费者提供指导（以及误导）：不断扩张的工厂生产能力创造出类型与品质各异的琳琅满目的产品，哪些才是他们真正需要的。这同样是一幅复杂的拼图。极好的事情只发生在有限的地方，而其他地方，包括文化、政治倾向和生活态度接近的许多地方，被抛在后面。要么它们过去赖以获得较高价值和较高收入的产业迁走了，要么从来没有过。

前文提到，"第二次松绑"过程使制造业被迁移到南方国家，但这个说法并不完全准确。全球高技术制造业迁入了韩国，使它在今天成为北方国家（或地区）的合格成员，日本和中国台湾同样如此。这种产业转移也发生在中国的部分地区，尤其是作为增长极的珠江三角洲城市群、上海和北京，其次是沿海地区，但没有深入内地。产业转移蔓延到了印度，主要是马哈拉施特拉邦和卡纳塔克邦，而不包括北方邦。产业转移走向了印度尼西亚、泰国和马来西亚，如今在越南掀起高潮。产业转移发展到了波兰，紧邻制造业强大的德国，后者的企业发现把价值链扩展到邻国，利用其低工资劳动力，能获得巨大利润。产业转移发展到了墨西哥，但效果远低于20世纪90年代早期签署《北美自由贸易协定》时我们的热切期望。总的来说这是纷繁复杂的拼图，在全球价值链网络中占有相当席位的巨大机遇只属于北方国家的少数人。企业必须找到合适的当地厂商来加入自己的价值链。尽管所有知识都能通过互联网传输，信任却仍需要面对面的交往来培养。在这场"第二次松绑"的进程中，越洋航班与跨国连锁酒店或许才是关键连接环节。

这场仍在继续的关于谁能够从中获益以及获益多少的竞赛给全球带来了巨大的整体收益。1870年，世界80%以上人口的日均生活费用低于2美元。该比例到1914年下降至72%，1950年下降至64%，1984年下降至40%，2010年进一步下降至9%，这在很大程度上是源于超级全球化的外溢效应。

然而，如今全球仍有约半数人口的日均生活费用低于6美元，而且世界并不是平的。如果缺乏接纳集装箱、运输车辆和起重叉车的必要基础设施，你就依然会远离全球贸易体系和网络，无法享受仅用每磅1美分的成本把德国制造的高端洗衣机从威斯特伐利亚的工厂运到加州仓库的便利。如果电力供应不稳定，你就不能有效地给拖拉机加注柴油；如果你的产品数量太少，无法装满2 000立方英尺的货运空间；如果你那里用来修路的资金被人贪污挪用；如果法院的运行状况非常糟糕，让外人认为你做出的承诺完全缺乏制度保证；如果还没有人关注到你的员工能够生产哪些产品；如果你那里的企业家建起规模足够大的企业，就必然引来有特殊政治关系的敲诈勒索者，那么你就难以与全球贸易网络密切联系。加入全球贸易网络是巨大的机遇，但它要求所有事情或者几乎所有事情都能够顺利运转：基础设施、生产规模、公共行政、治理架构，以及外国人对你的生产能力有充分了解。另外，为了充分参与超级全球化，一个地区还需要开通国际航线，并有合格酒店来接纳那些协调组织全球价值链的企业的访客。

到2010年，全世界已应用技术能力的总和达到1870年的20倍以上，也超出了1975年的两倍。人口爆炸当然仍在持续，世界所处的发展轨道将使全球人口在2050年之后稳定在90亿~100亿的区间，不过在许多地方，促使人口增长减速的力量尚未充分显现。人口爆炸的确意味着资源稀缺，因此平均生产率水平与1870年相比并没有超出20倍，而只是9倍左右。另外，创新伴随着大量的创造性破坏过程，很多人感受到市场拿走了自己的东西，却没有给予公平份额的回报，而是以不合理的方式给了其他人过多的财富。

* * *

最后还有关键的一点。超级全球化使大量制造业活动来到部分南方国家，却也可能意味着北方国家有很大份额的制造业活动被移出。这并不代表北方国家的制造业活动必然减少，因为随着总产出的增加，总量的一个更小份额也可以有更大的绝对量。但这的确使北方国家的制造业岗位占比在下跌，起初变化较为缓慢，而在20世纪末变得愈加急促。

在1970年之后的数十年中，主要是所谓低技能制造业岗位在北方国家总就业中的占比下降。随着这部分岗位的萎缩，对低技能劳动力（大致相当于未受过大学教育的人）的总需求也在下降。只是这一需求下降在北方国家不同地区的表现有着极大的差异。例如在西欧，表现为失业率上升（特别是男性），而在美国，则表现为低技能劳动者的实际工资水平下降（同样是男性为甚）。

面对上述变化，左翼和右翼人士都声称这主要是超级全球化所致，尤其是来自发展中经济体的进口增加。然而实际情况或许并非如此。我们可以看一看美国在1970—1990年的例子，当时关于进口正在夺走美国优质工作岗位的说法甚嚣尘上。在那两个十年之中，进口占美国GDP的比例从6%提升至12%，可是对美国出口的国家的相对平均工资水平却从美国的 60% 提升至 80%。因此，对美国的典型进口产品而言，其产出国同美国的相对收入差距在此期间缩小了一半，因此来自工资较低国家的进口产品给美国带来的总压力在此期间应该维持不变。

的确，个别地区的就业水平会因为来自其他地方的竞争压力而剧烈下跌。但这种情况自 1870 年（乃至以前）以来始终存在，因为在不断发展的市场经济中，创造性破坏一直在发挥作用。被"市场拿走"伤害到的人认为这种不稳定侵犯了自己的波兰尼主义权利，但在受损者之外总是有受益者，而且至少在 1980 年之前，这没有在北方国家内部导致严重的阶级倾斜现象。

此处不妨看看我的外祖父威廉·沃尔科特·洛德（William Walcott Lord）的职业发展历程，他生于 20 世纪早期的新英格兰。在 1933 年的大萧条中，位于马萨诸塞州布罗克顿市的洛德兄弟皮革公司面临破产的命运，我外祖父和他的兄弟们把企业迁到工资更低的缅因州南帕里斯市。布罗克顿市的工人失去了岗位，并且很难找到新的就业机会，因为新英格兰南部工资较高的蓝领工作岗位在当时被普遍削减。可是从统计总量上看，他们的损失被南帕里斯市农村劳动者的好运给抵消了，后者之前从事勉强维生的农业劳动，如今在制鞋厂拥有了貌似稳定的工作，直至来自南北卡罗来纳州的竞争加剧以及二战繁荣期的结束，这家工厂在 1946 年最终无以为继。

我们往往把二战后的时期想象为相对稳定的时代，但事实上有大量制造业和建筑业工作岗位以这种方式发生剧变：它们没有完全消失，而是大规模地从某个地区转移至另一个地区。1943 年，美国有 38% 的非农业劳动力从事制造业工作，因为当时对炸弹和坦克的需求处于高峰。二战后,这个比例下降至30%左右。如果美国像德国或日本那样在战后继续作为正常的工业大国,技术创新会使制造业就业比例在1950—1990年持续下降,到1990年降至17%左右。不过里根决定实施巨额预算赤字,把美国从储蓄高于投资的国家变成投资超出储蓄的国家,使得制造业就业占比到1990年进一步降至13%。

然后在加长版20世纪的最后阶段,即1990—2010年,美国普通进口产品(非石油)来源国的相对工资水平快速下跌。这主要是源于中国,它在美国进口的制造品中所占的份额不断增大,其工资却一直保持在很低的水平。不过,制造业在美国总就业中的占比下降步伐并未因此加快,适合蓝领男性工人从事的岗位,包含制造业、建筑业、配送和运输业等所占的比例也维持了稳定。美国消费者购买中国的制造品,生产线上的岗位则从俄亥俄州的代顿转移到中国的深圳。但美国依然需要把货物从长滩的港口运到最终目的地,需要配送类工作岗位,中国制造商赚到的美元则通过其国内金融体系回收,再投资到美国,支持了美国的住房建设。美国蓝领制造业岗位的相对数量在萎缩,但配送业和建筑业蓝领岗位的相对数量则有所增长。

与此同时,快速提高的制造业生产率与不得力的宏观经济调控促使蓝领工作所占份额继续下降。超级全球化的主要效应并非减少蓝领工作岗位,而是促使某些类型的蓝领工作岗位不断被其他类型的岗位替代,例如从生产装配线转向卡车运输和货架牵引式配送,以及一段时期内的建筑业等。但在世界上最富裕的各个经济体中,公众却普遍把超级全球化视为蓝领工人经济失意的主要原因。

为何会这样?

哈佛大学经济学家丹尼·罗德里克注意到，随着贸易壁垒降低，贸易扩张带来的收益却在递减：也就是说，越来越大的贸易量给参与者带来的回报却变得越来越少。相对于净收益而言，贸易量变得非常巨大，同时工作岗位转移的速度却在加快，即便是被替代而非消失，依然有数量庞大的人口被卷入动荡变化中。我们不难理解他们为何会把自己的不幸归咎于全球化。此外，某些人群尤其容易受到冲击。美国的就业从制造业生产线向建筑业、服务业和护理业转移，对于收入分配的整体状况影响甚微，却对性别收入分配有很大影响：减少的工作岗位主要是男性从事的类型，增加的工作岗位则不然。还有，无论是由于贸易、技术、地理迁移或其他原因，减少的工作岗位在历史上曾是受教育程度较低的白人向上提升的理想职业路径，而黑人等少数族裔则因为种族隔离被排斥在外。这些白人群体看到工作岗位减少，看到父辈的上升通道如今被关闭，他们自然会把全球化当作自身不幸的一种可能解释。[10]

另外，中国经济的崛起几乎同美国和其他工业化国家艰难追求充分就业的时间重合。成功的经济调整不仅需要企业破产，把劳动力和资本挤出低生产率、低需求的产业，还要求在景气时期把劳动力和资本投入高生产率、高需求的产业。"中国冲击"如果发生在衰退时期，会使它的破坏作用显得尤其巨大。

假如超级全球化不是主要工业化国家的劳动者致贫的主要原因，它到底产生了何种作用？如果联想到一战之前的美好时代，这个疑问会变得尤为尖锐。在一战前的英国，随着德国和美国生产商崛起，一个接一个的英国产业的出口份额出现下降。我的曾祖父当时在伊利诺伊州种植小麦，其价格取决于欧洲的谷物需求，如果有人说他们不是统一经济体的组成部分，他们会觉得匪夷所思。

那么与一战前的区别在哪里？是否因为今天的资金流动更为强劲和重要？或许不是。是否因为今天的贸易更为强劲和重要？或许有关系，因为贸易占全球产出的比例有一些增加。然而贸易中包含的净要素收入占全球产出的比例却似乎变小了，而这应该是贸易对低技能劳动者工资造成最大影响的部分。贸易只不过是交换：你以前自己生产的某些商品，如今改为进口，用自己生产的其他商品的出口去换取。贸易影响工资，只是因为把"以前自己生产的某些商品"变成生产"其他商品"，改变了对拥有不同技能的不同类型劳动力的供需平衡。假如在过去从事生产的劳动者与如今生产"其他商品"的劳动者有相同的技能，我们将不容易看到这会给平均工资带来多大的影响。

国际劳动力迁移是不是一种重要的影响因素？肯定不是。在1850—1920年，世界上有大约十分之一的人从某个大陆迁徙至另一个大陆。而在二战后，1973年后乃至1990年后，全球人口的流动规模（占比）均远远小于之前的水平。

那么区别到底在哪里？为什么在加长版20世纪末期，"全球化"变成了如此强有力的激发怒火的红色斗篷？

我中意的一种可能性是：回到美好时代，你能够跨越国境转移的基本上限于商品和证券。只有把某个东西装进箱子或信封，实现越洋运输（或者通过电缆传输），你才能将它转移出去。完成需要更多跨境联系来支持的国际交易则会困难得多。我们可以比较一下：福特汽车公司在二战后不久想把生产线迁往英国；英国人和日本人则试图利用兰开夏郡制造的纺织机械，在印度或中国的工厂实现更高的生产效率；英国投资人没有想到杰伊·古尔德能够那么轻易地买通纽约的法院，于是手忙脚乱地试图利用自己手里的债券和股票，从伊利铁路公司收回债券息票和股息。产品和资金都在跨境流动，对它们的管制是在各国内部、由本国人主导实施的。

可是在超级全球化中，跨国连接的带宽有了极大的拓展，特别是其他国家的人对本国事务的控制。过去你不能有效实施跨越国境的公司控制，如今可以了。过去你难以在外国的生产过程中改变组织形态，以实现类似本国的高生产率，如今可以了。过去你不容易把一个国家的设计和规格同另一个国家的生产衔接整合，如今可以了。在此情形下，跨国和多国企业就很容易成为某些人的指责对象。

而随着2007年之后大衰退的到来，人们非常需要找到替罪羊。

第 17 章　大衰退与乏力的复苏

2007 年春，至少在美国，思想家们还根本没有意识到以美国例外主义或者说北大西洋支配地位为标志的加长版 20 世纪已经终结。

在创新经济的核心，微处理器设计商和制造商英特尔公司仍在持续推进。作为信息产业心脏的微处理器的速度和算力每三年翻一番，而整个信息技术产业充分利用了这一进步。在之前的十年中，整个经济体范围的生产率增速接近二战后黄金时代的水平。[1] 足以造成重大干扰的高通胀率和严重经济衰退已经是 25 年之前的事情：商业周期出现了"大缓和"。[2] 此外，新自由主义转折似乎给南方国家带去了收益，那里呈现前所未有的高增长率。

诚然，收入与财富不平等在一代人时间中正快速扩大。但选民似乎对此不太关心。减税更多被采纳，更少被逆转，其大部分好处归属富豪群体。中左翼政党认为他们必须对右翼做出妥协，才能维持选举竞争力，而右翼政党基本上认为不需要对左翼做出妥协。在希望缓和（更别说逆转）新自由主义的至少部分措施的政党之中，对这一转折的不满尚未形成坚实而持续的多数派意见。北大西洋国家的中左翼政党依旧陷于矛盾之中，思想和利益两方面都在发出警报：左派新自由主义可能奏效，市场机制可以用来为社会民主主义的目标服务，焕发活力的经济增长可以产生政治作用，扭转之前的第二次镀金时代来临的趋势。

思想家本应该看得更清楚些，深层的结构性支撑正在瓦解。1993年，美国众议员纽特·金里奇（佐治亚州共和党人）与媒体大亨鲁珀特·默多克已经开始利用直邮、有线电视乃至互联网等手段，构建一个容易被欺骗的右翼选民基础，这些人很愿意掏钱支持右翼政客，因为他们轻易相信，中左翼政治对手不仅走错了路，还邪恶与堕落，比如利用比萨店来开展恋童癖活动等。[3]中左翼阵营则仍希望寻求政治和解，其领导人坚称他们不认为存在红（右翼）蓝（左翼）之争，而只看到混合的紫色。[4]但右翼对此说不。如果他们降低调门，其基础选民的眼球就不会聚焦在卖广告的媒体屏幕上，而且政治资金支持力度也会减弱。

2003年，美国作为北方国家的"西方联盟"的可信赖领袖的时代走到了终点。20世纪80年代末，随着冷战的终结，老布什政府向各国再度保证，美国在军事上的超级地位是善意的，因为只有在获得某个国家的民众压倒性支持的前提下，或者根据联合国安理会的意愿，美国才会动用军事力量。克林顿政府此后将其改变为"根据北约联盟的意愿"，接下来小布什政府又将它改变为："或多或少带有随机性质的，根据错误或误导的情报，针对那些并不拥有核武器的国家"。世界各国自然注意到了这些变化。

2007年，高科技进步给北方国家生产率增长带来显著促进作用的时代也走到了尽头。微处理器开发遇到了目前还难以逾越的技术壁垒：2007年之前，把部件的大小缩减一半，你就可以实现双倍的运行速度，同时不至于产生难以散发的过多热量；而在此之后，这一"登纳德缩放比例定律"开始失灵，因为在极小面积下的电流泄露增加过多。

此外，关注点从提供信息转向了获取注意力，并且是通过利用人类的心理弱点和偏见来获取关注。商品经济市场为富人的利益服务，以提升他们的效用，这一目标至少能够得到功利主义哲学家的认可。注意力经济市场则只强调争取人们的关注，而不管这样做是否能够提升他们的效用。

还有，此前已经爆发的一系列金融危机，如1994年的墨西哥，1997—1998年的东亚，1998—2002年的阿根廷，都没有得到很好的应对，无论是在危机酝酿阶段还是爆发阶段。日本经济深陷停滞（即便不算萧条），总支出不足已长达15年。然而政策制定者的主流看法依然是：不应该为了防范杠杆过度以及可能导致危机和萧条之泡沫收紧监管，而应该放松。克林顿政府拒绝在衍生品市场规模较小时加以监管，理由是金融业需要商业模式和资产类型方面的实验，以便找到让投资人群体更满意的风险承担方式。

当金融衍生品市场在21世纪头十年变得规模更大、业务更复杂之后，小布什政府仍选择进一步放松监管。美联储对此也表示认同，只有令人尊敬的睿智的理事内德·格拉姆利克例外。应该承认，美联储此前已经多次防止了严重萧条的爆发：例如在1987年的股市崩盘之后，在1990年的美国储贷银行过度杠杆崩溃之后，在1994年的墨西哥金融危机、1997年的东亚金融危机、1998年的俄罗斯政府违约与长期资本管理公司对冲基金破产、2000年的互联网泡沫破灭，以及2001年的恐怖袭击事件之后。

这些经验当然都增强了美联储的信心,无论金融业带来何种类型的冲击,它都能妥善处理。在一个安全资产与风险资产的平均回报差距极大的世界中,鼓励金融创新实验、探索何种机制可以促使部分投资者承担更高风险,即便这会导致过多的鲁莽融资行为,不也是值得的吗?[5]

长期投资人沃伦·巴菲特总喜欢说,"只有当潮水退去之后,你才会发现哪些人在裸泳"。[6]各国中央银行对于能够应付任何问题的信心,中右翼政府对于金融去监管的热情,使得对全球金融体系的较小冲击在 2007 年之后差一点导致大萧条的重演,也的确让北方国家的经济进步失去了近五年的宝贵时光。

到 2007 年的时候,北方国家的杰出人物仍很少预判到面临重大金融危机及严重萧条的风险。北方国家上次经历这种情形还是大萧条。自 20 世纪 30 年代以来,资金损失的惨痛教训促使金融家和投资者控制借款和杠杆水平,不至于使整个系统面临连锁式破产,继而导致群体恐慌,使大家都急于降价抛售突然变得危险起来的各类金融资产。直至那些对大萧条有记忆的人(或者其直接导师对大萧条有记忆的人)退休后,对金融体系的这种束缚才开始放松。

这使得北方国家在二战后的岁月里很少遭遇经济危机。各国政府把充分就业作为优先目标,使衰退程度较轻,避免了可能触发破产并引起螺旋式下跌过程的损失。北方国家在战后遇到的两次重大衰退,一是在 1974—1975 年,拜战争、动荡的中东局势和混乱的石油市场所赐,二是在 1979—1982 年,由自身的行动蓄意导致:沃尔克领导的美联储为打破 70 年代以来的价格通胀循环所付出的代价。

的确,西欧的失业率在 1982 年之后的几十年里一直维持在较高水平，但按照新自由主义共识来判断，这是因为西欧依然有太强的社会民主主义倾向，使市场机制无法充分发挥作用。[7]日本在1990年后陷入了永久性的通缩危机，但长期以来的共识认为，日本是一个特殊案例，是自身导致的问题，无法从中得出更为普遍的教训。[8]美国政府与公众仍保持着信心，认为转向新自由主义是正确选择，经济繁荣的基础依旧良好，风险较低并容易控制。直至2007年，没有通胀，没有大规模的中东战争会触发长期供给短缺，而且总的来说，中东国家的石油对能源部门的支配力度已经被大大削弱。

但也有一些人在散播凶兆预言。2005年，在怀俄明州大提顿山下举办的美联储年会上，未来的印度央行行长、经济学家拉古拉迈·拉詹提交了一篇论文，警告连锁式破产危机和潜在萧条主要来自芝加哥大学经济学家弗兰克·奈特定义的"不确定性"。[9]拉詹认为，金融体系已变得非常不透明，导致没有人知道系统性风险到底有哪些，甚至没有人能够合理地测算出概率。所有对这篇论文发表评论的人都说论文读起来饶有趣味，但也几乎都对拉詹发起了连续不断的质疑，只有美联储副主席艾伦·布林德例外。其他人都认为拉詹纯属杞人忧天，金融市场至少会和过去一样稳定健康，没有什么值得忧虑的，他的担心大可不必。

当然，他们错得太离谱了。金融衍生品的兴起和快速膨胀意味着，如今没有人能够说清楚进入金融体系的亏损最终会落到谁头上。这使得危机一旦爆发，每个人都会以极大的怀疑态度来看待自己的所有交易对手，视之为可能破产、无偿付能力的机构。这相当于把一辆汽车的前挡风玻璃给漆成黑色，于是世界经济撞到了墙上，车上的人只能祈祷安全气囊能够打开并充分发挥保护作用。

曾经于21世纪头十年中期执掌德意志联邦银行（德国央行）

的魏伯昂（Axel Weber）在2013年讲了一个令人唏嘘的故事[10]，关于业务广泛、历史悠久（近150年）的德意志银行——世界上最大的商业银行之一。由于德意志联邦银行的名称同德意志银行相近，他偶然受邀参加了若干大型商业银行的首席执行官们举办的一场讨论会。会议期间，与会者提及他们正在从事利润惊人的衍生品业务：购买抵押贷款，将其打包组合，把其中的资金流切分成他们认为有风险的部分和安全的部分，然后将它们出售，其中有风险的部分卖给愿意承担风险、追求更高回报的投资人，安全的部分则卖给愿意牺牲回报以换取稳定的投资人。有利润！他们向听众保证：是的，这个策略要想成功，完全取决于他们的金融模型足够出色，能够区分哪些资金流是有风险的，哪些是安全的。不过商业银行的股东们无须担忧，他们把自己创造的衍生金融工具全都卖出去了。

于是在这场会议上，魏伯昂站了出来，表示既然德国中央银行是商业银行的监管方之一，他非常清楚这20家最大的商业银行既是证券化产品的最大创造者、销售者和供应方，同时也是最大的购买方。他告诉与会者："从一个系统的角度来讲，你们没有实现风险分散化。"每家银行的确无须承担自己的金融模型出错的风险，因为它们把自己用模型创造的金融工具全部卖出去了。可是，模型出错的风险转移给了金融工具的购买方，而其中部分乃至很多资产是被其他大银行买入的。每家银行都对自己采用的模型做了某些审查，但它们并没有对自己购入的金融工具所依赖的模型做任何审查，因为这些资产都获得了AAA评级。

从业务管理程序上讲，这些银行不需要质疑其购入的这些东西是否真的属于最高质量的AAA评级吗？他们都清楚，在他们自己创造衍生证券时，为了获得AAA评级都做了某些操作。

魏伯昂指出，银行业"当时没有意识到，正当它们的资金部门报告说购入了这些高收益产品时，信贷部门却在报告把所有的风险都卖出去了"。[11]而事实上，在恶果最终暴露出来的 2007 年 11 月，刚刚成为美国花旗集团负责人的罗伯特·鲁宾承认，他于之前的 7 月份才首次听说花旗集团创造的证券产品有"流动性期权"的特征，而这个特征后来将给集团带来大约 200 亿美元的亏损。[12]

随后才是故事中令人唏嘘的部分：魏伯昂说，商业银行的首席执行官和股东们并不了解银行的资产组合事实上有多大风险，他认为这对他们而言是一个有重大影响的问题。但他不认为这与自己作为中央银行家的业务有关，没看到这是潜在的系统性风险的源头，或者是一个有可能导致严重经济衰退的问题。魏伯昂在当时的判断情有可原。我们有理由认为，如果大衰退能够被避免，持有抵押贷款支持证券的投资者的总意外损失只有约 5 000 亿美元。在总资产高达 80 万亿美元的世界经济中，这不会带来太大的影响。2000 年的互联网泡沫崩溃造成了 4 万亿美元的损失，但没有让金融业面临严重危机。此外，魏伯昂也对中央银行妥善应对金融体系可能制造的任何冲击抱有强大的信心。要知道在美联储主席艾伦·格林斯潘的 18 年任期中（1987—2005 年），尽管爆发了 5 次重大金融危机，美国的金融体系依然成功避免了严重衰退。况且这背后还矗立着新自由主义的强大共识：市场比政府聪明，市场有智慧和意志，并非常清楚自己在做什么。

所有这些都是盲目尊大的过分自信，并招致了严重后果或者说因果报应。但由于前者令人愉悦，而后者是个悲剧，很少人有耐心从中吸取更深刻的教训。到 2009 年后，新自由主义的技术官僚们仍无法解释他们之前为什么如此乐观。危机即将到来的证据已经昭然若揭，他们过去也亲眼见证了多次危机：1994—1995年的墨西哥，1997—1998年的东亚，1998年的俄罗斯，然后还有巴西、土耳其和阿根廷。他们都非常清楚一场连锁式破产危机可能带来灾难性的后果：受金融危机打击的国家不仅会遭遇短期萧条，而且往往要经历增长率的急剧下降，有时甚至会长时期延续。全球经常账户失衡、异乎寻常的低利率以及资产价格的泡沫式膨胀，他们全都看到了。[13]然而在转向新自由主义之后，金融市场的监管比过去任何时候都更为宽松，他们最主要的担心始终是过度干预的政府可能妨碍市场的运转。

在这场危机后，许多人认为大衰退以及作为其前导的21世纪头十年中期的房产泡沫都是不可避免的，或者说在某种意义上是必要的。芝加哥大学经济学家约翰·科克伦在2008年11月曾提出，"我们应该有一次衰退，在内华达州钉钉子的人应该找些其他的事情做"。[14]科克伦是众多受过训练的职业经济学家之一，他本应该对形势有更深刻的认识，却执着于哈耶克主义的路线，即市场经济不可能出现重大萧条，除非它确实需要制造危机，因此在看到萧条来临时，这些人就四处为它寻找理由。这种情况是很有可能出现的，因为它符合狂妄自大然后招致报应的叙事模式。住房价格已经飙升到过高的水平，住房建设的增长速度已经过快，住房存量已经达到严重过剩，因此，住房建设的规模需要急剧削减，建筑业的工人将失去工作，但他们随后会有动力去寻找其他工作，到更有社会价值的其他产业去贡献力量。

从事实的角度看，科克伦是百分之百错了。因为到2008年11月的时候，建筑业的就业人数需要减少的说法已毫无意义。这个产业已经完成了自我调整，在没有经济衰退的情况下，从2005年泡

第17章 大衰退与乏力的复苏

沫时期的高点下降至 2006—2007 年的正常水平甚至低于正常水平。2008 年 11 月，美国的建筑业就业人数在全体劳动力中的占比已远低于正常时期的平均水平。调整早就发生了，而且没有必要把工人推向失业。在这个过程中，建筑业削减的许多劳动者被制造业出口和投资所吸收，并没有发生经济衰退。

要实现经济的结构性调整，其实完全不需要衰退。事实上，如果把人们从低生产率的职业岗位推出去，进入零生产率的失业状态，此时却没有强劲的市场需求把他们吸收到高生产率的职业岗位上，那恐怕算不上一种"建设性"的调整吧。

不过，"市场给予，市场拿走，赞美市场的护佑"的箴言吸引力极为强大。有时候经济体确实需要某些结构性调整，把劳动力重新配置到未来有需求的地方。有时也会出现严重萧条。因此，哈耶克和熊彼特，以及其他许多人（从安德鲁·梅隆、赫伯特·胡佛、约翰·科克伦到尤金·法玛，甚至包括卡尔·马克思）都认为，严重萧条是属于这样的必要调整。

这个说法非常有诱惑力，而且这样讲故事让那些自 2005 年以来执掌世界经济的人把责任推给了其他方面，让早期的政策制定者逃脱了追究。于是他们把论述的链条继续往后延伸：为什么住房存量会过高？是因为建筑业增长过快。为什么建筑业会增长过快？是因为住房价格过高。为什么住房价格会过高？是因为过低的利率和太容易得到的贷款。为什么利率会如此低，获取贷款会如此轻松？对这个问题则出现了几种不同的回答。

在 2000 年的互联网泡沫破灭后，投资者可以投放储蓄资金且有利可图的方式变少了。与此同时，亚洲新兴工业化经济体与北大西洋国家之间出现了巨大的贸易顺差，积累起巨额外汇储备，它们希望以此来购买后者（主要是美国）的资产（主要是债券）。尤其对中国而言，这已经变成了一种发展策略：给美国的消费者提供人民币资金，维持其购买力，以间接保证中国人的充分就业。这样做的结果是后来的美联储主席本·伯南克所说的"全球储蓄过剩"，或者说世界范围内对储蓄工具的过度需求。[15]

储蓄过剩有可能把世界经济在2000—2002年的小幅下挫变成严重衰退。为预防此威胁，企业界需要加快发行一定数量的债券，以满足全球对储蓄工具的迫切需求。为应对储蓄过剩，世界各国的中央银行大量增加了流动性供应：以现金购买债券，并且承诺在未来继续执行如此宽松的货币政策。它们的意图是压低利率水平乃至企业的资金成本，从而鼓励企业扩大经营规模，以及建设未来的生产能力。这在一定程度上发挥了作用，企业投资确实有所增加，但它也带来了意外而重大的后果：较低的利率催生了抵押贷款和金融工程的繁荣，进而带来房地产业的繁荣，让美国和其他北方国家回到充分就业状态。[16]

可是，由于抵押贷款的利率极低，住房价格的飙升远远超越了应有的水平。为理解其中的原委，我们还需要知道抵押贷款和金融工程在21世纪头十年发生的巨大变革。这里的故事已经为许多人熟知：传统的融资模式是银行自己持有其发放的贷款，而新的做法则是发起和分销。抵押贷款的发放人往往是没有做过传统银行业务的企业，它们给客户提供购买住房的贷款，然后把这些贷款迅速出售给其他企业。后一批企业把贷款组合起来，重新打包，再把资产组合的份额卖出去。评级机构乐于在此时现身，在其中较为高级的证券组合（对贷款利息和本金偿还享有优先权利）上面盖上自己认可的AAA评级标记。

在美国，住房价格最终在1997—2005年大涨了约75%。而且住房泡沫并不限于美国，整个北大西洋地区的房地产价格都在疯涨，英国翻了一番多，西班牙也接近翻番。所有人都忽略了风险，泡沫还在继续膨胀。然后萧条忽至，大量AAA级证券的最终价值不到其面值的四分之一。

所有人都赞同，这些事情中一定有可以吸取的教训。但是要具体说清楚是哪些教训，则需要我们正确地识别背后的基本问题，对此则远没有形成共识。

在某些人看来，问题在于监管过度：由于《社区再投资法案》之类的干预，美联储和其他政府机构在过去迫使银行给财务上不健康不合理的购房者（意思是指少数族裔）发放贷款。正是这些对市场不虔诚的干预措施、社会民主主义在政府干预中的最后残余，给那些懒惰而不事生产的少数族裔提供了他们不配拥有的东西，从而破坏了金融体系，最终导致灾难。虽然从来没有丝毫证据支持此类观点，但对其主张者来说无关紧要：他们有着除非受到社会民主主义的妨碍否则市场绝不会失灵的坚定信念，而这种信念是对我们看不见的东西的保证和肯定。

其他一些人沿着种族主义色彩较浅的类似思路认为，问题在于美国政府首先就不应该为住房贷款提供任何补贴。尽管这种思路背后有强大的理由，但总体上依然是错误的。给抵押贷款的借款方和贷款方提供补贴的各种政府项目，例如联邦国民抵押贷款协会（或称房利美），确实推高了房价。然而在21世纪头十年，房利美对房价的继续攀升没有责任，因为它给房价带来的压力早就存在，并没有在住房泡沫期间有所加剧。帮助购房者以越来越高的价格购入住房的贷款主要来自私人专业抵押贷款公司，例如已经破产的臭名昭著的美国全国金融服务公司（Countrywide），而非房利美或者其他政府支持机构。

还有一种说法是，问题在于美联储坚持把利率压制在过低水平上。美联储确实压低了银行之间的隔夜拆借利率，从 2000 年的年化 6.5% 降至 2003 年的 1%。但欧洲中央银行对利率的压缩幅度只有美联储的一半左右，因此根据该说法，我们理应看到欧洲的泡沫规模更小。然而事实上，欧洲的住房泡沫规模肯定大于美国。许多人无视这一不利证据，认为美联储本应在 2002 年春季开始提高利率，即失业率在 21 世纪头十年早期见顶之前的一年，而不是等到见顶之后的一年。但是，把利率水平在两年时间里压低到最优路径的 2.5 个百分点之下，只会让住房抵押价值提升约 5%，远不足以驱动住房建设的任何显著过剩或者住房价格的任何显著蹿升。

对于住房价格驱动因素的最后一种解释是，并非因为监管过多，而是过少。要求支付一定金额的首付款，以及要求购房者的房产同收入能力相匹配，统统被人们当成了玩笑。这一解释是较为公正的说法，但需要注意：它依然无法说明 2008 年为何发生脱轨。到 2005 年，官方对金融稳定的担忧重点已经从美国对亚洲的巨额贸易赤字转移到房地产市场飞涨上面，这里毫无疑问已出现了泡沫。明显过热的市场能否被冷却下来，而无须将美国及其在世界各地的主要贸易伙伴送入下滑的螺旋通道？

答案是，这有可能做到，也确实如此。

请记住这点，因为非常重要：大衰退在某种程度上是住房泡沫后的必要调整这个假设整个都是错的。住房价格自 2005 年早期就已开始下跌，到 2007 年底，劳动力大量进入住房产业的趋势已经被逆转，住房建设也回落到它在整体经济活动的正常份额之下。如果科克伦是在 2005 年后期说在内华达州钉钉子的人太多，他或许是正确的，尽管他关于"需要"一次衰退的观点仍然不对。而在 2008 年再宣称在内华达州钉钉子的人太多，就是完完全全的谎言，只需要瞥一眼美国劳工统计局关于建筑业就业人数的数据，任何人都能将它看穿。到 2008 年初，美国经济已经找到了其他工作来安置富余的建筑业工人，根本不需要一次衰退去完成这项任务。在真正有活力的经济中，劳动力从衰败产业向成长产业的转移是依靠激励来实现的，无须涉及失业救济。如果成长中的产业能够给出更高的薪水，工人们会乐于脱离现有的岗位而加入其中。

由于住房泡沫的影响，大衰退不可避免，甚至在某种意义上具有必要性、是明智选择的观点，符合我们关于犯罪与惩罚、狂妄自大与因果报应的叙事逻辑。而且当时确实有狂妄自大和因果报应的现实案例。对市场给予，市场拿走，无论如何都该赞美市场护佑的信仰而言，存在无罪辩护的意味。给予和拿走从来都不是教士的错误。在最纯粹的哈耶克主义市场教派的信徒看来，大衰退应该被宣布为不可避免、在某种意义上属于必要甚至明智的结果。因为在他们看来，住房泡沫完全符合犯罪与惩罚、狂妄自大与因果报应的叙事逻辑。

只是报应没有采取这样的形式。

为理解 2007 年之后北方国家发生的因果报应，我们需要多些耐心。只有对"市场比你聪明"的简单直接的至高信仰是不够的。为深入认识其间道理，我们需要回顾出现高失业衰退和萧条的根本原因，然后才能明白，2007—2009 年的大衰退中发生的特殊类型的连锁破产式经济下滑为什么来得出人意料。

我们先回想下 1829 年的前沿宏观经济学理论，约翰·斯图亚特·穆勒指出经济体中每当出现对于现金的过多需求时，就会发生"普遍过剩"——产品和劳动力的供给过多，不限于某个产业，而是整个经济体都发生过剩。而现金的特点是，每个人都对这种资产的保值和流动性具有信心，人们非常乐意在购买产品或偿付债务时接受现金。[17]

现金在经济体中具有很特殊的意义，因为它发挥着支付手段的作用。无论你需要其他哪种物品，都可以用现金购买，以满足自己的需求。但如果你需要现金，你可以选择出售其他物品，以换回现金，也可以选择停止购买其他物品。如果维持你的现金收入不变，而减少现金支出，你的正常现金流入就会积累起来，对现金的需求就能得到满足。这看似很简单。[18]

但这条原理恰恰是高失业经济衰退和萧条的根源所在。减少购买以满足对现金的需求，此类做法对个人而言是适用的，但对整个经济而言则不然。毕竟一个人的现金流入是另一个人的现金流出，当每个人都试图让自己的现金流出少于现金流入时，所有人的现金流入都会随着现金流出的减少而减少。于是，对现金的过度需求将依然无法满足。其结果只能使经济体中的收入总和变少，人们会减少物品的购买量，从而使就业的总人数下降。

对现金的过度需求可能以三种不同方式出现。

我把第一种称为货币主义萧条，这方面的绝好案例是1982年的美国。保罗·沃尔克领导的美联储试图通过减少经济体的总支出来压低通胀率，为此把债券出售给银行和投资人，要求商业银行在支付款项时，减少它们在美联储的账户余额。这一操作让银行拥有的现金数量少于它们愿意在准备金账户中保留的理想水平。为恢复账户余额的规模，商业银行减少支出，也就是削减给企业的贷款。

接下来，新开办和扩张的企业减少了，最终使美国的失业率在1982年夏季达到了11%的高点，我那时刚刚从大学毕业。

在判断一个经济体是否遭遇货币主义萧条的时候，参考标准是债券支付的利率水平是否很高。其作用机制如下：当经济体中的许多行为人都试图通过出售债券来增加流动性现金余额时，债券价格就会下跌。所以为吸引买家，债券就需要支付很高的利率。例如在1979年夏季到1981年秋季，美国十年期国债的年利率从8.8%飙升到了15.8%。这是美联储执行的沃尔克反通胀措施及由此导致的货币主义萧条产生的作用。

解决货币主义萧条的办法颇为简单直接：让中央银行增加经济中的货币存量。当沃尔克的美联储判断支出已经下降到足以控制通胀率之后，它便用现金把债券赎回。果不其然，美国经济对现金的过度需求几乎在一夜间消失了，然后在1983—1985年，生产和就业恢复了极快的增长速度。

对于导致过度现金需求的第二种方式，我称之为凯恩斯主义萧条。人们通常把现金支出划分为三种类型：用于购买产品和服务的现金支出，用于支付税收的现金支出，以及用于购买投资品的现金支出。人们做现金投资的一种方式是购买企业发行的股票，企业则以此来筹集资金，支持业务的增长。假如企业感到担忧和悲观，决定不再为扩展业务而发行股票，此时，经济体的其他金融投资工具的价格就会走高，相应的收益率则会下跌——它们会变得跟现金非常类似，只不过假如这些工具背后的企业经营状况不佳，它们也将变得极具风险。

在此情形下，人们宁可持有多余的现金，也不去购买昂贵而可疑的投资工具。这样的决定将进一步加剧整个经济体范围内对现金的过度需求,并由此带来产品"普遍过剩"、企业开工不足以及失业率高企的萧条状况。世界经济在2020—2022年新冠疫情中表现出的压抑状态——不是指最初的恐慌关门,而是后来的不振——就属于凯恩斯主义类型的萧条。人们愿意购买金融投资工具,于是债券和股票的价格被推高,债券和股票的回报率被压低。但企业希望等到疫情过去之后,才开始重新扩张。于是人们要求持有更多的现金,以替代常规的金融投资工具。

中央银行无法通过增加货币存量来解决凯恩斯主义萧条。中央银行增加货币存量的办法是用现金购入债券,但在这样操作的时候,央行虽然把现金给了企业,却把其他金融投资工具从私人部门的资产负债表上拿走了。后一种现象的效应与前一种形成抵消:整体上的金融投资工具(持有的现金加上其他工具)依旧短缺。解决凯恩斯主义萧条的办法是,让政府激励企业扩张,并在此过程中创造经济体缺乏的金融投资工具,或者让政府发售自己的债券,并通过支出把现金返还给私人经济部门,以满足对金融投资工具的需求。后一种办法会产生规模不同寻常的财政赤字,因为政府需要把发行获得的现金花出去,使它们在经济中继续循环流动。

然而,2007—2009年的情形既非货币主义萧条,也非凯恩斯主义萧条,我称之为明斯基主义萧条,以纪念圣路易斯华盛顿大学的经济学家海曼·明斯基。[19]

在这种类型的萧条中,市场上缺乏的(也就是需求过剩的)是安全的价值储蓄工具:要么是现金,要么是能在面值损失极小的情况下快速变现的资产。安全是这里的关键词。[20] 2007—2009年,全世界并不缺乏作为支付手段的现金或金融投资工具。你可以用非常便宜的价格买到高风险的储蓄工具,例如非AAA级的私人债券、面临某些市场风险和成长风险的企业的股票等。各国中央银行试图阻止经济急剧下滑，竭尽全力地让市场充满现金。但在同一时期，人们发现许多投资银行发行的所谓 AAA 级"安全"资产其实并不那么安全，于是争先恐后地将它们出售，把资产组合转移到现金上。

这一安全资产短缺是源自哪里呢？它首先出现在 2007 年下半年，太多的金融机构此前对房地产价格继续攀升押下巨注，把杠杆率提升到很危险的水平。因此房地产泡沫的崩溃造成了人们对世界金融体系的大面积信心危机，并最终使其中的关键部分瘫痪。压力增大的迹象在 2007 年夏季后期业已显露。美联储的应对措施是随时准备以正常市场利率给缺乏资金的金融机构提供流动性，但没有什么兴趣采取更广泛的行动，即大幅放松货币环境，或开始充当最后贷款人，因为美联储担心这会在未来鼓励更多不谨慎的信贷活动。

到 2007 年底，美联储副主席唐纳德·科恩慌了，警告说"我们不应该为了给极少数人一个教训，而把整个经济当作人质"。[21]但他的观点在当时属于少数派，并未得到重视和及时采纳。这就是 2007—2009 年大衰退来得如此令人措手不及的原因。

2008 年 3 月，我本人也曾论述问题是可控的。[22]从洛杉矶到阿尔伯克基的沙漠地带大约兴建了 500 万套住房，这些原本都不应该修建。平均来说，每套住房带有 10 万美元的抵押贷款，永远也不会被偿还，这些损失必须有人来承担。因此我估计，住房泡沫破灭会带来约 5 000 亿美元的财务损失，这些损失必须通过某种方式让金融证券的持有者去消化。其实，互联网泡沫破灭带来的财务损失更大，而那场危机只不过让美国的失业率提高了约 1.5 个百分点。因此我的结论是，住房危机不太可能给整体经济造成太大的影响。

可是，市场的反应不同于我的判断。

因为在许多用资金驱动金融市场的人看来，某些地方固然有5 000亿美元的已知损失，但这或许只是冰山一角。那些受过训练的专业人士告诉我们，拥有洛杉矶到阿尔伯克基之间的数百万套住房的部分资产是安全的，他们或许撒了谎，或许自己受了严重误导。因此，投资人把风险资产以任何价格抛售出去，然后不惜代价购入安全资产的愿望变得非常迫切。

对美联储和美国财政部而言，它们的愿望是防止华尔街从危机中获利，这决定了它们在2008年9月的行动。之前，当某些大而不能倒的企业出问题时，股东受到过严厉惩罚，例如贝尔斯登、美国国际集团、房利美和房地美的股东的所有财富都被没收了。然而，债券持有人及其交易对手并非如此，它们获得了全额偿还。

美联储和财政部担心这会给债权人留下一个不好的教训。为了纠正这种教训，需要在某个时刻允许一家银行倒闭。狂妄自大终归需要受到惩罚。因此，它们决定任由雷曼兄弟这家投资银行在失控的破产中崩溃，并没有给它提供监督、指导或担保。事后看，这是一个重大失误。

接下来大祸临头。投资者着手抛售之前被视为安全的资产，然后发现真正安全的资产的供给非常有限。由于投资人都急着避免成为难以出手的风险资产的最后持有人，恐慌式抛售发生了。结果使得财务损失被放大数倍：原来测算的大约5 000亿美元的损失，变成了60万亿~80万亿美元的天量。从2008年冬季到2009年，政府之外的几乎所有人的借款成本都大幅攀升，世界经济看上去十分接近全面崩盘的边缘。

这种安全资产短缺问题该如何解决？

中央银行通过所谓公开市场操作的办法（也就是用现金购买债券）来增加货币不能解决问题。这样做的确会增加现金，一种安全资产，但也会把另一种安全资产即短期政府债券从市场上带走。其结果是依然缺乏安全资产。鼓励企业通过发行股票来扩张也不是办法，市场并不缺风险资产，缺的是安全资产。股票不能满足安全要求。

不过，中央银行仍有若干措施可以考虑实施。实际上，自从《经济学人》杂志主编、英国记者沃尔特·白芝浩于19世纪70年代撰写关于金融危机的名著《伦巴第街》以来，一套标准的应对策略就已经出现了。我们不妨称之为白芝浩–明斯基策略。[23]在明斯基主义萧条中（例如雷曼兄弟公司破产之后的情形），为应对安全资产短缺现象，政府的最优选择是立即基于平时被视为优质资产的抵押品提供充足的贷款，但收取惩罚性利率。提供充足的贷款意味着创造足够多的安全资产，使供应不再短缺。平时被视为优质资产的含义是对金融机构做区别对待，把某些只是因为金融危机而遇到麻烦、面临破产威胁的机构，同永久性资不抵债、需要接受破产管理的其他机构区分开。收取惩罚性利率则意味着防范投机性金融机构利用这种混乱局面来渔利。

在2007—2009年，若干此类措施被尝试采用。各国中央银行用现金购入高风险长期资产，增加安全资产供给，把风险从私人部门的资产负债表上剥离，纳入自己的资产负债表。这种量化宽松措施是个好主意，但中央银行遭遇了标价冲击。它们没敢给出足够数量的开支，因此只发挥了有限的作用。各国政府也扩大了预算赤字，发行债券，以增加安全资产供给，同时通过扩大政府支出直接给民众提供就业机会。该策略普遍来说较为有效，但只有在政府债务被视为安全资产的地方才能起作用。

各国政府还提供贷款担保和资产互换,把不安全的储蓄工具转化为安全资产,这当然是应对明斯基主义萧条最经济和最有效的办法。可是,为了有效开展行动,政府需要精准掌握此类担保和互换产品的定价策略。如果定价过高,资产将无人问津,经济会垮掉。如果定价过低,金融机构将让政府和公众替自己承担损失。此外,这种贷款担保和资产互换容易把不同对象混为一谈:不管是在财务管理上缺乏谨慎、对危机负有部分责任的机构,还是本来没有错误、只是身陷意外的金融困局的机构,都能够获得政府的救助。

政府能用的最安全的办法应该是激发购买力,并且为确保充分就业而不惜大规模扩大短期财政赤字。这就是中国选择的策略,从2008年中期开始实施大规模财政刺激和就业创造的政策。只有中国政府领会到,核心任务是不惜代价确保经济中有足够的支出,以避免大规模失业。只有中国成功避免了大衰退。这么说的证据是什么?中国经济保持了增长,美国和欧洲则没有做到。

最鲁莽的策略则是假定事情不会变得更坏。许多北方国家的政府及其中央银行正是这样做的,它们的支出和就业水平随即崩溃。美国的失业率在2009年后期达到10%的峰值,并且直至2012年才开始复苏。事实上,美国的失业率甚至还有可能大幅提高。经济学家艾伦·布林德和马克·赞迪认为,如果奥巴马执政初期的美国政府采纳了共和党主张的快速戒断式政策,失业率有可能提升至16%,接近当时的实际失业率与大萧条时期的失业率峰值的中间水平。[24]

2008年8月,我还坚信世界各国政府有能力避免全球经济陷入严重而漫长的萧条。但是到2009年3月已明显看出,我的判断错

第17章 大衰退与乏力的复苏

了，它们没有做到。问题不在于以现实为依据的经济学家不清楚该做什么，不清楚如何实施白芝浩-明斯基策略，而在于人们判断不可能组建起相应的政治联盟。换句话说，各国政府和政客发现，没有充分的政治意愿对当初的狂妄自大给予有效惩罚，同时带来经济复苏的净收益。因此，许多国家的政府未能采取激烈而迅速的应对措施，而决定等待观望，坐视事态发展。

按照布林德、赞迪以及我本人的判断，美联储采取的系列干预措施是非常有效的，包括贷款担保、增加货币供给以及把风险从私人部门的资产负债表上剥离等。不良资产救助计划（TARP）、定期资产支持证券贷款工具（TALF）、住房可偿付调整计划（HAMP）、美联储的量化宽松政策、通过《复苏与再投资法案》（ARRA）实施的扩大赤字支出，以及其他所有政府干预行动结合起来，相比危机到来时政府做出其他选择带来的结果，大约把美国的失业率降低了6~10个百分点。[25] 因此可以说，政府完成了全部任务的五分之三，并非毫无作为。但另一方面，还有五分之二的任务未能完成。2011年有人预测，回归充分就业将需要较长时间，这说得没错。美国没有出现快速的反弹式复苏。事实上在复苏期的最初四年中，劳动者找工作的状况改善甚微。

我们再看看白芝浩-明斯基策略：以惩罚性利率，基于常规时期被认为质量良好的抵押品放开提供贷款。政策制定者的动作很快，利用纳税人的资金救助了金融机构。政府扩大了担保，以恢复市场信心。例如，爱尔兰采取了不同寻常的措施，给该国的全部银行债务提供担保。各国中央银行与政府机构充当最后贷款人的角色，发放商业银行不能或不愿提供的贷款。这些措施在防止恐慌方面非常成功：到2009年夏季初期，大多数金融压力指标已或多或少恢复到正常水平,世界经济也终止了急速下跌。但这只是"放开贷款"的部分,各国政府忽略了白芝浩-明斯基策略中的"常规时期资产质量良好"的部分。就算是大而不能倒的花旗集团也没有被接管。更糟糕的是,各国还完全忽略了"惩罚性利率"的部分,这使得银行家和投资人从中获利颇丰,包括(甚至尤其是)那些制造了危机背后的系统性风险的人。

金融救助几乎总是缺乏公平性,因为这会奖励那些在风险资产上押错赌注的人。但其他政策选择可能破坏金融网络,从而打击实体经济的运行活力。风险金融资产价格急剧下跌会传递一个信息:关闭高风险的生产活动,不要开展可能有任何风险的新业务。这正是导致严重而漫长的萧条的毒药。金融救助行动引发的政治问题可以被巧妙对付,而经济严重萧条的后果则不堪承受。因此,本身不公平的金融救助行动如果对社会整体有利,也是勉强可以接受的。例如在2007—2009年,与确保数百万美国人和数千万其他国家民众的工作岗位相比,给几千个过度投机的鲁莽银行家留下教训显得远没有那么重要。

1996年,共和党副总统候选人杰克·肯普攻击在任副总统阿尔·戈尔,批评克林顿政府在1994—1995年金融危机中救助不负责任的墨西哥政府的决定。戈尔回复说,他们对墨西哥政府实施了惩罚性利率,让美国在这场交易中获得了15亿美元的收益。[26] 1997—1998年,克林顿的财政部长罗伯特·鲁宾与国际货币基金组织总裁迈克尔·康德苏也受到指责,宣称他们利用公共资金去救助给不负责任的东亚国家提供贷款的多家纽约银行。他们回答说,自己是去帮助那些银行履行必要义务,而不是协助它们跑掉。他们要求受助银行拿出更多资金扶持韩国经济,由于避免了全球性经济衰退，因此所有人都获得了极大的收益。然而在2009年，美国政府却无法这么说。人们看得很清楚，尽管实体经济仍在流失工作岗位，银行家却依旧获得了大笔奖金。

他们或许有自己的逻辑。或许政策制定者知道，在美国和欧洲组建相应的政治联盟，像中国那样采取应对行动，让政府大规模地借款和支出，以确保或促进快速恢复充分就业，这是做不到的。面对这一现实，他们意识到唯一能够带来足够支出和投资以实现迅速复苏的办法就是重建企业与投资人的信心。而坐视银行倒闭，将其纳入破产程序，罢黜其高管，没收其奖金的做法，只会适得其反。

但我认为最有可能的解释是，政策制定者根本没看清形势，或者没有真正理解白芝浩-明斯基策略。

无论如何，当时的情况是非常令人愤怒的：当失业率高达10%，大量民众面临企业倒闭的时候，银行家却正受到资助。如果政策制定者更多关注白芝浩-明斯基策略中"惩罚性利率"的部分，他们至少能够缓和这种不公平感，或许还能给进一步行动积累更多的政治基础。但他们没有这样做，使公众对于政府采取更多必要行动来刺激复苏完全缺乏信任。

大肆宣扬的重建银行家和投资人"信心"的政策未能在2009年后促成明显复苏，这还不是唯一的原因。北方国家的经济当时依然受到过多的高风险债务的拖累。

在宏观层面，2008年之后十年的故事几乎总是被解读为经济研究和沟通的失败案例。人们认为，我们这些经济学家没有向政客和官员讲清楚需要采取哪些措施，因为我们没有充分和正确地及时做好形势分析。其实许多经济学家对形势有清醒的判断。

以希腊为例，当该国的债务危机在2010年爆发时，我认为历史教训很清楚，解决方案应该一目了然。这里的逻辑很明显，如果希腊不是欧元区成员国，其最优选择应该是违约，重组债务，并且对货币实施贬值。但由于欧盟不希望希腊退出欧元区（这对欧洲建设的政治工程可能造成重大打击），它就应该给希腊提供充分的资金援助、债务减免和付款支持，且这些支持要足以弥补该国退出货币联盟能获得的其他好处。然而这些行动未获得通过。希腊的债权人出乎意料地选择增加压力，结果导致希腊如今的处境可能远不如在2010年退出欧元区的情形。在2008年同样遭遇金融危机的冰岛提供了一个反事实范例。希腊陷入了长时期的萧条，欧元区之外的冰岛则实现了复苏，而且是快速复苏。

在美国，政策制定者同样在21世纪第二个十年早期放松了油门。未来的历史学家会发现美国政府在当时不愿意借款和支出非常令人费解。因为自21世纪头十年中期开始，美国就迎来了经济学家萨默斯所说的"长期停滞"时代：由于缺乏风险承担能力，不放心的私人投资者渴望追求安全资产，导致安全债券的利率水平极低。[27]只要这种局面持续，政府就真的可以免费借到钱。如今大多数经济学家都赞同，在此类情形下，政府应该抓紧时机借钱。我在当时和现在都很难相信，有人会对此持有不同的看法。[28]

然而在2010年初，巴拉克·奥巴马总统在国情咨文中讲道，正如家庭和企业必须慎重对待开支一样，政府也必须勒紧腰带。他呼吁冻结联邦支出规模，明确表示将不惜一切代价去实现："如果必须为此行使否决权，我也会做的。"看到这个表态，我的第一反应是，奥巴马向自己的两位主要合作者——众议院议长南希·佩洛西和参议院多数党领袖哈利·里德——发出行使否决权的威胁，真是构建党内团结的一种独特方式，是前所未闻的一种维持有效执政联盟的办法。[29]顷刻之间,他把政策讨论议题从"我们应该做些什么?"变成了"我才是老大!"。这几乎超越了我作为一位新自由主义者、一位技术官僚和一位主流新古典经济学家的精神极限。全球经济仍在需求不足和失业高企的癫痫发作中挣扎,我们知道治疗方案是什么,但我们却似乎下定决心要让病人承受更多的痛苦。

奥巴马的前任经济政策官员说,奥巴马是21世纪第二个十年前期北方国家中最具理性和表现最佳的当权政治人物。他们说的没有错。但是,当美国失业率仍高达9.7%时,奥巴马的演讲如此违反凯恩斯在1937年提出的观点,即繁荣期而非下滑期才是实施财政紧缩的理想时机,依然令人不安。[30]我一直认为这里的道理简单明了,自2009年起,美国政府就能够以每年1%(乃至更低)的实际利率获得30年期的借款。有鉴于此,再增加5 000亿美元的基础设施支出可以给政府和国家带来巨大的收益,而且基本没有成本。投资人会非常乐意给美国政府借款,让后者成为自己财富的看护人,因为他们非常渴望持有安全资产。可是,奥巴马对此似乎完全没有兴趣。

他并不孤单。2011年夏季,美联储主席伯南克给出了很乐观的评论:我们预计温和复苏将持续并且会加快,因为居民家庭已经在修复资产负债表方面取得了某些进步——增加储蓄,减少借款,以及减轻在利息支出和债务上的负担。他进一步预测,商品价格的通缩将帮助居民家庭提升购买力。或许最令人鼓舞的事情是,"美国经济增长的基本面似乎没有因为过去四年的冲击而发生永久性的改变"。[31]不过恰巧在那个时候,州政府和基层政府的预算削减已经放缓了美国对人力资本和基础设施的投资步伐,使它的长期增长轨迹在业已遭受两个百分点的打击之上,再度下跌了约三分之一个百分点。

在 20 世纪 30 年代大萧条之后，二战时期的工业产能投资狂潮弥补了失去的十年留下的缺口。因此，大萧条没有给未来的增长投射长期持续的阴影。而对于 2008—2010 年带来的阴影效应，并没有部署类似的泛光灯去消除。相反，复苏的停滞每多延续一天，危机的阴影都在不断变长。富兰克林·罗斯福当年激发了民众对充分就业会很快恢复的信心，且将此视为政府的首要任务。但在 21 世纪第二个十年早期，美国公众大有理由怀疑政府对恢复充分就业的承诺。最终结果是，由于深度下跌和乏力复苏，美国经济增长失去了半个十年的宝贵时间。对于西欧的许多国家而言，则失去了整个十年。

与它们相比，中国的情形迥然不同，其没有不顾结果地赞美市场的护佑。2007 年及之后，中国或许并不太关注市场为人服务，但非常清楚市场要为国家的目标服务，而这些目标之一便是维持充分就业。于是，充分就业目标达成了。中国是否修建了一批"鬼城"？投入大量人力建造的一些基础设施是否会在低效率闲置中变得破败过时？确实如此。中国构建的金融结构是否不够稳定，在脱离政府干预之后，不会被银行充分接受？的确如此。然而在世界其他国家纷纷陷入大衰退的时期，与维持充分就业和增长所避免的损失相比，上述成本可谓微不足道。大衰退时期，中国因此在追赶北方国家经济发展的竞赛中额外获得了相当于 5~10 年的宝贵时间。

我们下面可以对上述不理性选择做些理论解释。卡门·莱因哈特与肯尼斯·罗高夫等一批非常能干的经济学家看到了金融危机的危害，但过分夸大了危机之后用公共支出来刺激就业所伴随的风险。[32]而美联储主席本·伯南克等同样有实力的经济学家了解维持低利率的重要性，却高估了量化宽松等额外的货币政策工具能带来的效果。[33]还有一些能力或许稍差的人,例如我,知道仅靠扩张性货币政策也许不够,但因为我们对全球失衡的看法失准,忽略了最主要的风险源头,即美国金融监管不力,因而始终在混乱局势中沉浮,未能及时给出准确的政策建议。[34]

从事后看,我认为技术官僚们的判断错误和沟通失灵是事情变得如此糟糕的很大一部分原因。假如我们这些经济学家能够更早讲出自己对萧条及其解决方案的认识,能够在自己有正确认识的问题上更具说服力,能够在自己出错的地方表现更为大度,如今的情况或许会好得多。哥伦比亚大学历史学家亚当·图兹则认为这种集体行动情境理论没有什么意义,在他眼里,2008年之后十年的灾难乃是历史潮流的必然结果。金融去监管和对富人减税成为右翼阵营的迷恋对象,并且愈演愈烈。[35]小布什政府对伊拉克的不明智战争的结局则极大地削弱了美国在危机时期领导北大西洋地区的公信力。另外,共和党开始遭受精神上分崩离析的折磨,最终拥抱了一位粗鲁野蛮、宣扬种族仇恨的电视直播秀明星。

但在图兹强调潮流和结构起主导作用的地方,我认为偶然因素和坏运气同样不可忽视。我回想起大萧条时期,日本的高桥是清实施了快速货币贬值和再通胀的策略;德国也利用再通胀实现了经济复苏(尽管这巩固了希特勒纳粹政权的基础,最终导致灾难性后果);美国则出现了罗斯福的新政。与2009年的奥巴马团队以及欧洲国家的领导人相比,大萧条时期的日本、德国和美国政府的实力要弱得多,并且对难以掌握关键局势有多得多的借口,但它们的应对措施却都好得多。

罗斯福与奥巴马这两位美国总统之间的鲜明对比,让我更加坚信导致他们做出不同决策的是偶然的运气和选择,而非结构性的必然趋势。奥巴马有看清楚局势走向的能力,事实上还提前发出过警告。早在 2004 年,作为民主党的后起之秀,他就告诫如果不能构建支持劳工阶级和中产阶级的"紫色美国",将导致政治分裂和本土主义思潮。而在大萧条中,罗斯福知道该如何应对当时的严峻局面。他在大萧条高潮时期的 1932 年指出:"我们的国家需要……大胆而坚定的实验……按照我们的常识去找一个办法并加以尝试,如果失败,就坦率承认,再尝试其他的办法,但首要的一点是要开展某些尝试。"[36] 可是,奥巴马并不愿意跟随罗斯福的脚步。

假如奥巴马政府的行动能够更加积极,事情会有显著的不同吗?职业经济学家难以说服掌权者需要采取何种措施,因为掌权者是在政治分裂和美国信誉受损的环境下开展工作。由于政策制定受到兴起中的财阀势力的有害影响,呼吁"大胆而坚定的实验"的经济学家不得不逆潮流而行,尽管有坚实的经济学理论充分支持他们的行动路线。

然而在 20 世纪 20 年代,同样没有几个人对罗斯福寄予厚望,他被看成一个二流的知识分子,只是凭借自己家族的财富及其叔父西奥多·罗斯福的声望才获得超常晋升。[37]

美联储的政策制定者们今天仍坚持认为,考虑到当时的财政逆势,他们做了自己最好的选择。奥巴马政府的政策制定者们则自我安慰说,他们避免了第二次大萧条,鉴于共和党在 2010 年中期选举以后占据了众议院多数席位,并很快关闭了财政刺激的水龙头,他们已经竭尽所能。可是奥巴马的这些官员都有意无意地忘记提及,他们的老板在谈及"政府也必须勒紧腰带"的时候,已经把水龙头给关上了。[38]

倾向右翼的经济学家则仍在忙于论证,奥巴马政府的财政政策与美联储主席伯南克的货币政策有危险的通胀效应。如果相信这一说法，那我们真应该庆幸自己逃脱了津巴布韦式恶性通胀的灾难性经济后果。[39]

到21世纪50年代，当经济史学家把2007年开始的大衰退与1929年爆发的大萧条做对比时，他们肯定会称赞21世纪早期的政策制定者成功防止了后一事件重蹈前一事件的覆辙。但另一方面，未来的历史学家又会对我们未能吸取1933年的经验教训深感困惑。新政时期的强有力政策给二战后长期繁荣的快速与平等增长奠定了坚实基础。在如此有说服力的先例面前，我们为何没有认识到采取更激进立场的好处？

自1980年以来，左翼新自由主义者在自己掌权的时候推动转向新自由主义，相信与自上而下的指挥、命令和控制相比，利用市场激励机制的政策能更好地达成社会民主主义的目标。归根到底，如果能够确保竞争环境并纠正庇古式的外部性，市场在众包解决方案方面则具有极强的效率，能够把全人类的智力如同"情报选集"般灵活调动起来。过度依赖命令控制机制则会严重损失效率。而对于那些在增长率不够高时市场经济无法提供机会的人，你也不能要求选民对他们过分慷慨。而自1980年以来，右翼新自由主义者在掌权的时候也推动转向新自由主义，相信社会民主主义在1945—1973年取得的快速增长的表面成就是源于过去的遗产和对未来的透支，只有重新尊重市场逻辑才能再度带来快速增长。如果自由市场驱动的经济增长会导致收入与财富不平等差距拉大呢？那将是好事，因为是应得的结果。

到2007年，教条式的新自由主义者仍可以对局势自圆其说。在南方国家，与过去的反发展型政府领导的政府过度驱动的时代相比，超级全球化与新自由主义似乎显示出了优越性。第二次镀金时代的收入与财富不平等扩大，在可以成为兜售对象的拥趸看来是一个特色，而非缺陷。信息技术革命以及即将到来的生物技术革命，则可以被宣扬为向高增长黄金时代的永久回归。商业周期走向大缓和，即保持低通胀率，消除高失业率的定期冲击，看起来是新自由主义技术官僚优秀能干的明证。选民即使不太满意，也不愿意压倒性地支持距离新自由主义中间立场过度偏左或偏右的政治家。

然而到2016年，人们看清楚了2007—2010年并不是一次简单的逆转，前进的势头没有如愿恢复常态。人们甚至发现，秩序在2007年之前就已分崩离析：只是没有被大家认识到而已。我能想到的类似场景是华纳兄弟公司早期出品的动画片《走鹃》，走鹃的倒霉而无助的复仇者郊狼威尔经常冲出悬崖之外，但仍在半空停滞，直至他向下观望，认识到自己的窘境之后，才会径直坠入峡谷。

在本书第2章末尾，我指出美国的人均收入增长率在2006—2016年仅为每年0.6%，远低于1976—2006年的2.1%（受信息技术发展的推动，但分配不平等状况恶化）和1946—1976年的3.4%。西欧国家在2006—2016年的下坠更加明显：英国只有每年0.6%，法国为0.3%，意大利为-0.9%，德国也仅为1.1%。

无论你在2007年如何看待新自由主义，它在知识界和政策制定界创造的氛围在面临本来不太严重的宏观经济冲击时给出如此低劣的应对答卷，首先导致了经济大衰退，然后又是乏力的复苏，难免令其形象大为受损。而且，取得如此糟糕的成绩还付出了加剧和激化收入与财富不平等的代价。

公众看到了这些情形，但是比左翼新自由主义更偏左的政治家

（这些人希望缓和乃至部分逆转转向新自由主义的趋势）并没有在北方国家的选民中因此获得坚定而持久的多数票支持。相反，选民开始越来越多地寻找替罪羊，以及惩罚被认定为替罪羊的政治领导人。此外，美国已不再发挥国际领导作用。对抗政治已演变出一套纲领，其首要任务是让敌对党派的总统遭遇失败。国际货币基金组织副总裁、来自中国的高级官员朱民在2015年问我："你们在美国打算如何修复破败的体系？"我对此竟无言以对。

本书第15章曾提及，我自己的职业生涯几乎与新自由主义转折开启以来的时期重合，因此我对于个人经历的记忆可能交替着锐化或钝化自己的判断。我不确信自己能否接近历史学家理想的"如实说明"的记述状态，或者能否不带情绪地看待事物，专注于历史的观察和理解，而非主张与判断。[40]

但可以打赌，我会忍不住高估北方国家在2010年时的悲惨状况在多大程度上是源自关键掌权人物的糟糕运气和糟糕选择。

我如今认为，糟糕的运气和选择加上新自由主义的缺陷与错误是2000—2007年西方国家体系崩溃的共同原因，其中包括2000年佛罗里达州计票器中出现的疑似废票，老布什动用人脉关系全力支持明显不合格的小布什竞选总统，以及由此造成的一系列后果。我如今确信，形势到2007年已经风雨飘摇，整个体系在2010年的瓦解即使并非必然，也具有极大的可能性。那么在能力和运气的支持下，社会可以被重新拼接起来吗？2016年的状况表明，美国的奥巴马政府、共和党领导人乃至美国民众都不能胜任这项工作。欧洲的情况还更为严重。

其他人并不认为这些事件是偶发的，而强调其必然性。在我定义的加长版20世纪的末端，他们看到问题不在于选择，而在于结构。他们普遍认同，北方国家（尤其是美国）作为锻造未来的熔炉、发挥利大于弊的作用的时代，在 2000 年之后的数年已走向终结。

我推测，未来的历史学家或许会更多赞同他们的看法，而非我的观点。

结论　我们仍在蹒跚走向乌托邦？

1870年，人类历史上发生了一次重大变革。随着工业实验室、现代公司、真正廉价的远洋和陆地运输以及通信的出现，我们的世界从相对稳定的普遍贫困的经济模式，转向经常性自我革新的经济模式，进入了借助新技术的发明、开发和应用不断增进繁荣的状态。这一熊彼特式的创造性破坏进程让人类的生产潜力每过一代人就几乎翻番。在之后的岁月，社会的基础和支柱被反复动摇和碎裂。显而易见，类似1870—2010年这样的漫长世纪是由许许多多重大时刻共同构成的。加长版20世纪的重要时刻是由创造性破坏以及相应的动摇和碎裂过程推动的。这里我再强调两个极为关键的时刻，它们都位于加长版20世纪的中间时点附近。

第一个关键时刻是在1930年，约翰·梅纳德·凯恩斯发表了"我们子孙后代的经济前景"的演讲（本书第7章有引用）。他得出了如下结论：经济问题不会是困扰人类的最永久性的难题，一旦经济问题被解决，真正的困难是如何利用摆脱经济压力之后的自由……来过上智慧、惬意与幸福的生活。我会在本节稍后部分再讨论凯恩斯的这些洞见的意义。

第二个关键时刻与第一个几乎同时发生，即富兰克林·罗斯福执掌美国政府，打破美国政治僵局，着手用政策实验来解决大萧条的经济问题。

1933年3月，就任总统后的次日，罗斯福宣布禁止黄金出口，银行放假一天。四天之内，众议院和参议院相继召开会议。众议院一致通过了罗斯福提交的第一份法案《紧急银行法案》，安排有偿付能力的银行重新开业，对其他银行实施重组，并批准罗斯福全权控制黄金流动。罗斯福提交给国会的第二份法案即《经济法案》也立即获得通过，该法案计划削减联邦政府支出并基本恢复预算平衡。罗斯福提交的第三份法案则是《啤酒和葡萄酒税收法案》，其预兆着禁酒时代结束，也即废除禁止出售酒类的宪法修正案。3月29日，罗斯福呼吁国会对金融市场实施监管。国会于次日批准设立他提议的民间资源保护队。4月19日，罗斯福宣布美国放弃金本位制。5月12日，国会批准了他提出的《农业调整法案》。5月18日，罗斯福签署《田纳西河谷管理局法案》，创立美国第一家政府拥有的大型公用设施企业。同一天，他向国会递交了作为新政百日核心议程的《国家工业复兴法案》。这部法案满足了罗斯福新政府内部各个派系的一些诉求：企业界获得了共谋的能力，通过制定"操作规则"，更容易维持高价格，并通过"计划"让产能与需求相匹配；有社会主义倾向的规划师利用该法案要求政府批准为各个产业制定的发展规划；工会获得了组织集体谈判的权利，并且可以把最低工资和最高工时等规定纳入产业层级的发展规划；支出扩张论者则得到了价值约33亿美元的公共工程。

因此，初期的罗斯福新政必然带有强烈的"社团主义"色彩：

政府和产业界的联合规划，共谋式的监管以及合作；对农产品价格实施有力的管制，以及其他永久性联邦补贴措施；公用事业的建造和运营计划；其他公共工程的巨额支出；对金融市场实施有影响力的联邦监管；给银行的小储户提供存款保险，以及住房抵押贷款纾困以及失业救济；承诺减少工时和提升工资，最终于1935年通过《瓦格纳法案》；以及承诺降低关税，最终于1935年通过《互惠关税法案》。

罗斯福的《国家工业复兴法案》加上美元贬值确实打破了市场对未来通缩的预期；存款保险的创立与银行体系改革则恢复了储户把钱存入银行的意愿，启动了货币供给重新扩张的进程；社团主义措施和农业补贴扩大了损失的分摊面；把预算平衡从议程中去掉是件好事；对失业救济和抵押贷款纾困的承诺能够带来帮助；对公共工程的承诺同样有所助益。所有这些政策行动都避免了形势进一步恶化，并明显产生了即期效果，很快令美国经济大有改善。

然而除汇率贬值、货币扩张、结束通缩预期，以及消除进一步财政紧缩带来的压力之外，罗斯福的"新政百日"的其余部分效果如何呢？这段时期推出的其余措施的净效果是好是坏，我们并不太清楚。美国没有真正尝试或许能够让国家迅速走出大萧条的充分扩张性货币政策与大规模财政赤字，而这种策略确实让希特勒的德国很快摆脱了困局。美国消费者抱怨说，国家工业复兴总署导致了价格上涨；劳动者抱怨说，他们的声音没有被充分表达；商人抱怨说，政府对自己发号施令；进步主义者抱怨说，国家工业复兴总署制造了垄断；支出扩张论者担忧，企业之间的共谋导致价格太高、产量减少和失业增加。胡佛及其同党则宣称，假如罗斯福像前任那样行事，美国的一切问题本来都会很快好转。

面对所有这些批评，罗斯福依然在尝试不同办法。如果利用企业－工会－政府合作的社团主义不成功，并受到共和党人提名对象占据多数的最高法院的阻挠，那么社会安全网或许能起作用。新政留下的最持久而卓越的成就是1935年的《社会保障法案》，为寡妇、孤儿、失去父亲的儿童和残疾人提供联邦现金补贴，并且创立了近乎全民性质的由联邦资助的养老金体系。如果推高黄金美元价格的办法效果不够显著，强化工会运动或许能起作用。《瓦格纳法案》为处理劳资冲突和支持工会运动设立了一套新的规则，为此后延续了半个世纪的美国工会化浪潮铺平了道路。大规模公共工程和公共就业项目让劳动者恢复了部分自尊，给失去私人部门就业岗位的家庭输送了资金，代价则是让企业和工人缴纳更高的税收，这或许延缓了复苏步伐。

罗斯福还尝试了其他政策：反垄断政策以及拆分公用事业垄断机构；累进程度更高的所得税；犹犹豫豫地接纳赤字支出，不再将其当作难以避免的暂时坏事，反而视为有积极意义的好事。随着20世纪30年代末的临近，罗斯福的关注点自然转向了战云密布的欧洲以及遭受日本侵略的中国。"新政博士"变成了"胜仗博士"。总体而言，第二批新政措施对美国走出大萧条或许没有产生太大效应[1]，但确实把美国改造成了较为温和的欧洲式社会民主主义国家。

新政留下了深远的影响。罗斯福属于中左翼而非中右翼，漫长的大萧条意味着由其形塑的制度能够持久发挥作用，美国成为世界新兴超级大国，并且是唯一没有遭到二战沉重打击的强国，所有这些因素都具有重要的影响。在二战之后，美国有实力和意愿在铁幕一侧改变世界的面貌，也确实这样做了。这意味着世界将按照新政的模式而非某种反动或法西斯主义的模式来改造。

凯恩斯和罗斯福的例子都是对后人的有益提醒：在特定时刻按照特定方式行事的个人不仅是在思考问题，而且有机会让自己的思想发挥影响，这至关重要，哪怕在宏大历史叙事中也是如此。

* * *

以英国共产主义历史学家艾瑞克·霍布斯鲍姆为首，许多人把列宁的布尔什维克革命及斯大林随后建设的现实版社会主义视为20世纪的历史转折点。[2]根据这一解释，20世纪历史发展主要线索覆盖的区间是1917—1990年，主要内容则是三方斗争：准自由民主类型的资本主义、法西斯主义以及现实版社会主义。这样讲故事或许富有史诗气质，即好人赢得了最终胜利。不过在霍布斯鲍姆看来，这个故事是悲剧性的：现实版社会主义是人类最后的希望，尽管其被诞生之初的恶劣条件所损害，却成长到足够强健，把全世界从法西斯主义手中拯救了出来；然而它此后走向了腐败，其解体让通向社会主义"乌托邦"的康庄大道最终关闭。简而言之，坏人赢得了最终胜利，虽然还不是最坏的一批。

我不接受这种观点。

在某种程度上，我更乐观一些。我认为技术和组织的进步、开发管理现代经济的更好办法是更为紧要的事情，而不应该把关注焦点放在1917年后克里姆林宫内部的派系斗争上。当然如今世界上几乎所有人都非常清楚，争取人类解放与经济繁荣的斗争尚未取得决定性和永久性的胜利。

因此，我把加长版20世纪的历史主要理解为四件大事的进程：技术推动的经济增长、全球化、美国的成功特例，以及随着各国政府对政治经济难题的解决，人类至少能够缓慢地向乌托邦靠近。尽管这一蹒跚前行的过程伴随着不平衡、不平等和不公正，且视人们的肤色和性别等差异而不同，但在加长版 20 世纪的两个时期，即 1870—1914 年和 1945—1975 年，被过去世代视作接近乌托邦的某些东西确实快速实现了。不过，这两个经济理想国时期未能更长久地持续下去，背后有个人、思想和机遇等各种因素的影响。

1870 年之前，只有狂野无羁的乐观主义者会相信人类能够找到通向乌托邦的道路，即便对他们而言，这条道路也充满崎岖，要求对人类的社会和心理做深刻的改造。

马克思就是这样的乌托邦主义者之一。他和密切合作者恩格斯在 1848 年提出的理论认为，当时正处在所谓的资产阶级时代，私人财产和市场交换成为人类社会的基本组织原则，这一原则给科学研究和工程开发提供了强大激励，推动企业为技术成果的应用做大力投资，把人类生产力提升到超出过去世代想象的水平。马克思与恩格斯认为，界定资产阶级时代的相互关联的现象既是天使，也是魔鬼。天使的意思是说，它们带来了创建富裕社会的可能性，人们可以通过合作过上殷实的生活。但与此同时，魔鬼式的社会运转机制又使得绝大多数人陷于贫困乃至越来越贫困，最终迫使他们进入比过去更艰苦的奴隶状态。在马克思看来，通向乌托邦的道路要求把人类打入工业化的地狱，因为只有这样才会激发他们呼唤新耶路撒冷从天堂降临，即通过共产主义革命，彻底推翻现存的社会秩序。只是，要相信这条通道的存在以及它是人类发展的必由之路，人们必须对希望中的、尚没有现实证据支持的事业抱有极强的信心。[3]

另一位相对乐观的人士是约翰·斯图亚特·穆勒，他预见的是更为平淡的、要求更少颠覆的乌托邦。穆勒是自由、个人主动精神与科学技术的狂热信徒，但他非常担忧马尔萨斯两难困境。科学发明和技术应用给富豪创造了大量财富,扩大了中产阶级的人数,但绝大多数人口依然属于劳工阶级,继续过着艰辛而贫困的生活。穆勒看到了这样一条出路:政府将必须通过强制生育控制来降低人类的繁殖力,然后一切都将变好。[4]

马克思和穆勒相当有个性的乐观主义使他们成为当时的标新立异者,不是说他们的乐观理由有多么特殊,而是他们能保持乐观。在1870年,人们有强大的理由怀疑社会平等、个人自由、政治民主乃至普遍繁荣将是未来社会的景象。美国刚刚从一场血腥内战中存活下来,牺牲了75万人,约占全国成年白人男性的十二分之一。社会的普通生活水平依然相当贫困,以今天的标准看,大多数人发育不良,经常挨饿,并且是文盲。

马克思和穆勒是否比其他人更清楚地看到了当时的发展趋势?或者说他们只是幸运地预见了即将到来的物质财富的丰富程度及其给人类带来的潜力?人类在1870年之前已经在摇动前方的铁门,1870年的一些重大变化终于打破了枷锁。工业研究实验室、现代公司以及全球化的到来,在人类历史上首次开启了解决我们的物质需求问题的机遇。此外,人类在当时足够幸运地拥有即将成形的全球市场经济。天才的哈耶克敏锐地观察到,市场经济对于自己提出的问题采取了利用激励与合作的众包式解决方案。到1870年后,市场经济可以解决的问题是,为掌握有价值的财产资源的富人服务,提供他们想要或自认为需要的丰富多样的必需品、便利品和奢侈品。

于是,通向人类物质繁荣与乌托邦的道路变得清晰起来,可供通行甚至奔跑。其他的一切应该随之发生,也确实在很大程度上是如此。1870年左右盛行的悲观主义,到1914年即使不算完全错误,也似乎已经过时。刚过去的那几十年对全世界来说无疑是人类经济进步的非凡岁月，而且有一切理由认为将会继续下去。人们似乎已可以展望一个真正富足的乌托邦，未来的更多科技发明将在各个工业研究实验室中开发出来，通过现代企业应用到全球范围的经济生活中。

然后一战爆发了，此后显而易见的是，乐观派视为反常和可鄙的东西其实才是常态，深层的顽疾无法回避。民众并不满足于市场经济提供的结果，发现政府也没有能力调控经济以保持稳定和年复一年的增长。有些时候，民主国家的人民将自己的命运交给专制主义的煽动家。还有些时候，世界上的富人群体和军事领袖觉得统治地位值得一搏。技术和组织的进步让暴政膨胀到史无前例的规模，各国内部与相互之间的经济差异越拉越大。世界人口向低生育率和低增长率的大转型推进得很快，但并不足以阻止20世纪的人口大爆炸给社会秩序的改变施加额外的压力。

在整个过程中，南方国家落后得越来越远，虽然平均来说在增长，但并未保持追赶势头，因为在数十年中，它们的制造业发展不足，工程科技人才缺乏，而这些是经济体积累生产知识的基础。除两个幸运的圈子，即"马歇尔计划"的受援国以及太平洋沿岸的亚洲经济体，南方国家甚至没有调整好起跑状态（启动比北方国家更快的增长），也没有迈出追赶的最初步伐，而是落在后面越来越远，直至1979年新自由主义转折之后的十余年仍是如此。发展表现最糟糕的还有受到列宁的号召，在1917—1990年选择了现实版社会主义道路的部分国家。

在二战之后，北方国家足够幸运地重新找到了自认为通向乌托邦的道路。随后辉煌三十年的有力经济增长（在20世纪70年代走向终结时）让民众再度被成功弄得目眩神迷：更多的期待，对事后看并不严重的减速带和路障的极度不满。而且，只靠快速增长并不能满足右翼阵营，他们认为繁荣成果的分享过于平均，缺乏公正，令人感到可鄙。只靠快速增长同样不能满足左翼阵营，他们认为尽管有社会民主主义的纠正和调控，市场给出的解决方案仍没有带来他们追求的哪怕部分的乌托邦结果。于是，世界滑向了新自由主义。可惜新自由主义的政策处方并未让我们向乌托邦的蹒跚前行有任何加速。

从1870年到2010年，共计140年的时光。在人类普遍贫困的1870年，谁会想到人类到2010年将有能力给每个社会成员提供当时无法想象的更多物质资源？谁又会想到在拥有如此丰富的资源之后，人类依然无法有效利用它们，建造更加靠近真正乌托邦的理想社会？

我们回想下，在本书开篇以及加长版20世纪之初，爱德华·贝拉米曾认为随意联通四个乐团的实时演奏并通过麦克风播放出来就可以把我们带到"人类幸福的极限"。17世纪早期，整个英国只有一个人能够在家里欣赏关于巫师题材的戏剧表演：国王詹姆斯一世且还得是在莎士比亚及其同僚正好排演《麦克白》的时候。19世纪上半叶最富有的人内森·罗斯柴尔德在1836年非常渴望拥有一剂抗生素，以避免自己在50多岁时因为脓疮感染而死去。如今的我们不仅能够以大大降低的人力成本制造出1870年能生产的各种物品，而且能非常轻松地制造过去的便利品（如今被列入必需品）、过去的奢侈品（如今被列为便利品），以及过去不惜代价也无法获取的其他许多物品。说今天的我们比1870年的时候富裕10倍以上，恐怕远不足以概括其间天翻地覆的变化。

可是我们在2010年却依旧发现，自己并没有奔向乌托邦道路的终点。此外，我们甚至不再能看清楚乌托邦道路的尽头，尽管之前曾认为它就在那里。

始终位于后台、经常也现身前台的驱动这一切的力量，正是负责发现和发明的工业研究实验室，负责开发和应用的大型现代公司，以及实现协作整合的全球化市场经济。可是在某些方面，市场经济带来的问题多于解决方案。市场经济只承认财产权利，而民众需要波兰尼主义权利：结成相互支持的社群的权利，获得相应收入以购买必要资源的权利，实现保证持续就业的经济稳定的权利等等。回顾加长版20世纪取得的所有经济进步，这一历史告诉我们物质财富对于构建乌托邦社会的作用是有限的，它是必要条件，但远非充分条件。这里正是我们需要重温凯恩斯的精彩洞见的地方：最永恒的问题是如何让人们"过上智慧、惬意与幸福的生活"。凯恩斯的演讲是历史上的一个关键时刻，因为他完美阐述了本质的困难到底是什么。

罗斯福认为每个人出生时都应该享有四大自由，即言论自由、信仰自由、免于匮乏的自由、免于恐惧的自由[5]，其中仅有免于匮乏的自由可以靠物质财富来保障，其他自由则需要其他办法去确保。市场拿走和市场给予的东西有可能并经常被其他需求带来的希望或恐惧所遮蔽。

由凯恩斯撮合的哈耶克与波兰尼的勉强联姻是我们迄今得到过的最佳结果，它帮助了北大西洋地区的发展型社会民主主义在二战后兴盛。但这个秩序没有经受住自身的可持续性检验，部分原因是一代人时间的快速增长提升了期望，部分是由于波兰尼主义权利要求保持稳定，同等对待相同的人，区别对待不同的人，但无论是哈耶克－熊彼特式的创造性破坏市场经济，还是推行全民社会保险权利的波兰尼式社会民主主义，都永远无法提供可行的解决办法。

在2000年前后的几十年间，四个趋势性事件结合起来终结了加长版20世纪的历程，并可能标志着人类向乌托邦蹒跚前行的时代画上了句号。第一个事件是在1990年，德国与日本的高创新性和高效率产业成功挑战了美国的技术领先优势，削弱了美国例外主义的基础。第二个是2001年再度点燃的极端狂热的宗教暴力，我们之前普遍认为类似事件的退潮已过去多个世纪，而思想家们则在震惊之余谈起所谓的"文明之间的战争"，其实没有那样的事。第三个是2008年开始的世界经济大衰退，表明我们已经遗忘了凯恩斯在20世纪30年代留下的教训，并且缺乏能力或意愿去采取必要的措施。第四个是从大约1989年（当时科学研究的结论已变得比较清楚）至今，全世界还没有为抗击气候变暖采取建设性行动。上述事件汇聚之后的历史看上去与之前迥然不同，似乎需要一部新的宏大叙事来揭示其中的含义。

加长版20世纪到2010年告终并且不再能复现，这从2016年11月8日发生的一次断裂中可以得到证实，即特朗普赢得美国总统大选的时刻。那个时刻明确宣告，加长版20世纪的四个标志性发展势头不可能得到恢复。北方国家的经济增长已大幅下挫，即便不是完全回到1870年之前的缓慢状态，也跌去了很大部分。全球化被决定性地逆转，公开支持者极少，敌对者却为数众多。

此外，其他地方的人们理所当然地不再把美国视为例外，不再把美国政府视为世界舞台上值得信赖的领导者。这些判断在2020年被大幅强化，因为仅在当年就有345 323名美国人死于新冠疫情，而特朗普政府能够采取的控制病毒传播的唯一措施只是来回转圈，小声嘀咕说这些死亡不是他们的错。科学技术研究创造了奇迹，以极快的速度成功开发出了有效的疫苗。然而事实证明，美国领导下的全球治理架构没有能力在疫情广泛传播和产生新变异之前给世界人民做好疫苗接种。

还有，对于未来的信心即使没有完全丧失，也受到了极大的削弱。全球变暖的威胁虽然尚未成为活生生的"马尔萨斯魔鬼"，却已投射下阴影。

如果说特朗普政府也持有某种世界观，那肯定是疑神疑鬼的类型，前提是国内外有诸多敌人，尤其是非白人群体和非英语族群，正在利用美国人关于自由和机遇的价值观来占便宜。如果说特朗普政府有什么政策，那首先也是最重要的一条就是给富豪减税，其次是否认存在气候变化，再次是随意的监管倒退，且在很大程度上无视技术官僚所做的成本收益分析。在这一切的背后是冷酷无情，甚至可以说冷酷无情经常是特朗普政府的唯一政策要点。[6] 再加上对政府自己的公共卫生官员的癫狂指责，只不过特朗普并没有尝试撤换："福奇的方案是个灾难，如果我听了他的建议，将出现50万人死亡"；"福奇博士和伯克斯博士在自我美化，试图改写历史，以掩饰他们的糟糕直觉和错误建议，幸好基本上都被我推翻了"；以及在集会群众高呼"开除福奇"之后，"别告诉任何人，但等到大选结束后再处理吧，我喜欢你们的建议，非常喜欢！"[7] 最终这场疫情将杀死超过100万美国人，在特朗普总统任期最后一年的2020年传遍全美，尤其集中在赢得地方选举的政客愿意对他宣誓效忠的地方。相比而言，加拿大人口的疫情死亡率仅有美国的四分之一。

在2016年的总统选举中，尽管美国人划分为泾渭分明的两大阵营，且几乎没有任何共识，但每个人都认为这个国家遇到了巨大的麻烦。在不同阵营的人看来，特朗普要么是国家衰落的表现，要么是唯一可能起作用的"93号航班"治愈神药。[8]两者都认为美国发生了深刻的变化。要么这种变化已经发生，并使美国例外主义的故事走到了尽头，要么有必要让失去方向的美国再度走向伟大。美国并非唯一处在这种失意境地的国家。美国和世界都面临各种正在恶化的新问题，看起来必然会给人类文明在加长版20世纪中取得的诸多成就带来挑战，甚至威胁。

特朗普成为总统不只是给加长版20世纪画上了句号，还提醒我们，与乐观主义、希望和信心一样，悲观主义、担忧和恐慌同样可以成为个人、思想和事件的激发因素。

哪里出错了？哈耶克及其追随者是化身博士，一面是天才杰科博士，一面是愚人海德先生。他们认为市场能够完成一切任务，要求人类相信"市场给予，市场拿走，赞美市场的护佑"。但民众表示反对：市场显然没有完成任务，市场经济完成的部分也被退货，并打上了"返还厂家"的标记。

在加长版20世纪中，还有其他许多人曾试图构想解决方案：卡尔·波兰尼、约翰·梅纳德·凯恩斯、贝尼托·墨索里尼、弗拉基米尔·列宁等等。他们或者建设性或者破坏性地背离了"市场给予……"的信条，要求市场少做一些，或者完成某些特定的任务，而让其他制度多做一些。或许人类已找到的最接近成功的方案是二战后北方国家发展型政府主导的社会民主主义——在凯恩斯的撮合下实现的哈耶克与波兰尼的勉强联姻。可是，这一社会民主主义的制度设计没有经受住自身的可持续性检验。随后兴起的新自由主义虽然兑现了对北方国家精英群体的许多承诺，却没有朝任何可行的乌托邦取得明显的进展。

于是，我们的世界走到了一个与凯恩斯在1924年的描述有所相似的地方，他当时正在批评托洛茨基的如下设想：改造社会的道德和智慧方面的问题已经妥善解决——计划已经制订，只待将其付诸实施。凯恩斯则指出，这并不符合事实："我们比平时更加缺乏一个连贯的前进计划，一个成形的理想。所有的政治党派都是植根于陈旧的而非新近的思想……我们没有必要讨论有哪些微妙的理由支持某个人依靠武力去传播福音，因为没有人真正掌握这种福音。下一步的行动依然是头脑的斗争，而不是依靠拳头。"[9]

经济上的进步是以蹒跚前行还是小步快跑的方式实现，关系重大。实现小康，即获得超出必需的热量、住房、衣物和其他物质产品，也关系重大。一旦达成这样的成就，即便悲观主义者也不愿意放弃。某些思想一旦出现，就很难被人们遗忘。这是人类有用知识全球价值量化指标的一个潜在收益。这些知识中既包含"市场给予，市场拿走，赞美市场的护佑"，也包含"市场为人服务，而不是人为市场服务"。我还要加上：由于供给经常是由需求创造的，政府必须实施管理，实施有效的、某些时候强有力的管理。

人们关于乌托邦的理念和憧憬各有不同：在地球上建造的天堂王国；向往和谐与自然的阿卡迪亚；追求奢侈感官享受与疯狂的锡巴里斯；崇尚严谨纪律和卓越成就的斯巴达；容纳喧嚣言论和行动自由的雅典；保证集体目标和良好秩序的罗马及其治下的和平时代。人们或多或少认同，物质上的匮乏使得上述梦想（除神学意义上的）在当时和今天都永远难以实现。人们几乎都把黄金时代想象为物质资源远为丰饶的远古时期或至少是遥远而神秘的其他地方的场景，而不太可能出现在将来。[10]

直至1870年，事情才开始发生变化。到1919年，凯恩斯便开始强调人类能生产的便利品、舒适品和愉悦品，"超出了过去时代最富裕和最有权势的君王享受的水平",尽管这种享受仍限于上层阶级的范围。[11]亚里士多德在公元前350年谈及,要取缔主人的权威和奴隶的依附,这种设想完全是幻觉,因为那要求人类掌握上帝一般的创造和驱使仆从的神力:例如代达罗斯锻造的雕像,火神赫菲斯托斯为奥林匹斯山上的诸神盛宴建造的有自我意识和自身动力的餐车等。[12]然而到2010年,人类的成就已大大超越了他们的憧憬和想象。

在之前世纪中生活的任何人,如果见证人类在2010年的技术和组织力量,谁不会被震惊到目瞪口呆?但他们接下来会提出如下疑问:既然有如此强大的驱使自然和组织自身的神力,为什么在建设真正人道的世界、向任何类型的乌托邦梦想前进上面,我们的进展那样有限?

到2010年,对美国霸主地位的不信任感因为中东地区的不幸进一步加剧。收入与财富不平等急剧拉大,且对经济增长毫无贡献,人们的不满情绪日益高涨。2008—2010年的大衰退表明,所谓的新自由主义技术官僚已经彻底解决了经济管理问题的说法是多么荒谬。北方国家的政治组织甚至尚未启动全球气候变暖问题的应对,驱动生产率增长的主要发动机却已开始停转。北方国家的伟人和好人们还将在21世纪第二个十年忽略迅速恢复充分就业的重要性,并错误理解和疏导社会不满情绪,导致新法西斯主义和靠近法西斯主义的政客在世界各国沉渣泛起。

加长版20世纪的历史就此结束。

或许它本不必在2010年终结。或许我们许多人在克林顿政府时期设想的光明未来其实始终是幻觉,如果当时的政策能够延续,随着信息技术浪潮的涌现,我们将可以恢复快速而公平的增长。假如时机和运气略有不同的话，我们或许可以抓住机遇。假如美国在2008年选出一位罗斯福式的人物，他或许会创造奇迹，正如罗斯福在1933年之后超出意料的表现。甚至或许在2016年，我们仍有机会让加长版20世纪的快速生产率增长、能够妥善应对这种增长给世界带来的创造性破坏的政府以及美国例外主义浴火重生。

但实际结果是，2010年之后的美国选出了唐纳德·特朗普，西欧国家的选择同样糟糕，从而彻底扼杀了涅槃重生的希望。

新的时代开始了，它需要一套我们当前还未知的全新的宏大叙事。

致　谢

为撰写本书，我亏欠了许多人。我的妻子 Ann Marie Marciarille 以及两个孩子 Michael 和 Gianna 让漫长的写书过程变得非常有乐趣。我的策划编辑 Thomas Lebien 与本书在 Basic Books 出版社的编辑 Brian Distelberg 发挥了关键作用，书中的许多架构因为与他们的柏拉图式对话而优化。没有他们的参与，本书将难以成形。我在知识探索方面的受助更是巨大，有许多人需要感谢，当然本书存在的众多错漏之处由我本人负责。不过，请允许我偷个懒，只列出十个人的名单。首先是 Andrei Shleifer 与 Larry Summers，每当我获得值得记录和分享的思考成果时，更多时候会先想到：Larry 或者 Andrei 会怎么看？我有很大部分知识成果是来自社会研究学位委员会（Committee on Degrees in Social Studies），尤其是 Jeff Weintraub 与 Shannon Stimson 的帮助。哈佛大学经济史研讨会（Harvard Economic History Seminar）的资深成员不可或缺，包括 Peter Temin、Jeffrey Williamson、Claudia Goldin，以及已故的 David Landes。Paul Krugman 对我有深刻影响，尽管多数时候是来自远距离的影响，我认为他是我们这代人中最接近秉承凯恩斯衣钵的学者。说到最后的第十位，请允许我再度偷个懒：我在加州大学伯克利分校的各位同仁，他们是20世纪末全世界最优秀的经济学领域的同事组合，其整体远超出部分的简单加总，也是我能想象的最出色的教师群体。其他没有提及姓名的人也请放心，我对自己的学术债务记得很清楚，并随时准备在未来偿还。

注　释

关于注释的简要说明

本书的注释部分仅限于直接引用、近似借用，以及标记我的思想和知识主要来自某个源头，还有我认为适合下一步深入阅读的参考文献。

在此过程中，我非常清楚这些注释是远远不够的。几乎每一段文字都需要有充分的论据支持，因为每一段都肯定会被至少一位有杰出才智和学识的人提出激烈争议（我也希望如此）。此外，当我在思想洪流中上下搏击的时候，除了自己认为可以推荐进入研究文献的最佳切入点之外，我没有提及形成这个思想洪流的任何人物。而即便在我认为自己有原创贡献的地方……也可以这样说：凯恩斯曾提到，掌握大权的疯子们以为自己是凭空得到启示，而实际上有些三流学者的观点已经占据了他们的头脑。马基雅维利写到，书籍如何成为自己可以相互问答交流的朋友，他仿佛借用白纸上的黑点，描述出各个作者的思想，然后在自己的头脑中运行程序。所以即使在我自认为最具独创性的地方，也极有可能只是在重复自己的内在模式里面某个更聪明的人通过头脑对话所讲的内容。

从公正的角度看，原本应该有更多的注释。然而，关于冗长的脚注能达到何种效果有严格的限制，关于书后的注释能达到何种效果的限制则更加严格。

因此，本书建立了一个包含支持和反驳证据的网站，网址是：https://braddelong.substack.com/s/slouching-towards-utopia-long-notes。欢迎读者们前来阅读和评论。

引言　我的宏大叙事

1. Steven Usselman, "Research and Development in the United States Since 1900: An Interpretive History," Economic History Workshop, Yale University, November 11, 2013, https://economics.yale.edu/sites/default/files/usselman_paper.pdf; Thomas P. Hughes, *American Genesis: A Century of Invention and Technological Enthusiasm, 1870–1970*, Chicago: University of Chicago Press, 2004; Alfred Chandler, *The Visible Hand: The Managerial Revolution in American Business*, Cambridge, MA: Harvard University Press, 1977.

2. Eric Hobsbawm, *Age of Extremes: The Short Twentieth Century, 1914–1991*, London: Michael Joseph, 1984.

3. 敏锐而博学的 Ivan Berend 也很赞成这种"加长版 20 世纪"的看法：Ivan Berend, *An Economic History of Twentieth-Century Europe: Economic Regimes from Laissez-Faire to Globalization*, Cambridge: Cambridge University Press, 2006。

4. Friedrich A. von Hayek, "The Use of Knowledge in Society," *American Economic Review* 35, no. 4 (September 1945): 519–530.

5. Hans Rosling et al., Gapminder, http://gapminder.org; "Globalization over Five Centuries, World," Our World in Data, https://ourworldindata.org/grapher/globalization-over-5-centuries?country=~OWID_WRL.

6. Karl Marx and Friedrich Engels, *Manifesto of the Communist Party*, London: Communist League, 1848; Jonathan Sperber, *Karl Marx: A Nineteenth-Century Life*, New York: Liveright, 2013; Marshall Berman, *All That Is Solid Melts into Air: The Experience of Modernity*, New York: Verso, 1983.

7. Friedrich A. von Hayek, "The Pretence of Knowledge," Nobel Prize Lecture, 1974, www.nobelprize.org/prizes/economic-sciences/1974/hayek/lecture.

8. Karl Polanyi, *The Great Transformation*, New York: Farrar and Rinehart, 1944.

9. Takashi Negishi, "Welfare Economics and Existence of an Equilibrium for a Competitive Economy," *Metroeconomica* 12, no. 2–3 (June 1960): 92–97.

10. Friedrich A. von Hayek, *The Mirage of Social Justice: Law, Legislation, and Liberty*, vol. 2, London: Routledge and Kegan Paul, 1976.

11. Arthur Cecil Pigou, "Welfare and Economic Welfare," in *The Economics of Welfare*, London: Routledge, 1920, 3–22.

12. Ludwig Wittgenstein, *Tractatus Logico-Philosophicus*, London: Kegan Paul, Trench, Trubner, 1921, 89; Jean-François Lyotard, *The Postmodern Condition: A Report on Knowledge*, Minneapolis: University of Minnesota Press, 1984; William Flesch, *Comeuppance: Costly Signaling, Altruistic Punishment, and Other Biological Components of Fiction*, Cambridge, MA: Harvard University Press, 2007.

13. Greg Clark, *A Farewell to Alms: A Brief Economic History of the World*, Princeton, NJ: Princeton University Press, 2007.

14. John Stuart Mill, *Principles of Political Economy, with Some of Their Applications to Social Philosophy*, London: Longmans, Green, Reader, and Dyer, 1873, 516.

15. Edward Bellamy, *Looking Backward, 2000 – 1887*, Boston: Ticknor, 1888; Edward Bellamy, "How I Came to Write *Looking Backward*," *The Nationalist* (May 1889).

16. Bellamy, *Looking Backward*, 152 – 158.

17. "Utopia," Oxford Reference, www.oxfordreference.com/view/10.1093/oi/authority.20110803115009560.

18. 这是伯林最喜欢引用的康德的话，如参阅：Isaiah Berlin, "The Pursuit of the Ideal," Turin: Senator Giovanni Agnelli International Prize Lecture, 1988, https://isaiah-berlin.wolfson.ox.ac.uk/sites/www3.berlin.wolf.ox.ac.uk/files/201809/Bib.196%20-%20Pursuit%20of%20the%20Ideal%20by%20Isaiah%20Berlin_1.pdf; Henry Hardy, "Editor's Preface," in Isaiah Berlin, *The Crooked Timber of Humanity: Essays in the History of Ideas*, London: John Murray, 1990。

19. 转引自：John Ganz, "The Politics of Cultural Despair," Substack, April 20, 2021, https://johnganz.substack.com/p/the-politics-of-cultural-despair. @ Ronald00 Address 介绍说这是来自：G. W. F. Hegel, Letter to [Karl Ludwig von] Knebel, August 30, 1807, NexusMods, www.nexusmods.com/cyberpunk2077/images/15600, quoted in Walter Benjamin, *On the Concept of History*, 1940, translated by Dennis Redmond, August 4, 2001, Internet Archive Wayback Machine, https://web.archive.org/web/20120710213703/http://members.efn.org/~dredmond/Theses_on_History.PDF。

20. Madeleine Albright, *Fascism: A Warning*, New York: HarperCollins, 2018.

21. Fred Block, "Introduction," in Karl Polanyi, *Great Transformation*.

22. See Charles I. Jones, "Paul Romer: Ideas, Nonrivalry, and Endogenous

Growth," *Scandinavian Journal of Economics* 121, no. 3(2019):859–883.

23. Clark, *Farewell*, 91–96.

24. Simon Kuznets, *Modern Economic Growth: Rate, Structure, and Spread*, New Haven, CT: Yale University Press, 1966.

25. Edward Shorter and Lawrence Shorter, *A History of Women's Bodies*, New York: Basic Books, 1982。从诺曼底威廉一世到汉诺威维多利亚时期, 七分之一的女王和女王继承人死于分娩。

26. Mill, *Principles*, 516.

27. 与之相反, 伯林对好的"消极自由"与不那么好的"积极自由"做了模糊的区别: Isaiah Berlin, "Two Concepts of Liberty," in *Four Essays on Liberty*, Oxford: Oxford University Press, 1969。然而穆勒并不轻易接受这种看法。

28. Mill, *Principles*, 516.

29. William Stanley Jevons, *The Coal Question: An Enquiry Concerning the Progress of the Nation, and the Probable Exhaustion of Our Coal-Mines*, London: Macmillan, 1865.

30. Marx and Engels, *Manifesto*, 17.

31. Friedrich Engels, "Outlines of a Critique of Political Economy," *German-French Yearbooks*, 1844.

32. Karl Marx, *Critique of the Gotha Program*, in *Marx/Engels Selected Works*, vol. 3, Moscow: Progress Publishers, 1970[1875], 13–30, available at Marxists Internet Archive, www.marxists.org/archive/marx/works/1875/gotha.

33. Richard Easterlin, *Growth Triumphant: The Twenty-First Century in Historical Perspective*, Ann Arbor: University of Michigan, 2009, 154.

34. Easterlin, *Growth Triumphant*, 154.

35. Thomas Robert Malthus, *First Essay on Population*, London: Macmillan, 1926[1798], Internet Archive, https://archive.org/details/b31355250。短语"Malthus had disclosed a Devil"来自 John Maynard Keynes, *The Economic Consequences of the Peace*, London: Macmillan, 1919, 8。

第1章 走向全球化

1. Thomas Robert Malthus, *An Essay on the Principle of Population, as It Affects the Future Improvement of Society*, London: J. Johnson, 1798.

2. Gregory Clark,"The Condition of the Working Class in England,1209 – 2004," *Journal of Political Economy* 113, no. 6 (December 2005): 1307 – 1340, http://faculty. econ. ucdavis. edu/faculty/gclark/papers/wage%20-%20jpe%20-2004. pdf.

3. John Maynard Keynes, *The Economic Consequences of the Peace*, London：Macmillan,1919,8.

4. 例如，考察为支持公元1800年的托马斯·杰斐逊与5 000年前的苏美尔国王吉尔伽美什的生活方式，所需要的物质文化的对比。Alexander Heidel, trans. and ed. , *The Gilgamesh Epic and Old Testament Parallels*, Chicago：University of Chicago Press,1946；Robert Silverberg, ed. , *Gilgamesh the King*, New York：Arbor House, 1984；George W. Boudreau and Margaretta Markle Lovell, eds. , *A Material World：Culture, Society, and the Life of Things in Early Anglo-America*, University Park, PA：Pennsylvania State University Press,2019。

5. 由Trevon Logan向我转述。

6. 英国在1870年之前的工业革命时期的道路更多属于"全球化"现象，而非"技术革命"现象。我的这一观点主要受到Gregory Clark的启发："The Secret History of the Industrial Revolution,"October 2001,http：//faculty. econ. ucdavis. edu/faculty/gclark/papers/secret2001. pdf。

7. William Stanley Jevons,*The Coal Question：An Enquiry Concerning the Progress of the Nation, and the Probable Exhaustion of Our Coal-Mines*,London：Macmillan,1865.

8. Rudyard Kipling,"Recessional,"first published in *The Times*(London), July 17, 1897, reprinted at Poetry Foundation, www. poetryfoundation. org/poems/46780/recessional.

9. Keynes,*Economic Consequences*,8.

10. Anton Howes, "Is Innovation in Human Nature?," *Medium*, October 21, 2016,https://medium. com/@ antonhowes/is-innovation-in-human-nature-48c2578e27ba#. v54zq0ogx.

11. "Globalization over Five Centuries, World," *Our World in Data*, https://ourworldindata. org/grapher/globalization-over-5-centuries? country = ~ OWID_WRL, piecing together estimates from many authorities.

12. W. Arthur Lewis, *The Evolution of the International Economic Order*, Princeton, NJ：Princeton University Press,1978,14.

13. Henry David Thoreau,*Walden ; or, a Life in the Woods*, Boston：Ticknor and Fields,1854,58 – 59.

14. Mark Chirnside, *Oceanic: White Star's "Ship of the Century"*, Cheltenham: History Press, 2019, 72.

15. Elisabeth Kehoe, *Fortune's Daughters: The Extravagant Lives of the Jerome Sisters—Jennie Churchill, Clara Frewen and Leonie Leslie*, Boston: Atlantic, 2011, 71.

16. 关于甘地的故事，我读过的最好的三卷本著作是：Ramachandra Gupta, *Gandhi Before India*, New York: Alfred A. Knopf, 2013; *Gandhi: The Years That Changed the World, 1914–1948*, New York: Random House, 2018; *India After Gandhi: The History of the World's Largest Democracy*, London: Pan Macmillan, 2011。

17. Benjamin Yang, *Deng: A Political Biography*, London: Routledge, 2016, 22–46.

18. Jeffrey Williamson, "Globalization and Inequality, Past and Present," *World Bank Observer* 12, no. 2 (August 1997): 117–135, https://documents1.worldbank.org/curated/en/502441468161647699/pdf/766050JRN0WBRO00Box374378B00PUBLIC0.pdf.

19. Steven Dowrick and J. Bradford DeLong, "Globalization and Convergence," in *Globalization in Historical Perspective*, ed. Michael D. Bordo, Alan M. Taylor, and Jeffrey G. Williamson, National Bureau of Economic Research (NBER) Conference Report, Chicago: University of Chicago Press, 2003, 191–226, available at NBER, www.nber.org/system/files/chapters/c9589/c9589.pdf.

20. Neal Stephenson, "Mother Earth, Motherboard," *Wired*, December 1, 1996, www.wired.com/1996/12/ffglass.

21. Keven H. O'Rourke and Jeffrey G. Williamson, *Globalization and History: The Evolution of a Nineteenth-Century Atlantic Economy*, Cambridge, MA: MIT Press, 1999.

22. "Globalization over Five Centuries."

23. Richard Baldwin, *The Great Convergence: Information Technology and the New Globalization*, Cambridge, MA: Harvard University Press, 2016, 5.

24. Robert Allen, *Global Economic History: A Very Short Introduction*, Oxford: Oxford University Press, 2011, 6–8.

25. Robert Fogel, *Railroads and American Economic Growth: Essays in Econometric History*, Baltimore: Johns Hopkins University Press, 1964, 39.

26. Wladimir S. Woytinsky and Emma S. Woytinsky, *World Commerce and Governments: Trends and Outlook*, New York: Twentieth Century Fund, 1955, 179.

27. Keynes, *Economic Consequences*, 32.

28. Elizabeth Longford, *Wellington: The Years of the Sword*, London: Weidenfeld and Nicolson, 1969.

29. Thoreau, *Walden*.

30. Vincent P. Carosso and Rose C. Carosso, *The Morgans: Private International Bankers, 1854 – 1913*, Cambridge, MA: Harvard University Press, 1987, 133 – 200.

31. W. Arthur Lewis, *Growth and Fluctuations, 1870 – 1913*, London: G. Allen and Unwin, 1978, 20.

32. Laura Panza and Jeffrey G. Williamson, "Did Muhammad Ali Foster Industrialization in Early Nineteenth-Century Egypt?," *Economic History Review* 68, no. 1 (February 2015): 79 – 100; David S. Landes, "Bankers and Pashas: International Finance and Imperialism in the Egypt of the 1860's" (PhD diss., Harvard University, 1953).

33. Stephen S. Cohen and J. Bradford DeLong, *Concrete Economics: The Hamiltonian Approach to Economic Policy*, Boston: Harvard Business Review Press, 2016; John Stuart Mill, *Principles of Political Economy, with Some of Their Applications to Social Philosophy*, London: Longmans, Green, Reader, and Dyer, 1873, 556.

34. AnnaLee Saxenian, *Regional Advantage: Culture and Competition in Silicon Valley and Route 128*, Cambridge, MA: Harvard University Press, 1996, 32 – 34.

35. Allen, *Global Economic History*, 7.

36. Allen, *Global Economic History*, 41 – 42; Lewis, *Evolution*; Joel Mokyr, *The British Industrial Revolution: An Economic Perspective*, New York: Routledge, 2018 [1999]; Edgar J. Dosman, *The Life and Times of Raul Prebisch, 1901 – 1986*, Montreal: McGill-Queen's University Press, 2008.

第 2 章 技术驱动型增长的加速

1. Kenneth Whyte, *Hoover: An Extraordinary Life in Extraordinary Times*, New York: Alfred A. Knopf, 2017; Herbert Hoover, *The Memoirs of Herbert Hoover*, vol. 1, *Years of Adventure, 1874 – 1920*; vol. 2, *The Cabinet and the Presidency, 1920 – 1933*; vol. 3, *The Great Depression, 1929 – 1941*, New York: Macmillan, 1951 – 1953; Rose Wilder Lane, *The Making of Herbert Hoover*, New York: Century, 1920.

2. Ellsworth Carlson, *The Kaiping Mines*, Cambridge, MA: Harvard University Press, 1957.

3. 关于全球经济领导力，请参见：W. Arthur Lewis, *Growth and Fluctuations*,

1870 – 1913, London: G. Allen and Unwin, 1978, 94 – 113。

4. Jack Goldstone, "Efflorescences and Economic Growth in World History: Rethinking the 'Rise of the West' and the Industrial Revolution," *Journal of World History* 13, no. 2(September 2002):323 – 389.

5. Lewis, *Growth*, 14.

6. "Globalization over Five Centuries, World," Our World in Data, https://ourworldindata.org/grapher/globalization-over-5-centuries?country = ~ OWID_WRL.

7. 在比瓦格纳歌剧更古老的传说里,则是 Ragin。参阅:Stephan Grundy, *Rhinegold*, New York: Bantam, 1994, 47 – 63, 332 – 333。

8. 关于1700—1945年的技术史,至少在我看来,最好的著作依然是:David Landes, *The Unbound Prometheus*, Cambridge: Cambridge University Press, 1969。

9. Robert Gordon, *The Rise and Fall of American Growth: The U. S. Standard of Living Since the Civil War*, Princeton, NJ: Princeton University Press, 2017, 61.

10. Donald Sassoon, *One Hundred Years of Socialism: The West European Left in the Twentieth Century*, New York: New Press, 1996, xxxiii。请注意,Sassoon 并不是特别喜欢把纪念革命的理念转变为对技术奇迹的庆贺。

11. Thomas Piketty, *Capital in the Twenty-First Century*, Cambridge, MA: Harvard University Press, 2014, 24; Mark Twain and Charles Dudley Warner, *The Gilded Age: A Novel of Today*, Boone, IA: Library of America, 2002[1873].

12. 关于1900年左右美国产业工人阶级的生活状况,参阅:Margaret Frances Byington, *Homestead: The Households of a Mill Town*, New York: Charities Publication Committee, 1910。

13. Nicola Tesla, *My Inventions: The Autobiography of Nicola Tesla*, New York: Hart Bros., 1982[1919]; Marc Seifer, *Wizard: The Life and Times of Nikola Tesla*, Toronto: Citadel Press, 2011.

14. Margaret Cheney, *Tesla: Man Out of Time*, New York: Simon and Schuster, 2001, 56.

15. Nikola Tesla, "My Early Life," *Electrical Experimenter*, 1919, reprinted by David Major at Medium, January 4, 2017, https://medium.com/@dlmajor/my-early-life-by-nikola-tesla-7b55945ee114.

16. Paul David, "Heroes, Herds, and Hysteresis in Technological History: Thomas Edison and the 'Battle of the Systems' Reconsidered," *Industrial and Corporate Change* 1, no. 1(1992):125 – 180; Landes, *Unbound Prometheus*, 284 – 289.

17. 关于当时的环境，参阅：Graham Moore, *The Last Days of Night: A Novel*, New York: Random House, 2016。

18. Quentin Skrabec, *George Westinghouse: Gentle Genius*, New York: Algora, 2007, 7 – 23.

19. David Glantz, *Operation Barbarossa: Hitler's Invasion of Russia, 1941*, Cheltenham, UK: History Press, 2011, 19 – 22.

20. Irwin Collier 认为 G. H. M. 应该是 Gilbert Holland Montague。Irwin Collier, "Harvard (?) Professor's Standard of Living, 1905," *Economics in the Rear-View Mirror*, 2017, www. irwincollier. com/harvard-professors-standard-of-living-1905; "Gilbert Holland Mongague, 1880 – 1961," Internet Archive Wayback Machine, https://web. archive. org/web/20040310032941/http://www. montaguemillennium. com/familyresearch/h_1961_gilbert. htm。

21. G. H. M. , "What Should College Professors Be Paid?," *Atlantic Monthly* 95, no. 5(May 1905): 647 – 650.

22. Byington, *Homestead*.

23. Ray Ginger, *Age of Excess: American Life from the End of Reconstruction to World War I*, New York: Macmillan, 1965, 95.

24. J. R. Habakkuk, *American and British Technology in the Nineteenth Century: The Search for Labour-Saving Inventions*, Cambridge: Cambridge University Press, 1962.

25. Claudia D. Goldin and Lawrence F. Katz, *The Race Between Education and Technology*, Cambridge, MA: Harvard University Press, 2008; Claudia Goldin, "The Human Capital Century and American Leadership: Virtues of the Past," National Bureau of Economic Research (NBER) working paper 8239, *Journal of Economic History* 61, no. 2 (June 2001): 263 – 292, available at NBER, www. nber. org/papers/w8239.

26. Leon Trostry, *My Life: An Attempt at an Autobiography*, New York: Charles Scribner's Sons, 1930.

27. Joseph Schumpeter, *Capitalism, Sociedism, and Democracy*, New York: Harper and Bros. , 1942, 83.

第 3 章 发达国家的民主化

1. Alexander Hamilton, John Jay, and James Madison, *The Federalist Papers*, New

York Packet, Independent Journal, Daily Advertiser, collected with nos. 78 – 85 added, in *The Federalist: A Collection of Essays, Written in Favour of the New Constitution, as Agreed upon by the Federal Convention, September 17, 1787*, New York: J. and A. McLean, 1787 – 1788, no. 10。在线全文可参考：Library of Congress, https://guides.loc.gov/federalist-papers/full-text。

2. Thomas Jefferson, Letter to George Washington, May 23, 1792, in Noble Cunningham, *Jefferson vs. Hamilton: Confrontations That Shaped a Nation*, Boston: Bedford/St. Martins, 2000, 79.

3. Munro Price, *The Perilous Crown*, New York: Pan Macmillan, 2010, 308, 351 – 360.

4. Daniel Ziblatt, *Conservative Parties and the Birth of Democracy*, Cambridge: Cambridge University Press, 2017, 109.

5. Ellis A. Wasson, "The Spirit of Reform, 1832 and 1867," *Albion: A Quarterly Journal Concerned with British Studies* 12, no. 2 (Summer 1980): 164 – 174.

6. John W. Dean, *The Rehnquist Choice: The Untold Story of the Nixon Appointment That Redefined the Supreme Court*, New York: Free Press, 2001, 160, 312.

7. Friedrich A. von Hayek, *The Constitution of Liberty*, Chicago: University of Chicago Press, 1960, 148.

8. Hayek, *Constitution*, 286.

9. Friedrich A. von Hayek, *The Road to Serfdom*, London: Routledge, 1944, 124.

10. Friedrich A. von Hayek, *Law, Legislation and Liberty: The Political Order of a Free People*, Chicago: University of Chicago Press, 1979, 172.

11. Isaiah Berlin, *The Hedgehog and the Fox: An Essay on Tolstoy's View of History*, London: Weidenfeld and Nicolson, 1953, 1.

12. Karl Polanyi, *The Great Transformation*, New York: Farrar and Rinehart, 1944, 84.

13. 值得注意的是，在马克思确定把"资产阶级"作为对正在到来的工业市场经济的所有仇恨与爱慕的标签之前，他曾在写作中采用"犹太式"的说法。参见：Jonathan Sperber, *Karl Marx: A Nineteenth-Century Life*, New York: Liveright, 2013, 133。

14. Polanyi, *Great Transformation*, 144, 153 – 162.

15. William Cronon, *Nature's Metropolis: Chicago and the Great West*, New York: W. W. Norton, 1992.

16. Ray Ginger, *The Age of Excess: The United States from 1877 to 1914*, New York: Macmillan, 1965; Ray Ginger, *Altgeld's America: The Lincoln Ideal Versus Changing Realities*, Chicago: Quadrangle Books, 1958.

17. John Peter Altgeld, *Our Penal Machinery and Its Victims*, Chicago: A. C. McClurg and Company, 1886.

18. Clarence Darrow, *The Story of My Life*, New York: Scribner's, 1932, 66.

19. US Constitution, Art. IV § 4.

20. Allan Nevins, *Grover Cleveland: A Study in Courage*, New York: Dodd, Mean, 1930, 691.

21. Ginger, *Age of Excess*, 359.

22. Darrow, *My Life*, 93.

23. Clarence Darrow, *Closing Arguments: Clarence Darrow on Religion, Law, and Society*, Columbus: Ohio University Press, 2005, 202.

24. W. E. B. Du Bois, "My Evolving Program for Negro Freedom," in *What the Negro Wants*, ed. Rayford W. Logan, Chapel Hill: University of North Carolina Press, 1944, 36.

25. Booker T. Washington, *Up from Slavery: An Autobiography*, London: George Harrap, 1934[1901], 137.

26. Annette Gordon-Reed, "The Color Line: W. E. B. Du Bois's Exhibit at the 1900 Paris Exposition," *New York Review of Books*, August 19, 2021, www.nybooks.com/articles/2021/08/19/du-bois-color-line-paris-exposition.

27. W. E. B. Du Bois, *The Souls of Black Folk*, Chicago: A. C. McClurg, 1903, n. p.

28. Alexis de Tocqueville, *Souvenirs*, Paris: Calmann Lévy, 1893 [1850 – 1852], n. p.

29. Jean-François de La Harpe, *Cours de Littérature Ancienne et Moderne*, Paris: Didot Frères, 1840, n. p.

30. William L. Shirer, *The Collapse of the Third Republic: An Inquiry into the Fall of France in 1940*, New York: Pocket Books, 1971, 33 – 39.

31. Donald Sassoon, *One Hundred Years of Socialism: The West European Left in the Twentieth Century*, New York: New Press, 1996, 5 – 25.

32. John Maynard Keynes, *The End of Laissez-Faire*, London: Hogarth Press, 1926, n. p.

33. Andrew Carnegie,"Wealth,"*North American Review* 148, no. 391（June 1889）:n. p. , available from Robert Bannister at Swarthmore College, June 27, 1995, www. swarthmore. edu/SocSci/rbannis1/AIH19th/Carnegie. html.

34. Winston S. Churchill, *The World Crisis*, vol. 1, New York: Charles Scribner's Sons, 1923, 33.

35. Arthur Conan Doyle, *His Last Bow: Some Reminiscences of Sherlock Holmes*, New York: George H. Doran, 1917, 307 – 308.

36. John Maynard Keynes, *The Economic Consequences of the Peace*, London: Macmillan, 1919, 22.

第4章　全球帝国

1. Bernal Díaz del Castillo, *The History of the Conquest of New Spain*, Albuquerque: University of New Mexico Press, 2008［1568］.

2. David Abernethy, *The Dynamics of Global Dominance: European Overseas Empires, 1415 – 1980*, New Haven, CT: Yale University Press, 2000, 242 – 248.

3. Eric Williams, *Capitalism and Slavery*, Chapel Hill: University of North Carolina Press, 1944; Nathan Nunn and Leonard Wantchekon, "The Slave Trade and the Origins of Mistrust in Africa," *American Economic Review* 101, no. 7（December 2011）:3221 – 3252, available at American Economic Association, www. aeaweb. org/articles? id = 10. 1257/aer. 101. 7. 3221.

4. Winston Churchill, *The River War: An Historical Account of the Reconquest of the Sudan*, London: Longmans, Green, 1899, n. p.

5. L. A. Knight, "The Royal Titles Act and India," *Historical Journal* 11, no. 3（1968）:488 – 507.

6. Karl Marx, "British Rule in India," *New-York Daily Tribune*, June 25, 1853, available at Marxists Internet Archive, www. marxists. org/archive/marx/works/1853/06/25. htm; Karl Marx, "The Future Results of British Rule in India," *New-York Daily Tribune*, July 22, 1853, available at Marxists Internet Archive, www. marxists. org/archive/marx/410. htm.

7. Dugald Stewart, *Account of the Life and Writings of Adam Smith, LL. D.* , Edinburgh: Transactions of the Royal Society of Edinburgh, 1794, available at my website at https://delong. typepad. com/files/stewart. pdf.

8. Mancur Olson, *The Rise and Decline of Nations: Economic Growth, Stagflation, and Social Rigidities*, New Haven, CT: Yale University Press, 1982, 179.

9. Afaf Lutfi al-Sayyid Marsot, *A Short History of Modern Egypt*, Cambridge: Cambridge University Press, 1985, 48 – 68.

10. Laura Panza and Jeffrey G. Williamson, " Did Muhammad Ali Foster Industrialization in Early 19th Century Egypt?," *Economic History Review* 68 (2015): 79 – 100.

11. David Landes, "Bankers and Pashas: International Finance and Imperialism in the Egypt of the 1860's," PhD diss., Harvard University, 1953.

12. Alicia E. Neve Little, *Li Hung-Chang: His Life and Times*, London: Cassell and Company, 1903; Jonathan Spence, *The Search for Modern China*, New York: W. W. Norton, 1990.

13. Ellsworth Carlson, *The Kaiping Mines*, Cambridge, MA: Harvard University Press, 1957.

14. Robert Allen, *The British Industrial Revolution in Global Perspective*, Cambridge: Cambridge University Press, 2009.

15. A. L. Sadler, *The Maker of Modern Japan: The Life of Tokugawa Ieyasu*, London: Routledge, 1937; Conrad D. Totman, *The Collapse of the Tokugawa Bakufu: 1862 – 1868*, Honolulu: University Press of Hawaii, 1980.

16. Robert Allen, *Global Economic History: A Very Short Introduction*, Oxford: Oxford University Press, 2013, 118 – 119.

17. Totman, *Collapse of the Tokugawa Bakufu*; Jerry Kamm Fisher, *The Meirokusha*, Charlottesville: University of Virginia Press, 1974.

18. John P. Tang, "Railroad Expansion and Industrialization: Evidence from Meiji Japan," *Journal of Economic History* 74, no. 3 (September 2014): 863 – 886; George Allen, *A Short Economic History of Modern Japan, 1867 – 1937*, London: Allen and Unwin, 1972, 32 – 62, 81 – 99.

19. Myung Soo Cha, "Did Takahashi Korekiyo Rescue Japan from the Great Depression?," *Journal of Economic History* 63, no. 1 (March 2003): 127 – 144; Dick Nanto and Shinji Takagi, "Korekiyo Takahashi and Japan's Recovery from the Great Depression," *American Economic Review* 75, no. 2 (May 1985): 369 – 374; Richard J. Smethurst, *From Foot Soldier to Finance Minister: Takahashi Korekiyo, Japan's Keynes*, Cambridge, MA: Harvard University Asia Center, 2007.

20. Kozo Yamamura, "Success Illgotten? The Role of Meiji Militarism in Japan's Technological Progress," *Journal of Economic History* 37, no. 1 (March 1977):113-135.

21. Rudyard Kipling, "White Man's Burden," *The Times*, February 4, 1899, reprinted at Wikipedia, https://en.wikipedia.org/wiki/The_White_Man%27s_Burden.

22. Joseph Schumpeter, "The Sociology of Imperialisms," 1918, in *Imperialism and Social Classes: Two Essays by Joseph Schumpeter*, Cleveland: Meridian Books, 2007.

23. John Hobson, *Imperialism: A Study*, London: James Nisbet, 1902.

24. Norman Angell, *Europe's Optical Illusion*, Hamilton, Kent, UK: Simpkin, Marshall, 1908.

第5章 第一次世界大战

1. Norman Angell, *Peace Theories and the Balkan War*, London: Horace Marshall and Son, 1912, 124.

2. "Otto von Bismarck," Social Security Administration, n.d., www.ssa.gov/history/ottob.html; Otto von Bismarck, "Bismarck's Reichstag Speech on the Law for Workers' Compensation (March 15, 1884)," German Historical Institute, German History in Documents and Images, https://germanhistorydocs.ghi-dc.org/sub_document.cfm?document_id=1809.

3. Thomas Pakenham, *The Boer War*, New York: HarperCollins, 1992.

4. George Dangerfield, *The Strange Death of Liberal England*, London: Harrison Smith and Robert Haas, 1935.

5. Max Weber, *The National State and Economic Policy*, Freiburg, 1895, quoted in Wolfgang J. Mommsen and Jürgen Osterhammel, *Max Weber and His Contemporaries*, London: Routledge, 1987, 36.

6. Max Weber, *The Sociology of Religion*, excerpted in Max Weber, Hans Heinrich Gerth, and C. Wright Mills, eds., *From Max Weber: Essays in Sociology*, London: Routledge and Kegan Paul, 1948, 280.

7. Robert Forczyk, *Erich von Manstein: Leadership, Strategy, Conflict*, Oxford: Osprey Publishing, 2010.

8. Christopher Clark, *The Sleepwalkers: How Europe Went to War in 1914*, London:

Allen Lane,2012;David Mackenzie,*The"Black Hand" on Trial:Salonika 1917*,New York:Columbia University Press, 1995; W. A. Dolph Owings, *The Sarajevo Trial*, Chapel Hill,NC:Documentary Publications,1984.

9. Arno Mayer,*The Persistence of the Old Regime:Europe to the Great War*,New York:Pantheon Books,1981.

10. Robert Citino,*The German Way of War:From the Thirty Years' War to the Third Reich*,Lawrence:University Press of Kansas,2005.

11. Niall Ferguson,*The Pity of War*,London:Penguin,1998,xxxix.

12. Adam Tooze,*The Deluge:The Great War,America and the Remaking of the Global Order*,New York:Penguin Random House,2014.

13. Walther Rathenau,*To Germany's Youth*,Berlin:S. Fischer,1918,9.

14. Hugo Haase,"Social Democratic Party Statement on the Outbreak of the War,"August 4,1914,quoted in"The Socialists Support the War(August 4,1914)," German Historical Institute, German History in Documents and Images, https://germanhistorydocs. ghi-dc. org/sub_document. cfm? document_id = 816&language = english.

15. Michael Howard,*The First World War*,Oxford:Oxford University Press,2002。简短的版本参见:Michael Howard,*The First World War:A Very Short Introduction*,Oxford:Oxford University Press,2007。

16. John Maynard Keynes, *The Economic Consequences of the Peace*, London: Macmillan,1919,7.

17. Robert Skidelsky,*John Maynard Keynes, 1883 - 1946:Economist, Philosopher, Statesman*,New York:Penguin,2005.

第 6 章 喧嚣的 20 世纪 20 年代

1. 1989 年 7 月 6 日，时任苏联共产党总书记的戈尔巴乔夫在"把欧洲建成共同家园"（Europe as a Common Home）的演讲中也做了类似表述：transcript at Roy Rosenzweig Center for History and New Media,formerly the Center for History and New Media, George Mason University, https://chnm. gmu. edu/1989/archive/files/gorbachev-speech - 7 - 6 - 89_e3ccb87237. pdf。

2. Joseph Schumpeter, *Capitalism, Socialism, and Democracy*, New York:Taylor and Francis,2013[1942].

3. Karl Popper, *The Open Society and Its Enemies*, New York:Taylor and Francis, 2012[1945].

4. Peter Drucker, *Management: Tasks, Responsibilities, Practices*, New York: HarperCollins, 1993 [1973]; Alasdair Macintyre, *After Virtue: A Study in Moral Theory*, South Bend, IN:University of Notre Dame Press,1981.

5. 关于这一思想在科学技术研究领域的应用的精彩论述,可参见: Partha Dasgupta,*Economics:A Very Short Introduction*, Oxford:Oxford University Press,2007, 90 – 99。

6. Charles Kindleberger, *The World in Depression, 1929 – 1939*, Berkeley: University of California Press,1973,291 – 292.

7. Margaret MacMillan, *Paris 1919: Six Months That Changed the World*, New York:Random House,2001.

8. Laura Spinney,*Pale Rider: The Spanish Flu of 1918 and How It Changed the World*, New York:PublicAffairs,2017.

9. Wladimir S. Woytinsky, *Stormy Passage: A Personal History Through Two Russian Revolutions to Democracy and Freedom,1905 – 1960*, New York:Vanguard, 1961.

10. Woodrow Wilson, "Address of the President of the United States to the Senate,"January 22,1917,posted at University of Michigan-Dearborn,Personal Pages, www-personal. umd. umich. edu/ ~ ppennock/doc-Wilsonpeace. htm.

11. John Maynard Keynes, *The Economic Consequences of the Peace*, London: Macmillan,1919,37 – 55.

12. Keynes,*Economic Consequences*,3.

13. Keynes,*Economic Consequences*,3 – 4.

14. Jan Christiaan Smuts,*Selections from the Smuts Papers*,vol. 4,*November 1918 – August 1919*,Cambridge:Cambridge University Press,1966,152 – 153.

15. George H. Nash,*The Life of Herbert Hoover: The Humanitarian,1914 – 1917*, New York:W. W. Norton,1988;George H. Nash,*The Life of Herbert Hoover:Master of Emergencies,1917 – 1918*, New York:W. W. Norton,1996;Kendrick A. Clements,*The Life of Herbert Hoover: Imperfect Visionary, 1918 – 1928*, New York:Palgrave Macmillan,2010.

16. Keynes,*Economic Consequences*,268.

17. Keynes,*Economic Consequences*,149.

18. Christian Seidl,"The Bauer-Schumpeter Controversy on Socialization," *History of Economic Ideas* 2, no. 2(1994):53,引自 Joseph Schumpeter 1917 年的"Die Krise des Steuerstaates," 其再版版本为：Joseph Schumpeter,"Die Krise des Steuerstaates," *Aufsätze zur Soziologie*,Tübingen：J. C. B. Mohr(Paul Siebeck),1953。

19. Joe Weisenthal,Tracy Alloway,and Zach Carter,"The Real Story of Weimar Hyperinflation," Bloomberg,*Odd Lots Podcast*,April 15,2021,www. bloomberg. com/news/articles/2021-04-15/zach-carter-on-the-real-story-of-weimar-hyperinflation；Sally Marks,"The Myths of Reparations," *Central European History* 11,no. 3(2008):231 – 255.

20. Barry J. Eichengreen,*Golden Fetters：The Gold Standard and the Great Depression*,New York：Oxford University Press,1992。短语"金脚镣"(golden fetters),比如,"降临在我们身上的不是灾难,而是一种幸福的解脱；我们的金脚镣的折断使我们恢复了对命运的掌控",来自 John Maynard Keynes,"Two Years Off Gold：How Far Are We from Prosperity Now?," *Daily Mail*,September 19,1933,重印于 John Maynard Keynes,*The Collected Writings of John Maynard Keynes*,vol. 21,*Activities*,*1931 – 1939：World Crises and Policies in Britain and America*,Cambridge：Cambridge University Press,1982,285。

21. Robert Skidelsky,*John Maynard Keynes*,*1883 – 1946：Economist*,*Philosopher*,*Statesman*,New York：Penguin,2005,217 – 249.

22. Skidelsky,*Keynes*；P. J. Grigg,*Prejudice and Judgment*,London：Jonathan Cape,1948,183。我觉得 Grigg 不可靠,原因我在本章的在线注释中做了说明,具体参见：https://braddelong. substack. com/p/chapter-vi-roaring-twenties。

23. Eichengreen,*Golden Fetters*,153 – 186.

24. Paul Krugman,"Notes on Globalization and Slowbalization," November 2020,The Graduate Center,City University of New York,www. gc. cuny. edu/CUNY_GC/media/LISCenter/pkrugman/Notes-on-globalization-and-slowbalization. pdf.

25. Kevin H. O'Rourke,"Globalization in Historical Perspective," in *Globalization and Unemployment*,ed. H. Wagner,Berlin：Springer-Verlag,2000.

26. William C. Widenor,*Henry Cabot Lodge and the Search for an American Foreign Policy*,Berkeley：University of California Press,1980；Henry Cabot Lodge,"Lynch Law and Unrestricted Immigration," *North American Review* 152,no. 414(May 1891):602 – 612。伍德罗·威尔逊坚信,到 19 世纪 80 年代移民已成为美国的威胁：Woodrow Wilson,*Division and Reunion*,*1829 – 1889*,London：Longmans,

Green,1893,297。

27. Eric S. Yellin,"How the Black Middle Class Was Attacked by Woodrow Wilson's Administration," *The Conversation*, February 8, 2016, https://theconversation. com/how-the-black-middle-class-was-attacked-by-woodrow-wilsons-administration-52200; Franklin Delano Roosevelt, "Cover Memorandum," August 7, 1916, reprinted in"Roosevelt Exposed as Rabid Jim Crower by Navy Order,"*Chicago Defender*, October 15, 1932, 1, available at Internet Archive Wayback Machine, web. archive. org/web/20110104185404/http://j-bradford-delong. net/2007_images/20070728_Roosevelt_memo. pdf.

28. J. H. Habakkuk,*American and British Technology in the Nineteenth Century: The Search for Labour Saving Inventions*, Cambridge: Cambridge University Press, 1962; David A. Hounshell, *From the American System to Mass Production: The Development of Manufacturing Technology in the United States, 1850 – 1920*, Wilmington: University of Delaware Press,1978.

29. Paul A. David,"The Dynamo and the Computer: An Historical Perspective on the Modern Productivity Paradox,"*American Economic Review* 80, no. 2 (May 1990): 355 – 361.

30. Daniel Raff,"Wage Determination Theory and the Five-Dollar Day at Ford: A Detailed Examination" (PhD diss., Massachusetts Institute of Technology, 1987); Daniel M. G. Raff and Lawrence H. Summers, "Did Henry Ford Pay Efficiency Wages?,"*Journal of Labor Economics* 5, no. 4, pt. 2(October 1987):S57 – S86.

31. "Theodore N. Vail on Public Utilities and Public Policies,"*Public Service Management* 14, no. 6(June 1913):208.

32. Alfred P. Sloan,*My Years with General Motors*, New York: Doubleday,1964; Peter F. Drucker,*The Concept of the Corporation*,New York:John Day,1946.

33. Aldous Huxley,*Brave New World*,New York:Random House,2008[1932].

34. O. M. W. Sprague, *History of Crises Under the National Banking System*, Washington, DC: Government Printing Office, 1910, archived at Federal Reserve Archival System for Economic Research (FRASER), https://fraser. stlouisfed. org/files/docs/historical/nmc/nmc_538_1910. pdf; Elmus Wicker,*Banking Panics of the Gilded Age*,Cambridge:Cambridge University Press,2000.

35. Nash,*Master of Emergencies*;Clements,*Imperfect Visionary*.

36. Calvin Coolidge, "Sixth Annual Message," 1928, American Presidency

Project, University of California, Santa Barbara, www. presidency. ucsb. edu/ documents/sixth-annual-message-5.

37. Calvin Coolidge,"Address to the American Society of Newspaper Editors, Washington, D. C. ," January 17, 1925, American Presidency Project, University of California, Santa Barbara, www. presidency. ucsb. edu/documents/address-the-american-society-newspaper-editors-washington-dc.

38. Edward A. Filene,"The New Capitalism,"*Annals of the American Academy of Political and Social Science* 149, no. 1(May 1930):3 – 11.

39. "Fisher Sees Stocks Permanently High,"*New York Times*, October 16,1929, https://timesmachine. nytimes. com/timesmachine/1929/10/16/9600 0134. html.

40. J. Bradford DeLong and Andrei Shleifer, "Closed-End Fund Discounts: A Yardstick of Small-Investor Sentiment," *Journal of Portfolio Management* 18, no. 2 (Winter 1992):46 – 53.

41. Eichengreen, *Golden Fetters*,222 – 256.

42. Douglas Irwin,"Who Anticipated the Great Depression? Gustav Cassel Versus Keynes and Hayek on the Interwar Gold Standard," *Journal of Money, Credit, and Banking* 46, no. 1 (February 2014): 199 – 227, https://cpb-us-e1. wpmucdn. com/ sites. dartmouth. edu/dist/c/1993/files/2021/01/jmcb. 12102. pdf.

43. John Kenneth Galbraith,*The Great Crash,1929*,Boston:Houghton Mifflin,1955.

第7章 大萧条

1. Jean-Baptiste Say, *A Treatise on Political Economy*, Philadelphia: Gregg and Elliot,1843[1803].

2. John Stuart Mill, *Essays on Some Unsettled Questions in Political Economy*, London:John W. Parker, 1844 [1829]; John Maynard Keynes, *The General Theory of Employment, Interest and Money*, London: Macmillan, 1936; William Baumol, "Retrospectives:Say's Law,"*Journal of Economic Perspectives* 13,no. 1(Winter 1999): 195 – 204,available at American Economic Association,https://pubs. aeaweb. org/doi/ pdfplus/10. 1257/jep. 13. 1. 195.

3. Karl Marx,*Theories of Surplus Value*,Moscow:Progress Publishers,1971[1861 – 1863], chap. 17, n. p. , available at Marxists Internet Archive, www. marxists. org/ archive/marx/works/1863/theories-surplus-value/ch17. htm.

4. Thomas Robert Malthus, *Principles of Political Economy Considered with a View Toward Their Practical Application*, 2nd ed., London: W. Pickering, 1836 [1820]; Mill, *Unsettled Questions*.

5. 对这一有力而重要观点的最好表述，来自 Nick Rowe。参见："Why Is Macroeconomics So Hard to Teach?," *Economist*, August 9, 2018, www. economist. com/finance-and-economics/2018/08/09/why-is-macro economics-so-hard-to-teach。

6. Jean-Baptiste Say, *Cours Complet d'Economie Politique Pratique*, Paris: Chez Rapilly, 1828 – 1830.

7. E. M. Forster, *Marianne Thornton: A Domestic Biography, 1797 – 1887*, New York: Harcourt Brace Jovanovich, 1973 [1902], 109 – 123.

8. Quoted in Walter Bagehot, *Lombard Street: A Description of the Money Market*, London: Henry S. King, 1873, 53.

9. John Kenneth Galbraith, *The Great Crash 1929*, Boston: Houghton Mifflin, 1955.

10. Barry J. Eichengreen, *Golden Fetters: The Gold Standard and the Great Depression*, New York: Oxford University Press, 1992, 258 – 316.

11. George Orwell, *The Road to Wigan Pier*, London: Left Book Club, 1937.

12. Eichengreen, *Golden Fetters*, 256 – 268.

13. Joseph Schumpeter, "Depressions," in Douglass V. Brown, Edward Chamberlin, Seymour E. Harris, Wassily W. Leontief, Edward S. Mason, Joseph A. Schumpeter, and Overton H. Taylor, *The Economics of the Recovery Program*, New York: McGraw-Hill, 1934, 16.

14. Friedrich A. von Hayek, "Prices and Production," 1931, in Friedrich A. von Hayek, *Prices and Production and Other Works*, Auburn, AL: Ludwig von Mises Institute, 2008, 275.

15. Schumpeter, "Depressions," 16.

16. Herbert Hoover, *The Memoirs of Herbert Hoover*, vol. 3, *The Great Depression, 1929 – 1941*, New York: Macmillan, 1953, 30.

17. Mill, *Unsettled Questions*, n. p.

18. Bagehot, *Lombard Street*; Robert Peel, "Letter of 1844," in *British Parliamentary Papers*, 1847, vol. 2, xxix, quoted in Charles Kindleberger, *A Financial History of Western Europe*, London: George Allen and Unwin, 1984, 90.

19. Ralph G. Hawtrey, *A Century of Bank Rate*, London: Taylor and Francis, 1995 [1938], 145.

20. John Maynard Keynes, "The Great Slump of 1930," *Nation and Athenaeum*, December 20 and 27, 1930, n. p.

21. John Maynard Keynes, *The Economic Consequences of the Peace*, London: Macmillan, 1919, 251.

22. Barry Eichengreen and Jeffrey Sachs, "Exchange Rates and Economic Recovery in the 1930s," National Bureau of Economic Research (NBER) working paper 1498, *Journal of Economic History* 45, no. 4 (December 1985): 925 – 946, available at NBER, www. nber. org/papers/w1498.

23. Franklin Delano Roosevelt, "First Inaugural Address," March 4, 1933, American Presidency Project, University of California, Santa Barbara, www. presidency. ucsb. edu/documents/inaugural-address-8.

24. P. J. Grigg, *Prejudice and Judgment*, London: Jonathan Cape, 1948, 7.

25. Jacob Viner, "Review: Mr. Keynes on the Causes of Unemployment," *Quarterly Journal of Economics* 51, no. 1 (November 1936): 147 – 167.

26. Keynes, *General Theory*, chap. 24, n. p.

27. Margaret Weir and Theda Skocpol, "State Structures and Social Keynesianism: Responses to the Great Depression in Sweden and the United States," *International Journal of Comparative Sociology* 24, nos. 1 – 2 (January 1983).

28. Richard J. Smethurst, *From Foot Soldier to Finance Minister: Takahashi Korekiyo*, Cambridge, MA: Harvard University Asia Center, 2007.

29. Hjalmar Horace Greeley Schacht, *Confessions of "the Old Wizard": Autobiography*, Boston: Houghton Mifflin, 1956.

30. Nico Voigtlaender and Hans-Joachim Voth, "Highway to Hitler," National Bureau of Economic Research (NBER) working paper 20150, issue date May 2014, revised January 2021, available at NBER, www. nber. org/papers/w20150.

31. Adolf Hitler, *Mein Kampf*, Baltimore: Pimlico, 1992 [1925]; Adolf Hitler, *Hitler's Second Book*, New York: Enigma Books, 2006.

32. Eichengreen, *Golden Fetters*, 411.

33. "Statement of J. Bradford DeLong, Professor of Economics, University of California at Berkeley," in "Lessons from the New Deal: Hearing Before the Subcommittee on Economic Policy of the Committee of Banking, Housing, and Urban Affairs, United States Senate, One Hundred Eleventh Congress, First Session, on What Lessons Can Congress Learn from the New Deal That Can Help Drive Our Economy

Today," March 31, 2009, Washington, DC: Government Printing Office, 2009, 21 - 22, 53 - 60, available at US Gov-ernment Publishing Office website, www. govinfo. gov/content/pkg/CHRG-111shrg53161/html/CHRG-111shrg53161. htm.

34. Peter Temin, *Lessons from the Great Depression*, Cambridge, MA: MIT Press, 1991.

35. William L. Shirer, *The Collapse of the Third Republic: An Inquiry into the Fall of France in 1940*, New York: Pocket Books, 1971, 294.

36. Orwell, *Wigan Pier*, 78.

37. Orwell, *Wigan Pier*, 40 - 42.

38. Franklin Delano Roosevelt, "Address Accepting the Presidential Nomination at the Democratic National Convention in Chicago," July 2, 1932, American Presidency Project, University of California, Santa Barbara, www. presidency. ucsb. edu/documents/address-accepting-the-presidential-nomination-the-democratic-national-convention-chicago-1.

39. Ellis Hawley, *The New Deal and the Problem of Monopoly, 1934 - 1938: A Study in Economic Schizophrenia*, Madison: University of Wisconsin Press, 1958.

40. Vaclav Smil, *Creating the Twentieth Century: Technical Innovations of 1867 - 1914 and Their Lasting Impact*, Oxford: Oxford University Press, 2005; Vaclav Smil, *Transforming the Twentieth Century: Technical Innovations and Their Consequences*, Oxford: Oxford University Press, 2006.

41. Dwight D. Eisenhower, Letter to Edgar Newton Eisenhower, November 8, 1954, available at Teaching American History, https://teachingamericanhistory.org/library/document/letter-to-edgar-newton-eisenhower.

42. John Maynard Keynes, *Essays in Persuasion*, London: Macmillan, 1933, 326 - 329.

第8章 现实版社会主义

1. Giuseppe Tomasi di Lampedusa, *The Leopard*, New York: Random House, 1960 [1958], 40.

2. Joseph Weydemeyer, "Dictatorship of the Proletariat," *Turn-Zeitung*, January 1, 1852, available at Libcom, https://libcom.org/files/Joseph%20Weydemeyer%20-%20The%20Dictatorship%20of%20the%20Proletariat%20(article%20published%

20in%20New%20York,%201852). pdf。这与哈耶克提出的"来库古时刻"有着明显的相似之处,都是号称为了挽救长远的自由而在短期内借助专制暴力手段。另外参见：Margaret Thatcher, Letter to Friedrich von Hayek, February 17, 1982。转录的电子版本可参见：Corey Robin, "Margaret Thatcher's Democracy Lessons," Jacobin, n. d., https://jacobinmag.com/2013/07/margaret-thatcher-democracy-lessons。

3. 不只是列宁,克伦威尔乃至恺撒等人都遇到过专政的"暂时"性质的问题。

4. Karl Marx, "Wage Labour and Capital," *Neue Rheinische Zeitung*, April 5 – 8, 11, 1849 [1847], chap. 9, available at Marxists Internet Archive, www.marxists.org/archive/marx/works/1847/wage-labour。

5. Karl Marx and Friedrich Engels, *Manifesto of the Communist Party*, London: Communist League, 1848, n. p.

6. George Boyer, "The Historical Background of the Communist Manifesto," *Journal of Economic Perspectives* 12, no. 4 (Fall 1998): 151 – 174.

7. Eric Hobsbawm, *Age of Extremes: The Short Twentieth Century, 1914 – 1991*, London: Michael Joseph, 1984, 379.

8. Evan Mawdsley, *The Russian Civil War*, New York: Simon and Schuster, 2009.

9. Peter Boettke, *Calculation and Coordination: Essays on Socialism and Transitional Political Economy*, New York: Routledge, 2001, 312, quoting Vladimir Lenin, "Theses for an Appeal to the International Socialist Committee and All Socialist Parties" [1931], in *Lenin Collected Works*, vol. 23, Moscow: Progress Publishers, 1964, 206 – 216, available at Marxists Internet Archive, www.marxists.org/archive/lenin/works/1916/dec/25.htm.

10. Edmund Wilson, *To the Finland Station: A Study in the Writing and Acting of History*, Garden City, NY: Doubleday, 1955 [1940], 384 – 385.

11. A central point of Michael Polanyi, "Planning and Spontaneous Order," *Manchester School of Economics and Social Studies* 16, no. 3 (1948): 237 – 268.

12. Vladimir Lenin, *Testament*, November 1922, in *Lenin Collected Works*, vol. 36, Moscow: Progress Publishers, 1966, 594 – 596, available at History Guide: Lectures on Twentieth Century Europe, www.historyguide.org/europe/testament.html.

13. Adolf Hitler, *Mein Kampf*, Baltimore: Pimlico, 1992 [1925].

14. Bertholt Brecht, "The Solution," June 1953, reprinted at Internet Poem,

https://internetpoem.com/bertolt-brecht/the-solution-poem.

15. Timothy Snyder, *Bloodlands: Europe Between Hitler and Stalin*, New York: Basic Books, 2010, 21 – 87.

第9章 法西斯主义和纳粹主义

1. Aleksandr Solzhenitsyn, *The Gulag Archipelago*, vol. 1, New York: Harper and Row, 1976, 79。索尔仁尼琴当时思考的是布尔什维克与苏联共产党的问题, 但我认为, 类似的思考同样适用于现实版社会主义及法西斯主义。

2. Andrew Carnegie, "Wealth," *North American Review* 148, no. 391 (June 1889): n. p., available from Robert Bannister at Swarthmore College, June 27, 1995, www.swarthmore.edu/SocSci/rbannis1/AIH19th/Carnegie.html.

3. Benito Mussolini, "The Doctrine of Fascism," first published in *Enciclopedia Italiana di Scienzek Lettere ed Arti*, vol. 14, Rome: Instituto Giovanni Treccani, 1932, available at San José State University faculty webpage of Andrew Wood at https://sjsu.edu/faculty/wooda/2B-HUM/Readings/The-Doctrine-of-Fascism.pdf; Antonio Scurati, *M: Son of the Century*, New York: HarperCollins, 2021; R. J. B. Bosworth, *Mussolini's Italy: Life Under the Fascist Dictatorship, 1915 – 1945*, New York: Penguin, 2005.

4. Leon Trotsky, "Political Profiles: Victor Adler," *Kievskaya Mysl*, no. 191 (July 13, 1913), available at Marxists Internet Archive, www.marxists.org/archive/trotsky/profiles/victoradler.htm.

5. Jasper Ridley, *Mussolini: A Biography*, New York: St. Martin's Press, 1998, 64.

6. George Orwell, "In Front of Your Nose," *London Tribune*, March 22, 1946, reprinted at Orwell Foundation, www.orwellfoundation.com/the-orwell-foundation/orwell/essays-and-other-works/in-front-of-your-nose.

7. John Lukacs, *A Short History of the Twentieth Century*, Cambridge, MA: Belknap Press of Harvard University Press, 2013; Francis Fukuyama, *The End of History and the Last Man*, New York: Free Press, 1992.

8. 关于当时及之后的民众对于作为个人的希特勒的反应, 我读过的最好著作是: Ron Rosenbaum, *Explaining Hitler: The Search for the Origins of His Evil*, New York: Random House, 1998。

9. 关于纳粹的一般历史记述, 我最喜欢的作品依然是: William L. Shirer,

The Rise and Fall of the Third Reich：A History of Nazi Germany，New York：Simon and Schuster，1960。其理由可以参考：Ron Rosenbaum，"Revisiting the Rise and Fall of the Third Reich，" *Smithsonian*，February 2012，www. smithsonianmag. com/history/revisiting-the-rise-and-fall-of-the-third-reich-20231221。有关的精彩的原始材料可以参考：William L. Shirer，*Berlin Diary*，New York：Knopf，1941。

10. Adolf Hitler，*Mein Kampf*，Baltimore：Pimlico，1992［1925］，298.

11. Hitler，*Mein Kampf*，121.

12. Hitler，*Mein Kampf*，119.

13. Hitler，*Mein Kampf*，500.

14. See David Ceserani，*Final Solution：The Fate of the Jews*，1933 - 49，New York：Pan Macmillan，2017；Christopher Browning，*Ordinary Men：Reserve Police Battalion 101 and the Final Solution in Poland*，New York：Harper Perennial，1993。至少在我看来，值得一看的是由 Frank Pierson 和 Loring Mandel 编剧、Kenneth Branagh 主演的 *Conspiracy*（BBC and HBO Films，2001）。

15. Leo Strauss，Letter to Karl Löwith，May 19，1933，in Leo Strauss，*Gesammelte Schriften，Bd. 3：Hobbes'politische Wissenschaft und zugehörige Schriften，Briefe*，ed. Heinrich Meier，Stuttgart：Metzler Verlag，2001，624 - 625，translation by Scott Horton at Balkinization，https：//balkin. blogspot. com/2006/07/letter_16. html.

16. Ludwig von Mises，*Liberalism：The Classical Tradition*，Jena，Germany：Gustav Fischer Verlag，1927，51.

17. Margaret Thatcher，Letter to Friedrich von Hayek，February 17，1982，transcript and digitized image available at Corey Robin，"Margaret Thatcher's Democracy Lessons，" Jacobin，n. d.，https：//jacobinmag. com/2013/07/margaret-thatcher-democracy-lessons.

18. Hitler，*Mein Kampf*.

19. George Orwell，*Homage to Catalonia*，London：Seeker and Warburg，1938，34.

20. Hermann Rauschning，*The Voice of Destruction*，New York：Pelican，1940，192.

21. Eric Hobsbawm，*Age of Extremes：The Short Twentieth Century*，1914 - 1991，London：Michael Joseph，1984，76.

22. Anton Antonov-Ovseenko，*The Time of Stalin—Portrait of a Tyranny*，New York：Harper and Row，1981，165。所谓的传播链是从目击者 Klement Voroshilov 到 Anastas Mikoyan。

第10章 第二次世界大战

1. William L. Shirer, *The Rise and Fall of the Third Reich: A History of Nazi Germany*, New York: Simon and Schuster, 1960, 197.

2. Eric Phipps, *Our Man in Berlin: The Diary of Sir Eric Phipps, 1933–1937*, Basingstoke, UK: Palgrave Macmillan, 2008, 31.

3. 在所有"我告诉过你会是这样"的记述中,金牌获得者理应是丘吉尔: Winston S. Churchill, *The Gathering Storm*, Boston: Houghton Mifflin, 1948。这部作品非常出色,但需要加上必要的修正: David Reynolds, *In Command of History: Churchill Fighting and Writing the Second World War*, New York: Random House, 2005。

4. 我一向认为丘吉尔的看法是正确的,把英国的资源投入土耳其的达达尼尔战役,远远好于让年轻人到佛兰德斯去"啃带刺的铁丝网"。Winston S. Churchill 写给 Herbert Henry Asquith 的信, December 29, 1914, Churchill Papers, 26/1;转引自 W. Mark Hamilton, "Disaster in the Dardanelles: The History of the History," International Churchill Society, November 10, 2015, https://winstonchurchill.org/publications/finest-hour/finest-hour-169/disaster-in-the-dardanelles-the-history-of-the-history。

5. David Faber, *Munich: The Appeasement Crisis*, London: Pocket Books, 2008.

6. Neville Chamberlain, "Peace for Our Time," speech, September 30, 1938, transcript at EuroDocs, https://eudocs.lib.byu.edu/index.php/Neville_Chamberlain%27s_%22Peace_For_Our_Time%22_speech.

7. Martin Gilbert, ed., *Winston S. Churchill, Companion*, vol. 5, pt. 3, *The Coming of War, 1936–1939*, London: Heinemann, 1982.

8. "The End of Czecho-Slovakia: A Day-to-Day Diary," *Bulletin of International News* 16, no. 6 (March 25, 1939): 23–39.

9. Winston S. Churchill, "The Russian Enigma," BBC, October 1, 1939, transcript at Churchill Society, www.churchill-society-london.org.uk/RusnEnig.html.

10. 关于第二次世界大战,我可以推荐的最简练的作品是: Gerhard Weinberg, *World War II: A Very Short Introduction*, Oxford: Oxford University Press, 2014。更深入的阅读可参考: Gerhard Weinberg, *A World at Arms: A Global History of World War II*, Cambridge: Cambridge University Press, 1994; R. J. Overy, *Why the*

Allies Won,London:Pimlico,1996。

11. 我认为本书至少需要一处非参考性的注释,众所周知,沃纳·冯·布劳恩除了作为纳粹奴隶主和恐怖武器制造者,他在1945年来到美国后还生活了相当长的时间。但依然令我感到惊讶的是,亚拉巴马州的亨茨维尔市中心目前还有一座沃纳·冯·布劳恩中心,承接"研讨、会议、音乐会、百老汇演出、芭蕾舞、交响乐、各类体育活动及其他更多类型活动"。参阅:www.vonbrauncenter.com/about-us。

12. David Glantz, *Barbarossa: Hitler's Invasion of Russia, 1941*, Stroud, UK:Tempus Books,2001.

13. Ernest May, *Strange Victory: Hitler's Conquest of France*, New York:Hill and Wang,2000,410.

14. William L. Shirer, *The Collapse of the Third Republic: An Inquiry into the Fall of France in 1940*, New York:Pocket Books,1971,690.

15. Shirer,Collapse,691。法国第6军司令Robert-Auguste Touchon将军在他的报告中写道,该师遭受了"猛烈的打击",并指出这"减缓了(进攻)装甲的速度"。Jean Lacouture, *De Gaulle: The Rebel: 1890 – 1944*, trans. Patrick O'Brian, New York:Norton,1990[1984],182。

16. Charles de Gaulle, "The Appeal of June 18," BBC, June 18, 1940, Internet Archive Wayback Machine, https://web.archive.org/web/20130423194941/http://www.france.fr/en/institutions-and-values/appeal-18-june.

17. Winston S. Churchill, *Their Finest Hour*, Boston:Houghton Mifflin,1949,59.

18. Churchill, *Their Finest Hour*.

19. 这是整个20世纪最惊人、最非凡的成就之一,而我对其知之甚少。

第11章 敌对但共存制度之间的冷战

1. Ron Rosenbaum, *How the End Begins: The Road to a Nuclear World War III*, New York:Simon and Schuster,2011.

2. Nikita S. Khrushchev, "On Peaceful Coexistence," *Foreign Affairs* 38, no. 1(October 1959):1 – 18.

3. "We Will Bury You," *Time*, November 26, 1956, Internet Archive Wayback Machine, https://web.archive.org/web/20070124152821/http://www.time.com/time/magazine/article/0,9171,867329,00.html.

4. 关于冷战，我强烈推荐的参考文献包括：John Lewis Gaddis, *The Cold War: A New History*, New York: Penguin, 2005, 以及同一作者的 *We Now Know: Rethinking Cold War History*, Oxford: Clarendon Press, 1997; *The United States and the Origins of the Cold War*, New York: Columbia University Press, 1972。

5. Vladimir Lenin, *Imperialism: The Highest Stage of Capitalism*, London: Lawrence and Wishart, 1948[1916].

6. Paul Sweezy, *The Theory of Capitalist Development*, New York: Monthly Review Press, 1942, 361.

7. Charles Maier, *In Search of Stability: Explorations in Historical Political Economy*, Cambridge: Cambridge University Press, 1987, 153.

8. J. Bradford DeLong and Barry Eichengreen, "The Marshall Plan: History's Most Successful Structural Adjustment Program," in *Postwar Economic Reconstruction and Its Lessons for the East Today*, ed. Rüdiger Dornbusch, Willem Nolling, and Richard Layard, Cambridge, MA: MIT Press, 2003, 189–230.

9. Richard Strout, TRB(column), *New Republic*, May 5, 1947.

10. As reported by Clark Clifford. Forrest C. Pogue, *George C. Marshall: Statesman, 1945–1959*, Lexington, MA: Plunkett Lake Press, 2020[1963], 236.

11. See Barry Eichengreen and Marc Uzan, "The Marshall Plan: Economic Effects and Implications for Eastern Europe and the Former USSR," *Economic Policy* 7, no. 14 (1992): 13–75.

12. Paul Krugman, "The Conscience of a Liberal," *New York Times*, November 30, 2010, https://krugman.blogs.nytimes.com/2010/11; Étienne Davignon, "Address," in *Jean Monnet: Proceedings of Centenary Symposium Organized by the Commission of the European Communities, Brussels, 10 November 1988*, Luxembourg: Office for Official Publications of the European Communities, 1989, 36, available at Archive of European Integration, University of Pittsburgh, http://aei-dev.library.pitt.edu/52373/1/A7287.pdf.

13. Dean Acheson, "Speech on the Far East," January 12, 1950, available at Teaching American History, https://teachingamericanhistory.org/document/speech-on-the-far-east.

14. Max Hastings, *The Korean War*, New York: Simon and Schuster, 1987.

15. John Foster Dulles, "The Evolution of Foreign Policy," Council on Foreign Relations, New York, January 12, 1954, reprinted in archives of *Air Force Magazine*,

www. airforcemag. com/PDF/MagazineArchive/Documents/2013/Septem-ber%202013/0913keeperfull. pdf.

16. George F. Kennan, "Sources of Soviet Conduct," *Foreign Affairs* 25, no. 4 (July 1947):566 – 582.

17. "We Will Bury You"; "False Claim: Nikita Khrushchev 1959 Quote to the United Nations General Assembly,"Reuters, May 11,2020, www. reuters. com/article/uk-factcheck-khrushchev-1959-quote/false-claim-nikita-khrushchev-1959-quote-to-the-united-nations-general-assembly-idUSKBN 22N25D.

18. Dwight D. Eisenhower, Letter to Edgar Newton Eisenhower, November 8, 1954,available at Teaching American History, https://teachingamerican history. org/library/document/letter-to-edgar-newton-eisenhower.

第 12 章 南方国家经济发展的虚假或真实的起步

1. W. Arthur Lewis, *Growth and Fluctuations, 1870 – 1913*, London: G. Allen and Unwin,1978,215 – 219.

2. Lant Pritchett, "Divergence, Bigtime," *Journal of Economic Perspectives* 11, no. 3(Summer 1997):3 – 17.

3. Robert Allen, *Global Economic History: A Very Short Introduction*, Oxford: Oxford University Press,2013,131 – 144.

4. Stanley Engerman and Kenneth Sokoloff, "Institutions, Factor Endowments, and Paths of Development in the New World," *Journal of Economic Perspectives* 14, no. 3 (Summer 2020): 217 – 232, available at American Economic Association, www. aeaweb. org/articles? id = 10. 1257/jep. 14. 3. 217; Rafael La Porta, Florencio Lopez-de-Silanes, and Andrei Shleifer, "The Economic Consequences of Legal Origins," *Journal of Economic Literature* 46, no. 2(June 2008):285 – 332.

5. Harold Macmillan, "Winds of Change," BBC, February 3,1960, www. bbc. co. uk/archive/tour-of-south-africa—rt-hon-macmillan/zv6gt39.

6. Ashutosh Varshney, "The Wonder of Indian Democracy," *East Asia Forum Quarterly*, February 29, 2012, www. eastasiaforum. org/2012/02/29/the-wonder-of-indian-democracy.

7. Robert Bates, *Markets and States in Tropical Africa: The Political Basis of Agricultural Policies*, Berkeley: University of California Press,1981,1.

8. Nathan Nunn,"Long Term Effects of Africa's Slave Trades,"*Quarterly Journal of Economics* 123,no. 1(February 2008):139 – 176.

9. Abubakar Tafawa Balewa, Shaihu Umar, Princeton, NJ: Markus Weiner Publishers,1989[1934];see also discussion at Aaron Bady(@zunguzungu),Twitter, May 9,2021,https://twitter.com/zunguzungu/status/1391463836314607618.

10. Niccolò Machiavelli,*The Prince*,1513.

11. Bates,*Markets and States*,131.

12. Carlos Diaz-Alejandro, *Essays on the Economic History of the Argentine Republic*,New Haven,CT:Yale University Press,1970;Gerardo della Paolera and Alan M. Taylor,*A New Economic History of Argentina*,Cambridge:Cambridge University Press,2011.

13. Paul H. Lewis, *Guerrillas and Generals: The "Dirty War" in Argentina*, Westport,CT:Praeger,2002。刘易斯的基本观点是,"阿根廷衰落的根源是其精英阶层拒绝接受大众政治"(第4页)。

14. J. Bradford DeLong and Barry Eichengreen, "The Marshall Plan: History's Most Successful Structural Adjustment Program," in *Postwar Economic Reconstruction and Its Lessons for the East Today*, ed. Rüdiger Dornbusch, Willem Nolling, and Richard Layard,Cambridge,MA:MIT Press,2003.

15. Said Amir Arjomand, *The Turban for the Crown: The Islamic Revolution in Iran*,Oxford:Oxford University Press,1988.

16. Joe Studwell, *How Asia Works: Success and Failure in the World's Most Dynamic Region*,New York:Grove Press,2013.

17. Ellen Hillbom and Jutta Bolt, *Botswana—A Modern Economic History: An African Diamond in the Rough*,Basingstoke,UK:Palgrave Macmillan,2018.

18. Carl von Clausewitz,*On War*,Princeton,NJ:Princeton University Press,1976 [1832].

19. Pritchett,"Divergence,Bigtime."

第13章 包容

1. Chinua Achebe,*Things Fall Apart*,New York:Anchor Books,1958,178.

2. W. Arthur Lewis, "Biographical," in *Nobel Lectures: Economics,1969 – 1980*, ed. Assar Lindbeck,Singapore:World Scientific Publishing Company,1992[1979],

395, reprinted at NobelPrize. org, www. nobelprize. org/prizes/economic-sciences/1979/lewis/biographical.

3. W. Arthur Lewis, *The Evolution of the International Economic Order*, Princeton, NJ: Princeton University Press, 1978.

4. Aristotle, *Politics*, trans. B. Jowett, Oxford: Clarendon Press, 1885[350 bce], 6.

5. W. E. B. Du Bois, "The Souls of White Folk," *The Collected Works of Du Bois*, e-artnow, 2018[1903], n. p.

6. Doug Jones, "Toba? Or the Sperm Whale Effect?," *Logarithmic History*, August 6, 2017, https://logarithmichistory. wordpress. com/2017/08/05/toba-or-the-sperm-whale-effect-2.

7. Thomas Sowell and Lynn D. Collins, *Essays and Data on American Ethnic Groups*, Washington, DC: Urban Institute, 1978, 208.

8. Sheera Frenkel and Cecilia Kang, *An Ugly Truth: Inside Facebook's Battle for Domination*, New York: HarperCollins, 2021。有人认为 Richard Herrnstein 和 Charles Murray 只是在"问问题"和"展示数据"（参见 Richard Herrnstein and Charles Murray, *The Bell Curve: Intelligence and Class Structure in American Life*, New York: Simon and Schuster, 1994），并由此得出结论说族裔之间的智力水平存在重要而根本的基因差异。但在我看来，他们应该反思。他们应该注意到 Charles Murray 焚烧了一个十字架，以恐吓在中西部郊区生活的两个黑人家庭，那里也是他本人自小成长的地方。在此之后，他竟然有脸宣称"在我们的简单率直的头脑中不会有种族主义的想法，这种说法是因为对我们一无所知"。可参阅：Jason DeParle, "Daring Research or 'Social Science Pornography'? Charles Murray," *New York Times*, October 9, 1994, https://timesmachine. nytimes. com/timesmachine/1994/10/09/397547. html。人们还应该注意到导致自己上当受骗的源头，他们愿意相信今天的美国黑人较为贫困不是因为过去和现在的歧视，而源于无法改变的天然本性，由此再去寻找依据。

9. Abraham Lincoln and Stephen Douglas, "First Debate: Ottawa, Illinois," August 21, 1858, National Park Service, www. nps. gov/liho/learn/historyculture/debate1. htm.

10. Lincoln and Douglas, "First Debate."

11. Martin Luther King Jr. , "I Have a Dream Today," August 28, 1963.

12. 共和党竞选策略师 Lee Atwater 在 1981 年接受 Alexander P. Lamis 访谈时称，共和党不是一个种族主义组织，因为假如它主张种族主义的话，压制黑人群体投票以及推翻《选举权利法案》就会成为保住南方选区的中心议题。然后他补充说,此刻"没有必要那么做,保住南方唯一要做的就是让里根在竞选中聚焦于如下议题……财政保守主义、平衡预算、削减税收这类老话题,另外在国防议题上保持强硬"。Atwater 表现得很有希望。他在 1981 年的上述表态或许是对的,但他强烈主张的检测方法表明,这种说法对如今的共和党完全不适用。参见:Lee Atwater,"Southern Strategy Interview," 1981, posted on YouTube in three parts by "john smith," August 3, 2013, www. youtube. com/watch? v = yeHFMId DuNQ, www. youtube. com/watch? v = btW831W0o34, and www. youtube. com/watch? v = dxmh5vXyhzA。

13. Continental Congress, Declaration of Independence, July 4, 1776, tran-script at National Archives, www. archives. gov/founding-docs/declaration-transcript; Roger B. Taney, Dred Scott v. Sandford, 60 U. S. 393(1856), Justia, https://supreme. justia. com/cases/federal/us/60/393; Harry V. Jaffa, *Crisis of the House Divided: An Interpretation of the Issues in the Lincoln-Douglas Debates*, Seattle: University of Washington Press, 1973; Harry V. Jaffa, *Storm over the Constitution*, New York: Lexington Books, 1999.

14. Tim Naftali, "Ronald Reagan's Long-Hidden Racist Conversation with Richard Nixon," *Atlantic*, July 30, 2019, www. theatlantic. com/ideas/archive/2019/07/ronald-reagans-racist-conversation-richard-nixon/595102; George Stigler, "The Problem of the Negro," *New Guard* 5(December 1965):11 – 12.

15. Dan Ziblatt, *Conservative Parties and the Birth of Democracy*, Cambridge: Cambridge University Press, 2017.

16. Edmund S. Morgan, *American Slavery, American Freedom: The Ordeal of Colonial Virginia*, New York: W. W. Norton, 1975.

17. Charles Murray, *Losing Ground: American Social Policy, 1950 – 1980*, New York: Basic Books, 1984.

18. George Gilder, *Wealth and Poverty*, New York: ICS Press, 1981.

19. Daniel Patrick Moynihan, *The Negro Family: The Case for National Action*, Office of Policy Planning and Research, US Department of Labor, March 1965, full text at US Department of Labor, www. dol. gov/general/aboutdol/history/webid-moynihan.

20. Aristotle, *Politics*, 24.

21. Doug Jones, "The Patriarchal Age," *Logarithmic History*, September 27, 2015, https://logarithmichistory. wordpress. com/2015/09/27/the-patriarchalage; Monika Karmin, Lauri Saag, Mário Vicente, Melissa A. Wilson Sayres, Mari Järve, Ulvi Gerst

Talas, Siiri Rootsi, et al. , "A Recent Bottleneck of Y Chromosome Diversity Coincides with a Global Change in Culture," *Genome Research* 25, no. 4(April 2015):459 – 466.

22. Claudia Goldin, *Understanding the Gender Gap: An Economic History of American Women*, New York: Oxford University Press, 1990.

23. Louis Menand, "How Women Got in on the Civil Rights Act," *New Yorker*, July 21, 2014, www. newyorker. com/magazine/2014/07/21/sex-amendment.

24. Goldin, *Understanding the Gender Gap*, 217.

25. Betty Friedan, *The Feminine Mystique*, New York: W. W. Norton, 1963, 474.

第14章 社会民主主义的辉煌三十年

1. Jean Fourastié, *Les Trente Glorieuses: Ou, la Révolution Invisible de 1946 à 1975*, Paris: Hachette Littérature, 1997[1949].

2. Antonio Gramsci, "Americanism and Fordism," in *Selections from the Prison Notebooks of Antonio Gramsci*, London: Lawrence and Wishart, 1971[1934], 277 – 320; Charles S. Maier, "Between Taylorism and Technocracy: European Ideologies and the Vision of Industrial Productivity in the 1920s," *Journal of Contemporary History* 5, no. 2(1970):27 – 61.

3. Martin Weitzman, "Prices Versus Quantities," *Review of Economic Studies* 41, no. 4(October 1974):477 – 491.

4. Ronald Coase, "The Nature of the Firm," *Economica* 4, no. 16 (1937): 386 – 405.

5. Janos Kornai, *The Economics of Shortage*, Amsterdam: North-Holland, 1979.

6. 以芝加哥经济学派的创始人 Henry Simons 为例，他认为负责反托拉斯的美国联邦贸易委员会是政府中最重要和最积极的部门。Henry Simons, *Economic Policy for a Free Society*, Chicago: University of Chicago Press, 1948。

7. John Maynard Keynes, *The General Theory of Employment, Interest and Money*, London: Macmillan, 1936, chap. 24.

8. Franklin Delano Roosevelt, "First Inaugural Address," March 4, 1933, American Presidency Project, University of California, Santa Barbara, www. presidency. ucsb. edu/documents/inaugural-address-8.

9. 在职业生涯中的一段时间里，弗里德曼依靠历史数据相关性来支持中性货币政策可以自动实施。但正如 Charles Goodhart 对他的警示那样，一旦各国中央银行开始将其作为调控机制,这一数据相关性就瓦解了。参见: C. A. E. Goodhart, "Problems of Monetary Management: The UK Experience," in *Monetary Theory and Practice: The UK Experience*, London: Palgrave Macmillan, 1984, 91 – 121。于是,弗里德曼又采纳了"中性就是指市场能正常运转"的立场,参见: Timothy B. Lee, "Milton Friedman Would Be Pushing for Easy Money Today," *Forbes*, June 1, 2012, www. forbes. com/sites/timothylee/2012/06/01/milton-friedman-would-be-pushing-for-easy-money-today/? sh = 76b918545b16。

10. Keynes, *General Theory*, chap. 24.

11. Employment Act of 1946, 15 U. S. C. § 1021, archived at Federal Reserve Archival System for Economic Research (FRASER), https://fraser. stlouisfed. org/title/employment-act-1946-1099; J. Bradford De Long, "Keynesianism, Pennsylvania Avenue Style: Some Economic Consequences of the Employment Act of 1946," *Journal of Economic Perspectives* 10, no. 3 (Fall 1996): 41 – 53.

12. Dwight D. Eisenhower, Letter to Edgar Newton Eisenhower, November 8, 1954, available at Teaching American History, https://teachingamericanhistory. org/library/document/letter-to-edgar-newton-eisenhower.

13. Thomas Piketty and Emmanual Saez, "Income Inequality in the United States," *Quarterly Journal of Economics* 118, no. 1 (February 2003): 1 – 39, https://eml. berkeley. edu/ ~ saez/pikettyqje. pdf.

14. Nelson Lichtenstein, *The Most Dangerous Man in Detroit: Walter Reuther and the Fate of American Labor*, New York: Basic Books, 1995.

15. J. Bradford DeLong and Barry Eichengreen, "The Marshall Plan: History's Most Successful Structural Adjustment Program," in *Postwar Economic Reconstruction and Its Lessons for the East Today*, ed. Rüdiger Dornbusch, Willem Nolling, and Richard Layard, Cambridge, MA: MIT Press, 2003.

16. Charles Kindleberger, *Europe's Postwar Growth: The Role of Labor Supply*, Cambridge, MA: Harvard University, Center for International Affairs, 1967; Barry Eichengreen, *The European Economy Since 1945: Coordinated Capitalism and Beyond*, Princeton, NJ: Princeton University Press, 1947.

17. Marcel Mauss, *The Gift: The Form and Reason for Exchange in Archaic Societies*, New York: Routledge, 1990 [1950].

18. Robert Gordon, "Postwar Macroeconomics: The Evolution of Events and Ideas," National Bureau of Economic Research (NBER) working paper 459, issue date

March 1980, available at NBER, www. nber. org/system/files/working_papers/w0459/w0459. pdf.

19. Richard Nixon, *Six Crises*, New York: Doubleday, 1962.

20. Paul Volcker and Toyoo Gyohten, *Changing Fortunes: The World's Money and the Threat to American Leadership*, New York: Random House, 1992.

21. Arthur Burns, "Progress Towards Economic Stability," *American Economic Review* 50, no. 3(March 1960):1–19.

22. John Maynard Keynes, *The Economic Consequences of the Peace*, London: Macmillan, 1919, 220.

23. Keynes, *Economic Consequences*, 235–236.

第 15 章 转向新自由主义

1. John Maynard Keynes, *The Economic Consequences of the Peace*, London: Macmillan, 1919, 22.

2. John Maynard Keynes, "Economic Possibilities for Our Grandchildren," reprinted in John Maynard Keynes, *The Collected Writings of John Maynard Keynes*, vol. 9, *Essays in Persuasion*, Cambridge: Cambridge University Press, 2013, 328.

3. Gareth Dale, *Karl Polanyi: A Life on the Left*, New York: Columbia University Press, 2016。其他值得读的作品：Tim Rogan, *The Moral Economists: R. H. Tawney, Karl Polanyi, E. P. Thompson, and the Critique of Capitalism*, Princeton, NJ: Princeton University Press, 2017。

4. Joan Robinson, *The Cultural Revolution in China*, New York: Penguin, 1967; Jan Myrdal, *Report from a Chinese Village*, New York: Pantheon Books, 1965.

5. Robert Gordon, *The Rise and Fall of American Growth: The U. S. Standard of Living Since the Civil War*, Princeton, NJ: Princeton University Press, 2017.

6. William Nordhaus, *Retrospectives on the 1970s Productivity Slowdown*, Cambridge, MA: National Bureau of Economic Research, 2004.

7. 尼克松和基辛格在多大程度上纵容了石油价格的三倍飙升（因为他们在下维度高达 11 的大棋，认为石油价格走高会给伊朗国王巴列维更多资金以购买武器，并惹怒苏联，从而对美国有利），我对这个问题一直没有找到满意的答案。当时的财政部长 William Simon 认为这是主导性的意见，也是个可怕的误判。参见：V. H. Oppenheim, "See the Past: We Pushed Them," *Foreign Policy* 25

(Winter 1976 – 1977):24 – 57;David M. Wight,*Oil Money:Middle East Petrodollars and the Transformation of US Empire*,Ithaca,NY:Cornell University Press,2021。

8. Jonathon Hazell,Juan Herreño,Emi Nakamura,and Jón Steinsson,"The Slope of the Phillips Curve:Evidence from U. S. States," National Bureau of Economic Research(NBER)working paper 28005,issue date October 2020,revised May 2021,available at NBER, www. nber. org/papers/w28005;Olivier Blanchard, "The U. S. Phillips Curve:Back to the 60s?," Peterson Institute for International Economics,January 2016,www. piie. com/publications/pb/pb16-1. pdf.

9. John A. Farrell,*Richard Nixon:The Life*,New York:Doubleday,2017.

10. Martin Feldstein, "Introduction," in *The American Economy in Transition*,ed. Martin Feldstein, Chicago:University of Chicago Press, 1980, 1 – 8;Albert O. Hirschman,*The Rhetoric of Reaction:Perversity, Futility, Jeopardy*,Cambridge,MA:Belknap Press of Harvard University Press,1991.

11. Eric Hobsbawm,*Age of Extremes:The Short Twentieth Century*,1914 – 1991,London:Michael Joseph,1984,460.

12. See Eric Hobsbawm's interview with Michael Ignatieff,"The Late Show—Eric Hobsbawm—Age of Extremes(24 October 1994)," YouTube,posted by"tw19751," November 6,2012,www. youtube. com/watch? v = Nnd 2Pu9NNPw;Sarah Lyall, "A Communist Life with No Apologies," *New York Times*,August 23,2003,www. nytimes. com/2003/08/23/books/a-communist-life-with-no-apology. html.

13. George Stigler,"The Problem of the Negro," *New Guard* 5(December 1965):11 – 12,available at Digressions and Impressions,website of Eric Schliesser,https://digressionsnimpressions. typepad. com/digressionsimpres sions/2020/06/stiglerracism. html.

14. Paul Volcker and Toyoo Gyohten,*Changing Fortunes:The World's Money and the Threat to American Leadership*,New York:Random House,1992。沃尔克回忆说,当伯恩斯担任美联储主席时,他"有些愤怒"地告诉伯恩斯:"亚瑟……你最好回去紧缩货币。"也可参见 Arthur Burns, "Progress Towards Economic Stability,"*American Economic Review* 50,no. 3(March 1960):1 – 19。

15. Stuart Eizenstat, "Economists and White House Decisions," *Journal of Economic Perspectives* 6,no. 3(Summer 1992):65 – 71.

16. Barrie Wigmore and Peter Temin, "The End of One Big Deflation," MIT Department of Economics working paper 503,1988,https://dspace. mit. edu/bitstream/

handle/1721. 1/63586/endofonebigdefla00temi. pdf; Thomas Sargent, "Stopping Moderate Inflations: The Methods of Poincaré and Thatcher," Federal Reserve Bank of Minneapolis, working paper W, May 1981, JSTOR, www. jstor. org/stable/10. 2307/community. 28111603; Laurence Ball, " The Genesis of Inflation and the Costs of Disinflation," *Journal of Money, Credit and Banking* 23, no. 3, Part 2: Price Stability (August 1991): 439 – 452.

17. Laurence Ball, "What Determines the Sacrifice Ratio?," in *Monetary Policy*, ed. N. Gregory Mankiw, Chicago: University of Chicago Press, 1994, 155 – 194.

18. Martin Feldstein, "The Dollar and the Trade Deficit in the 1980s: A Personal View," National Bureau of Economic Research (NBER) working paper 4325, issue date April 1993, available at NBER, www. nber. org/system/files/working _ papers/w4325/w4325. pdf.

19. Milton Friedman and Rose Friedman, *Free to Choose: A Personal Statement*, New York: Avon, 1979.

20. Bill Clinton, "Address Before a Joint Session of the Congress on the State of the Union," January 23, 1996, American Presidency Project, University of California, Santa Barbara, www. presidency. ucsb. edu/documents/address-before-joint-session-the-congress-the-state-the-union-10.

21. Barack Obama, "Address Before a Joint Session of the Congress on the State of the Union," January 27, 2010, American Presidency Project, University of California, Santa Barbara, www. presidency. ucsb. edu/documents/address-before-joint-session-the-congress-the-state-the-union-17.

22. Martín Carcasson, "Ending Welfare as We Know It: President Clinton and the Rhetorical Transformation of the Anti-Welfare Culture," *Rhetoric and Public Affairs* 9, no. 4 (Winter 2006): 655 – 692.

23. Alwyn W. Turner, *A Classless Society: Britain in the 1990s*, London: Aurum Press, 2013.

24. J. Bradford DeLong, "Private Accounts: Add-on, Not Carve-Out," *Grasping Reality*, May 3, 2005, https://delong. typepad. com/sdj/2005/05/private _ account. html.

25. Thomas Piketty and Emmanuel Saez, "Income Inequality in the United States, 1913 – 1998," *Quarterly Journal of Economics* 118, no. 1 (February 2003): 1 – 39, https://eml. berkeley. edu/ ~ saez/pikettyqje. pdf.

26. Takashi Negishi,"Welfare Economics and Existence of an Equilibrium for a Competitive Economy," *Metroeconomica* 12(June 1960):92–97.

27. Jeremiah 7:18.

28. "Globalization over Five Centuries, World," Our World in Data, https://ourworldindata.org/grapher/globalization-over-5-centuries?country=~OWID_WRL.

29. Thomas Piketty, *Capital in the Twenty-First Century*, Cambridge, MA: Harvard University Press, 2014.

30. Rosa Luxemburg, *The Russian Revolution*, New York: Workers' Age Publishers, 1940[1918].

31. Yegor Gaidar, "The Soviet Collapse: Grain and Oil," American Enterprise Institute for Public Policy Research, April 2007, www.aei.org/wp-content/uploads/2011/10/20070419_Gaidar.pdf.

第16章　全球化重启、信息技术与超级全球化

1. Michael Kremer, Jack Willis, and Yang You, "Converging to Convergence," in *NBER Macroeconomics Annual 2021*, vol. 36, ed. Martin S. Eichenbaum and Erik Hurst, Chicago: University of Chicago Press, 2021, available at National Bureau of Economic Research, www.nber.org/books-and-chapters/nber-macroeconomics-annual-2021-volume-36/converging-convergence.

2. Alan S. Blinder and Janet Louise Yellen, *The Fabulous Decade: Macroeconomic Lessons from the 1990s*, New York: Century Foundation, 2001; Dale W. Jorgenson, Mun S. Ho, and Kevin J. Stiroh, "A Retrospective Look at the U.S. Productivity Growth Resurgence," *Journal of Economic Perspectives* 22, no. 1 (Winter 2008): 3–24, available at American Economic Association, https://pubs.aeaweb.org/doi/pdfplus/10.1257/jep.22.1.3.

3. Marc Levinson, *The Box: How the Shipping Container Made the World Smaller and the World Economy Bigger*, Princeton, NJ: Princeton University Press, 2008.

4. David S. Landes, *The Unbound Prometheus: Technological Change and Industrial Development in Western Europe from 1750 to the Present*, Cambridge, UK: Cambridge University Press, 1969; Robert S. Gordon, *The Rise and Fall of American Growth: The U.S Standard of Living since the Civil War*, Princeton, NJ: Princeton University Press, 2016.

5. Elhanan Helpman, *General Purpose Technologies and Economic Growth*, Cambridge, MA: MIT Press, 1998.

6. Paul E. Ceruzzi, *Computing: A Concise History*, Cambridge, MA: MIT Press, 2012.

7. Gordon Moore, "Cramming More Components onto Integrated Circuits," *Electronics* 38, no. 8 (April 1965), available at Intel, https://newsroom.intel.com/wp-content/uploads/sites/11/2018/05/moores-law-electronics.pdf.

8. "EUV Lithography Systems: TwinScan NXE: 3400," ASML, www.asml.com/en/products/euv-lithography-systems/twinscan-nxe3400c.

9. Richard Baldwin, *The Great Convergence: Information Technology and the New Globalization*, Cambridge, MA: Harvard University Press, 2016.

10. Dani Rodrik, *Has Globalization Gone Too Far?*, Washington, DC: Institute for International Economics, 1997; David Autor, "Work of the Past, Work of the Future," *American Economic Association Papers and Proceedings* 109 (2019): 1–32; J. Bradford DeLong, "NAFTA and Other Trade Deals Have Not Gutted American Manufacturing—Period," *Vox*, January 24, 2017, www.vox.com/the-big-idea/2017/1/24/14363148/trade-deals-nafta-wto-china-job-loss-trump.

第17章　大衰退与乏力的复苏

1. John Fernald, "Productivity and Potential Output Before, During, and After the Great Recession," National Bureau of Economic Research (NBER) working paper 20248, issue date June 2014, available at NBER, www.nber.org/papers/w20248.

2. James H. Stock and Mark W. Watson, "Has the Business Cycle Changed, and Why?," *NBER Macroeconomics Annual* 17 (2002): 159–230, available at National Bureau of Economic Research, www.nber.org/system/files/chapters/c11075/c11075.pdf.

3. Amanda Robb, "Anatomy of a Fake News Scandal," *Rolling Stone*, November 16, 2017, www.rollingstone.com/feature/anatomy-of-a-fake-news-scandal-125877.

4. Barack Obama, "2004 Democratic National Convention Speech," PBS NewsHour, July 27, 2004, www.pbs.org/newshour/show/barack-obamas-keynote-address-at-the-2004-democratic-national-convention.

5. J. Bradford DeLong, "This Time, It Is Not Different: The Persistent Concerns of Financial Macroeconomics," in *Rethinking the Financial Crisis*, ed. Alan Blinder, Andrew Lo, and Robert Solow, New York: Russell Sage Foundation, 2012.

6. Warren Buffett, Berkshire-Hathaway chairman's letter, February 28, 2002, Berkshire-Hathaway, www. berkshirehathaway. com/2001ar/2001letter. html.

7. Olivier Blanchard and Lawrence Summers, "Hysteresis and the European Unemployment Problem," National Bureau of Economic Research (NBER) working paper 1950, *NBER Macroeconomics Annual* 1 (1986): 15 – 78, available at NBER, www. nber. org/papers/w1950.

8. 粗略的共识参见: Ben Bernanke, "Japanese Monetary Policy: A Case of Self-Induced Paralysis?," Princeton University, December 1999, www. princeton. edu/~pkrugman/bernanke _ paralysis. pdf; Kenneth Rogoff, " Comment on Krugman," *Brookings Papers on Economic Activity* 2 (1998): 194 – 199, www. brookings. edu/wp-content/uploads/1998/06/1998b_bpea_krugman_dominquez_rogoff. pdf。

9. Raghuram Rajan, "Has Financial Development Made the World Riskier?," in *The Greenspan Era: Lesson for the Future*, Kansas City: Federal Reserve Bank of Kansas City, 2005, 313 – 369, www. kansascityfed. org/documents/3326/PDF-Rajan2005. pdf。最引人注目的凶兆预言家还是 Paul Krugman。可以参考他的文章: "It's Baaack: Japan's Slump and the Return of the Liquidity Trap," *Brookings Papers on Economic Activity* 199, no. 2 (1998): 137 – 187; 以及书籍: *The Return of Depression Economics*, New York: Norton, 1999。

10. "What Should Economists and Policymakers Learn from the Financial Crisis?," London School of Economics, March 25, 2013, www. lse. ac. uk/lse-player? id = 1856.

11. "What Should Economists and Policymakers Learn. . . ?"

12. Carol Loomis, " Robert Rubin on the Job He Never Wanted," *Fortune*, November 26, 2007, available at Boston University Economics Department, www. bu. edu/econ/files/2011/01/Loomis. pdf.

13. See, for example, Chris Giles, " Harvard President Warns on Global Imbalances," *Financial Times*, January 28, 2006, www. ft. com/content/f925a9e0-9035-11da-9e7e-0000779e2340; Maurice Obstfeld and Kenneth Rogoff, " The Unsustainable U. S. Current Account Position Revisited," in *G7 Current Account Imbalances: Sustainability and Adjustment*, ed. Richard Clarida, Chicago: University of Chicago Press, 2007, 339 – 375, available at National Bureau of Economic Research, www. nber. org/system/files/chapters/c0127/c0127. pdf.

14. Keynote address to the Center for Research in Security Prices (CRSP) Forum,

Gleacher Center, University of Chicago, quoted in John Lippert, "Friedman Would Be Roiled as Chicago Disciples Rue Repudiation," *Bloomberg*, December 23, 2008, available at "John Lippert on the Chicago School," *Brad DeLong's Egregious Moderation*, blog, December 30, 2008.

15. Brad Setser, "Bernanke's Global Savings Glut," Council on Foreign Relations, May 21, 2005, www. cfr. org/blog/bernankes-global-savings-glut.

16. 我认为，最好的概述是：Barry J. Eichengreen, *Hall of Mirrors: The Great Depression, the Great Recession, and the Uses—and Misuses—of History*, New York: Oxford University Press, 2015。

17. John Stuart Mill, *Essays on Some Unsettled Questions in Political Economy*, London: John W. Parker, 1844[1829].

18. Nick Rowe, "Money Stocks and Flows," Worthwhile Canadian Initiative, September 11, 2016, https://worthwhile. typepad. com/worthwhile_canadian_initi/2016/09/money-stocks-and-flows. html.

19. Hyman Minsky, *Stabilizing an Unstable Economy*, New Haven, CT: Yale University Press, 1986; Charles P. Kindleberger, *Manias, Panics, and Crashes: A History of Financial Crises*, New York: Basic Books, 1978.

20. J. Bradford DeLong, "John Stewart Mill vs. the European Central Bank," Project Syndicate, July 29, 2010, www. project-syndicate. org/commen tary/john-stewart-mill-vs—the-european-central-bank; Ricardo J. Caballero, Emmanuel Farhi, and Pierre-Olivier Gourinchas, "The Safe Assets Shortage Conundrum," *Journal of Economic Perspectives* 31, no. 3 (Summer 2017): 29-46, available at American Economic Association, https://pubs. aeaweb. org/doi/pdfplus/10. 1257/jep. 31. 3. 29.

21. Donald Kohn, "Financial Markets and Central Banking," Board of Governors of the Federal Reserve System, November 28, 2007, www. federa lreserve. gov/newsevents/speech/kohn20071128a. htm.

22. 我对大衰退的观点，可参见：J. Bradford DeLong, "Battered but not and Beaten," GitHub, October 29, 2010, https://github. com/braddelong/public-files/blob/master/2010-10-29-battered-and-beaten. pdf。

23. Walter Bagehot, *Lombard Street: A Description of the Money Market*, London: Henry S. King, 1873.

24. Alan Blinder and Mark Zandi, "The Financial Crisis: Lessons for the Next One," Center on Budget and Policy Priorities, October 15, 2015, www. cbpp. org/sites/

default/files/atoms/files/10-15-15pf. pdf.

25. 缩略词分别代表：Troubled Asset Relief Program, the Term-Asset Backed Security Loan Facility, the Home Affordable Modification Program, and the American Recovery and Reinvestment Act。

26. "Gore vs. Kemp: The 1996 Vice-Presidential Debate," YouTube, posted by PBS NewsHour, September 26, 2020, www. youtube. com/watch? v = HZCcSTz1qLo.

27. Lawrence Summers, "The Age of Secular Stagnation," *Foreign Affairs*, March/April 2016, www. foreignaffairs. com/articles/united-states/2016-02-15/age-secular-stagnation.

28. See Olivier J. Blanchard, "Public Debt and Low Interest Rates," American Economic Association, January 4, 2019, www. aeaweb. org/webcasts/2019/aea-presidential-address-public-debt-and-low-interest-rates.

29. Barack Obama, "Remarks by the President in State of the Union Address," White House, President Barack Obama, January 27, 2010, https://obamawhitehouse. archives. gov/the-press-office/remarks-president-state-union-address.

30. John Maynard Keynes, "How to Avoid a Slump," *The Times*, January 12 – 14, 1937, reprinted in John Maynard Keynes, *Collected Writings of John Maynard Keynes*, vol. 21, *Activities, 1931 – 1939: World Crises and Policies in Britain and America*, Cambridge: Cambridge University Press, 1982, 390.

31. Ben Bernanke, "The Near-and Longer-Term Prospects for the U. S. Economy," August 26, 2011, archived at Federal Reserve Archival System for Economic Research (FRASER), https://fraser. stlouisfed. org/title/statements-speeches-ben-s-bernanke-453/near-longer-term-prospects-us-economy-9116; Cf. J. Bradford DeLong, "Ben Bernanke's Dream World," Project Syndicate, August 30, 2011, www. project-syndicate. org/commentary/ben-bernanke-s-dream-world.

32. Josh Bivens, "The Reinhart and Rogoff Magical 90 Percent Threshold Loses Its Magic?," Economic Policy Institute, April 16, 2013, www. epi. org/blog/reinhart-rogoff-magical-90-percent-threshold.

33. Ben Bernanke, "Japanese Monetary Policy: A Case of Self-Induced Paralysis?," Princeton University, December 1999, 14 – 15, www. princeton. edu/~pkrugman/bernanke_paralysis. pdf.

34. J. Bradford DeLong, "Understanding the Lesser Depression" (incomplete draft), Grasping Reality, August 2011, https://delong. typepad. com/delong_long_

form/2011/09/understanding-the-lesser-depression-incomplete-draft. html.

35. Adam Tooze, *Crashed: How a Decade of Financial Crises Changed the World*, New York: Penguin, 2018.

36. "Franklin Delano Roosevelt Speeches: Oglethorpe University Address. The New Deal," May 22, 1932, Pepperdine School of Public Policy, https://publicpolicy. pepperdine. edu/academics/research/faculty-research/new-deal/roosevelt-speeches/fr052232. htm.

37. Geoffrey Ward, *A First-Class Temperament: The Emergence of Franklin Roosevelt, 1905 – 1928*, New York: Vintage, 2014, xv; Randy Roberts, "FDR in the House of Mirrors," *Reviews in American History* 18, no. 1 (March 1990): 82 – 88.

38. Obama, 2010 State of the Union Address.

39. Cliff Asness et al., "Open Letter to Ben Bernanke," *Wall Street Journal*, November 15, 2010, www. wsj. com/articles/BL-REB-12460.

40. Leopold von Ranke, "Preface: Histories of the Latin and Germanic Nations from 1494 – 1514," excerpted in Fritz Stern, *The Varieties of History*, Cleveland, OH: Meridian Books, 1956, 57; Max Weber, *From Max Weber: Essays in Sociology*, ed. and trans. C. Wright Mills and Hans Heinrich Gerth, New York: Oxford University Press, 1946, 95.

结论　我们仍在蹒跚走向乌托邦？

1. 凯恩斯在20世纪30年代给罗斯福写过两封重要的信函，都是呼吁对方采取自己主张的做法：少花些精力推动社会民主主义结构改革，更多关注恢复充分就业。参阅：John Maynard Keynes, "An Open Letter to President Roosevelt," *New York Times*, December 31, 1933, www. nytimes. com/1933/12/31/archives/from-keynes-to-roosevelt-our-recovery-plan-assayed-the-british. html; John Maynard Keynes to President Franklin Roosevelt, February 1, 1938, facsimile on my website at https:// delong. typepad. com/19380201-keynes-to-roosevelt. pdf。

2. Eric Hobsbawm, *Age of Extremes: The Short Twentieth Century, 1914 – 1991*, London: Michael Joseph, 1984.

3. Hebrews 11:1.

4. John Stuart Mill, *Principles of Political Economy, with Some of Their Applications to Social Philosophy*, London: Longmans, Green, Reader, and Dyer, 1873,

455。在穆勒看来，没有受过教育的工人阶级都是不开化的，但是只有在接近乌托邦之后，才有资源去教育工人阶级。

5. "Transcript of President Franklin Roosevelt's Annual Message (Four Freedoms) to Congress," January 6, 1941, Our Documents, www. ourdocu ments. gov/doc. php? flash = false&doc = 70&page = transcript.

6. Adam Serwer, *The Cruelty Is the Point: The Past, Present, and Future of Trump's America*, New York: One World Books, 2021.

7. Will Steakin, "Trump Dismisses Pandemic, Rips Fauci as 'Disaster' in Campaign All-Staff Call," ABC News, October 19, 2020, https://abcnews. go. com/Politics/trump-dismisses-pandemic-rips-fauci-disaster-cam paign-staff/story? id = 736 97476; Benjamin Din, "Trump Lashes Out at Fauci and Birx After CNN Documentary," *Politico*, March 29, 2021, www. politico. com/news/2021/03/29/trump-fauci-birx-cnn-documentary-478422; "'Fire Fauci' Chant Erupts at Trump Rally as Tensions Simmer," YouTube, posted by "Bloomberg Quicktake: Now," November 2, 2020, www. youtube. com/watch? v = nWBqeTXKdTQ.

8. See Publius Decius Mus, "The Flight 93 Election," *Claremont Review of Books*, September 5, 2016, https://claremontreviewofbooks. com/digital/the-flight-93-election.

9. John Maynard Keynes, *Essays in Biography*, London: Macmillan, 1933, reprinted in John Maynard Keynes, *Collected Writings*, vol. 10, Cambridge: Cambridge University Press, 2013, 66 – 67.

10. Francis Bacon and Tomasso Campanella, *New Atlantis and City of the Sun: Two Classic Utopias*, New York: Dover, 2018.

11. John Maynard Keynes, *The Economic Consequences of the Peace*, London: Macmillan, 1919, 9, 12.

12. Aristotle, *Politics*, trans. Ernest Barker, Oxford: Oxford University Press, 2009 [350 BCE], 14, Bekker sections 1253b – 1254a.